W0305362

LE BOUDDHISME EN FRANCE

DU MÊME AUTEUR

Les Communautés nouvelles, interviews des fondateurs, Fayard, 1988.

Les Risques de la solidarité, entretiens avec Bernard Holzer, Fayard, 1989.

Le Temps de la responsabilité, postface de Paul Ricœur, Fayard, 1991.

Mère Teresa, en collaboration avec Estelle Saint-Martin, Plon, 1993 ; Pocket, 1994.

Les Trois Sagesses, entretiens avec Marie-Dominique Philippe, Fayard, 1994.

Encyclopédie des religions, collectif dirigé en collaboration avec Ysé Tardan-Masquelier, 2 vol., Bayard Éditions, 1997.

Sectes, mensonges et idéaux, en collaboration avec Nathalie Luca, Bayard Éditions, 1998.

Entretiens sur la fin des temps, avec J.-C. Carrière, J. Delumeau, S. J. Gould, U. Eco, en collaboration avec C. David et J.-P. de Tonnac, Fayard, 1998.

La Rencontre du bouddhisme et de l'Occident, Fayard, 1999.

Frédéric Lenoir

Le bouddhisme en France

Fayard

Le cahier d'illustrations hors-texte
a été réalisé par Josseline Rivière

© Librairie Arthème Fayard, 1999.

INTRODUCTION

«Pour éprouver votre bien-être spirituel, vous devez absolument vous rendre en France. Oui, en France! Comme d'autres pays occidentaux, la France a récemment connu une explosion de recherches dans le domaine de la spiritualité : de l'astrologie à l'ésotérisme en passant par le yoga et les religions orientales. Le bouddhisme est la sagesse d'Orient qui a le plus la cote actuellement.» Ces lignes, publiées récemment dans les colonnes de l'*International Herald Tribune*[1], reflètent bien l'exemplarité du modèle français en ce qui concerne le développement des nouvelles formes de religiosité en Occident, plus spécialement du bouddhisme. La France est en effet le pays occidental où ce dernier a connu l'essor le plus rapide au cours de ces trente dernières années. Les curieux hasards de l'Histoire on fait que notre pays s'est en effet trouvé au XXe siècle et en Europe au carrefour des courants bouddhistes les plus divers : Vietnamiens venus combattre durant la Première Guerre mondiale; installation au début des années soixante, dans le sud-est de la France, du centre européen du mouvement néo-bouddhiste japonais Soka Gakkai[2]; lamas tibétains appelés par des disciples occidentaux à fonder des centres en France à la fin des années soixante; arrivée à la

1. *International Herald Tribune*, 12/11/1996.
2. Considéré comme une «secte» par les parlementaires français.

même époque du maître japonais Taisen Deshimaru qui a choisi la France pour transmettre le Zen en Occident; afflux de réfugiés politiques cambodgiens et vietnamiens fuyant les massacres perpétrés par les Khmers rouges dans les années soixante-dix, etc.

Tandis que les communautés du Sud-Est asiatique restaient assez repliées sur elles-mêmes, les courants zen et tibétain accueillaient la demande de milliers de Français de s'initier aux enseignements du Bouddha et de pratiquer la méditation. On compte ainsi actuellement dans l'Hexagone plus de deux cents centres de méditation zen et tibétains. Le principal dôjô * zen d'Europe est situé en Touraine, et le plus grand temple tibétain d'Occident se trouve en Bourgogne. Plusieurs centaines de Français ont effectué la « grande retraite » de trois ans, et plusieurs d'entre eux ont pris la relève des enseignants asiatiques à la direction des centres. Les traductions de rituels liturgiques se multiplient, et de plus en plus de Français fréquentent les réseaux de méditation et d'enseignement bouddhistes. Totalement absent du paysage religieux officiel il y a moins de dix ans, le bouddhisme est aujourd'hui reconnu *de facto* par les pouvoirs publics comme la quatrième religion des Français, et, depuis 1997, les bouddhistes ont droit à leur quote-part d'émissions religieuses à la télévision.

Au-delà de cet engouement proprement religieux, le bouddhisme a acquis – grâce à une large médiatisation liée à la personnalité exceptionnelle du dalaï-lama et au drame du Tibet – une notoriété très positive au cours de la dernière décennie. Des enquêtes d'opinion[1] nous apprennent que près de cinq millions de Français se sentent aujourd'hui proches du bouddhisme qui est par ailleurs la religion ayant la meilleure image auprès des jeunes[2].

* Les mots suivis d'un astérisque font l'objet d'un glossaire en fin de volume.

1. *Psychologies*, sondage BVA, septembre 1999, publié dans le numéro de décembre 1999.

2. *La Vie*-CSA, avril 1997.

Bien mise en lumière par les médias, cette surprenante progression du bouddhisme au pays de Clovis et de Descartes est encore à peine explorée par les universitaires [1]. Ainsi, la plupart des questions essentielles restent en suspens : quelle est l'ampleur réelle d'un phénomène parasité par un éclairage médiatique intense ? Combien de Français sont-ils touchés par le bouddhisme, et à quel niveau ? Qui sont ceux qui fréquentent régulièrement les centres ? À quelles couches sociales appartiennent-ils ? Quel est leur itinéraire spirituel ? Quelles sont leurs aspirations ? Pourquoi ont-ils été séduits par le bouddhisme ? Peut-on parler de « conversion » ? Comment s'intègrent-ils à la communauté bouddhiste ? Quels rapports entretiennent-ils avec l'autorité, le maître spirituel, la tradition ? À quoi croient-ils au juste ? À quelles pratiques s'adonnent-ils et quels bénéfices en retirent-ils ? Comment traduisent-ils cet engagement spirituel dans leur vie quotidienne, familiale, sociale, politique ? Quels rapports entretiennent encore éventuellement ces nouveaux adeptes avec leurs Églises respectives, et comment intègrent-ils leur passé religieux ou agnostique dans leur nouvel engagement ? De manière plus générale, comment comprendre la progression du bouddhisme dans la modernité ? Quel éclairage ce développement apporte-t-il au phénomène plus large des recompositions religieuses en Occident ?

1. À l'exception du groupe néo-bouddhiste Soka Gakkai, bien étudié depuis une dizaine d'années par Louis Hourmant, il n'existe actuellement en France aucune étude sociologique générale sur la diffusion du bouddhisme. Signalons les travaux ponctuels de Bruno Étienne et Raphaël Liogier, *Être bouddhiste en France aujourd'hui*, Hachette, 1997, Pierre Le Quéau, *La Tentation bouddhiste*, DDB, 1998, et Lionel Obadia, *Bouddhisme et Occident. La Diffusion du bouddhisme tibétain en France*, L'Harmattan, 1998. La recherche est plus avancée aux États-Unis où plusieurs études rigoureuses ont été publiées au cours des deux dernières années. Mentionnons tout particulièrement Duncan Ryûken Williams et Christopher S. Queen (éd.), *American Buddhism : Methods and Findings in Recent Scholarship*, Curzon Press, Richmond, UK, 1999.

Pour tenter d'apporter quelques premiers éléments de réponses à ces nombreuses interrogations, j'ai entrepris il y a sept ans une étude universitaire sur les Français touchés par le bouddhisme. Trois grands ordres de questions ont guidé cette enquête sur la France bouddhiste.

Le premier concerne l'ampleur du phénomène : combien de Français sont-ils touchés par le bouddhisme et à quel niveau ? Devant le succès grandissant du bouddhisme, il convient en effet de jauger l'ampleur et la profondeur réelles du phénomène, et de distinguer ce qui relève d'un effet de mode, voire d'un grossissement médiatique, d'un fait social significatif ayant un véritable impact sur les individus concernés.

Pour y parvenir, il est indispensable de distinguer entre diverses catégories de Français touchés par le bouddhisme. Car tous les chiffres avancés jusqu'à présent – de sources bouddhistes, ministérielles, universitaires ou médiatiques – sont contradictoires et posent deux problèmes : ils ne s'accompagnent pas d'une méthode de calcul clairement établie et vérifiable, et ils ne font aucune distinction entre des catégories de personnes fort diversement touchées. Or une étude, même superficielle, de cette population permet de constater l'incroyable variété et la fluidité des engagements et sentiments d'appartenance.

Certains, en effet, sont très engagés dans la pratique du bouddhisme et cherchent activement à parvenir à l'« éveil » en adoptant non seulement les techniques de méditation, mais aussi toute la vision bouddhiste de l'homme et de l'univers. D'autres adhèrent en totalité ou en partie à cette vision du monde, sans nécessairement être engagés dans une pratique assidue. D'autres encore, à l'inverse, viennent prendre dans le bouddhisme certaines techniques de méditation, sans adhérer à sa doctrine, ou en n'adhérant qu'à quelques aspects partiels comme la croyance karma* en la transmigration. Parmi ceux-ci, certains – assez nombreux – se disent plus ou moins engagés dans une pratique chrétienne ou « bricolent » à partir de plusieurs traditions. Beaucoup encore se contentent de lire des ouvrages traitant du bouddhisme et se sentent des affinités avec certains aspects de sa philosophie.

Lorsque l'on avance des chiffres, de qui parle-t-on ? Des Français qui pratiquent le bouddhisme ? De ceux qui ont « pris refuge [1] » ? De ceux qui se sentent en affinités avec le message fondamental du Bouddha ? De ceux qui se considèrent comme bouddhistes ? De ceux qui trouvent le dalaï-lama sympathique ?

L'imbroglio des chiffres révèle l'extrême difficulté de quantifier un phénomène où les critères d'appartenance sont multiples et les moyens de les mesurer fort complexes. Faut-il pour autant y renoncer ? Certains ethnologues disent l'entreprise impossible [2] et préfèrent concentrer toute leur attention sur une population très restreinte. Cette démarche est légitime mais pose de sérieux problèmes lorsque le chercheur extrapole ensuite ses conclusions – fruit de l'observation de quelques dizaines d'individus dans un milieu très spécifique – à l'ensemble de la population concernée. En fait, le chercheur qui a l'ambition de tenir un discours sur celle-ci n'a d'autre issue que de tenter de mettre au jour différents types d'engagement, d'identité ou d'appartenance, ainsi que les moyens permettant de recenser – fût-ce de manière très approximative – les diverses catégories répertoriées. Tel a été l'objet d'une première enquête qui s'est également intéressée aux grandes tendances de l'évolution de la présence bouddhiste en France depuis une trentaine d'années. Tel sera l'objet de la première partie.

Dans une deuxième enquête, nous avons considéré avec attention l'une des trois catégories mises au jour : celle des « pratiquants » du bouddhisme. En choisissant d'isoler les pratiquants du bouddhisme zen et tibétain – les deux cou-

1. Entrée officielle dans la communauté bouddhiste (*sangha*).

2. Lionel Obadia, *Bouddhisme et Occident…, op. cit.*

rants les plus représentatifs de la dynamique bouddhiste en Occident –, nous avons tenté, par la voie d'entretiens et de questionnaires (plus d'un millier de personnes touchées par notre enquête), de répondre aux nombreuses questions mentionnées plus haut sur le profil sociologique, les motivations, les pratiques, les sentiments d'appartenance, les itinéraires spirituels, etc., de ces Français les plus engagés dans le bouddhisme. Nous avons essayé également de dessiner un certain nombre de trajectoires spirituelles et d'identités religieuses typiques, chaque modèle étant illustré par un témoignage particulièrement parlant.

Cette étude permet aussi d'observer, à des degrés très divers selon les adeptes, le passage d'une tradition à une autre : comment s'effectue cette «conversion» à une tradition orientale? Quelles sont les motivations des individus, les difficultés qu'ils rencontrent? Quels sont les écueils, les mélanges, voire les confusions qui s'opèrent dans une telle démarche? Comment certains individus en viennent-ils également à redécouvrir leur religion d'origine grâce à la pratique du bouddhisme? Ce fut en effet l'une des surprises de cette enquête de constater, à partir des témoignages recueillis auprès de pratiquants, que le bouddhisme apparaît plus souvent comme un véritable allié du christianisme que comme son redoutable concurrent.

Dans un troisième temps, nous nous interrogerons davantage sur la relation entre bouddhisme et modernité. Cette enquête met en effet particulièrement en lumière la confrontation entre tradition et modernité – pôles habituellement perçus comme antinomiques –, puisque le développement du bouddhisme révèle l'adhésion d'individus parfaitement insérés dans la modernité occidentale à un courant éminemment traditionnel. Nous serons donc attentif à déchiffrer les relations complexes, telles qu'elles s'incarnent dans le parcours et le discours des nombreux individus observés, entre ces deux univers qui, loin d'être hétérogènes, s'interpénètrent en fait de manière subtile.

En nous interrogeant tout d'abord sur les traits traditionnels et modernes du bouddhisme, tels que les perçoivent les Occidentaux, et en montrant que ces derniers se livrent à toutes sortes de critiques et de rééquilibrages entre ces deux univers, nous tenterons de montrer pourquoi le bouddhisme en Occident constitue un laboratoire privilégié des métamorphoses du religieux au sein de la modernité. Nous verrons également comment le bouddhisme, comme religion *choisie* et comme tradition exotique, permet à ses adeptes de redire l'ancien – la foi, la providence, l'amour, le destin, la croyance en l'au-delà – avec des mots nouveaux.

Nous analyserons enfin comment le bouddhisme permet d'opérer toutes sortes de « bricolages », d'investissements philosophiques et religieux, et va précipiter, pour un certain nombre d'individus, un processus d'individualisation et d'éclatement des quêtes spirituelles, mais aussi activer, chez d'autres, celui de réagrégation à une tradition, qu'elle soit bouddhiste, juive ou chrétienne.

Au terme de ce livre, nous considérerons le passage d'un bouddhisme *en France* à un bouddhisme *français*, en soulignant les divers malentendus que suscite cette transmission d'une sagesse philosophique asiatique dans une aire culturelle occidentale marquée par l'individualisme moderne comme par une anthropologie gréco-judéo-chrétienne, mais en crise profonde d'identité.

PREMIÈRE PARTIE

Ampleur du phénomène et diversité des Français touchés par le bouddhisme

Au sein de la nébuleuse de traditions, d'écoles et de sectes bouddhistes présentes en France, il convient de distinguer entre la population d'origine asiatique de tradition bouddhiste et les Français d'origine religieuse non bouddhiste touchés par le bouddhisme. Cette étude portant exclusivement sur cette dernière catégorie, je n'ai pas tenté d'établir un recensement des bouddhistes d'origine asiatique. La disparité des chiffres fournis par les diverses sources officielles montre d'ailleurs qu'un tel recensement n'est pas, là encore, sans poser de sérieux problèmes : impossibilité, face à l'importance de l'immigration clandestine, de quantifier les flux migratoires ; difficulté de mesurer avec rigueur l'appartenance au bouddhisme de populations souvent marquées dans leurs pays d'origine par plusieurs appartenances religieuses (exemple typique des immigrés chinois), ou en contact en France avec d'autres religions – comme le catholicisme, qui exerce une forte séduction sur les jeunes Vietnamiens et Cambodgiens – et un climat général qui tend à dissoudre, sur une ou deux générations, les identités religieuses.

Attachons-nous donc ici exclusivement aux Français venus au bouddhisme.

Devant la diversité des cas de figure rencontrés et la problématique d'appartenance propre au bouddhisme, je ne parlerai jamais, pour qualifier l'ensemble de cette population, de «convertis», ou d'«adeptes». J'emploierai à dessein l'expression large de «personnes *touchées*» par le bouddhisme. Elle a l'avantage d'éviter toute analyse hâtive de type socio-religieuse et de n'exclure aucun cas de figure. Pour tenter d'appréhender ces Français touchés par le bouddhisme dans toute leur diversité, j'ai mené pendant plusieurs années une étude de terrain à travers la France, rencontrant ainsi des centaines de personnes de tous les milieux socioprofessionnels et de tous les courants : des disciples des maîtres tibétains, japonais, vietnamiens ou cambodgiens, en passant par des individus très divers non affiliés à un courant particulier, et certaines populations spécifiques – des stars parisiennes du show-business aux moines bénédictins catholiques – qui manifestent un intérêt plus ou moins prononcé pour la philosophie ou les pratiques de méditation bouddhistes. Toutes ces rencontres m'ont permis d'entreprendre, dans la première partie de cette vaste enquête sociologique, l'élaboration d'un descriptif des diverses catégories de Français touchés par le bouddhisme.

Cet objectif n'a pu être atteint sans une réflexion méthodologique sur le choix de critères ou d'indicateurs discriminants. Avant d'y venir, précisons néanmoins un dernier point important concernant la population étudiée.

*Le cas particulier de la Soka Gakkai**

Comme dans la plupart des autres pays occidentaux, le groupe néo-bouddhiste Soka Gakkai connaît un vif succès en France depuis une trentaine d'années. Fallait-il l'exclure de cette enquête du fait de la place tout à fait spécifique qu'il occupe à côté des autres courants bouddhistes ? Ou, au contraire, l'y inclure en prenant bien soin de souligner ses différences, souvent radicales ? Le fait que ce groupe soit considéré par les pouvoirs publics français comme une «secte» et non pas comme relevant d'une tradition religieuse respectable ne constitue pas à nos yeux un élément discriminant. J'ai déjà montré dans un autre travail [1], à la suite de nombreux autres chercheurs [2], le caractère confus et scientifiquement impropre de la notion de « secte » telle que l'emploie le rapport parlementaire de 1996 mettant en cause la Soka Gakkai, et la légèreté de l'enquête menée par les parlementaires français qui ont listé des groupes d'une extrême diversité, dont certains n'ont rien à voir de près ni de loin avec ce qu'on appelle couramment une « secte ».

Comme le rappelle par ailleurs Louis Hourmant [3], ce mouvement n'a pas la même réputation sulfureuse dans d'autres pays européens comme la Grande-Bretagne et l'Italie, où il a au contraire très bonne presse. Je reconnais toutefois les craintes légitimes qu'il peut susciter. L'agressivité de son prosélytisme est indéniable, sa puissance financière considérable, et ses ambitions politiques – au moins au Japon – sont manifestes. Mais, au nom de ces critiques, qui concernent surtout l'organisation et les dirigeants du mouvement, faut-il exclure de la mouvance bouddhique les quelque six mille Français qui pratiquent avec assiduité en son sein ? J'ai choisi dans un premier temps d'avancer sans parti pris et de me faire une opinion sur le terrain en allant à la rencontre de plusieurs d'entre eux.

Même si les divers membres rencontrés avaient tous le sentiment d'être des « bouddhistes [4] », même si l'on retrouve quelques similitudes dans les trajectoires respectives des membres de la Soka Gakkai et de ceux des autres courants bouddhistes « reconnus », les dissemblances de stratégies institutionnelles, de recrutement et de motivation des adeptes,

1. Frédéric Lenoir et Nathalie Luca, *Sectes, mensonges et idéaux*, Bayard Éditions, 1998.

2. Massimo Introvigne et Gordon Melton (dir.), *Pour en finir avec les sectes*, 1996.

3. Louis Hourmant, « La Soka Gakkai : un bouddhisme paria en France ? », *in* Françoise Champion et Martine Cohen (dir.), *Sectes et démocratie*, 1999.

4. Comme le font également remarquer les spécialistes qui étudient ce mouvement. *Cf.*, par exemple, Louis Hourmant, *ibid.*, p. 193.

de pratiques individuelles et communautaires, de buts recherchés, de relation à la société globale sont si importantes qu'il m'a semblé finalement impossible de les inclure dans le cadre de cette étude sociologique sur les Français touchés par le bouddhisme. L'aurais-je fait que j'aurais pratiqué un amalgame entre deux types très différents de compréhension du bouddhisme, ou bien passé mon temps à souligner la spécificité de ce mouvement, finalement peu représentatif du bouddhisme et des raisons de la séduction qu'il exerce sur les Occidentaux [1]. Ce n'est pas sans raisons que L'Union bouddhiste de France (UBF) considère, depuis sa fondation en 1986, que les conditions d'admission de la Soka Gakkai ne sont pas réunies. Les enseignants occidentaux du *dharma** (représentant de nombreux courants du Theravâda* et du Mahâyâna*) qui se rassemblent chaque année pour faire le point sur la diffusion du bouddhisme en Occident partagent aussi ce sentiment. À l'issue d'une réunion, j'ai pu rencontrer le responsable alors en charge du dossier qui motivait cette réserve en faisant état, justement, d'une trop grande différence de compréhension et de pratique du bouddhisme entre ce groupe et les autres courants présents en France. Il faisait notamment mention du caractère intolérant du mouvement qui considère le bouddhisme du moine japonais Nichiren, « réincarnation du Bouddha originel », comme « le seul bouddhisme orthodoxe », et toutes les autres traditions comme « dégénérées » ou « périmées ». Il soulignait aussi le prosélytisme agressif de la Soka Gakkai qui tranche sur l'esprit non prosélyte des autres courants bouddhistes, et il utilisait une analogie par-

1. L'étude de Bruno Étienne et Raphaël Liogier (*Être bouddhiste en France aujourd'hui, op. cit.*) fournit un bon exemple de cette difficulté. Les auteurs, qui ont refusé d'exclure la Soka Gakkai de leur étude sur les adeptes français du bouddhisme, sont systématiquement contraints, quel que soit le sujet traité – engagement dans la communauté, pratique, éthique, rapport au monde, prosélytisme, etc. – de traiter séparément les membres de la « secte » japonaise et ceux des autres traditions en soulignant à chaque fois leur radicale différence.

lante : «La Soka Gakkai est au bouddhisme ce que les Témoins de Jéhovah ou la secte Moon sont au christianisme.»

De fait, il est vrai que ce mouvement est plus représentatif de l'esprit, des méthodes et techniques de séduction de nombreuses «sectes» chrétiennes contemporaines que du bouddhisme et de l'attrait qu'il exerce sur les Occidentaux : pratique simplifiée à l'extrême et présentée comme une solution miracle à tous les problèmes de la vie, prosélytisme actif avec mise en avant des adeptes et de leur réussite sociale et matérielle comme critère d'efficacité de la méthode proposée, fort contrôle institutionnel sur les membres, culte du leader, etc. Encore une fois, autant de facteurs très éloignés des conceptions et des mœurs des courants bouddhistes traditionnels. Ce qui explique d'ailleurs non seulement le refus de l'UBF d'accueillir la Soka Gakkai parmi ses membres, mais aussi l'hostilité profonde d'une immense majorité des Français engagés dans le bouddhisme zen ou tibétain envers ce mouvement dans lequel ils ne se reconnaissent en rien.

Pour le docteur Jean-Pierre Schnetzler, par exemple, converti au bouddhisme en 1958 et qui a joué un rôle important dans l'implantation de différentes traditions bouddhistes en France, «la Soka Gakkai est la seule véritable hérésie du bouddhisme». Ce médecin psychiatre ne mâche pas ses mots et considère Nichiren, le moine du XIIIe siècle auquel se réfère le mouvement, comme «une personnalité exceptionnelle qui estimait que nul avant lui n'avait réellement compris le bouddhisme. Le problème, c'est que ce courant intégriste, qui prétend être le seul à posséder la vérité du bouddhisme, a donné naissance à un mouvement laïque et politique devenu d'ailleurs indépendant de l'école monastique de Nichiren, la Soka Gakkai. Ses méthodes apparaissent comme entachées d'un exclusivisme totalitaire».

La plupart des pratiquants de base du bouddhisme zen et tibétain que j'ai rencontrés et qui connaissaient la Soka

Gakkai partagent ce sentiment. Ce mouvement leur rappelle trop ce qu'ils ont rejeté dans les religions monothéistes : l'intolérance, la prétention de posséder la vérité unique, le prosélytisme agressif, une approche par trop magique de la pratique. Certains étaient même passés par la Soka Gakkai avant de venir au bouddhisme zen ou tibétain ; ils insistent sur l'écart qui existe, au niveau concret du chercheur spirituel et du pratiquant, entre ces courants. Ariane, par exemple, juive et adepte du bouddhisme tibétain, explique : « J'ai aussi fréquenté quelque temps la Soka Gakkai, une autre école bouddhiste japonaise. Mais j'ai vite laissé tomber, car cela ne me semblait pas authentique. C'était plus la recherche d'une efficacité immédiate, une sorte de magie, qu'un véritable travail et qu'un cheminement spirituel. Le bouddhisme tibétain offre, à l'inverse, la garantie d'une tradition spirituelle authentique, avec des maîtres réalisés. On s'en rend très vite compte ! »

Les spécialistes de la Soka Gakkai qui s'interrogent sur les raisons de son image négative en France mettent en avant la tonalité polémique du débat sur les sectes et la crainte bien française que « les sectes n'empiètent sur le domaine public et ne remettent en cause l'assignation, par la laïcité, de la religion à l'espace privé [1]. » J'avancerai une autre raison qui me semble tout aussi décisive : la défiance des courants et écoles traditionnelles du bouddhisme envers la Soka Gakkai, et l'hostilité publique de la plupart des Français engagés dans le bouddhisme zen et tibétain, particulièrement sensibles – nous le verrons – à la notion d'ancienneté de la tradition comme gage d'authenticité. Ils ne tiennent pas, en effet, à ce que la conception et l'image qu'ils défendent du bouddhisme soient ternies par un mouvement qu'ils considèrent au mieux comme une « brebis galeuse » du

1. Louis Hourmant, « La Soka Gakkai, un bouddhisme paria en France ? », *op. cit.*, p. 192.

bouddhisme, au pire comme un groupe extrémiste qui n'a plus rien à voir avec le message du Bouddha.

Le rôle du sociologue n'est pas de dire si ces critiques sont justifiées, fausses ou excessives, mais simplement de constater qu'il existe de telles différences entre ce groupe très particulier et les autres courants bouddhistes qu'il devient dès lors impossible de les confondre dans une même étude. Le succès important de la Soka Gakkai et son implantation solide dans la plupart des pays occidentaux ayant fait l'objet d'études spécifiques, il me semble plus judicieux de comparer ces travaux [1] à ceux, comme le nôtre, qui s'intéressent au bouddhisme dans sa conception la plus traditionnelle – telle qu'elle est représentée en France par les courants Theravâda, zen et tibétain – qui est aussi celle que les médias diffusent et dans laquelle se reconnaissent, par voie de conséquence, tous les Français touchés de près ou de loin par cette « vague bouddhiste ».

1. Karel Dobbelare et Bryan Wilson, *A Time to Chant. The Soka Gakkai Buddhist in Britain*, Clarenton Press, Oxford, 1993. Louis Hourmant, « Transformer le poison en élixir », *in* Françoise Champion et Danièle Hervieu-Léger (dir.), *De l'émotion en religion*, Le Centurion, 1990. Pierre Le Quéau, *La Tentation bouddhiste*, *op. cit.*

1

Réflexion méthodologique

À partir de quels critères établir différentes catégories de Français touchés par le bouddhisme : critères institutionnels qui renvoient à l'appartenance à une communauté ? critères subjectifs d'identité ? critères d'investissement personnel dans des études ou une pratique ? Cette question pourtant cruciale n'a jamais fait l'objet, à ma connaissance, d'aucune étude, au moins en Europe. Elle se pose pourtant à tout sociologue qui tente d'approcher la réalité plurielle d'une population spécifique. Elle s'est évidemment posée pour l'étude des autres groupes religieux présents en France, à commencer par le catholicisme. Selon quels critères les sociologues du catholicisme ont-ils tenté de recenser et de mesurer le degré d'adhésion religieuse des catholiques français ? Leur démarche peut-elle être appliquée aux Français touchés par le bouddhisme ?

Exemple du catholicisme : appartenance et identité

Les premières études scientifiques sur le catholicisme français remontent à Gabriel Le Bras qui, pour mesurer la vitalité et l'évolution du catholicisme français, s'est attaché, à partir de 1931, à dénombrer les fidèles de l'Église catholique, favorisant ainsi le développement de la sociologie religieuse dans notre pays. Ce dénombrement s'est opéré à partir de l'observation de la fréquence des actes des fidèles, posés visiblement et correspondant à des obligations canoniques. C'est à partir de la fréquence d'accomplissement de certains actes considérés par l'institution comme obligatoires – pratique des sacrements, assistance à la messe dominicale, etc. – que Le Bras établit une typologie des fidèles catholiques. Il retient « trois catégories de personnes : 1. Les conformistes saisonniers, troupe de passants, de migrateurs pour qui la religion se définit par trois rites : baptême, mariage, sépulture et, en général, première communion solennelle des enfants [...] ; 2. Les pratiquants [...] ; 3. Les personnes pieuses ou zélées qui font partie des associations d'hommes, de femmes, de jeunes gens, assistant aux vêpres, communiant chaque semaine ou chaque mois, ou au moins pour les grandes fêtes [1] ». Le Bras affinera ensuite le type « pratiquant », mais toujours selon la même méthode reposant sur le critère d'observance des actes religieux revêtant un caractère d'obligation. Sa méthode était cohérente avec le but recherché et bien adaptée au caractère à la fois très institutionnalisé et normatif du catholicisme. Les diverses catégories de catholiques mises ainsi au jour ont permis à la sociologie religieuse de se développer en France autour de l'étude des flux d'une catégorie à l'autre. Elles ont servi de point d'appui aux théories de la sécularisation à partir du constat d'une diminution progressive de l'emprise de l'institution catholique sur la société et les fidèles.

Cette classification des fidèles, telle que l'ont conçue Gabriel Le Bras et ses successeurs en fonction de la fréquence des actes religieux classés selon le degré d'obligation qu'ils présentent du point de vue institutionnel, est-elle transposable aux Français touchés par le bouddhisme ?

Remarquons d'abord que le bouddhisme n'offre pas un dispositif institutionnel ni un faisceau de contraintes similaires à ceux de l'Église catholique. À l'exception de certains

1. Gabriel Le Bras, *Études de sociologie religieuse*, t. I, P.U.F., 1955, pp. 5-6.

groupes sectaires – comme la Soka Gakkai, justement – qui exercent un encadrement assez rigoureux de leurs membres, la plupart des écoles bouddhistes n'offrent aucun système d'adhésion assorti de pratiques revêtant un caractère d'obligation. Comme l'ont déjà souligné certains chercheurs, cette faible visibilité des modalités d'engagement rend d'ailleurs très problématique le recensement des bouddhistes français, même les plus reliés aux dispositifs institutionnels [1]. Par ailleurs, la situation religieuse s'est trouvée totalement bouleversée au cours des dernières décennies et s'articule aujourd'hui non plus essentiellement autour des Églises, mais au sein de recompositions complexes. Les théories anglo-saxonnes sur la sécularisation décrivent bien cette dissémination de l'imaginaire religieux impliquée par le processus de privatisation et de subjectivisation des croyances. Le terme « bricolage », explicité par Claude Lévi-Strauss et mis en lumière par Thomas Luckmann dès la fin des années soixante [2], rend bien compte de la pratique des individus insérés dans ce nouveau « cosmos sacré des sociétés modernes » où chacun se sent libre de « suivre sa voie », d'utiliser des fragments de croyances prélevés sur les religions historiques en les combinant selon ses besoins personnels, de piocher en somme dans le « croyable disponible » ce qui lui convient à un moment donné.

Michel de Certeau a décrit avec acuité cette dissémination du patrimoine symbolique du christianisme dans le monde moderne, offert à toutes sortes de bricolages individuels : « La constellation ecclésiale se dissémine au fur et à mesure que ses éléments se désorbitent. Elle ne "tient" plus, parce qu'il n'y a plus une articulation ferme entre l'acte de croire et des signes objectifs. Chaque signe suit un chemin propre, dérive, obéit à des réemplois différents, comme si

1. Jean-Louis Schlegel, « Du christianisme au bouddhisme : les pratiques religieuses aujourd'hui », in *Esprit*, n° 233, juin 1997, pp. 20-30.

2. Thomas Luckmann, *The Invisible Religion*, MacMillan, New York, 1967.

les mots d'une phrase se dispersaient sur la page et entraient dans d'autres combinaisons [1]. »

La classification et l'évaluation quantitative des fidèles d'une quelconque religion doivent aujourd'hui prendre en compte cette fluidité et ce bricolage. Mais la difficulté est immense, non seulement parce que les catégories habituelles sont entièrement – et continuellement – à repenser, mais aussi parce que les outils qui permettraient de les élaborer sont devenus obsolètes. On s'en est récemment rendu compte avec les Journées mondiales de la jeunesse (JMJ) et l'immense difficulté des observateurs à tenter d'élaborer diverses catégories d'appartenance pour ces centaines de milliers de jeunes venus d'horizons extrêmement divers, dont beaucoup n'avaient aucun lien visible avec l'institution. Face à cet éclatement du religieux moderne, caractérisé notamment par une dissociation croissante entre la croyance, l'appartenance et la référence identitaire, les sociologues du catholicisme sont progressivement passés d'une approche morpho-sociologique ayant pour objectif le dénombrement d'appartenances – dont la pratique constituait un bon révélateur – à une approche psychosociologique visant à élaborer des catégories « idéales-typiques » des identités. Ces travaux, centrés sur les trajectoires individuelles, permettent d'élaborer des typologies plus qualitatives, prenant en compte cette constante fluctuation des appartenances.

L'entreprise récente de Jean-Marie Donegani portant sur les catholiques est un modèle du genre : « Ayant constaté cet éclatement apparent entre les pratiques et les identifications religieuses, il reste à s'attacher au repérage des régularités qui marquent l'expression de ces identités apparemment diverses, écrit-il. En d'autres termes, l'intégration en sociologie religieuse de cette problématique du sujet qui semble

1. Michel de Certeau et Jean-Marie Domenach, *Le Christianisme éclaté*, Seuil, 1974, p. 148.

marquer le champ religieux aujourd'hui nous ordonne de passer délibérément par le subjectif pour identifier la religiosité contemporaine, mais ne nous interdit pas d'y rechercher la présence de cultures, c'est-à-dire d'ensembles cohérents et unifiés de représentations, de valeurs et de comportements[1]. » Enquêtant auprès d'un échantillon de catholiques français, Jean-Marie Donegani établit plusieurs grands modèles qui permettent d'échapper à l'inscription univoque dans les catégories – de moins en moins pertinentes – de croyants/incroyants, pratiquants/non pratiquants, etc. ; il entend ainsi dessiner « un tableau des rapports que les Français entretiennent, dans leur for intérieur, avec le catholicisme[2] ».

L'éclatement des identités dans la modernité et dans le bouddhisme

Si l'entreprise menée par Jean-Marie Donegani est extrêmement cohérente et aboutie, sa limite gît dans son point de départ : la notion même d'identité. Cette sociologie de l'identité repose en effet « sur l'examen des représentations et des conceptions des individus qui se déclarent catholiques[3] ». Sont donc exclus de l'étude tous les Français qui peuvent entretenir un rapport quelconque avec le catholicisme – rapport parfois très impliquant –, mais qui refusent de se *déclarer* « catholiques ». Or, l'un des faits majeurs des recompositions religieuses contemporaines est précisément la dissolution d'identités clairement définies chez un nombre croissant d'individus néanmoins engagés dans une démarche spirituelle, parfois même intense. Cette crise des identités religieuses affecte non seulement des individus qui

1. Jean-Marie Donegani, *La Liberté de choisir. Pluralisme religieux et pluralisme politique dans le catholicisme français contemporain*, 1993, p. 209.

2. *Id., ibid.*, p. 210.

3. *Id., ibid.*, p. 204.

« bricolent » entre plusieurs courants, mais aussi des personnes plus spécifiquement enracinées dans une tradition mais qui récusent, pour des raisons diverses, tout lien explicite d'identification ou d'appartenance à cette tradition. Cette attitude a été bien formulée par la sociologue anglaise Grace Davie [1] : « *Believing without belonging.* »

Si les Européens sont en effet de plus en plus nombreux à « croire » en dehors de toute revendication identitaire, ils sont également beaucoup, dans le même temps, à revendiquer une identité religieuse sans pour autant croire ou être engagés dans un quelconque cheminement spirituel. On pourrait, à leur égard, retourner la formule de Grace Davie : « *Belonging without believing* ». Ainsi, les enquêtes sociologiques effectuées à partir du lien identitaire excluent nécessairement les individus, de plus en plus nombreux, pour qui l'identification à une religion ou à un groupe religieux donnés a perdu toute signification. Elles incluront en revanche de nombreux individus qui se déclarent volontiers « juifs », « protestants » ou « catholiques » mais pour qui ce lien est d'ordre purement culturel et social. Ainsi, une majorité de Français qui se déclarent aujourd'hui catholiques l'est par tradition, sans motivations spirituelles ou religieuses particulières.

Au cours de cette enquête visant d'abord à mettre au jour diverses catégories, je me suis vite rendu compte qu'il était impossible d'appliquer ce critère d'identité aux Français touchés par le bouddhisme. Nous rencontrons en effet une population d'individus tous engagés dans une quête de sens – que l'on pourrait qualifier, selon les cas, de philosophique ou spirituelle –, mais aux identités religieuses extrêmement diverses. Les cas de figure rencontrés sont multiples et combinables à l'infini : pratiquants réguliers récusant l'étiquette

1. Grace Davie, *La Religion des Britanniques. De 1945 à nos jours*, Labor et Fides, Genève, 1996. L'expression peut être traduite par « croire sans appartenir ».

« bouddhistes », pratiquants occasionnels se définissant comme bouddhistes, non pratiquants se sentant en affinités avec le bouddhisme, non pratiquants se sentant totalement bouddhistes, chrétiens ou juifs utilisant des techniques du bouddhisme sans se considérer comme bouddhistes, chrétiens ou juifs pratiquant la méditation bouddhiste et se considérant comme adeptes des deux traditions, athées se sentant en affinités avec la philosophie bouddhiste, athées se considérant comme bouddhistes et pratiquant la méditation, etc. Cette extrême diversité des identités tient non seulement au phénomène général de dissolution des identités religieuses, que nous venons d'évoquer à propos du catholicisme, mais aussi à la nature même du bouddhisme : plus que d'une dogmatique ou d'un engagement communautaire rigide, il s'agit d'une « voie spirituelle » extrêmement souple qui se prête facilement à toutes sortes de réinterprétations, d'arrangements, de combinaisons d'identités. Chacun peut facilement s'y investir ou y « piocher » en fonction de ses besoins. L'investissement peut ainsi revêtir un caractère typiquement religieux (caractère qui peut d'ailleurs être revendiqué ou récusé) : pratique communautaire de rituels dans un centre tibétain, croyances en divers points de doctrine comme la transmigration, « prise de refuge » et « prise de vœux », obéissance à un lama*, etc. Il peut revêtir un caractère purement intellectuel : intériorisation des grands principes philosophiques du bouddhisme, telles la loi de causalité et d'interdépendance, la notion d'impermanence* et de non-soi, etc. Il peut s'agir aussi d'un emprunt ponctuel, le plus souvent une technique de méditation. Chacun, d'ailleurs, définit le bouddhisme selon son propre investissement : philosophie, religion, art de vivre, voie spirituelle, pratique… Et le bouddhisme englobe bien, en effet, toutes ces dimensions, lesquelles peuvent être appréhendées séparément.

Cette plasticité du bouddhisme – sur laquelle nous reviendrons dans la troisième partie de cet ouvrage – constitue l'une des raisons essentielles de son succès en Occident. Il s'adapte parfaitement à la modernité religieuse qui fait de plus en plus fi des identités trop nettement définies et peut servir, selon les besoins des individus, de colonne vertébrale religieuse, d'axe de conduite éthique, de réservoir symbolique, de système philosophique de référence, d'école d'apprentissage de la méditation... C'est aussi la raison pour laquelle les termes de « convertis » ou d'« adeptes » ne concernent qu'une toute petite minorité des personnes touchées, celles qui revendiquent une identité religieuse bouddhiste.

Nous sommes en fait confrontés à au moins cinq grands cas de figure : ceux qui revendiquent une identité religieuse bouddhiste ; ceux qui revendiquent une identité bouddhiste mais qu'ils qualifient eux-mêmes de non religieuse ; ceux qui récusent toute identité religieuse, philosophique ou spirituelle, mais qui sont impliqués dans le bouddhisme d'une manière ou d'une autre ; ceux qui revendiquent plusieurs identités religieuses, dont le bouddhisme ; ceux qui revendiquent une identité religieuse autre que le bouddhisme, mais qui font certains emprunts au bouddhisme. Cette variété des modèles identitaires est d'ailleurs très intéressante en soi, et nous en reparlerons plus loin à propos des pratiquants du bouddhisme zen et tibétain.

Dans le cadre de cette première enquête qui vise à élaborer des grandes catégories permettant de mesurer l'ampleur du phénomène, nous conclurons que le critère d'identité n'est guère plus opératoire que le critère d'appartenance lié à une observance régulière de la pratique, puisqu'il exclurait l'énorme majorité des Français touchés par le bouddhisme et qui refusent de se déclarer « bouddhistes ».

Le critère d'implication

Ces deux critères étant exclus dans le cadre d'une étude sur le bouddhisme en Occident, vers quels critères nous tourner pour tenter de cerner nos catégories ? Revenons à l'objectif principal que nous nous sommes fixé.

Il a été clairement établi au début de cette étude que l'ébauche de recensement que nous tentons de mener – et qui implique la mise au jour de divers modèles ou catégories – a pour objectif d'évaluer l'importance réelle d'un phénomène parasité par une exploitation médiatique intense, et de mesurer son impact sur les individus et la société française. Très concrètement, ce qui sera le plus signifiant pour nous dans le cadre de cette première enquête, c'est tenter de savoir combien d'individus sont touchés en profondeur par le bouddhisme, combien le sont relativement, et combien le sont superficiellement [1]. Le critère le plus approprié au but recherché n'est il pas dès lors celui de l'*implication* ?

Cette notion correspond également beaucoup mieux aux caractères du bouddhisme et de la modernité religieuse que nous venons d'évoquer que les critères d'appartenance, d'adhésion, d'identité. L'implication est en effet un critère axiologique neutre, sans connotations religieuses, qui évite tous les jeux rhétoriques, les malentendus, les pièges théoriques liés aux notions d'adhésion et d'identité. Appliqué au bouddhisme, il permet de mesurer l'intensité de l'engagement des individus sans privilégier ni exclure l'un des nombreux paramètres à prendre en compte : investissement intellectuel, pratique de la méditation, observance des rituels, adoption de principes éthiques, etc.

Il s'agit maintenant de trouver des *indicateurs* qui permettent d'évaluer les divers degrés d'*implication* dans le bouddhisme des Français concernés. Le meilleur, et de loin le plus fiable, est celui de la fréquentation des centres. J'ai pu constater en effet au cours de cette enquête que les individus les plus impliqués dans le bouddhisme – quels que soient par ailleurs, encore une fois, leur sentiment d'appar-

1. Plus, d'ailleurs, que des chiffres précis – impossibles à établir, quels que soient les moyens employés –, ce sont des ordres de grandeur qui importent ici.

tenance ou leur identité religieuse – fréquentaient plus ou moins régulièrement des centres d'enseignement et de méditation fondés par les diverses traditions présentes en France. La raison en est simple : la transmission directe et orale est un principe essentiel du bouddhisme. Autant chacun peut comprendre les bases essentielles du message du Bouddha – le discours sur les « quatre nobles vérités » – par de simples lectures, autant il est très difficile d'aller plus avant dans les méandres doctrinaux des différentes écoles bouddhistes, voire d'explorer toute la richesse et la subtilité de certaines notions fondamentales comme l'impermanence ou la loi de causalité *, sans avoir recours aux explications et aux commentaires d'un maître avisé qui saura de surcroît adapter ces enseignements à un public occidental.

Par ailleurs, et surtout, le bouddhisme n'est pas un système philosophique comme un autre, puisqu'il est entièrement subordonné à un but thérapeutique précis : la cessation de la souffrance. Ce but ne peut être atteint sans un travail sur le corps et les émotions. C'est pourquoi les Occidentaux s'impliquent dans des pratiques psycho-corporelles dont la méditation constitue l'archétype. Or ces pratiques ne peuvent s'effectuer sans un apprentissage rigoureux qui passe par une transmission directe de maître à disciple. C'est la raison pour laquelle nous qualifierons ces Français socialisés dans des centres bouddhistes de « pratiquants ».

Cette première enquête a permis d'établir deux autres grandes catégories d'individus touchés par le bouddhisme et non socialisés dans les centres. Ceux, d'abord, qui sont assez impliqués dans le bouddhisme, soit par la pratique d'une méditation très sobre effectuée régulièrement mais hors du cadre des centres bouddhistes, soit par un important investissement intellectuel solitaire, soit encore par diverses formes d'emprunts au bouddhisme dans le cadre d'un nomadisme spirituel. Ceux, ensuite, peu impliqués dans le bouddhisme, mais qui s'y intéressent d'assez près et se sentent particulièrement en affinités avec tel ou tel aspect de sa philosophie.

Le critère retenu permet donc de distinguer trois grands groupes selon le degré d'engagement des uns et des autres : la catégorie des individus les plus impliqués, socialisés dans les centres bouddhistes, que nous appellerons les « pratiquants » ; à l'autre extrême, la catégorie des individus les moins impliqués, que nous qualifierons de « sympathisants » ; et, entre les deux, une catégorie d'individus relativement impliqués, mais selon des modalités très diverses – pratique épisodique de la méditation dans un contexte de « bricolage » religieux, fortes affinités intellectuelles avec le bouddhisme, pratique de la méditation zen dans un autre cadre religieux que le bouddhisme –, et que nous appellerons les « proches ».

Avant de revenir sur la question du chiffrage et sur les grandes tendances de l'évolution du bouddhisme en France que nous verrons dans le chapitre 5, nous allons étudier dans les chapitres suivants ces trois catégories de Français touchés par le bouddhisme, par ordre croissant d'implication. Pour rendre plus vivante et concrète l'étude de chacune de ces catégories, je proposerai, après une brève exposition générale des traits typiques du groupe, le témoignage d'une personne particulièrement représentative du modèle.

2

Le sympathisant

Cette première catégorie est composée des individus les moins impliqués dans le bouddhisme. Il s'agit de personnes qui l'ont rarement étudié sérieusement, qui n'ont généralement pas suivi de stages ou d'enseignements, mais qui se sentent en phase avec ce qu'ils connaissent du bouddhisme par quelques lectures ponctuelles (des livres du dalaï-lama, généralement), des émissions de télévision, des films de cinéma, des articles de presse, des voyages en Asie. Plus qu'il ne les atteint sur un plan existentiel, le bouddhisme les « touche » et les intéresse intellectuellement. Ils en ont une bonne image, ils le trouvent « moderne », ils seront peut-être tentés un jour d'approfondir la question et d'acheter un livre plus exigeant, voire de pousser la porte d'un centre. Certains d'entre eux ont d'ailleurs déjà effectué cette démarche plus impliquante, mais elle est restée sans lendemain et ils continuent à s'intéresser au bouddhisme « de loin », tout en se sentant en « affinité » avec lui. La plupart des stars du show business qui manifestent publiquement leur intérêt pour le bouddhisme – d'Isabelle Adjani à Sophie Marceau en passant par Jeanne Moreau, Jean-Michel Jarre ou Yves Duteil – font partie de cette catégorie. Même si certains d'entre eux n'hésitent pas à se dire « bouddhistes », on s'aperçoit parfois, en les interrogeant, que beaucoup ne connaissent pas vraiment le bouddhisme qu'ils confondent souvent avec leurs sympathies pour le dalaï-lama et la cause tibétaine. Toujours est-il que ces stars font une extraordinaire publicité au bouddhisme et servent de modèles à des Français de plus en plus nombreux attirés par le Bouddha, son message et ses représentants. Les « sympathisants » étant de loin la catégorie la plus vaste, nous pouvons rencontrer d'innombrables cas de figure.

Voici le témoignage d'une jeune femme particulièrement typique de cette catégorie de Français touchés par le bouddhisme, mais peu impliqués.

Fabienne a vingt-huit ans. Elle vit en concubinage et enseigne le français dans un lycée de Rennes. Bien que ses parents aient été très peu investis dans la religion, elle a été baptisée et catéchisée. Elle refuse toutefois de faire sa première communion : « Je ne croyais pas en Dieu et j'avais le sentiment que la religion n'était là que pour me dicter ma conduite. » Elle abandonne dès lors toute pratique et ne s'intéresse plus à la religion. Pendant ses vacances universitaires, elle effectue plusieurs voyages en Asie et se sent attirée par l'esthétique des temples bouddhistes : « harmonie de l'architecture, couleurs chaudes, impression de sérénité qui s'en dégage.... Un peu plus tard, elle lit une biographie d'Alexandra David-Neel, lecture dont elle conserve surtout une certaine fascination pour le Tibet : « Le Tibet m'est apparu comme quelque chose de secret, de préservé, un monde à part, un peu mythique, une sorte de comble de l'exotisme. » Cet intérêt pour le Tibet s'est accentué avec sa sensibilisation au drame des Tibétains. Elle va voir les différents films consacrés à ce peuple et au dalaï-lama – *Little Bouddha*, *Sept Ans d'aventures au Tibet*, *Kundun* –, davantage pour manifester sa solidarité avec le peuple tibétain que par intérêt particulier pour le bouddhisme.

Pourtant, cet intérêt ne cesse de croître depuis quelques années à travers la lecture de plusieurs dossiers dans la presse, des discussions avec des amis assez impliqués, ou quelques émissions de télévision. Elle parle ainsi aujourd'hui de son intérêt et de sa sympathie pour le bouddhisme.

« C'est la religion que je connais finalement le mieux, du fait de sa récente et forte médiatisation. C'est un fait de société qui touche les gens de ma génération. Il a su retenir mon attention, car je ne suis pas obligée de le concevoir comme une religion, mais comme une philosophie de vie qui correspond bien à la manière dont je conçois l'existence. À l'inverse, par exemple, du catholicisme, c'est quelque chose que je comprends, qui m'est accessible, qui va à l'essentiel et qui m'est proche par plusieurs aspects. J'aime son esthétique. Ensuite, j'ai le sentiment qu'en adoptant un certain style de vie, certaines règles simples, la sérénité est accessible. Je suis aussi très sensible à la non-violence, au respect de l'autre et à la tolérance qui se dégagent du bouddhisme [...].

« Je suis frappée de la différence entre le pape et le dalaï-lama. Chaque fois que je vois le pape à la télévision, il est dans l'actualité, il prend parti de manière très affirmative sur tout : la contraception, le préservatif, la guerre dans l'ex-Yougoslavie, les relations économiques entre les pays riches et les pays pauvres, etc. Il m'arrive d'ailleurs d'être parfois en accord avec ce qu'il dit, mais ce qui me gêne toujours, c'est le ton catégorique de ses positions. Il porte un jugement définitif sur tout. À l'inverse, le dalaï-lama n'est pas investi dans l'actualité comme militant, mais il porte un regard profond sur cette actualité et sur le monde d'aujourd'hui. Il offre une vision large, distanciée et globale qui s'attache plus à analyser la racine des problèmes qu'à porter des jugements sur les choses.

« Cette approche, qui ne supprime pas l'exigence, me convient beaucoup mieux : elle éclaire en profondeur une situation et laisse chacun libre de se faire une opinion personnelle. D'un côté on dicte ce qu'il faut faire, de l'autre on apporte une connaissance et on aide à réfléchir. Je suis également sensible à la qualité du témoignage des moines bouddhistes que j'ai rencontrés en Asie ou que je vois parfois à la télévision : on sent un rayonnement, un apaisement qu'on perçoit plus rarement chez les prêtres qu'on rencontre ici. On se dit qu'en eux doit s'écouler une eau limpide, et on a envie de leur ressembler [...]. Je dirai que le bouddhisme m'apparaît comme très moderne dans la mesure où il correspond à l'évolution du monde actuel, qui tend à la mondialisation. Pour lui, les choses ne sont pas indépendantes les unes les autres, et chaque petite action peut avoir une répercussion sur l'ensemble de la planète. Cela va dans le sens de ma sensibilité écologique et aussi de ma manière de concevoir l'engagement politique. Je suis en effet convaincue qu'on ne changera pas le monde en voulant réformer les systèmes et en proposant de nouvelles idéologies politiques, mais en se changeant soi-même. Les gens doivent se réconcilier avec eux-mêmes : alors ils se réconcilieront les uns avec les autres, avec leur environnement, et le monde se transformera. Cette vision, qui est, je crois, au cœur du bouddhisme, me semble être la seule issue possible pour le monde d'aujourd'hui. »

Malgré ses nombreuses affinités avec la philosophie bouddhiste, Fabienne n'a pas envie d'aller plus loin dans son engagement personnel : « Je sais que c'est là, et ça me rassure. Mais je suis à un stade de ma vie où je ne suis pas portée vers la spiritualité. Je ne dis pas qu'un jour je n'irai pas plus loin, mais, actuellement, le besoin n'est pas là. » Elle n'a d'ailleurs pas encore ouvert le *Livre tibétain de la vie et de la mort*, de Sogyal rinpoché*, qu'une amie lui a offert il y a plus d'un an. À la question : « Quelle est votre religion ? » elle répond sans hésiter : « Catholique. » « Il n'est pas question pour moi de nier mon appartenance culturelle au catholicisme, même si je n'ai jamais ressenti le moindre intérêt philosophique ou spirituel pour cette religion ». Mais, à la question : « Parmi toutes les religions de l'humanité, quelle est celle qui a votre préférence et dont vous vous sentez le plus proche ? » elle répond de manière tout aussi déterminée : « Le bouddhisme. »

Certains individus que je classerais également dans cette

catégorie des « sympathisants » sont un peu plus impliqués dans la mesure où ils ont déjà effectué un bref séjour dans un centre bouddhiste pour suivre un enseignement ou un stage de méditation. Mais cette démarche est restée sans lendemain et ils continuent le plus souvent à se sentir des affinités avec le bouddhisme sans être pour autant désireux de s'impliquer davantage. Ce sont ces individus qui s'inscrivent par milliers aux grandes sessions et aux rassemblements d'été, et que les centres ne revoient plus jamais.

La majorité des « sympathisants » du bouddhisme que j'ai rencontrés se dit « sans religion ». Un nombre important revendiquent une appartenance religieuse autre que le bouddhisme, mais il s'agit le plus souvent, comme chez Fabienne, d'un lien socioculturel. Quelques-uns, enfin, à l'image de certaines stars, se déclarent « bouddhistes » en nommant derrière cette identité des thèmes aussi variés que l'écologie, la non-violence, la tolérance, la croyance au karma, la cause du Tibet, l'obtention de pouvoirs « psy », la compassion, une éthique de la responsabilité, une sagesse de vie, la méditation, etc.

3

Le proche

Plus qu'un groupe cohérent, repérable d'après certains critères rigoureux, il s'agit aussi, dans cette deuxième catégorie, d'une nébuleuse d'individus aux parcours extrêmement divers, qui, selon des modalités très variables, sont assez impliqués dans le bouddhisme. Ils le sont moins que les « pratiquants » dans la mesure où ils ne fréquentent pas régulièrement les centres, mais ils le sont davantage que les sympathisants. De quelle façon ? D'abord, pour certains qui se définissent souvent comme « agnostiques », par un investissement intellectuel important. Pour d'autres, qui sont de véritables nomades de la spiritualité, par un engagement parfois intense, mais temporaire, dans un parcours toujours en mouvement, ou par l'adoption de certaines références intellectuelles et de certaines pratiques qu'ils utilisent dans le contexte non spécifiquement bouddhiste d'une sorte de religiosité à la carte. Enfin, par une pratique régulière de la méditation chez certains chrétiens, souvent même des moines catholiques, dans un contexte religieux explicitement chrétien.

L'intellectuel agnostique

Il s'agit le plus souvent de personnes qui se définissent comme athées ou agnostiques et qui reconnaissent dans le bouddhisme une sagesse universelle avec laquelle ils sentent des affinités profondes. Elles n'hésiteront pas à lire des ouvrages exigeants et c'est principalement la dimension philosophique du bouddhisme qui les passionne. Elles sont aussi sensibles à toutes les valeurs éthiques du bouddhisme, à son « humanisme ». Elles mettent en avant dans leur discours tout ce qui rapproche le bouddhisme de la modernité : son caractère rationnel et pragmatique : « une religion sans Dieu ni dogmes » ; sa tolérance : « les bouddhistes ne prétendent pas être les seuls détenteurs de la vérité » ; son pacifisme : « c'est la seule religion qui n'a pas fait couler de sang ». Certains parlent aussi de la compassion, du respect envers tout être vivant, comme une nouvelle manière, plus moderne et plus rationnelle, d'inscrire la notion chrétienne d'*agapê* dans un projet social. Les plus intellectuels insistent sur certains aspects pointus des enseignements du Bouddha : l'impermanence, l'interdépendance, la vacuité, la doctrine du non-soi. Mais peu adhèrent à la croyance en la réincarnation et, de manière générale, à tout discours sur l'au-delà, hors de portée de la raison, qu'ils assimilent à la survivance dans le bouddhisme de penchants trop humains : « L'homme a toujours besoin de croire en quelque chose après la mort. »

Même si leur intérêt pour le bouddhisme est surtout d'ordre intellectuel, la dimension existentielle n'en est pas nécessairement absente : certains de ces intellectuels agnostiques tentent d'intégrer dans leur vie tel ou tel aspect de la philosophie ou de l'éthique bouddhistes. Ce qui différencie ce groupe de celui des pratiquants, c'est le refus de tout engagement régulier dans une « pratique », y compris celle, très sobre, de la méditation. Pour ces individus dont quelques-uns n'hésitent d'ailleurs pas à se dire « bouddhistes », la dimension psycho-corporelle – et, à travers elle, plus « religieuse », dans la mesure où elle exige une transmission – est donc presque toujours absente. On peut situer dans cette catégorie plusieurs intellectuels français proches du bouddhisme, tels André Comte-Sponville ou Jean-Claude Carrière. Mais on y trouve bien sûr davantage d'individus moins engagés dans des recherches philosophiques pointues.

François est l'un d'eux. Pilote de ligne et instructeur à Air France, cet homme de cinquante-deux ans est divorcé, remarié et père de trois enfants. Élevé dans une tradition catholique « assez rigide », il n'a jamais eu la foi. Il est convaincu que l'existence ou l'inexistence de Dieu ne peut être scientifiquement démontrée. « Ayant fait depuis toujours le pari de son inexistence, tous les événements de la vie deviennent à mes yeux autant d'arguments contre son existence. Mais si j'avais été croyant, je suis certain que j'aurais fait l'inverse. » Partant de ce postulat que Dieu n'existe pas, François affirme néanmoins ressentir depuis une dizaine d'années le besoin d'une sorte de spiritualité laïque : « Pendant des années, j'ai lutté dans mon métier pour essayer de gagner de l'argent, de monter les échelons dans la société. Et puis, quand je me suis retrouvé en haut, j'ai eu une sorte de vertige, me disant : à quoi tout cela sert-il ? J'avais besoin de spiritualité. » Hermétique aux religions monothéistes qu'il considère surtout comme « un profond facteur de divisions », c'est dans le bouddhisme qu'il découvre une philosophie qui répond à ses besoins spirituels.

Ses incessants voyages en Asie le mettant en contact avec la culture bouddhiste, il finit par approcher des moines à Bangkok. « J'ai discuté avec certains d'entre eux qui parlaient anglais. Cela m'a donné envie d'approfondir ma connaissance du bouddhisme. J'ai lu plusieurs ouvrages sur les enseignements du Bouddha et j'ai découvert, à ma grande surprise, que j'étais bouddhiste sans le savoir ! Je ne me suis pas converti au bouddhisme. J'étais bouddhiste *au départ* : pour une fois quelqu'un me disait ce que je pensais, ce que je vivais parfois, et que je n'osais pas toujours exprimer. » Certaines notions bouddhistes entrent plus en résonance avec ses propres conceptions et le confirment ainsi dans ses « convictions philosophiques ». Le discours du Bouddha sur les « quatre nobles vérités » le touche particulièrement, ainsi que le concept d'impermanence. Sur le plan éthique, il est particulièrement sensible aux notions de tolérance et de compassion : « Je trouve fabuleuse une religion comme le bouddhisme qui ne cherche pas à vous convertir. Le dalaï-lama dit aux chrétiens : Vous voulez croire en Dieu ? croyez en Dieu. Mais vous pouvez prendre des aspects du bouddhisme qui vous sont utiles pour progresser dans votre propre religion. C'est d'une tolérance et d'une ouverture que je n'ai jamais vues ni ressenties ailleurs […]. La compassion, je la ressentais profondément, c'est un mot inemployé en langue française, parce qu'on en a honte : dans notre civilisation, on nous demande d'être forts et d'écraser les autres. Dans la civilisation bouddhiste, au contraire, il s'agit d'accueillir les autres, d'ouvrir les bras. C'est quelque chose que j'avais envie de faire, mais qui était presque honteux dans notre civilisation. Plutôt que de compatir, on a tendance à créer de l'exclusion, à rejeter le pauvre, celui qui ne s'adapte pas aux critères de performance de notre société. La compassion est réservée à quelques êtres exceptionnels, comme mère Teresa ou l'abbé Pierre. Mais on les loue d'autant plus qu'on ne cherche pas à les imiter. »

En revanche, François est réfractaire au caractère plus explicitement religieux du bouddhisme. Il ne croit pas du tout à la réincarnation et explique que le bouddhisme est devenu une religion dès lors qu'il n'a pas su résister à la tentation de donner « un mode d'emploi de la vie après la vie ». La question de l'après-vie constitue pour François un point d'interrogation. Contre la prétention des bouddhistes, notamment tibétains, à disserter sur l'au-delà, il fait référence au Bouddha quand il refusa de se prononcer sur les fins ultimes de l'homme ainsi que sur tout ce qui échappe à l'entendement, et qui recommandait à ses disciples de ne pas croire à ses paroles sans avoir fait eux-mêmes leurs propres expériences. Pour François, le bouddhisme est donc une « philosophie de l'homme » à laquelle il adhère parce qu'elle confirme et explicite tout ce qu'il pensait ou pressentait jusque-là. Il n'hésite d'ailleurs pas à se dire « bouddhiste » quand on l'interroge sur ses convictions philosophiques ou religieuses. Le fait que le bouddhisme soit une tradition très ancienne n'a aucune importance pour lui : la notion de tradition lui est assez imperméable. Il n'a pas fait baptiser ses enfants et ne leur a transmis aucune éducation religieuse. Il ne compte pas non plus élever sa petite fille de cinq ans « dans le bouddhisme », mais seulement lui parler plus tard de la philosophie bouddhiste, et surtout lui transmettre quelque chose de cette philosophie : « Pour moi, le bouddhisme, c'est d'abord une façon de voir les choses. C'est une manière d'être. C'est une philosophie de la relation avec les autres. » Cela n'empêche pas François de lire régulièrement des ouvrages sur les enseignements bouddhistes – le dernier en date est celui de Sogyal rinpoché – et de se rendre souvent à des conférences. Mais l'idée de pousser la porte d'un centre pour apprendre à méditer ne lui est jamais venue. Pourquoi ? « Par manque de temps », affirme-t-il sans avoir l'air d'être lui-même très convaincu par sa réponse.

Le bricoleur syncrétiste

Nous avons déjà évoqué le caractère éclaté, atomisé, diffus des quêtes spirituelles contemporaines. Dans une société dominée par le pluralisme, la religion n'est plus le principe organisateur de la vie sociale, mais devient matière à option, objet d'un choix privé qui relève de la seule conscience des individus. « Pour la première fois dans l'histoire, écrit Peter Berger, les légitimations religieuses du monde ont perdu leur crédibilité non seulement pour quelques intellectuels et autres individus marginaux, mais pour de larges couches de sociétés entières [...]. Cette traduction de la sécularisation au niveau de la conscience a son correspondant au niveau socio-structurel. Subjectivement, l'homme de la rue a tendance à douter en matière religieuse. Objectivement, il est confronté à une grande diversité de religions et à d'autres instances prétendant définir la réalité, qui se disputent son adhésion ou du moins son attention, et aucune d'elles n'est en mesure de forcer son adhésion. En d'autres termes, le phénomène appelé "pluralisme" est le correspondant socio-structurel de la sécularisation de la conscience [1]. »

Pour décrire cette nouvelle situation religieuse, les sociologues américains ont utilisé l'analogie de l'économie de marché et montré comment se développait aujourd'hui une pratique religieuse « à la carte », chacun allant faire son choix dans un vaste supermarché du sens et des croyances. Ainsi, selon les analyses de Peter Berger et Thomas Luckmann, les religions traditionnelles sont placées sur « le marché » éclaté des significations disponibles : les institutions religieuses doivent « vendre » leur « produit » à une clientèle qui n'est plus contrainte d'« acheter ». Autre conséquence de cette situation pluraliste qui obéit à la logique de marché, les religions doivent s'adapter à la demande de leurs adeptes, devenus des « consommateurs ». Si elles peuvent certes compter sur de « vieux clients » fidèles à la « marque », elles ne peuvent trouver de nouveaux « débouchés » sans faire des « études de marché » pour répondre aux besoins changeants des individus. Les rapprochements œcuméniques sont aussi, selon nos auteurs, une exigence de la situation de pluralisme, et répondent à la même logique de marché : une concurrence trop farouche peut avoir pour conséquence d'éloigner définitivement certains consommateurs éventuels du marché religieux ; il vaut alors mieux que les concurrents s'entendent pour « fixer les prix » et éviter une compétition

1. Peter Berger, *La Religion dans la conscience moderne*, Centurion, 1978, pp. 201 et 203.

autodestructrice sur un marché des biens symboliques et religieux de plus en plus dense.

Ce qu'il importe ici de constater, c'est la manière concrète dont cette atomisation du religieux se manifeste dans des trajectoires spirituelles. Un nombre important de Français touchés par le bouddhisme sont parfaitement représentatifs de ces individus de plus en plus nombreux à « pratiquer une religion à la carte » selon l'évolution de leurs questionnements, de leurs besoins, des événements qui marquent leur vie. Superficiellement ancrés dans leur religion d'origine, ou bien déracinés de toute appartenance religieuse, ils s'intéressent successivement – ou simultanément – à diverses traditions, ils pratiquent le yoga* ou une autre forme de travail sur le corps, ils sont aussi très souvent engagés dans un travail psychologique, s'intéressent à l'ésotérisme, à l'astrologie ou au tarot, etc. En fait, les religions et les sagesses de l'humanité constituent un immense réservoir symbolique au sein duquel ils piochent indifféremment au gré de leurs besoins, en se créant ainsi leur propre système religieux [1].

Ces « bricoleurs » pratiquent le plus souvent un véritable syncrétisme en adoptant dans chaque tradition ce qui leur convient et en mélangeant ces divers ingrédients pour élaborer leur propre synthèse personnelle. Le bouddhisme sert souvent de principal cadre de référence, de colonne vertébrale et de boussole à cette synthèse individuelle. On retrouve d'ailleurs presque toujours les mêmes emprunts faits au bouddhisme chez ces partisans de la spiritualité « en

1. Plusieurs chercheurs français ont bien décrit ces nouvelles formes de nomadisme religieux. On retiendra, entre autres : Françoise Champion, « La nébuleuse mystique-ésotérique », *in* Françoise Champion et Danièle Hervieu-Léger, *De l'émotion en religion*, *op. cit.* ; « Nouveaux mouvements religieux et nouvelles religiosités mystiques ésotériques », in *Cahiers français*, n° 273, oct-déc. 1995 ; Yves Lambert, « La religion, un paysage en profonde évolution », *in* Hélène Ruffault, *Les Valeurs des Français*, P.U.F., 1994 ; Jean-Louis Schlegel, *La Religion à la carte*, Hachette, 1995 ; Jean-Paul Willaime, *Sociologie des religions*, P.U.F., 1995 ; Danièle Hervieu-Léger, *Le Pèlerin et le Converti. La religion en mouvement*, Flammarion, 1999.

kit» : la pratique de la méditation, la croyance au karma et à la réincarnation, parfois aussi la fascination pour les maîtres tibétains.

Il existe entre ce groupe de Français touchés par le bouddhisme et les «pratiquants» du bouddhisme une différence essentielle : à la différence de ces derniers, ils ne se socialisent pas dans les communautés bouddhistes et pratiquent très librement la méditation après avoir reçu une brève initiation. Comme ils le font pour d'autres religions, ils viennent se servir ponctuellement dans le bouddhisme : recevoir une bénédiction d'un grand lama, suivre un stage de méditation, lire quelques livres sur les enseignements du Bouddha… Tous ces emprunts – auxquels le bouddhisme se prête volontiers de par sa souplesse, son caractère pragmatique, l'absence de tout contrôle institutionnel rigide – sont ensuite réinterprétés et assimilés par chacun selon son propre système de significations.

D'une certaine manière, cette «subjectivisation» des pratiques et des croyances est à l'œuvre, à un moment ou à un autre, chez la plupart des individus touchés par le bouddhisme. Mais, tandis que certains vont tenter de se stabiliser dans un milieu et de s'ancrer dans une tradition (les «pratiquants»), d'autres continueront leur chemin, refusant tout ancrage précis, quitte à évoquer le bouddhisme comme le chemin spirituel le plus proche de leur propre quête personnelle. Ces «bricoleurs» sont généralement mal vus des pratiquants, plus impliqués, qui leur reprochent de «flirter» avec le bouddhisme sans faire l'effort d'un véritable investissement personnel, et d'éviter ainsi tout enracinement pourtant nécessaire à l'approfondissement d'une voie spirituelle. Mais les intéressés assument bien ce bricolage et cette perpétuelle distance à l'égard des systèmes religieux, en les légitimant par la «liberté» du chercheur. Jean-Louis Servan-Schreiber, patron du mensuel *Psychologies*, qui pratique la méditation zen sans être relié à un centre particulier, exprime bien, à partir de son propre itinéraire, cette opinion.

À la question : quelle est votre religion ? il répond sans complexes : « La mienne. Je suis catholique par éducation, juif par mariage et bouddhiste par affinité. De nos jours, chacun est obligé de se tailler sa propre réponse. L'affiliation à des systèmes complets ne correspond pas au "marketing métaphysique" personnalisé. D'ailleurs, la quête religieuse la plus intéressante, c'est de se faire son "kit". C'est-à-dire de sentir ce qui correspond à ses propres harmonies, mais pas de manière globale et une fois pour toutes en disant "J'adhère à cela" et en se débarrassant ainsi de cette question. Le faire, c'est évidemment renoncer à la pensée. La foi en tant que telle est quelque chose qui m'inquiète toujours. Mais la recherche, non. Et il y a justement dans l'attitude bouddhiste cet état de quête plutôt que de foi [1]. »

À trente-six ans, Julie a déjà le sentiment d'avoir fait le tour du monde des sagesses de l'humanité. Cette jeune pharmacienne, célibataire et mère d'une petite fille de quatre ans, a été élevée dans l'indifférence religieuse la plus totale. Pourtant, aussi loin que remontent ses souvenirs, elle se souvient de s'être préoccupée « des grandes questions de l'existence : où vont les morts ? est-ce qu'il y a un Dieu ? pourquoi le mal et les injustices entre les hommes ? ». Ses parents ne se sentant pas préoccupés par ces questions mais ne voyant pas d'inconvénient à ce que leur fille s'y intéresse, Julie va demander le baptême dans l'Église catholique à l'âge de douze ans, après avoir insisté pour suivre les cours de catéchisme « afin de faire comme mes petites copines et parce que ça m'intéressait vraiment ». À l'adolescence, elle fréquente l'aumônerie de son lycée avant de prendre quelque distance avec l'Église : « J'étais vraiment croyante et je priais souvent Jésus dans mon cœur, mais je n'acceptais pas l'intervention de l'Église dans ma vie privée, notamment

1. Propos recueillis par Cendrine Barruyer pour l'*ARM*, « Clés pour comprendre le bouddhisme », octobre 1993.

en ce qui concernait mes relations sexuelles, la contraception, etc. Et puis, peut-être plus encore, je ne trouvais personne pour m'aider à prier, à lire l'Évangile, à appliquer ma foi chrétienne dans ma vie. Il y avait d'un côté des normes rigides à respecter et, de l'autre, une pratique religieuse un peu formaliste, mais, entre les deux, pas de véritable enseignement sur la vie spirituelle. » Elle abandonne toute pratique vers l'âge de seize, dix-sept ans et découvre à peu près au même moment les ouvrages d'Arnaud Desjardins par l'intermédiaire du compagnon de sa sœur aînée : « Ça répondait à toutes mes aspirations existentielles du moment. Je m'intéressais aussi à la psychologie, je voulais comprendre comment je fonctionnais, pourquoi j'étais parfois angoissée ou déprimée, et là, je trouvais un enseignement très vivant qui reliait la psychologie à la vie spirituelle [...]. Pendant des années, les livres d'Arnaud ont été mes ouvrages de chevet. J'aimais aussi cette approche occidentale des spiritualités orientales qui me rendait ces enseignements accessibles [...]. J'ai commencé à croire à la réincarnation et à la loi du karma et j'y crois toujours dur comme fer. J'essayais toute seule de méditer le soir avant de me coucher. En même temps, je continuais de croire en Dieu et de prier Jésus et parfois même Marie... »

À la fin de ses études, Julie obtient de ses parents un soutien financier supplémentaire qui lui permet de partir près d'un an à l'étranger. Seule ou avec son ami, elle passe plus de six mois en Inde. Là, elle fréquente l'ashram* de Sri Aurobindo, à Auroville. Elle n'apprécie guère le côté « tourisme spirituel » de l'endroit. Elle passe aussi une semaine dans un dispensaire tenu par les sœurs de mère Teresa. Mais ce qui la marque le plus, c'est son séjour à Dharamsala, auprès des réfugiés tibétains : « Je me suis sentie tout de suite très proche de ce peuple. Non seulement à cause de cette tragédie, mais aussi par son tempérament joyeux, mystique, chaleureux [...]. J'ai pu assister à une audience du dalaï-lama et j'ai été extrêmement émue lorsqu'il m'a posé les mains sur la tête en signe de bénédiction. J'avais un peu l'impression de rencontrer le Christ en chair et en os... Il émanait de lui une si grande compassion! Par la suite, j'ai pu rencontrer plus intimement d'autres grands lamas tibétains, dont un qui vivait dans une petite cabane dans la forêt et qui avait été plusieurs années à la torture dans les prisons chinoises. Il avait complètement pardonné à ses tortionnaires, alors qu'il portait encore de graves séquelles de son martyre. Il riait toujours et semblait avoir tout son temps pour vous recevoir, alors que je savais qu'il était très occupé à traduire et à transmettre des enseignements importants. Depuis, je me sens bouddhiste autant que chrétienne.»

Peu de temps après son retour d'Inde, elle apprend qu'une de ses amies d'enfance va bientôt prendre le voile au Carmel. Elle décide d'assister à la cérémonie et en ressort bouleversée : «Je me suis dit qu'elle vivait sa foi de manière totale et que tout chrétien devrait être aussi rayonnant qu'elle. J'ai alors décidé de faire une retraite de cinq jours dans son couvent, même si je ne pouvais pas la voir, puisqu'elle était au noviciat.» Julie retrouve alors un goût plus prononcé pour la prière, se confesse pour la première fois depuis plus de dix ans, communie de temps en temps et achète même un chapelet qu'elle garde depuis toujours sur elle... à côté d'un *mala** bouddhique bénit par le dalaï-lama! Après ce temps fort, sa ferveur catholique a quelque peu diminué, mais elle revient plus souvent dans une église, «seule, pour prier ou pour communier, quand j'en ressens l'envie».

Son cheminement spirituel s'est encore considérablement enrichi au cours de ces dernières années où elle est devenue mère d'une petite fille – «qui est venue par accident, comme un don du Ciel, et qui est le plus beau cadeau de ma vie» – qu'elle a décidé d'élever seule. Julie a en effet découvert l'«astrologie karmique», qu'elle apprécie comme «un formidable outil de connaissance de soi à partir de la prise de conscience des mémoires de nos vies antérieures», et qu'elle pratique à ses moments libres auprès de ses proches. Après une pratique un peu décousue du yoga pendant plusieurs années, elle a également décidé de s'inscrire à une session d'initiation à la méditation bouddhiste dans un centre tibétain du sud de la France. Revenue enthousiaste, elle essaie, depuis, de pratiquer au moins quelques instants tous les jours : « Depuis, mes journées ont un autre parfum. Je suis beaucoup plus calme et apaisée [...]. En fait, je ne peux pas m'empêcher de penser à Dieu ou à Jésus pendant la méditation, mais la pratique corporelle, les exercices sur le souffle, la posture avec le dos bien droit et détendu sont autant d'atouts qui me manquaient dans la pratique de la prière. » Plus récemment, elle s'est aussi intéressée au chamanisme et au travail sur les énergies. Elle fréquente ponctuellement un groupe de Reiki qui lui permet d'apprendre « à nettoyer ses *chakras* * et à transmettre de l'énergie aux autres ». Depuis huit mois, elle s'intéresse également de près à la kabbale juive et suit des enseignements sur les lettres hébraïques et leur symbolisme. Son professeur, un Juif pratiquant, croit d'ailleurs lui aussi à la réincarnation et à l'astrologie.

Ses lectures sont tout aussi variées que ses pratiques : sur les rayonnages de sa bibliothèque qui couvre tous les murs de son salon, Jung côtoie Krishnamurti, la Bible le Yi-king, Eugen Drewermann le dalaï-lama, et Rûmi saint Jean de la Croix. Lorsqu'on lui parle de syncrétisme, le terme et l'idée ne l'effraient pas : « J'ai quelques amis très engagés dans le christianisme ou le bouddhisme qui me reprochent de picorer un peu à droite à gauche et de faire ma sauce personnelle. Mais je suis convaincue que toutes les religions et les sagesses vont vers le même but – qu'on l'appelle l'amour, la libération, la félicité suprême –, même si elles offrent des moyens différents pour l'atteindre. Puisque le but est identique, je ne vois pas pourquoi les moyens ne seraient pas interchangeables selon les moments et les besoins de chacun [...]. Nous avons la chance de vivre à une époque où les barrières culturelles s'estompent et où toutes les techniques de réalisation spirituelle sont mises à la portée de tous. On serait bien bêtes de ne pas en profiter ! »

Julie n'aime pas les étiquettes et se définit avant tout comme un « chercheur toujours en quête ». Elle n'a pas fait baptiser sa fille – qu'elle élève avec son nouveau compagnon qui pratique le Zen –, mais elle lui parle de Dieu et de Jésus. Elle pense lui donner une éducation « à dominante chrétienne, parce que c'est aussi la culture dans laquelle elle est élevée », mais elle la laissera entièrement libre de choisir ensuite sa voie spirituelle. « La seule chose qui m'attristerait un peu, même si je n'exerçais aucune pression, c'est si elle ne s'intéressait pas du tout à la spiritualité... C'est une aventure tellement intense et passionnante ! »

Déracinement religieux, multiplication des intérêts et des expériences spirituels, perpétuel chercheur : tels sont les traits dominants du bricoleur. Il existe toutefois, à l'intérieur de ce modèle très vaste, de nombreux cas de figure. Certains, par exemple, à la différence de Julie, récusent l'idée de syncrétisme et de dispersion entre diverses traditions. Ils ont plutôt tendance à les investir successivement. Leur périple n'a pas de fin, ils ne parviennent jamais à s'installer définitivement dans une religion, une tradition, un groupe précis. Ils s'impliquent toutefois assez profondément à chaque rencontre. Leur quête exige un investissement plus long, plus profond, plus engageant dans chaque groupe, sagesse ou tradition rencontrés. La plupart de ces nouveaux nomades spirituels dressent un jour leur tente dans la sagesse bouddhique. Après quelques années d'engagement assez intense, ils continuent leur chemin en investissant d'autres lieux, en suivant d'autres maîtres. Mais ils conservent dans leur bagage un certain nombre d'éléments reçus du bouddhisme : une pratique, des éléments de doctrine, une éthique de vie, l'exemple ou le regard d'un maître, des concepts philosophiques...

Le chrétien méditant

Malgré les réticences de l'Église et les recommandations du cardinal Ratzinger qui dissuade vivement les fidèles de s'adonner aux pratiques psycho-corporelles et méditatives orientales, les catholiques sont de plus en plus nombreux à être touchés par le bouddhisme par le biais de la méditation. Ces chrétiens qui pratiquent la méditation bouddhiste – essentiellement *zazen** – constituent une catégorie à part entière des « proches » du bouddhisme. Ce sont des personnes qui se considèrent explicitement comme « chrétiennes » ; la plupart sont catholiques et conservent une pratique religieuse. Mais elles ressentent un certain manque dans la tradition chrétienne, concernant notamment l'implication du corps dans la vie spirituelle, et s'initient à certaines techniques de méditation bouddhiste pour le combler. Elles pratiquent la méditation dans un contexte explicitement chrétien : église, monastère, salle paroissiale. Il convient de les distinguer d'autres chrétiens qui pratiquent dans le contexte d'un centre bouddhiste, qui reçoivent du bouddhisme une influence plus large et profonde que l'emprunt d'une simple technique, et que nous classerons dans la catégorie des « pratiquants » du bouddhisme.

Bernard Rérolle, un prêtre mariste initié au Zen auprès de K. G. Dürckheim au début des années quatre-vingt (après avoir longtemps pratiqué le yoga), enseigne la pratique du *zazen* depuis une dizaine d'années dans un cadre explicitement chrétien. Il explique ainsi la demande bien précise des centaines de personnes qui suivent chaque année ses stages de méditation : « Les chrétiens que je rencontre sur les chemins du bouddhisme en France ne sont pas des chrétiens attirés par le bouddhisme en tant que doctrine, mais des chrétiens attirés par le bouddhisme en tant que proposition d'un chemin spirituel qui associe le corps à leurs travaux. »

Il résume en trois points l'apport de la pratique du Zen – qu'il préfère appeler du vocable encore plus neutre d'« assise silencieuse » – pour la vie chrétienne : « Cette assise silencieuse permet de s'approcher de son silence intérieur et d'aboutir à une profondeur meilleure, à une prière qui ne soit pas simplement une espèce de gémissement de la conscience malheureuse, mais qui soit un regard en profondeur vers la profondeur de Dieu, le mystère du divin [...]. J'ajouterai que l'assise silencieuse favorise une assiduité au rite et lui donne une qualité particulière. Nous avons perdu l'usage du rite, nous sommes devenus trop intellos, trop réfugiés dans la compréhension mentale des choses, et, donc, qu'on fasse le geste bien ou mal n'a pas d'importance pour nous. Pour prendre une comparaison, si un homme embrasse la femme qu'il aime, il ne peut pas faire ce geste de façon négligée en disant : Tu sais très bien que je t'aime... Une présence est nécessaire. De même, dans le rite qui ordonne la vie spirituelle, la qualité de la présence est importante... Enfin, l'assise silencieuse permet de développer une rigueur éthique dont le noyau central est la compassion. Si on se reporte plus près du corps, plus près du geste pratique et plus près du silence intérieur, la compassion, l'amour, l'*agapê* n'est plus noyé dans un verbiage, mais reprend du tonus, et la rigueur de la vie morale s'en trouve bénéficiaire. »

Ces pionniers de la pratique du Zen chrétien témoignent avec enthousiasme de la transformation profonde que la pratique de la méditation a apportée à leur vie chrétienne. Pierre de Béthune, un moine bénédictin, prieur du monastère de Clereland (Louvain-la-Neuve), responsable du Dialogue interreligieux monastique (DIM) qui favorise les contacts et les échanges spirituels entre moines catholiques et moines bouddhistes, affirme sans ambages : « Si je suis resté moine chrétien, c'est grâce au bouddhisme. La tradition monastique chrétienne est imprégnée d'une tradition très dualiste qui déprécie le corps. Nous qui croyons en un Dieu incarné, nous n'avons pas une anthropologie et une pratique à la hauteur de la théologie que nous professons. » Pratiquant *zazen* une heure par jour depuis bientôt trente ans, ce moine atypique est convaincu que le christianisme peut être renouvelé grâce au bouddhisme : « La méditation bouddhiste ne m'a pas tant enrichi qu'appauvri (au sens évangélique). Ce qui nous handicape, c'est le poids de la richesse de nos dogmes, de nos discours théologiques. La pratique du zen met en pièces beaucoup de belles constructions mentales qui nous protègent contre l'expérience du divin. »

Les nombreux chrétiens adeptes de la méditation zen rencontrés au cours de cette enquête insistent toujours sur ce silence intérieur, cette disponibilité qui favorise une rencontre avec le divin au plus intime de soi. D'aucuns ont toujours été – plus ou moins – engagés dans l'Église catholique. D'autres, au contraire, ont arrêté toute pratique et pris beaucoup de distances avec l'Église, tout en conservant une « foi vivante ». D'autres, enfin, peut-être les plus nombreux, sont revenus à la pratique après un long temps d'abandon et de recherches spirituelles diverses. La pratique du Zen les aide à enraciner dans le corps – et dans un espace de silence intérieur – leur vie chrétienne nouvelle.

Jacques est l'un d'eux. Formateur d'équipes commerciales, il vient de prendre sa retraite. Il est célibataire. Ayant reçu une éducation catholique par sa mère – son père était athée –, il n'a gardé aucun souvenir d'une foi personnelle avant l'âge de quinze ans où, pensionnaire chez les Frères des écoles chrétiennes, il aimait prier et aller à la messe. Puis, peu à peu, sans rupture brutale, sa foi et sa pratique se sont relâchées : « Sans jamais avoir totalement perdu l'étoile Polaire du christianisme et de ma foi de base, je m'en suis considérablement écarté et j'ai fait tout un parcours, au moins livresque, dans les autres religions. » Jacques prend bien soin de préciser qu'il n'a jamais pratiqué dans aucune de ces religions – islam, hindouisme et bouddhisme – et que son intérêt était purement intellectuel. À travers ses nombreuses lectures, il affirme avoir finalement retrouvé les valeurs fondamentales du christianisme. « Cet écart, cette distance que j'ai prise pendant plus de dix ans, m'a, tout compte fait, ramené à mes origines, mais avec plein d'enrichissements [...]. J'ai par exemple vérifié à travers ces différentes religions l'importance de l'amour, et cela m'a ramené à ma religion et à ma culture d'origine. Car il y a aussi dans tous ces messages religieux un enracinement culturel important, et je ne me sens vraiment à l'aise que dans ma propre culture. »

Jacques est revenu à une pratique religieuse au terme de plusieurs étapes. Le déclic s'est produit en 1984 lors d'un pèlerinage à Medjugorje, en Yougoslavie, lieu d'apparitions présumées de la Vierge. « Je me suis remis là, à travers certaines demandes de la Vierge – parce que je crois aux apparitions de Medjugorje –, à prier davantage, à pratiquer le jeûne une fois par semaine, à revenir à la messe dominicale. » Ce renouveau de foi et ce retour à la pratique n'empêchent pas Jacques de garder « beaucoup de distances » avec les préceptes de l'Église, notamment en matière de morale : « Je respecte totalement le pape [...], mais je ne suis pas d'accord sur certaines choses que je trouve monstrueuses. Par exemple, prêcher la fidélité aux populations africaines, et surtout l'interdiction du préservatif, cela me paraît irresponsable, voire criminel... »

Au fil des ans, Jacques ressent un autre besoin pour soutenir sa prière : celui d'une « technique de mise en disponibilité, de prise de contact avec soi et avec quelque chose qu'on pourrait définir comme l'absolu, une technique pour faire le vide, pour faire silence, pour se débarrasser de tous les bruits intérieurs qui sont autant de parasites dans une démarche d'écoute. » Il pressent que la méditation bouddhiste peut lui offrir cette technique psycho-corporelle qu'il ne trouve pas dans la tradition chrétienne. Ayant été très impressionné par les ouvrages de Trungpa rinpoché, il fréquente à Paris un centre tibétain de méditation fondé par des disciples occidentaux de Trungpa. « J'ai fait une dizaine de séances dans ce groupe où je me sentais objectivement bien accueilli, mais je ne m'y sentais pas à l'aise, parce qu'il y avait plein de trucs d'une culture qui n'était pas la mienne : un cérémonial, des images bouddhistes, de l'encens, tout un contexte typiquement tibétain, et aussi quelques apports de théorie bouddhiste qui ne m'intéressaient que très peu. Je ne me sentais pas dans mon élément. » Jacques quitte donc ce groupe de méditation et poursuit sa quête du côté du Zen, où il espère trouver plus de sobriété et moins d'imprégnation culturelle asiatique. Il s'inscrit à un stage de « prière chrétienne et méditation bouddhiste », chez les Carmes d'Avon, qui le conforte dans le désir de pratiquer *zazen*, mais dans un contexte explicitement chrétien. Grâce à une lecture, il découvre Bernard Rérolle et, après un stage d'un week-end, décide de pratiquer régulièrement *zazen* au sein du groupe de méditation fondé à Paris par le père mariste. Depuis un an, il pratique deux ou trois fois par semaine, toujours en groupe. « J'entre en contact avec mon corps, par la respiration, l'attitude, la posture *zazen* et c'est un élément nouveau. » Cette fois, il apprécie le petit cérémonial qui précède la séance de méditation : salut à la salle et à son coussin, gong, encens..., car il est rassuré par la présence d'icônes dans la salle. « Même s'il y a un bâton d'encens, l'icône rappelle que nous méditons en contexte chrétien. Et si Bernard Rérolle fait, dans quelques brefs commentaires, souvent référence à des enseignements tirés du bouddhisme, on sait qu'il est chrétien. » Même s'il perçoit cette pratique du *zazen* « comme limitée par rapport à la prière chrétienne », il en tire bénéfice pour se « débarrasser de tout ce fatras mental qui fait obstacle à une démarche vers plus de lumière et de silence [...]. Cet apprentissage de plus de silence en moi, je crois que c'est la condition de base pour recevoir ce que Dieu veut m'envoyer ».

4

Le pratiquant

Dernière grande catégorie mise au jour par cette première enquête : celle des personnes les plus impliquées dans le bouddhisme à travers une pratique et un contact plus ou moins régulier avec divers centres du *dharma*. Même s'ils y suivent souvent des enseignements théoriques, la quasi-totalité des individus qui fréquentent ces centres le font en premier lieu pour apprendre à « pratiquer ». À tel point que bon nombre d'entre eux définissent le bouddhisme comme une « pratique ». Celui-ci étant avant tout une thérapie contre la souffrance, il n'est pas concevable, pour ceux qui s'y engagent résolument, de dissocier le but du moyen, la pratique de la méditation constituant le médicament nécessaire à la guérison. Alexandra David-Neel, probablement la première Française à « pratiquer » le bouddhisme, écrivait ainsi en 1921 : « La méditation est la base profonde de la vie du bouddhiste, la base de la doctrine bouddhiste, elle-même issue de la méditation de son fondateur, Sidattha Gotama, le Bouddha. De même que l'on ne peut logiquement dénommer chrétien un homme qui ne prie pas, celui qui ne médite point n'a aucun véritable droit de s'intituler bouddhiste [1]. » À l'époque où l'exploratrice française écrivait ces lignes, les premiers Occidentaux à avoir compris l'enjeu existentiel du

1. Alexandra David-Neel, article publié en octobre 1921 dans *Buddhist Review*, vol. 8, n° 4, repris dans Marc de Smedt (dir.), *L'Orient intérieur*, Autrement, 1985.

bouddhisme devaient se rendre en Asie pour apprendre à pratiquer auprès de maîtres compétents. Aujourd'hui, la présence de nombreux maîtres spirituels asiatiques en France et l'implantation de plus de deux cents centres de méditation permettent à tous les Français qui le souhaitent de s'engager « existentiellement » dans la voie bouddhique en étudiant en profondeur ses enseignements essentiels et en s'initiant, sous la conduite d'un expert, à diverses pratiques dont la méditation constitue l'archétype. Celles-ci ont pour but ultime de faciliter la libération de l'esprit et d'atteindre l'éveil définitif ; mais elles permettent aussi d'harmoniser les relations entre le corps et l'esprit, d'apaiser le mental, d'apporter une certaine sérénité, de développer une bonne énergie ou de transmuter les émotions négatives en compassion et en paix intérieure.

Pour éviter tout malentendu sémantique, j'insiste bien sur le fait que la notion de « pratique » et la catégorie de « pratiquant » sont très éloignées, dans le bouddhisme, des modèles catholiques. Dans le catholicisme, nous entendons communément par « pratique » la participation à une liturgie communautaire, essentiellement l'eucharistie, qui revêt un certain caractère d'obligation pour les fidèles ; le « pratiquant » est celui qui se conforme à cette prescription institutionnelle. Dans le bouddhisme, la pratique est d'abord conçue comme un acte introspectif individuel – même si la dimension communautaire peut être aussi présente – impliquant l'usage de certaines techniques psycho-corporelles. Le « pratiquant » est celui qui s'engage dans cette voie de vigilance et de transformation de soi. Comme le soulignait Alexandra David-Neel, la pratique de la méditation bouddhique, par son caractère volontaire, individuel, introspectif et engageant, s'apparente plus à la prière chrétienne qu'à la pratique dominicale formaliste, du moins telle qu'elle est vécue par bon nombre de fidèles. Précisons à cet égard que, dans les pays asiatiques de tradition bouddhiste, la plupart des fidèles ne pratiquent pas la méditation et participent plus volontiers à des cérémonies et à des rituels religieux collectifs qui ressemblent fort à ceux du catholicisme ; la méditation, qui est au cœur du bouddhisme, y reste une pratique élitiste et ne touche – finalement, comme l'oraison chrétienne – qu'une minorité de fidèles fortement engagés dans une voie spirituelle. C'est donc le meilleur du bouddhisme, ses traits essentiels, dépouillés de tout le poids de la religiosité populaire, qui nous parvient en Occident. Intellectuellement, il est impropre de comparer ce bouddhisme savant et épuré avec les formes les plus dégradées du formalisme religieux occidental. Comme nous le verrons plus loin, c'est pourtant ce que la plupart des Occidentaux touchés par le bouddhisme ne peuvent s'empêcher de faire quand ils relisent leur parcours spirituel.

Dans la deuxième partie de cet ouvrage, nous étudierons beaucoup plus en détail cette première grande catégorie de Français socialisés dans le bouddhisme via les centres d'études et de méditation. Cette socialisation comporte toutefois des degrés. Dans une perspective de recensement obéissant au critère d'implication, il convient d'affiner encore l'analyse de cette population. En activant d'autres indicateurs, comme l'identité religieuse et l'engagement au sein de l'institution, nous pouvons dégager trois groupes distincts au sein de cette catégorie.

Le pratiquant distant

Ce premier modèle comprend les individus qui fréquentent irrégulièrement les centres et refusent le plus souvent de se définir comme des « convertis » ou des « adeptes » du bouddhisme. Ils se sentent très libres vis-à-vis des autorités ; beaucoup sont même assez allergiques aux institutions religieuses de tout ordre. Ils ont appris à méditer lors d'un stage dans un centre, mais pratiquent aujourd'hui plutôt la méditation de manière solitaire, même s'il leur arrive encore de se rendre ponctuellement dans un centre pour une pratique collective, un enseignement ou une initiation. Ils adhèrent le plus souvent aux enseignements essentiels du bouddhisme telles la transmigration et la loi de causalité (karma), mais se sentent libres de ne pas adhérer à certains aspects de la doctrine ou de combiner plusieurs enseignements religieux de sources différentes. Ceux qui sont davantage reliés à la tradition tibétaine attachent une assez grande importance à la figure du maître spirituel, et c'est souvent à travers la rencontre avec un lama que s'est noué leur engagement dans le bouddhisme.

Tel est le cas de Fabien Ouaki, le médiatique patron des magasins Tati. Ce Juif tunisien de quarante et un ans n'hésite pas à faire publiquement part de son implication dans le bouddhisme. Issu d'une famille peu pratiquante, Fabien eut néanmoins pour précepteur religieux l'une des plus hautes figures du judaïsme orthodoxe, Joseph Sitruk, l'actuel grand rabbin de France. Son vif intérêt pour les questions religieuses trouva évidemment une oreille attentive chez ce précepteur exceptionnel. Mais, après une mutation en province du rabbin Sitruk, Fabien s'éloigna peu à peu de la religion. Le déclic final fut la réponse agacée d'un rabbin qu'il questionnait sur la personne de Jésus : « Nous ne sommes pas là pour parler de Jésus. » « J'avais déjà treize ans, je me désintéressai donc de toute pratique religieuse, mais pas encore de Dieu, et encore moins de la foi, qui est toujours présente en moi. Armé de cette foi intime que je pouvais difficilement partager avec mes camarades, je continuais confusément de chercher, tout au long de cette période difficile qu'est l'adolescence, une voie, *ma* voie [1]. » Le jeune homme tombe alors sur *Le Troisième Œil* de Lobsang Rampa [2], qu'il dévore, et se met à rêver d'« auras * » et de « voyage astral * ». Cette lecture

1. Toutes les citations de Fabien Ouaki sont extraites de son témoignage rapporté dans l'introduction de son livre d'entretiens avec le dalaï-lama, *La vie est à nous,* 1996.

2. Sur ce livre qui joua un rôle clef dans l'itinéraire spirituel de nombreux Français touchés par le bouddhisme, voir notre ouvrage *La Rencontre du bouddhisme et de l'Occident,* Fayard, 1999, 3e partie, chap. 4, « Le Tibet magique ».

réactive sa quête spirituelle. Avec son amie, qui deviendra sa femme quelques années plus tard, il s'investit dans toutes sortes de pratiques psycho-spirituelles : hypnose, tarot ésotérique, bouddhisme zen, etc. Parfait représentant de la culture New Age, il ne privilégie aucune voie et papillonne d'une spiritualité à l'autre, via des stages, des lectures, certaines rencontres fortes. La plus déterminante de celles-ci survient en 1980. L'un de ses amis lui propose de voir Kalou rinpoché, de passage à Paris. Comme pour la plupart des Occidentaux qui ont eu l'occasion d'en bénéficier, cette rencontre le bouleverse : « Kalou rinpoché était âgé et d'une maigreur extrême. Il émanait de cet être apparemment frêle un amour impressionnant… Il demanda à ceux qui étaient là s'il y en avait qui souhaitaient "prendre refuge"… Pour beaucoup, cette décision fait suite à une réflexion mûre et pesée. Je la pris dix minutes après être entré dans la salle, foudroyé d'avoir perçu en Kalou rinpoché une personnification authentique de la compassion. » C'est bien plus tard que Fabien comprendra la portée de son engagement et la teneur réelle du bouddhisme, en fréquentant divers centres fondés par Kalou rinpoché, en recevant des initiations et en apprenant à méditer.

Depuis qu'il a repris la direction de la célèbre entreprise familiale, Fabien Ouaki passe sa vie entre deux avions et, s'il lui arrive encore de méditer, il n'a guère le temps d'effectuer des séjours dans les centres tibétains. Mais sa relation avec la communauté bouddhiste française reste forte et il s'investit surtout lors des passages en France du dalaï-lama. C'est ainsi qu'il a organisé en 1993 au palais des Congrès un colloque présidé par le chef spirituel et temporel du Tibet sur le thème « Éthique et business ». Devenu une figure de proue des Français touchés par le bouddhisme, il refuse cependant catégoriquement, comme beaucoup des individus appartenant à ce premier modèle de pratiquants, l'appellation de « bouddhiste ». « Cette étiquette ne me convient pas, explique-t-il. Certes, le discernement et peut-être même les classifications sont nécessaires, mais, comme pour la littérature ou la musique, en spiritualité je prends ce qui me convient. À moitié juif par mon père, athée par ma mère, catholique par ma belle-mère et curieux par nature, mon métissage religieux et ethnique m'autorise une grande liberté. Ne me sentant de nulle part, je me sens de partout. »

L'itinéraire de Fabien Ouaki est un bon exemple d'une quête spirituelle tous azimuts, d'une pratique à la carte qui trouve – à côté du judaïsme dont il reste très proche – un certain point d'ancrage dans le bouddhisme. Toutefois, si cette implication – qui s'est surtout traduite par des rencontres avec des grands lamas tibétains, un apprentissage de la méditation et l'adoption de certains concepts philosophiques – est importante, elle reste aujourd'hui à l'écart des pratiques communautaires.

Le type du « pratiquant distant » est peut-être encore mieux et plus représenté chez les pratiquants du bouddhisme zen et Theravâda, entièrement axé sur la méditation silencieuse. Là, pas de rituels compliqués ni de relation affective envers le maître spirituel, comme chez les Tibétains. Ce dernier est avant tout considéré comme un aîné qui enseigne les modalités d'une expérience spirituelle, à travers la pratique de la méditation. Pour ces individus, la relation au centre est à la fois plus fréquente – ils aiment en général se retrouver pour des pratiques communautaires silencieuses – et plus distante : on ne s'investit que dans le cadre de la pratique et l'on garde soigneusement ses distances avec toute forme d'autorité.

Joëlle a quarante-six ans. Elle est célibataire et sans enfants. Le parcours de vie qui l'a menée au bouddhisme est particulièrement douloureux. Abandonnée par ses parents dès sa naissance au Maroc, elle est adoptée par un couple de Français qui divorceront dans des conditions difficiles – le père est alcoolique – quelques années plus tard.

Élevée avec sa mère adoptive avec laquelle elle ne peut établir aucune communication, elle reçoit une éducation catholique et trouve dans la religion une sorte de « refuge ». Puis, comme beaucoup d'adolescents, elle se détache du catholicisme : « Je n'ai jamais rien compris à cette histoire de Père qui envoie son Fils, un Fils sacrifié pour sauver les autres. J'ai toujours eu l'impression d'un conte de fées raconté aux enfants. Il y avait sûrement des choses très profondes, mais édulcorées pour le profane, et je n'aime pas qu'on prenne les gens pour des imbéciles sous prétexte qu'ils n'ont pas le bagage pour comprendre. »

Après s'être quelque peu intéressée au yoga, elle tombe sur *Le Troisième Œil* de Lobsang Rampa. « La description qu'il faisait de la sortie hors du corps, ce qu'on appelle le *voyage dans l'astral*, m'a tellement touchée que, le soir, avant de m'endormir, je faisais des exercices pour me dédoubler [...]. Maintenant, je l'interprète plutôt comme une tentative de sortir de cette vie dans laquelle j'étais enfermée. » Durant les années qui suivent, elle « garde un œil sur le bouddhisme », sans s'y investir vraiment. Toujours mal dans sa peau, elle ressent le besoin « de s'occuper des autres, de donner un sens à [sa] vie, ne pouvant pas donner un sens à [sa] naissance ». Elle souhaite devenir médecin pour partir en Afrique, mais sa mère exige qu'elle travaille dès l'âge de seize ans. Après une expérience dans une banque, elle se fait recruter comme fille de salle dans un hôpital : « Je croyais qu'il fallait être intelligente pour devenir infirmière, donc je pensais que je ne pourrais pas. » Grâce au soutien d'une jeune soignante qui l'aide à gagner confiance en elle, elle finit par décrocher son diplôme.

Peu après, elle découvre le Zen par des panneaux publicitaires dans la rue. Ayant, depuis l'adolescence et sa lecture de Rampa, envie de pratiquer le bouddhisme, elle se rend au siège de l'Association Zen Internationale (AZI) et suit une séance d'initiation à la pratique de *zazen*. « C'est une nonne qui nous a reçus. Je lui ai trouvé l'air tellement dépressif, tellement peu de chaleur humaine que cela ne m'a jamais donné envie de revenir. Cela dit, j'ai su à vingt-six ans que le Zen, c'était mon truc. »

Quelques années plus tard, elle tombe amoureuse « de quelqu'un qui avait choisi la folie. Cela m'a plongée dans ma propre folie, puisque le contact avec le fou, en général, vous renvoie à votre propre folie ». Elle fait deux tentatives de suicide. D'abord soutenue par un suivi psychiatrique, elle entame une psychothérapie qui durera huit ans. Puis, allant beaucoup mieux, elle redécouvre l'envie de pratiquer le Zen et effectue en 1990 un stage intensif de quatre jours au centre de la Gendronnière, fondé par maître Deshimaru. « Le fait de ne pas s'accrocher à ses pensées, et, quoi qu'il arrive, de garder le buste droit, la posture de méditation, permet de faire face aux choses, d'essayer de rester dans le juste milieu, de ne pas être envahi par ses propres passions[...]. Cela m'aide profondément. »

Avec le recul, Joëlle est convaincue qu'il lui était nécessaire de passer par ce long cheminement thérapeutique avant de s'adonner à la pratique du Zen. « Je ne crois pas que la posture zen ou que le bouddhisme, quand on a soi-même tellement de mal-être, traitent les choses en profondeur. Surtout le bouddhisme zen tel qu'il est pratiqué dans nos sociétés, sans maître. On est un peu lâché dans la nature... Je crois que ça peut même être un peu dangereux. En ce qui me concerne, en tout cas, je crois qu'il fallait d'abord que je passe par quelque chose du registre de l'élaboration, de la parole. Quand quelqu'un est complètement destructuré, n'a absolument pas de points de repère, il faut un minimum d'élaboration psychique. On ne peut pas construire une maison sur des sables mouvants, il faut d'abord mettre des piliers. »

Pendant deux ans, Joëlle fréquente assez régulièrement le dôjô zen de Paris. Malgré les bienfaits que lui apporte la pratique de *zazen*, elle vit des moments pénibles pendant les séances de méditation. Des images douloureuses de son passé remontent à la surface. D'un côté elle apprécie l'aspect libertaire du Zen, chacun suivant son chemin avec une entière liberté, d'un autre coté, elle regrette le manque de soutien communautaire et de compassion des pratiquants. « On laisse une liberté totale aux pratiquants, on ne va pas vous faire de bourrage de crâne, ce qui est bien. On ne vous explique pas à quel point maître Deshimaru était un homme formidable. Au contraire, les disciples bouddhistes vous disent qu'il passait son temps à se saouler la gueule, à baiser les bonnes femmes, et qu'il est mort d'un cancer. Je trouve cela extrêmement sain. En même temps, une chose qui me gêne – et j'en ai fait la critique aux responsables du dôjô –, c'est qu'on vous laisse vous débrouiller avec vos souffrances [...]. J'ai vécu parfois des séances de *zazen* où je me suis retenue de hurler. J'éprouvais une telle douleur intérieure, et personne pour me tendre la main ! Tout ce qu'on me demandait, c'était de la fermer et de garder la posture pour ne pas déranger les autres... Mes propos sont violents et vulgaires. Mais je l'ai vraiment ressenti comme ça. Et je trouve tout le discours sur la "merveilleuse *sangha* bouddhiste" extrêmement pipeau... Je vous le dis franchement. On entre dans le dôjô pour pratiquer la posture et on se fait des sourires, et après, dans les vestiaires, c'est à qui va marcher sur la gueule de l'autre pour récupérer ses affaires ou son coussin ! Si je vais là, c'est que je n'ai pas envie de retrouver la même atmosphère qu'à l'extérieur. Je trouve qu'au moins, dans un dôjô, il pourrait y avoir quelque chose de plus chaleureux. Car la compassion, même si je la rencontre peu dans les faits, est capitale pour moi. »

Après quelques années d'abandon total de la pratique, Joëlle ressent le besoin de faire *zazen* à l'occasion d'un nouvel épisode douloureux de sa vie. « Je vivais une rupture avec quelqu'un. Là, j'ai repris mon coussin. Et ça m'a permis de laisser un peu tomber l'ego et de voir ce qui était le mieux pour moi et pour l'autre personne. Cela m'a permis de limiter les dégâts. »

Joëlle est avant tout une « méditante » que la philosophie

bouddhiste intéresse d'ailleurs peu : « Dans le bouddhisme, ce qui me convient, c'est qu'il n'y a pas d'intellectualisme. Vous pouvez vivre de façon complètement bouddhiste sans avoir lu une ligne concernant le bouddhisme, ce qui est quasiment mon cas. Ce qui importe, c'est la pratique. » Elle croit cependant à la réincarnation. Certaines expériences intimes lui ont donné la certitude de l'existence des vies antérieures, et la croyance en la loi du karma l'aide à mieux accepter les difficultés de sa vie : « Je me suis dit par exemple que si j'avais été abandonnée, je ne sais pas combien de mômes j'avais dû abandonner moi aussi dans d'autres vies. Cela a donné du sens aux difficultés de ma vie présente et m'a permis de prendre de la distance, d'arrêter de gémir sur mon sort [...]. Après deux tentatives de suicide, je me suis dit aussi que si je n'essayais pas de venir à bout de ce qui me posait problème dans cette vie, je le retrouverais dans une autre, et je n'aurais peut-être même plus droit au suicide. »

Joëlle semble faire preuve d'une grande lucidité sur les raisons psychologiques profondes qui ont pu la conduire au bouddhisme plutôt que vers d'autres traditions religieuses ou voies spirituelles. Le chemin de la prière, par exemple, lui est toujours resté clos : « Je n'ai pas la confiance nécessaire pour m'en remettre totalement à quelqu'un d'extérieur. » Elle n'hésite pas à rattacher son attirance « innée » pour le bouddhisme à sa méconnaissance de ses propres origines : « Quand on ne sait pas d'où on sort, qu'on n'a pas de points de repère en matière de généalogie, qu'en même temps on n'est pas tout à fait intégré dans une famille, une culture, que votre visage même vous rappelle en permanence que vous ne faites pas partie de cette culture, que vous êtes issue d'ailleurs, on a besoin de s'intégrer à un groupe, à quelque chose. Et si ce groupe, cette culture ne peuvent pas être nommés, on est alors dans le cosmique, l'universel. Ce qui rejoint assez bien le bouddhisme. J'y ai trouvé mon compte. Je venais de nulle part. Je n'allais non plus nulle part, de par le projet de vie de ma mère à mon égard. Le détachement bouddhiste me convenait tout à fait. Cela m'aidait à pouvoir être dans ce monde, sans racines, sans passé, sans devenir, avec un présent qui ne m'appartenait pas vraiment. C'est pour cela, je crois, que certaines choses, notamment comme l'impermanence, ont toujours été pour moi relativement évidentes. »

Joëlle insiste en même temps sur le bilan – qu'elle juge très positif – de l'apport de la pratique de *zazen*, qui lui a permis de s'« ouvrir de plus en plus à la vie », d'être « plus tolérante » et de « moins en moins rigidifiée » dans ses désirs. Elle affirme aujourd'hui « beaucoup moins souffrir » et avoir le « courage de faire face à des choses nouvelles ». Enfin, elle reconnaît que la pratique de la méditation l'aide aussi dans son métier d'infirmière. Travaillant maintenant dans un service psychiatrique pour adolescents, elle arrive à « rester zen » et à « calmer les esprits » dans les situations « trop bouleversées ». Le bouddhisme ne l'a pas guérie de sa blessure profonde mais l'a indiscutablement aidée à gagner en sérénité.

Comme pour beaucoup de « pratiquants » de ce premier modèle, Joëlle pratique ainsi le Zen « par tranches », selon ses besoins, et fréquente le dôjô de manière discontinue, sans entretenir de lien quelconque avec une autorité bouddhiste. De manière générale, elle supporte d'ailleurs difficilement l'autorité et, même si elle semble en déplorer l'absence, elle indique par ailleurs qu'elle ne pourrait pas obéir à un maître spirituel. Néanmoins, l'ancienneté de la tradition bouddhiste la « rassure » et constitue pour elle « un gage de son authenticité ». C'est la raison pour laquelle il ne lui serait pas venu à l'esprit de fréquenter un mouvement religieux d'apparition récente. Son engagement dans le bouddhisme restant essentiellement lié à la pratique de *zazen*, il ne lui viendrait naturellement pas à l'idée de se définir comme « bouddhiste ».

Le fidèle pratiquant

Le deuxième modèle concerne des individus plus impliqués dans la vie des centres. Ils suivent régulièrement des stages ou des sessions, sont fréquemment liés à un maître spirituel et attachent une grande importance à ses avis pour conduire leur vie. Nous avons constaté que la plupart de ces individus se définissent volontiers comme « bouddhistes » dans l'acception religieuse du mot, prononcent souvent des vœux de fidèles laïques et se montrent plus prosélytes. À l'inverse du groupe précédent, ce sont les pratiquants du bouddhisme tibétain qui sont ici davantage concernés. Dans leur cas, on peut véritablement et pour la première fois parler de « convertis », de « fidèles » ou d'« adeptes ».

Philippe est P.D.G. d'une importante société de production audiovisuelle française. Ce divorcé, père de deux enfants, s'est remarié il y a quelques années et se dit aujourd'hui, à cinquante-huit ans, comblé par sa vie professionnelle et affective. Mais il attache aussi une grande importance à son engagement dans le bouddhisme tibétain qu'il pratique quotidiennement depuis cinq ans. Élevé dans le catholicisme, il garde un souvenir ému de sa première communion, reçue des mains du futur pape Jean XXIII. Mais, sitôt entré dans l'adolescence, il s'intéresse davantage « aux jolies femmes qu'aux pratiques pieuses » et abandonne tout intérêt pour la religion catholique. Après un temps assez long d'indifférence envers toute forme de quête spirituelle, il se passionne, passé la trentaine, pour les recherches sur le subconscient et la « pensée positive ». Constatant, de manière très pragmatique, les bienfaits de la pensée positive dans sa vie, il remonte aux sources orientales de cette méthode psycho-somatique occidentale, et découvre ainsi la pensée indienne.

Pendant de nombreuses années, il dévore les ouvrages d'Arnaud Desjardins, de Krishnamurti et de Trungpa rinpoché, sans pour autant se sentir concerné par un quelconque engagement dans une pratique : « Je savais qu'il fallait un maître pour pratiquer, et, à l'époque [années soixante-dix], les Occidentaux qui voulaient apprendre la méditation partaient vivre dans des ashrams en Inde, ou abandonnaient leur travail pour vivre en communauté dans les premiers centres fondés en Europe. Cette voie très radicale ne me convenait pas. Je tenais à garder ma vie familiale et professionnelle intacte. »

Pendant une vingtaine d'années, la spiritualité orientale reste donc pour lui une source de méditation intellectuelle. Puis survient un drame familial qui le bouleverse : la maladie de son frère, atteint du sida. Or son frère était un disciple de Kalou rinpoché et pratiquait la méditation tibétaine. « Peu de temps avant de mourir, mon frère m'a offert le *Livre tibétain de la vie et de la mort*, de Sogyal rinpoché. Ce livre, offert évidemment dans des circonstances très particulières, m'a fasciné. Je l'ai lu et relu. Puis, sachant que son auteur donnait régulièrement des enseignements à Paris, je me suis décidé à assister à une conférence. Ce fut un choc. J'ai été profondément touché par Sogyal rinpoché : sa manière si juste d'enseigner, tout ce qui se dégageait de lui, sa chaleur et son charisme, son humour aussi. Pour la première fois de ma vie, j'avais la certitude intérieure d'avoir rencontré un véritable maître spirituel. »

Philippe décide alors de se rendre régulièrement aux cours dispensés par le lama tibétain. Il s'intéresse non seulement aux enseignements d'ordre philosophique – il apprécie tout particulièrement le caractère « rationnel, logique et moderne » du bouddhisme –, mais aussi à ceux qui concernent la pratique de la méditation. Au bout de plusieurs mois, il choisit « officiellement » Sogyal rinpoché comme « lama-racine* » et décide de « prendre refuge* » auprès de lui : « Je me suis aperçu que l'on pouvait avoir un maître sans vivre dans un ashram. Il s'agit en fait de ne jamais quitter sa pensée. » Pour cela, Philippe se rend non seulement plusieurs fois par an aux cours et aux pratiques collectives du centre Rigpa, mais il écoute aussi quotidiennement des cassettes d'enseignement de Sogyal rinpoché. Tous les matins, depuis cinq ans, il se lève un peu plus tôt, s'installe devant son petit oratoire privé, s'assied en lotus sur un coussin, installe son Walkman sur ses oreilles et écoute pendant une demi-heure un enseignement de son lama. Puis il pratique une demi-heure de méditation silencieuse apprise selon la méthode tibétaine. « Le but de cette méditation est de permettre au mental de s'apaiser et à l'esprit de se clarifier. Après quelques exercices de respiration, je commence aussi toujours par visualiser ma propre mort. Cela me donne la distance juste par rapport aux nombreuses activités de ma journée [...]. Depuis que je médite quotidiennement, j'ai appris à vivre pleinement l'instant présent. Mes journées ont une tout autre saveur. Je reçois chaque moment comme un cadeau et je vis avec beaucoup plus d'intensité. La méditation m'aide également à prendre du recul par rapport aux événements et à mes propres émotions. Enfin, je crois que j'ai développé une plus grande compassion. J'étais quelqu'un de très égoïste et j'essaie de l'être moins. Plus on trouve la véritable nature de l'esprit, plus on le ramène à la maison, au plus intime de soi, et plus on est proche des autres et du monde. »

Philippe se considère comme bouddhiste, puisqu'il le pratique quotidiennement, et il fait facilement partager son enthousiasme autour de lui. Il a participé activement à l'organisation d'une conférence publique de Sogyal rinpoché, salle Pleyel, et n'a pas hésité, après Jeanne Moreau, à prendre la parole devant plus de deux mille personnes pour présenter son maître. « J'ai envie de transmettre aux autres ce que j'aime et ce qui constitue un vrai bonheur pour moi. » Avant de connaître le bouddhisme, il avait choisi d'élever ses enfants dans le catholicisme : « Je pense qu'il est important d'avoir une base religieuse. Personnellement, je suis convaincu que je ne me serais jamais intéressé à la spiritualité et au bouddhisme si je n'avais pas reçu une éducation catholique. Par ailleurs, je ne crois pas que ce soit une bonne chose d'élever ses enfants au sein d'une religion minoritaire et culturellement importée. » Philippe reconnaît d'ailleurs que le bouddhisme l'a lui-même quelque peu rapproché du christianisme : « Grâce aux enseignements bouddhistes, auxquels j'adhère profondément, je dois avouer que j'ai compris certaines choses qui restaient pour moi très obscures dans la religion chrétienne. »

Le témoignage de ce « fidèle pratiquant » du bouddhisme révèle un profond investissement dans les enseignements du bouddhisme et la pratique de la méditation. Il révèle aussi l'importance du maître spirituel à la fois comme détonateur de l'adhésion et comme pivot de l'engagement au sein de la communauté (*sangha*) bouddhiste.

D'autres fidèles du bouddhisme tibétain s'adonnent aussi à des pratiques individuelles ou communautaires qui revêtent un caractère plus explicitement religieux : liturgie en tibétain, prosternations, exercices tantriques de visualisation de déités, etc. Nous reviendrons plus longuement, au cours de notre deuxième enquête, sur la manière et les raisons pour lesquelles certains adeptes s'engagent dans ces diverses pratiques.

Le méditant assidu

Certains Français sont totalement impliqués dans la pratique du bouddhisme. La plupart vivent dans les centres ou bien les fréquentent très assidûment. Tous se définissent clairement comme bouddhistes et certains portent des vêtements aux couleurs de la tradition qu'ils suivent (orange pour les Theravâda, jaune et pourpre pour les Tibétains, blanc et noir pour les Zen), ou bien des signes distinctifs comme des *malas** aux poignets. Beaucoup de ceux qui sont rattachés à la tradition tibétaine ont fait la « grande retraite » de trois ans, trois mois et trois jours, et lisent assez bien le tibétain. Les plus impliqués ont prononcé des vœux monastiques et vivent dans un véritable monastère ou sont devenus des transmetteurs et portent parfois le titre de lama dans la tradition tibétaine.

Depuis le succès phénoménal de son livre de dialogues avec son père Jean-François Revel [1], les Français ont découvert le visage de l'un de ces pratiquants assidus du bouddhisme : Matthieu Ricard. Né en 1946, ce brillant scientifique, titulaire d'un doctorat en génétique cellulaire préparé et soutenu sous la direction du Prix Nobel François Jacob, décide en 1972 d'interrompre sa carrière à l'institut Pasteur pour vivre dans les Himalayas auprès de maîtres tibétains. Après plusieurs années d'études, de longues retraites de méditation et l'apprentissage de la langue tibétaine, il devient moine sous la direction de son maître Dilgo Khyentsé rinpoché, et porte la robe jaune safran. Depuis le décès de son maître, il partage sa vie entre son monastère au Népal, où il médite et traduit de nombreux ouvrages du bouddhisme, et des voyages à travers le monde, le plus souvent aux côtés du dalaï-lama dont il est devenu l'interprète officiel.

Le parcours de Matthieu Ricard, la radicalité de son engagement, la profondeur de sa formation intellectuelle et spirituelle demeurent toutefois exceptionnels. Même si l'on compte actuellement en Occident plusieurs milliers de personnes totalement engagées dans le bouddhisme – surtout tibétain –, peu sont allés aussi loin dans la connaissance de la culture tibétaine, aussi profondément dans l'engagement spirituel sous la direction d'un maître. On ne dénombre qu'une centaine de moniales ou de moines français. Plusieurs centaines de Français ont fait la « grande retraite » de trois ans, sans s'engager par la suite dans une vie monas-

1. Matthieu Ricard et Jean François Revel, *Le Moine et le Philosophe*, Nil, 1997.

tique. Certains enseignent et portent le titre de lama. D'autres ont repris une vie active. On rencontre aussi dans chaque centre tibétain de nombreux résidents qui, sans avoir nécessairement fait une « grande retraite » ni prononcé des vœux monastiques, ont choisi de vivre auprès du lama. Salariés des associations ou vivant du RMI, ces résidents participent à la vie communautaire du centre et l'organisent, accueillent les nombreux retraitants, stagiaires et visiteurs, et ont généralement une responsabilité pratique dans la vie du centre : cuisine, traduction, tâches administratives, etc. Tout en travaillant à temps partiel ou complet pour le centre, ils participent régulièrement aux rituels et à certains enseignements, et peuvent ainsi bénéficier tant du soutien d'une communauté que de la présence d'un lama, ce qu'ils recherchent avant tout.

Éric a trente-six ans. Il réside en permanence depuis une quinzaine d'années dans un centre tibétain du sud-est de la France. Il est issu d'un milieu catholique traditionnel et fervent. « Ma mère était très pratiquante ; j'ai reçu une éducation religieuse et une éducation tout court avec pas mal de principes. Mais, finalement, aucun de leurs trois enfants n'a fait ce que mes parents espéraient pour eux dans la vie ! Je me suis toujours intéressé à la religion, à la vie du Christ. Ma communion solennelle a été un moment fabuleux. Mais, vers l'âge de quatorze ans, il y a eu comme une cassure dans ma foi à cause du décalage entre l'enseignement très beau qui était dispensé sur la vie chrétienne et ce que je pouvais voir des gens qui m'enseignaient la religion. Je m'en suis donc complètement détourné. Jusqu'à vingt ans, je n'ai pas eu de recherche spirituelle particulière. Après mon bac, j'ai ressenti le désir de mener une recherche plus intérieure. J'ai eu envie de partir en Inde, de trouver un maître authentique qui puisse m'apprendre quelque chose sur la vie spirituelle. J'habitais alors à Grenoble et j'ai appris l'existence d'un centre tibétain de méditation fondé quelques années auparavant dans la région. Je m'y suis rendu pour voir, et je ne suis plus jamais reparti ! En fait, j'ai trouvé à côté de chez moi ce que j'allais chercher en Inde [...].

« Je ne connaissais à peu près rien du bouddhisme. J'avais juste lu un livre de Trungpa, mais je me rends compte aujourd'hui que je n'y avais pas compris grand-chose. À l'époque, je croyais surtout à la vie spirituelle à travers... les joints ! Dès que je suis arrivé au centre, j'ai eu la chance d'entendre un enseignement donné par le lama qui réside sur place, et ç'a été une révélation. J'ai été abasourdi par cet homme qui arrivait à expliquer de manière claire, précise, ce que je sentais au fond de moi-même depuis des années. Cet enseignement m'était presque familier. D'autre part, j'ai eu tout de suite confiance en lui : pour la première fois, je rencontrais une personne qui mettait en cohérence sa conduite et ce qu'il enseignait. J'ai été bouleversé par son authenticité. Je me souviens que, quelques jours après mon arrivée, un chien est entré dans le temple en pleine *pûja**, s'est posé devant le lama en gémissant et en remuant la queue. Bien qu'il fût extrêmement concentré, le lama a explosé de rire, et tout le monde avec lui. C'est quelque chose que je n'aurais même pas imaginé possible pendant une messe.

« Depuis maintenant bientôt vingt ans que je vis ici, je n'ai jamais été déçu par lui [...]. J'avais beaucoup de mal, dans la tradition chrétienne, avec les notions de Dieu, avec les dogmes et les choses non expliquées. Ce qui m'a plu d'emblée dans le bouddhisme, c'est que tout est expliqué, clair, cohérent, logique. Mais, en même temps, je me sens à l'aise dans les pratiques dévotionnelles, les rituels tibétains. En fait, j'aime cette infinie richesse du Vajrayâna* qui mêle les enseignements philosophiques les plus élevés, la méditation silencieuse, la méditation sur un *yidam**, la confiance et la dévotion envers le lama, les chants et les cérémonies colorées, etc. »

Bien qu'il ait décidé de vivre sur place et apprécie les pratiques communautaires, Éric ne passe pas son temps à méditer. Il fait au moins une demi-heure par jour de méditation silencieuse et participe quotidiennement à la liturgie, où la lecture de textes en tibétain alterne avec quelques rituels et des chants. Au début, il a participé à de nombreuses retraites et à des enseignements donnés par le lama. Actuellement, il s'investit davantage dans un travail au service de la petite communauté qui comprend une dizaine de personnes à demeure.

« Je m'investis beaucoup dans le travail administratif : je suis secrétaire de l'association et je m'occupe de tout ce qui est comptabilité, accueil, problèmes juridiques, etc. Mais je considère aussi ce travail très prenant comme une pratique, un don de soi au service des autres. J'ai été très touché par l'idéal du bodhisattva et j'ai compris que ma façon de vivre cet idéal résidait davantage dans un service concret destiné aux autres que dans l'isolement d'une grotte ou d'une cellule. La méditation est un excellent moyen pour atteindre ce but, mais ce n'est qu'un moyen, et je crois que les progrès dans la voie spirituelle ne se mesurent pas seulement aux heures de méditation, mais au changement intérieur réel, à la transformation de l'esprit.

« Mon but dans l'existence est de pouvoir être le plus possible utile aux autres. Par la compréhension du bouddhisme, je comprends maintenant mieux l'idéal chrétien, qui est similaire. Mais le bouddhisme m'a rendu très proche de cet idéal d'amour et de service et m'a fourni les moyens concrets de le vivre... En même temps, j'ai le sentiment de faire partie en quelque sorte d'une génération sacrifiée. Il y a une difficulté d'adaptation du bouddhisme tibétain en Occident. La plupart des lamas ne parlent que le tibétain, et les textes sont en tibétain. J'ai donc dû apprendre cette langue pour mieux accéder à la compréhension du bouddhisme et c'est évidemment un obstacle pour beaucoup d'Occidentaux. Même si je comprends le tibétain, il est quand même plus parlant pour moi de lire un texte en français. L'entreprise, déjà commencée, de traduction des enseignements et des rituels prendra beaucoup de temps, mais ce sera très précieux. À côté de ça, je trouve que le bouddhisme est très bien adapté à l'esprit occidental moderne ; c'est une démarche extrêmement logique : rien n'est donné comme un argument d'autorité. De même, la morale bouddhiste ne se pose pas en termes de bien et de mal, mais en termes d'actes positifs qui créent du bonheur et d'actes négatifs qui créent de la souffrance, ce qui est beaucoup plus rationnel comme approche morale. En dehors de la langue et de la culture, il n'y a aucune difficulté à ce que le bouddhisme se développe en Occident […].

« Personnellement, j'ai fait le choix de rester un célibataire laïque. Je tiens à rester disponible pour les autres, mais je n'ai pas prononcé de vœux, car je ne vis pas cloîtré dans un monastère et je ne me suis pas engagé, par exemple, à la chasteté. Pour moi, l'idéal est de rester totalement disponible pour la vie spirituelle. Je n'ai pas envie de fonder une famille, d'avoir des enfants, mais je ne suis pas sûr non plus de vouloir m'engager dans une vie de type monastique. »

Éric se considère comme résolument bouddhiste et constate une évolution dans le regard des nombreuses personnes qui transitent par le centre. « Au début, je passais pour un hurluberlu. Mais, depuis le début des années quatre-vingt-dix, j'ai remarqué que le bouddhisme est mieux connu et extrêmement bien perçu. Tous les gens qui viennent visiter le centre ont un *a priori* favorable à l'égard du bouddhisme. Ce qu'ils perçoivent d'emblée, c'est la tolérance, l'ouverture au monde moderne et aux autres religions. » Lui-même considère le bouddhisme avant tout comme une voie spirituelle ou une religion – « si, par religion, on entend non pas la croyance en Dieu, mais un chemin de réalisation spirituelle au sein d'une tradition ».

5

Tentative de recensement

Peut-on recenser les Français touchés par le bouddhisme ? Les chiffres généralement avancés sont fort disparates. L'Union bouddhiste de France (UBF) recense 600 000 fidèles, selon un décompte précis : 50 000 Chinois, 400 000 réfugiés du Sud-Est asiatique et 150 000 Français de souche (c'est évidemment ce dernier chiffre qui importe dans le cadre de la présente étude). Beaucoup moins euphorique, François Jacquemard, responsable des éditions Claire Lumière qui publient le remarquable *Guide du Tibet en France* depuis une quinzaine d'années, estimait en 1993 que les Français « convertis » au bouddhisme, tous courants confondus, étaient moins de 10 000. Les pouvoirs publics français, via le ministère de l'Intérieur et des Cultes, estiment pour leur part à un « maximum de 400 000 » le nombre des bouddhistes en France, dont « environ 50 000 Français convertis [1] ». Certains sondages montrent également que plusieurs millions de Français sont séduits par le bouddhisme et sensibles à certains de ses thèmes comme la tolérance et la liberté laissée à chacun de suivre sa propre voie.

Comme nous le signalions dans l'introduction à cet ouvrage, outre leur absence de justification, ces chiffres sont dépourvus de signification s'ils ne sont pas reliés à des caté-

1. Chiffres publiés par l'*ARM*, « Clés pour comprendre le bouddhisme », octobre 1993.

gories bien définies. Que l'on parle de 2 millions, de 150 000, de 50 000 ou même de 10 000 Français « bouddhistes », à quel niveau le sont-ils et selon quels critères ? Le travail que nous avons entrepris, on l'a vu, permet de distinguer trois grandes catégories selon un critère d'implication. Ce critère a en outre l'avantage de faciliter le recensement – au moins pour la catégorie des pratiquants – grâce aux statistiques des centres.

Chiffrage des « pratiquants » du bouddhisme

La relation à l'institution ne peut se mesurer dans le bouddhisme de la même manière que dans le catholicisme : il n'existe pas une institution unique et bureaucratisée établissant des registres fiables (baptêmes, mariages, funérailles) et des critères d'observance (catéchisation, messe dominicale, confession, fêtes) qui permettent de mesurer le nombre de fidèles et leur degré d'implication. Il serait toutefois erroné de croire, comme l'imaginent certains, qu'il n'existe aucune institution dans le bouddhisme. Les réseaux bouddhistes Theravâda, zen et tibétains présents en France sont tous directement affiliés ou étroitement reliés à des écoles ou à des lignées asiatiques qui possèdent une hiérarchie, des autorités, des critères précis d'entrée dans la communauté et de transmission du *dharma.* Le bouddhisme tibétain est même probablement l'une des religions les plus structurées sur le plan institutionnel, avec une hiérarchie et des rituels d'initiation très codifiés.

À de rares exceptions près – comme la secte de Nichiren et la Soka Gakkai –, depuis la mort du Bouddha, la plupart des traditions ou écoles bouddhistes se reconnaissent comme faisant partie d'une même communauté : la *sangha.* Or la *sangha* bouddhiste, à travers son extrême diversité, reconnaît un critère officiel d'appartenance : « la prise de refuge ». Cette cérémonie très simple est un acte volontaire qui manifeste l'entrée officielle du converti dans la communauté, son désir de parvenir à l'éveil et de venir en aide à tout être vivant. Le converti prononce les vœux de refuge dans les trois « joyaux » du bouddhisme : le Bouddha, la *sangha*, le *dharma*. La cérémonie implique au moins la présence d'un membre qualifié de la *sangha* (la plupart du temps un maître ou un lama) ayant autorité pour transmettre le *dharma*, et se déroule le plus souvent lors d'une manifestation publique.

On peut donc estimer qu'à partir du moment où il y a « prise de refuge » il y a un engagement et une certaine implication – via l'institution – dans le bouddhisme. Peut-on établir un recensement des Français « convertis » au bouddhisme à travers la « prise de refuge », un peu comme on le ferait pour le catholicisme avec les baptisés ?

Malheureusement pour les sociologues, les centres bouddhistes ne tiennent pas de registres précis des « prises de refuge ». Celles-ci ont lieu la plupart du temps lors de cérémonies d'initiation ou à la suite de *sesshin** zen en présence de maîtres ayant reçu la transmission, et aucune trace n'est conservée de ces engagements. On estime, chez leurs disciples, que certains grands lamas comme Kalou rinpoché[1] ont reçu de 20 000 à 30 000 « prises de refuge », Guendune rinpoché ou maître Deshimaru entre 7 000 et 10 000, etc. En additionnant tous ces chiffres approximatifs, on arrive à une fourchette de 50 000 à 70 000 « prises de refuge » en France depuis le début des années 70. Mais, outre leur caractère approximatif, ces chiffres ne sont guère utilisables par le sociologue pour au moins trois raisons.

Tout d'abord, un nombre considérable de Français touchés par le bouddhisme tibétain prennent plusieurs fois refuge avec des lamas différents (jusqu'à une vingtaine de

1. L'histoire des principaux maîtres spirituels qui ont transmis le *dharma* bouddhiste en France est racontée dans mon autre livre, publié simultanément chez Fayard : *La Rencontre du bouddhisme et de l'Occident*, 1999.

fois pour certains !). Cela tient au fait qu'ils considèrent avant tout la « prise de refuge » comme un lien particulier avec un maître. Ils reprennent donc les vœux de refuge chaque fois qu'ils rencontrent un lama avec lequel, à la suite d'initiations ou d'enseignements collectifs, ils souhaitent manifester leur filiation spirituelle. Dans d'autres cas, des personnes vont prendre spontanément refuge une première fois dans un contexte collectif, puis, quelque temps plus tard, après avoir mûri leur engagement, demander à un lama, qu'ils choisissent comme « lama-racine », de « prendre refuge » dans un contexte plus intime.

Deuxième difficulté : la « prise de refuge » ne dit rien du degré d'implication véritable dans le bouddhisme. Certains prennent refuge lors d'une « belle cérémonie », alors qu'ils ne connaissent à peu près rien du bouddhisme et ne s'engageront jamais par la suite dans une pratique. J'ai ainsi assisté à une initiation transmise par le dalaï-lama à l'institut Vajra Yogini en 1993. À la fin, il proposa aux quelque trois mille participants présents qui le souhaitaient de « prendre refuge ». Une bonne partie de l'assistance mit un genou à terre et prononça les vœux. À côté de moi, une amie juive pratiquante qui m'accompagnait participa à la cérémonie. Comme je m'étonnais de son acte et lui demandais si elle s'était soudainement convertie au bouddhisme, elle répondit : « Pas du tout, mais j'ai été touchée par la personnalité du dalaï-lama et par son enseignement. Je n'ai pas envie d'aller plus loin, mais c'était pour moi une manière de manifester un lien spirituel avec le dalaï-lama, et mon affinité avec ce que j'ai compris du bouddhisme. » D'autres prennent refuge, au contraire, avec un réel désir d'implication. Mais beaucoup abandonnent leur pratique au fil des ans. Pierre Saurel, l'un des responsables du centre tibétain de Dhagpo Kagyu Ling, en Dordogne, a vu depuis une quinzaine d'années plusieurs milliers de personnes « prendre refuge » dans ce centre important qui accueille environ cinq mille personnes par an pour des retraites ou des enseignements. « Moins de 10 % continuent ensuite à pratiquer », affirme-t-il.

Enfin, beaucoup de non-Français participent aussi aux cérémonies de « prise de refuge » célébrées en France par des maîtres asiatiques, particulièrement nombreux à vivre ou à venir enseigner dans ce pays.

Tous ces facteurs empêchent donc de retenir les « prises de refuge » comme indicateurs de conversion ou d'implication, et montrent que toute comptabilisation en ce domaine serait vaine.

En fait, le seul indicateur d'implication mesurable à travers l'institution est la fréquentation régulière des centres. De plus en plus nombreux à travers toute la France, les centres bouddhistes proposent des sessions d'enseignement, des liturgies ou des séances de méditation ponctuelles ou quotidiennes, des retraites de méditation, des initiations, etc. Un certain nombre de personnes fréquentent régulièrement ces centres – selon des rythmes très variables –, ce qui indique une certaine socialisation religieuse. Ce facteur constitue non seulement un critère objectif d'implication dans le bouddhisme, mais permet aussi, de par son caractère institutionnel, d'être à peu près quantifié. Mettons à part les centres Theravâda qui touchent extrêmement peu de Français (quelques centaines tout au plus), et considérons les différents centres zen (y compris le Village des pruniers de Thich Nhât Hanh) et tibétains qui touchent plus de 95 % des Français impliqués dans le bouddhisme (si l'on exclut la Soka Gakkai).

À partir des formulaires d'inscription et avec l'accord des participants, les centres établissent des fichiers (aujourd'hui informatisés) qui permettent d'enregistrer le nom des personnes ayant participé à leurs activités. Ces fichiers sont régulièrement remis à jour et comportent généralement deux chiffres : celui des personnes ayant participé aux activités du centre depuis les origines (ou bien au cours des dix ou des cinq dernières années), et celui des personnes qui adhèrent à l'association (cultuelle ou culturelle) attachée à chaque centre et reçoivent à ce titre un bulletin de liaison les informant desdites activités. Ces dernières sont évidemment les plus impliquées.

Prenons quelques exemples avec les centres les plus importants. Dhagpo Kagyu Ling, en Dordogne, compte en moyenne cinq mille visiteurs par an, un fichier de dix mille noms, et huit cents personnes à jour de leurs cotisations. Karma Ling, en Savoie, tient une comptabilité quelque peu différente : dix mille journées par an (la plupart des retraitants restant évidemment plusieurs jours), un fichier sur cinq ans de neuf mille noms, et un fichier plus ciblé comprenant les personnes à jour de leurs cotisations et les retraitants de l'année passée (deux mille noms, dont huit cents à jour de leurs cotisations). L'Association Zen Internationale (AZI), fondée par maître Deshimaru, qui compte environ deux cents dôjôs à travers l'Europe, comptabilise quinze mille personnes ou un peu plus ayant participé aux sessions depuis l'origine, et possède un fichier mis à jour de deux mille noms, dont environ neuf cents Français à jour de leurs cotisations. Rigpa, le centre de Sogyal rinpoché, comptabilise également huit mille personnes au cours des dix dernières années, et un peu plus de sept cents à jour de leurs cotisations.

Les principaux centres zen et tibétains nous ont transmis les deux chiffres que nous avons sollicités : celui de leur fichier « large » et celui des membres à jour de leurs cotisations. En extrapolant ces chiffres de manière proportionnelle aux autres centres plus petits, nous arrivons à une fourchette de quatre-vingt mille à cent mille noms pour les fichiers « larges », et de onze mille à treize mille noms pour les fichiers ciblés des personnes à jour de leurs cotisations.

Le premier chiffre donne une indication intéressante, mais n'est guère utilisable pour plusieurs raisons. Comme dans le cas des « prises de refuge », beaucoup abandonnent toute pratique après un stage ponctuel ou une initiation. Par ailleurs, là aussi, les Français touchés par le bouddhisme tibétain passent souvent d'un centre à l'autre au gré des initiations transmises par des « grands lamas ».

À l'inverse, les fichiers concernant les personnes à jour de leurs cotisations sont beaucoup plus fiables et significatifs. Il s'agit d'individus fidèles au centre et impliqués dans une pratique régulière. De même, si elles fréquentent parfois ponctuellement plusieurs centres, la quasi-totalité des personnes concernées n'adhèrent qu'à un seul centre. Si elle ne la recouvre pas à cent pour cent (certains pratiquent régulièrement dans un centre sans payer leurs cotisations !), cette population correspond bien à la catégorie, définie plus haut, des « pratiquants » du bouddhisme. On peut donc estimer ces pratiquants, socialisés dans le bouddhisme par le biais des centres (et en intégrant les quelques centaines de Français socialisés dans des centres Theravâda, tels les groupes de méditation vipassana *), à un peu plus de douze mille personnes. En 1993, nos propres estimations, fondées sur les mêmes calculs, étaient d'un peu plus de dix mille personnes, ce qui montre une progression d'environ 20 % au cours des cinq dernières années. Remarquons que ces chiffres rejoignent ceux avancés par les responsables du bouddhisme tibétain mentionnés plus haut pour évoquer le nombre de « convertis ».

Chiffrage des « proches » du bouddhisme

Cette deuxième grande catégorie de Français touchés par le bouddhisme est évidemment beaucoup plus insaisissable que la première. Surtout, elle n'offre aucun moyen fiable de chiffrage. Certains d'entre eux ont pu avoir un contact ponctuel avec un centre bouddhiste, apprendre à méditer au cours d'un stage ou recevoir un enseignement, mais ce contact avec l'institution est resté sans lendemain. En reprenant les chiffres « larges » cités plus haut et en les augmentant d'environ 50 % pour tenir compte des centres ayant remis à jour leur fichier, on peut estimer qu'au cours des trente dernières années entre cent vingt mille et cent cinquante mille personnes ont un jour franchi le seuil d'un centre bouddhiste en France pour s'inscrire à une retraite, un stage, une initiation ou un enseignement. Mais ces chiffres très approximatifs sont eux aussi inutilisables du fait d'un nombre indéfinissable de non-Français et d'individus ayant fréquenté plusieurs centres. D'autres, comme nous l'avons vu, n'ont jamais été dans un centre et n'ont jamais pratiqué la méditation, mais lisent régulièrement des ouvrages sur le bouddhisme, suivent parfois des conférences et se sentent en profonde affinité avec ce qu'ils considèrent comme une philosophie plus que comme une religion.

On peut éventuellement prendre en compte comme indicateurs certains tirages de livres sur le bouddhisme qui exigent du lecteur un effort de lecture suggérant une certaine implication de sa part, et qui dépassent le cadre d'un intérêt distant. Un phénomène d'édition nous semble ici assez significatif : le succès du *Livre tibétain de la vie et de la mort* de Sogyal rinpoché, publié en 1993 chez un éditeur de taille modeste – La Table ronde –, sans lancement médiatique ou promotionnel exceptionnel. Vendu en France à plus de deux cent cinquante mille exemplaires en cinq ans, ce livre de près de six cents pages est d'une lecture parfois difficile pour un non-initié. Il est donc probable qu'une partie de ces acheteurs manifestaient déjà un intérêt assez prononcé pour le bouddhisme et pouvaient être assimilés à des « proches ».

Les chrétiens pratiquant la méditation sont, en revanche, plus faciles à recenser. La plupart sont en effet inscrits auprès d'une association ou d'un réseau fondés autour d'un prêtre ou d'un religieux enseignant *zazen*, tels Bernard Rérolle, Jacques Breton, Benoît Billot ou Bernard Durel. En recourant au même procédé que pour les centres zen et tibétains, nous arrivons à une fourchette de quinze à vingt mille personnes ayant participé au moins une fois à un stage, avec un « noyau dur » de deux à trois mille pratiquants réguliers.

S'il est impossible de fournir un chiffrage aussi précis que pour les pratiquants, on peut, compte tenu de ces divers éléments, avancer un ordre de grandeur de cent à cent cinquante mille Français pouvant être considérés, à des titres très divers, comme des « proches » du bouddhisme.

Chiffrage des « sympathisants » du bouddhisme

À l'inverse de la précédente, cette population est plus facile à quantifier. Quelques enquêtes d'opinion permettent en effet de se faire une idée du nombre de Français manifestant un intérêt ou une sympathie particulière pour le bouddhisme. Les plus significatives sont deux sondages effectués par la Sofres et publié par *Le Figaro* le 20 décembre 1994, l'autre par BVA et qui sera publié par le mensuel *Psychologies* en décembre 1999 dans le cadre d'une grande enquête sur la spiritualité. Le sondage Sofres est à notre connaissance le premier sondage ayant trait aux intérêts religieux des Français qui ait fait mention du bouddhisme. La question était la suivante : « Si on vous demandait de classer les religions par ordre de préférence, quelle est celle que vous classeriez en premier, en second et enfin en troisième ? » Les réponses concernant la religion « préférée » (rang 1) sont par ordre décroissant : le catholicisme (68 %), aucune (16 %), le protestantisme (6 %), le bouddhisme (5 %), la religion juive (1 %), la religion musulmane (moins de 1 %), la religion orthodoxe (moins de 1 %), enfin l'hindouisme (0,5 %). La question n'induit ni un lien d'appartenance ou identitaire ni une conviction religieuse, mais une sympathie, un intérêt. Or le bouddhisme est extrêmement bien placé, puisqu'il se situe en troisième position, presque à égalité avec le protestantisme et bien avant le judaïsme, l'islam et l'orthodoxie, religions pourtant implantées en France depuis bien plus longtemps. La présence et le très faible score de l'hindouisme montrent que ce n'est pas n'importe quelle religion orientale, avec ses représentations exotiques, qui est choisie, mais spécifiquement le bouddhisme. 5 % de Français de plus de dix-huit ans considèrent que le bouddhisme est « la religion qu'ils préfèrent » : cela représente 2,2 millions de personnes.

Ce chiffre traduit l'image positive du bouddhisme et sa notoriété nouvelle, mais permet aussi de circonscrire une population d'environ deux millions de personnes suffisamment intéressées par le bouddhisme pour placer cette religion avant toutes les autres (y compris « aucune ») dans leur choix. Nous pouvons donc considérer qu'il permet de quantifier, en 1994, assez justement cette catégorie de « sympathisants » qui, sans être vraiment impliqués et encore moins convertis ou pratiquants, sont sérieusement « intéressés » par le bouddhisme.

Le sondage *Psychologies*-BVA, réalisé les 24 et 25 septembre 1999 auprès d'un échantillon représentatif de la population française âgée de 15 ans et plus, fait apparaître que 11 % des Français se disent « proches » du bouddhisme. Le bouddhisme vient aussi en troisième position après le catholicisme (62 %), le protestantisme (19 %) et avant le judaïsme (8 %) et l'islam (6 %). Ici aussi la question n'induit pas une identité religieuse ou un lien d'appartenance, mais une sympathie, un intérêt, une proximité. On peut donc considérer que le chiffre fourni pour le bouddhisme, tout en incluant les pratiquants et les proches, circonscrit globalement assez bien la catégorie des sympathisants telle que nous l'avons définie. Ce qui signifierait que ces derniers seraient passés d'un peu plus de deux millions en 1994 à environ cinq millions en 1999. Même si ces chiffres sont à prendre avec beaucoup de précaution (la question notamment n'était pas posée dans les mêmes termes), ils indiquent néanmoins une incontestable progression des sympathisants du bouddhisme dans la population française au cours des cinq dernières années. Cette progression nous semble principalement liée à la très forte médiatisation survenue en France autour du bouddhisme depuis 1993. On retiendra donc ce chiffre de cinq millions pour quantifier la catégorie des sympathisants, tout en considérant qu'il s'agit plus d'un ordre de grandeur que d'un recensement précis. L'analyse détaillée des 11 % de sondés qui affirment se sentir « proches du bouddhisme » apporte aussi quelques enseignements intéressants. Ainsi il apparaît que les femmes sont plus nombreuses que les hommes (12 et 10 %), que la tranche d'âge la plus représentée est celle des 35-50 ans, que les professions libérales et les cadres supérieurs sont les catégories professionnelles les plus représentées, enfin qu'une large majorité de sondés vit dans des grandes agglomérations de plus de 100 000 habitants et en région parisienne. Nous verrons plus loin que ces tendances correspondent parfaitement à ce que nous avons pu observer auprès des pratiquants du bouddhisme zen et tibétain, ce qui tendrait à établir un véritable profil sociologique des Français touchés par le bouddhisme, quel que soit par ailleurs, leur degré d'implication.

D'après un critère d'implication, nous avons défini trois grandes catégories de Français touchés par le bouddhisme – les sympathisants, les proches, les pratiquants – et distingué finalement sept modèles différents : le pratiquant distant, le fidèle pratiquant, le méditant assidu, l'intellectuel-agnostique, le bricoleur-syncrétiste, le chrétien méditant et enfin le sympathisant. En l'absence d'outils qui permettent de mesurer de manière très précise le nombre de Français concernés par chacune de ces catégories, nous avons proposé un chiffrage qui avance surtout des ordres de grandeur : environ douze mille pratiquants (divers modèles confondus) dont on peut considérer les deux tiers comme des « convertis [1] », cent à cent cinquante mille proches, et autour de cinq millions de sympathisants. Aucune classification, toutefois, ne pourra rendre compte des appartenances au bouddhisme que la fluidité et la plasticité des adhésions rendent insaisissables, et ce premier travail de recensement reste encore très imparfait. Mais, compte tenu de l'incroyable disparité des chiffres annoncés çà et là, qui rend totalement abstraite et discutable l'ampleur réelle du

1. Le questionnaire envoyé aux pratiquants révèle que les deux-tiers se considèrent comme « bouddhistes ». Nous ne parlerons donc de « convertis » que pour des personnes impliquées dans une pratique et se reconnaissant une identité bouddhiste.

phénomène, cette entreprise de recensement permet déjà de mieux apprécier la dynamique du bouddhisme en France, la diversité de son impact, et de mieux situer le phénomène par rapport aux autres tendances et courants religieux.

Ampleur relative du phénomène

Remarquons tout d'abord que le nombre de Français véritablement impliqués dans le bouddhisme est très faible par rapport à l'ampleur médiatique du phénomène et à la sympathie que le bouddhisme rencontre chez l'ensemble des Français. Tout juste deux fois plus nombreux que les membres d'un groupe comme la Soka Gakkai, les pratiquants du bouddhisme constituent une toute petite portion des Français fortement impliqués dans une démarche spirituelle, que ce soit à travers les autres grandes religions ou dans les « nouveaux mouvements religieux ». Autrement dit, la dimension la plus explicitement religieuse du bouddhisme – identifiée comme telle par la socialisation dans les centres, l'engagement dans une pratique validée institutionnellement par le biais du maître spirituel, le sentiment d'appartenance à une communauté ou à une lignée*, et, le plus souvent, la reconnaissance d'une conversion et d'une nouvelle identité – est très ténue (moins de 1 % des Français touchés) et sans commune mesure avec l'intérêt que la société française porte actuellement à ce phénomène. À l'inverse, la dimension la moins explicitement religieuse est très largement dominante : notre recensement montre très grossièrement qu'environ 95 % des Français touchés par le bouddhisme le sont superficiellement et en dehors de toute implication de type religieux (sympathisants), tandis que 4 % sont un peu plus impliqués, mais de manière très diverse (proches).

Ainsi sommes-nous à même de constater qu'il est totalement absurde de vouloir rapporter cinq millions de sympathisants bouddhistes aux trois à quatre millions de catholiques pratiquants réguliers, et d'affirmer que les adeptes du bouddhisme sont déjà plus nombreux que les catholiques convaincus ! C'est le chiffre de douze mille pratiquants du bouddhisme qu'on peut à la rigueur rapprocher de celui des catholiques pratiquants réguliers, et l'on voit alors que l'écart entre les deux populations est sans commune mesure.

Ce premier travail permet aussi de jeter les bases d'études qualitatives sur les diverses populations cernées et constitue ainsi un préalable nécessaire à toute investigation sociologique plus approfondie. Car une étude sociopsychologique doit s'asseoir sur une connaissance minimale de l'ensemble de la population étudiée et tenir compte des divers niveaux d'engagement. Nous y reviendrons à propos de l'étude qualitative menée auprès des pratiquants du bouddhisme zen et tibétain.

Cette première constatation conduit en tout cas à nous interroger sur le décalage existant entre l'image très positive du bouddhisme et sa notoriété dans notre société, et le nombre en définitive extrêmement faible de ses véritables adeptes. Si ce n'est pas par l'ampleur des conversions qu'il attire l'attention des médias – et même si, jusqu'à présent, on pouvait assez difficilement se faire une opinion précise à ce sujet –, pourquoi est-il si médiatique et suscite-t-il presque spontanément la sympathie ? Tout simplement, me semble-t-il, parce qu'il apparaît à presque tout le monde, dès le premier abord, comme « moderne ». Même sans bien le connaître, on reconnaît en lui les valeurs principales de la modernité : liberté laissée à chacun de suivre sa propre voie spirituelle, religion plus fondée sur l'expérience et la raison individuelle que sur une théologie dogmatique, efficacité de la pratique qui a des implications concrètes dans la vie de tous les jours, tolérance, absence de discours moral normatif, etc. J'ai retracé dans un autre ouvrage la genèse de cette assimilation, aujourd'hui partout répandue, entre bouddhisme et modernité[1]. Il est clair que la médiatisation très forte de cette «modernité» du bouddhisme confère aux enseignements de Shâkyamuni un prestige et une notoriété qui dépassent largement le cercle encore très restreint de ses adeptes.

Ce leitmotiv du caractère moderne du bouddhisme finit par imprégner la société entière et il n'est pas surprenant que l'on retrouve aujourd'hui dans les sondages d'opinion ses traits les plus marquants. Dans une enquête sur les jeunes et la foi réalisée par *La Vie* juste avant la visite de Jean-Paul II en France en 1997, l'hebdomadaire chrétien a publié un sondage CSA effectué auprès des dix-huit-vingt-quatre ans, particulièrement révélateur de cette popularité nouvelle du bouddhisme. D'après les réponses à cinq questions portant sur le rapport entre les religions chrétienne, bouddhiste et musulmane et les valeurs du monde moderne, le bouddhisme apparaît comme la religion la plus en phase avec la modernité. Même si le sondage fait apparaître un taux élevé de «sans opinion» à propos du bouddhisme – du fait de son déficit de notoriété par rapport au christianisme et à l'islam –, 51 % le jugent «tolérant», contre 46 % pour le christianisme et 23 % pour l'islam; 46 % estiment qu'il «favorise l'épanouissement personnel», contre 29 % pour le christianisme et 19 % pour l'islam; 43 % estiment qu'il «apporte l'espoir», contre 41 % pour le christianisme et 21 % pour l'islam; 28 % estiment qu'il est «adapté au monde moderne», contre 23 % pour le christianisme et 12 % pour l'islam; enfin, 23 % estiment qu'il «répond aux questions que les jeunes se posent aujourd'hui», contre 13 % pour le christianisme et 11 % pour l'islam. Le bouddhisme apparaît donc chez les jeunes comme la religion la plus proche des valeurs essentielles de la modernité.

1. Frédéric Lenoir, *La Rencontre du bouddhisme et de l'Occident*, *op. cit.*

Tendances 1970-2000 et perspectives

Si l'on considère l'évolution du bouddhisme en France depuis son implantation au début des années 70, que constate-t-on ?

Une croissance continue, d'abord, de l'implantation des centres jusqu'à la fin des années 90. Au cours des années 70, en dehors des pagodes vietnamiennes, laotiennes ou cambodgiennes, uniquement fréquentées par des Asiatiques, toutes les écoles du bouddhisme tibétain (17 centres fondés : 8 pour l'école Kagyu*, 4 pour l'école Nyingma*, 3 pour l'école Gelug* et 2 pour l'école Sakya*) ainsi que les deux plus grandes écoles du Zen japonais (1 centre Rinzaï* ; 1 centre, plus une quarantaine de dôjôs dans la mouvance du Zen Sôtô* de Deshimaru), étaient représentées en France. Au cours des années 80, on a surtout assisté à une floraison des centres de l'école tibétaine Kagyu (20 nouveaux centres et une quinzaine de lieux de méditation), tandis que les autres écoles tibétaines (8 centres) et zen (3 centres, dont le très important « Village des pruniers » de Thich Nhât Hanh, une trentaine de dôjôs dans la mouvance de Deshimaru et quatre groupes de *zazen* chrétien) progressaient à peu près au même rythme. Au cours des années 90, les centres Kagyu connaissent en revanche un net ralentissement (9 centres et 5 lieux de méditation) par rapport aux autres écoles tibétaines (8 centres et une quinzaine de lieux de méditation). De même, les dôjôs zen de Deshimaru ont presque cessé d'essaimer, tandis que se développent d'autres courants du Zen Sôtô (7 centres), et toujours quelques groupes de *zazen* chrétien.

On assiste donc, à travers une progression globale assez régulière, à des déplacements suivant les courants et les écoles. De manière générale, le Zen – à l'exception du Zen chrétien – a moins le vent en poupe, depuis une quinzaine d'années, que le bouddhisme tibétain. Cet essoufflement est en fait concomitant avec la disparition de maître Deshimaru (1982). De même, le ralentissement des fondations de l'école tibétaine Kagyu commence après la mort de Kalou rinpoché (1989). Ces deux principaux apôtres de la France bouddhiste ont en effet fondé à eux seuls plus de la moitié des centres, des dôjôs et des lieux de méditation existant sur le sol français. Cette constatation est très révélatrice d'un caractère propre à l'institution bouddhiste en Occident : le maître spirituel ou le lama en sont le cœur. Une communauté bouddhiste est toujours fondée par un maître accompli en spiritualité ou reconnu comme tel. C'est lui qui assure l'essentiel des enseignements, des initiations et des « prises de refuge ». C'est par son charisme exceptionnel qu'il attire de nombreux nouveaux adeptes [1]. On constate donc, lorsqu'il décède et que sa succession est mal assurée, un déclin immédiat du taux de fréquentation du centre.

Tel fut le cas pour l'AZI : la disparition de maître Deshimaru et les nombreux tiraillements qui s'ensuivirent éloignèrent de nombreux pratiquants et eurent pour conséquence une stagnation des effectifs, malgré la popularité croissante du Zen au sein de la société française. Beaucoup de nouveaux pratiquants préférèrent se rendre auprès d'un autre maître asiatique charismatique, tel Thich Nhât Hanh. De même, certains centres tibétains fondés par Kalou rinpoché ont vu leur taux de fréquentation chuter, après le décès du lama, au profit d'autres centres dirigés par de jeunes lamas à la réputation grandissante, tel Sogyal rinpoché.

Ce n'est pas sans poser parfois de graves problèmes financiers aux centres qui s'étaient fortement endettés du vivant du maître en construisant d'importantes infrastructures pour répondre à une demande croissante. Ainsi le centre de Kagyu Ling, fondé en 1974 par Kalou rinpoché,

1. Nous reviendrons plus loin, pp. 322 à 325, sur ce trait typique des « communautés émotionnelles », défini par Max Weber.

s'est endetté de plusieurs dizaines de millions de francs pour construire en pleine campagne bourguignonne le plus grand temple bouddhiste d'Europe – inauguré en 1987 – et une hôtellerie pouvant héberger les centaines de retraitants qui se pressaient à chaque enseignement donné par le maître. Mais, après le décès de Kalou rinpoché, en 1989, les lamas bouthanais qui lui ont succédé n'ont pas su fidéliser les adeptes ; ceux-ci ont déserté en majorité le centre pour se tourner vers d'autres grands lamas réputés, ou bien ont abandonné toute pratique au sein d'une communauté.

L'association qui gère le centre de Kagyu Ling a donc traversé une période très critique avant de connaître un nouvel essor, depuis trois ans, qui semble lié à la montée en puissance médiatique du bouddhisme et le démarrage de l'émission de télévision *Voix bouddhistes* permettant à l'association de retrouver un relatif équilibre financier.

Nous assistons ainsi à de nombreux déplacements au sein même des courants et des écoles. Mais nous pouvons également constater une extrême volatilité de l'engagement des Français dans le bouddhisme. Beaucoup ne passent qu'une fois dans un centre ou fréquentent assez régulièrement un ou plusieurs centres pendant quelques années, puis cessent toute fréquentation. Cela ne signifie pas nécessairement l'abandon de toute pratique, ni même de tout sentiment d'appartenance. En fait, un nombre important de personnes transitent par l'institution à un moment précis de leur itinéraire pour prendre refuge, recevoir des enseignements ou une initiation, apprendre à méditer, puis elles abandonnent pour un temps – ou définitivement – tout contact avec l'institution. Il est impossible de suivre ensuite avec précision leur trajectoire.

Il faut donc constater une quasi-impossibilité des centres bouddhistes à fidéliser les personnes touchées. Tous les responsables insistent sur l'énorme *turnover* que connaissent les centres. Les statistiques précises de l'institut Karma Ling montrent que, malgré un essor constant du nombre d'individus participant aux activités du centre (+10 % par an), il ne reste plus que 10 % de personnes fidélisées au bout de cinq ans. Le chiffre chute à 3 % au bout de dix ans. De même, les statistiques de Dhagpo Kagyu Ling montrent que 20 % seulement des personnes reviennent au moins une deuxième fois au centre. Ce *turnover* n'est pas propre au bouddhisme : c'est un trait typique de la modernité religieuse observé par les sociologues dans tous les pays européens [1] et qui concerne tout particulièrement les « nouveaux mouvements religieux ».

D'une manière plus générale, il convient de souligner la fluidité des engagements ainsi que les passages constants d'une catégorie à l'autre. Tel individu peut très rapidement quitter le groupe des pratiquants pour en revenir à une distance plus grande vis-à-vis du bouddhisme. Tel autre peut passer en quelques années du groupe des sympathisants à celui des proches, puis à celui des pratiquants. Tel pratiquant assidu peut redevenir un pratiquant distant pendant quelque temps, avant de revenir à une pratique régulière dans un nouveau centre. Tel bricoleur peut se stabiliser dans le bouddhisme et tel pratiquant régulier retourner au bricolage. J'ai rencontré au cours de cette enquête tous les cas de figure possibles. Aussi dois-je insister sur le caractère très fluide et provisoire des catégories répertoriées, la plupart des Français concernés passant facilement de l'une à l'autre au cours de leur itinéraire spirituel. Il est d'ailleurs fort probable que certains des témoignages recueillis il y a quelques années pour illustrer ces groupes soient aujourd'hui à classer différemment.

On constate également une évolution significative concernant les personnes engagées dans le bouddhisme tibétain au cours des trente dernières années. Les années 70

1. Grace Davie et Danièle Hervieu-Léger (dir.), *Identités religieuses en Europe*, La Découverte, 1996.

et 80 ont été marquées par des engagements très forts, de nombreuses personnes n'hésitant pas à abandonner leur emploi pour s'engager pendant plusieurs mois, voire plusieurs années dans les centres naissants en tant que résidents. Plusieurs centaines d'entre elles ont alors effectué la « grande retraite » de trois ans, et certaines se sont même engagées dans une vie monastique. Or, on observe depuis le début des années 90 une forte érosion de ces engagements radicaux. Les « grandes retraites » font moins recette, les vocations monastiques tendent à se tarir et les centres ont de plus en plus de mal à trouver des résidents.

On assiste ainsi graduellement à l'émergence d'une nouvelle génération de Français impliqués dans le bouddhisme tibétain. Contrairement à beaucoup de leurs aînés, ces nouveaux pratiquants tiennent à intégrer la pratique du bouddhisme au sein d'une vie sociale et professionnelle active. Ils ne voient pas la nécessité de rompre, fût-ce provisoirement, avec leurs activités mondaines, et considèrent la pratique du bouddhisme non pas comme un « tout », mais comme un « plus ».

Il est intéressant de noter que cette évolution globale est tout à fait similaire chez une autre population que j'avais étudiée il y a une dizaine d'années, celle des chrétiens engagés dans les « communautés nouvelles »[1]. J'ai constaté depuis la publication de cette étude en 1988 un ralentissement des vocations laïques ou religieuses les plus radicales au profit d'engagements moins forts et plus modulables. De même, les grands ordres religieux et monastiques catholiques, qui ont connu un certain renouveau des vocations à la fin des années 70 et au cours des années 80, connaissent depuis une décennie un ralentissement assez net des vocations et plusieurs monastères ont même vécu de graves crises au milieu des années 90 avec le départ de plusieurs moines récemment engagés. Il est difficile d'avancer des explications

1. Frédéric Lenoir, *Les Communautés nouvelles*, Fayard, 1988.

sociologiques de cette évolution qui tient sans doute à la conjonction de multiples facteurs. Mais il est déjà intéressant de souligner que les années 70 et 80 ont été marquées, pour les bouddhistes comme pour les chrétiens, par une recrudescence des engagements radicaux, tandis que les années 90 marquent un net fléchissement de cette tendance. Cette comparaison doit en tout cas nous inciter à rester très prudent dans l'interprétation de ce phénomène pour ce qui concerne le bouddhisme, et d'éviter par exemple d'y lire une évolution « logique » de l'émergence, au sein d'une société donnée, d'une nouvelle religion qui passe progressivement de l'engagement radical de ses membres à un engagement plus modéré à mesure qu'elle s'inscrit durablement dans le paysage religieux. Sans évacuer cette interprétation, il convient certainement de la nuancer par d'autres considérations plus générales portant sur l'évolution globale de la société. Signalons encore que les centres zen ne sont pratiquement pas concernés par cette évolution, puisque maître Deshimaru, à l'inverse de certains lamas tibétains, a toujours encouragé ses disciples occidentaux à conserver leur métier et à rester engagés dans le monde.

Considérons enfin l'évolution du bouddhisme au cours de ces trente dernières années en termes quantitatifs et tentons d'esquisser quelques scénarios possibles pour l'avenir.

Au cours des années 70, le bouddhisme était encore peu connu du grand public et restait un phénomène élitiste touchant presque exclusivement des jeunes des classes moyennes et supérieures au bagage intellectuel et culturel élevé. Le nombre d'environ cinq mille à six mille pratiquants a probablement été atteint au tournant des années 70-80, et les catégories des proches et des sympathisants étaient encore relativement restreintes. Les années 80 et 90 ont vu les pratiquants doubler en se recrutant parmi des couches plus larges de la population, mais, surtout, le nombre des proches et des sympathisants grossir dans des proportions beaucoup plus importantes.

Ainsi le phénomène qui m'apparaît comme le plus significatif de l'évolution actuelle du bouddhisme, à côté d'une croissance continue mais très limitée du nombre des pratiquants, est une croissance exponentielle du nombre des proches et surtout des sympathisants. Celle-ci s'explique par la couverture médiatique intense dont le bouddhisme fait l'objet depuis 1993. La question qui se pose maintenant est de savoir si cette notoriété croissante et cette image très flatteuse vont favoriser une expansion rapide de la pratique du bouddhisme en France. Autrement dit, le flot sans cesse croissant des sympathisants va-t-il grossir celui des proches, puis celui des pratiquants ? Rien n'est moins sûr. Au cours des cinq dernières années, les centres n'ont pas constaté un accroissement extrêment sensible de leur taux de fréquentation. J'avais comptabilisé environ dix mille pratiquants du bouddhisme en 1993 [1]. Selon la même méthode, nous en comptabilisons environ douze mille aujourd'hui, ce qui constitue une progression assez faible, compte tenu de l'énorme médiatisation survenue entre-temps. Sans conclure trop hâtivement à partir de l'observation d'une période aussi courte, on peut néanmoins constater que la popularité nouvelle du bouddhisme ne se traduit pas par un afflux d'engagements immédiats. Si le flot des sympathisants ne cesse de grossir avec cette notoriété nouvelle, celui des personnes fortement impliquées progresse à un rythme beaucoup plus lent.

Deux scénarios sont dès lors possibles à moyen terme (disons sur vingt à trente ans) : pour les Occidentaux, le bouddhisme restera peut-être essentiellement une philosophie ou une voie spirituelle de référence pour laquelle on exprime sa sympathie, avec laquelle on flirte parfois en lui

1. « Enquête sur Bouddha : pourquoi il séduit l'Occident », in *Le Point*, 4/12/1993, p. 119.

empruntant telle technique de méditation, mais sans désir d'engagement personnel durable au sein d'un groupe ou d'une tradition. Il influencera sans doute de plus en plus profondément la pensée de l'humanité, et certains des concepts qu'il véhicule, telles l'impermanence, l'interdépendance, la loi de causalité et la transmigration, s'ancreront peut-être durablement – et sans doute fortement réinterprétés, comme nous le verrons plus loin – chez une majorité d'Occidentaux [1]. Mais très peu d'entre eux feront la démarche plus active d'une pratique dans un centre et le bouddhisme comme religion restera très minoritaire en France.

Deuxième scénario : les personnes qui grossissent actuellement le groupe des sympathisants vont progressivement s'investir davantage dans le bouddhisme et augmenter considérablement la catégorie des pratiquants. Dans ce cas, nous nous retrouverons en l'espace d'une ou de deux générations avec plusieurs centaines de milliers, voire quelques millions de Français pratiquant le bouddhisme. À l'évidence, cela modifierait en profondeur la carte religieuse de la France, même si le bouddhisme sera vraisemblablement fortement dilué et déformé par les effets de la modernité.

1. À l'heure actuelle, déjà 24 % des Français croient en la réincarnation. *Cf.* Hélène Riffault (dir.), *Les Valeurs des Français,* P.U.F., 1994.

DEUXIÈME PARTIE

Les pratiquants du bouddhisme zen et tibétain

La mise au jour de diverses catégories de Français touchés par le bouddhisme rend d'autant plus aisé un travail qualitatif approfondi sur l'une ou l'autre de celles-ci. Laquelle convient-il avant tout de scruter de plus près ? Le groupe le plus nombreux est celui des sympathisants, mais la faible implication de ses membres ne rend pas vraiment compte du phénomène de la diffusion du bouddhisme. Il en va de même pour le groupe des proches dont les membres sont très diversement engagés et impliqués. Bien que beaucoup plus faible sur le plan numérique, le groupe le plus significatif du développement du bouddhisme en France comme *phénomène religieux* est assurément celui des pratiquants. Le fort degré d'implication de ses membres rend cette population beaucoup plus homogène et cohérente que les autres, et c'est à travers son étude qu'on pourra tenter de saisir l'impact non seulement philosophique ou intellectuel, mais aussi religieux et existentiel du bouddhisme.

Au sein de cette population des pratiquants du bouddhisme, j'ai choisi d'étudier plus spécifiquement les pratiquants du bouddhisme zen et tibétain. Les pratiquants français des autres courants, notamment Theravâda, sont en effet encore fort peu nombreux et ne sont guère représentatifs de la dynamique du bouddhisme en France, laquelle s'enracine principalement dans le Mahâyâna* à travers les deux grandes traditions zen et tibétaine. On ne manquera d'ailleurs pas de s'interroger, au cours de cette étude, sur les raisons du succès du bouddhisme Mahâyâna en France par rapport aux autres traditions.

Questionnaire et entretiens

Pour tenter de comprendre les raisons du développement du bouddhisme en France et de cerner diverses trajectoires de fidèles, j'ai utilisé deux outils classiques et complémentaires de l'investigation sociologique : le questionnaire et l'entretien. L'entretien permet d'aller beaucoup plus loin dans la compréhension des itinéraires et des motivations intimes. Mais il n'est pertinent que sur un échantillon à peu près représentatif de la population étudiée. Le risque est grand, en effet, de privilégier certains groupes d'individus au détriment d'autres. Pour éviter cet écueil, il est nécessaire de posséder un minimum d'informations sur l'ensemble de la population étudiée – répartition hommes/femmes, classes d'âge, milieux sociaux, niveau d'études, etc. – afin de réaliser des entretiens avec un échantillon d'individus le plus représentatif possible de l'ensemble de la population concernée. Autant une telle entreprise est facile dans le catholicisme où l'on connaît, grâce à de nombreuses enquêtes et à de multiples sondages, les caractéristiques de l'ensemble des catholiques français, autant nul n'a idée de ce que sont les pratiquants du bouddhisme zen et tibétain. C'est pourquoi il m'est apparu indispensable de mener, par voie de questionnaire, une enquête statistique auprès de cette population.

Grâce à la coopération active des principaux centres, j'ai réussi à toucher une partie conséquente de la population concernée. En effet, pour connaître les Français pratiquants du bouddhisme zen et tibétain, il suffisait de faire parvenir des questionnaires par voie de mailing aux adhérents à jour de leurs cotisations. L'opération étant extrêmement coûteuse, j'ai sélectionné quatre centres tibétains (trois Kagyu et un Nyingma) et deux centres zen (un Sôtô et un Rinzaï), représentatifs selon d'assez justes proportions de la présence en France de ces deux traditions [1]. Par l'intermédiaire de ces centres, j'ai diffusé environ 4 000 questionnaires aux adhérents. En six mois, j'ai reçu 934 questionnaires remplis, dont 903 exploitables (248 provenant des centres zen et 655 des centres tibétains), ce qui constitue un excellent taux de retour de plus de 23 %. Cela signifie que nous possédons des informations détaillées sur près d'un septième de la population totale. Certes, il ne s'agit pas d'un échantillon parfaitement représentatif, puisqu'il faudrait, pour en obtenir un, opérer un recensement complet de cette population. Les résultats ne sont donc scientifiquement représentatifs que des quelque 900 individus qui ont accepté de répondre au questionnaire. Ils constituent néanmoins une source d'informations extrêmement précieuse sur cette population et, compte tenu de la manière dont le sondage a été effectué et du taux très élevé de retour sur une population restreinte, il est statistiquement probable que les résultats fournis par cette population volontaire de sondés soient valables, moyennant une faible marge d'erreur, pour toute la population concernée. C'est également la première fois dans un pays occidental qu'a lieu une enquête statistique d'une telle envergure sur les adeptes du bouddhisme. Les informations fournies sont donc très importantes, puisqu'elles permettent non seulement de mieux connaître l'ensemble de la population étudiée, mais aussi de choisir un échantillon représentatif de celle-ci afin d'effectuer des entretiens qualitatifs.

Il existe trois grands types de questionnaires sociologiques : les questionnaires ouverts, qui laissent aux sondés la possibilité de répondre ce qu'ils veulent ; les questionnaires

1. Il s'agit des centres tibétains de Karma Mingyur Ling, Dhagpo Kagyu Ling, Kagyu Ling et Rigpa, et des deux principaux centres zen Sôtô (AZI) et Rinzaï (centre de la Falaise verte).

fermés, qui proposent pour chaque question plusieurs solutions parmi lesquelles les sondés doivent choisir (avec toujours une réponse possible « autre » ou « ne sait pas ») ; les questionnaires structurés, enfin, qui s'apparentent aux questionnaires fermés, mais qui peuvent offrir pour certaines questions une possibilité de réponse ouverte. Les questionnaires ouverts offrent l'avantage de laisser les personnes répondre spontanément, sans être influencées ou limitées par le questionneur. Mais ils ont l'inconvénient d'être inexploitables à grande échelle, car ils offrent un champ de réponses beaucoup trop large. Les questionnaires fermés permettent au contraire un traitement (notamment informatique) efficace et sûr. Ils présentent évidemment l'inconvénient d'influencer et de limiter les possibilités de réponses. Les questionnaires structurés tentent de trouver un compromis entre les deux autres en permettant une exploitation des résultats à grande échelle et en offrant la possibilité de nuancer et d'affiner ces résultats par une analyse des réponses spontanées. C'est cette dernière formule que j'ai adoptée.

Pour mettre au point le questionnaire, j'ai mis à profit les résultats des nombreux entretiens individuels réalisés lors de ma première enquête. Ainsi, par exemple, les vingt-deux propositions de réponses à la question « Pour quelles raisons le bouddhisme vous convient-il ? » m'ont été inspirées par l'analyse de ces premiers entretiens. Le questionnaire offre pour chaque question une série de réponses possibles que le pratiquant doit sélectionner, avec parfois la possibilité de cocher la case « autre réponse » et d'inscrire alors une réponse libre [1].

1. Voir le questionnaire complet en annexe.

Le questionnaire propose 40 questions réparties en trois sections

1. Votre intérêt pour le bouddhisme
2. Votre itinéraire spirituel
3. Votre profil sociologique

Les questions de la première section ont trait

– À la durée d'intérêt pour le bouddhisme et de pratique de celui-ci (1 et 2)
– À la manière dont le bouddhisme a été rencontré (3)
– À la première tradition bouddhiste rencontrée et à celle suivie actuellement (4 et 5)
– Au sentiment, au mode et au degré d'appartenance (6 à 11)
– Aux motivations premières et actuelles (12 et 13)
– Au rapport à la tradition (14 à 16, 22 et 23)
– À la pratique (17 à 19)
– À la croyance en la réincarnation (20 et 21)

Les questions de la deuxième section ont trait

– À l'éducation et au parcours religieux (1 à 4)
– Au regard actuel porté sur la religion d'origine (5 à 7)
– Pour les chrétiens d'origine, à la relation entretenue avec le christianisme et à sa comparaison avec le bouddhisme (8 à 10)

Les questions de la troisième question ont trait

– Au sexe, à l'âge et à la situation familiale actuelle (1 à 3)
– Au lieu de vie (4 et 5)
– Aux études et à la profession (6 et 7)
– À la sensibilité politique (8)

Une fois les résultats du questionnaire dépouillés, j'ai réalisé des entretiens approfondis d'une heure trente à deux heures avec un échantillon représentatif d'une trentaine de pratiquants du bouddhisme zen et tibétain. Afin de comprendre en profondeur les raisons qui peuvent conduire au bouddhisme, et dans le but d'établir des trajectoires « idéal-typiques », j'ai consacré une large part de l'entretien au récit biographique en interrogeant les personnes sur les traces qu'elles ont conservées de leur éducation religieuse, sur leur parcours spirituel jusqu'à leur rencontre avec le bouddhisme, sur la manière dont elles ont rencontré le bouddhisme et sur les raisons pour lesquelles elles ont été séduites. J'ai notamment cherché à percer à jour les crises existentielles et spirituelles, les phases de rupture, les épreuves de vie qui acheminent souvent les gens vers une quête intérieure nouvelle, et à savoir quelles relations les pratiquants du bouddhisme entretiennent avec leur religion d'origine.

Dans un second temps, j'ai axé l'entretien sur toutes les questions relatives à la tradition et à la communauté auxquelles ils sont rattachés, cherchant à comprendre quels étaient la nature et le degré de leur engagement dans l'institution et le groupe, quelle place ils accordent au lama ou au guide spirituel, comment ils conçoivent les notions de tradition, de lignée, de transmission.

Enfin, dans une dernière partie, j'ai fait porter l'entretien sur les diverses dimensions de la religiosité : convictions intellectuelles, croyances (concernant notamment le karma et la réincarnation), sentiments et expérience, pratiques (nature, fréquence, lieu, apport constaté), éthique (morale et règles de vie, sexualité, compassion, relation aux autres, engagement dans la cité, regard sur le monde actuel, prosélytisme). Bien entendu, les entretiens n'ont pas toujours suivi cet ordre de manière linéaire. Telle réponse ou incidente m'a conduit à bouleverser l'ordonnancement des questions pour suivre une piste féconde, quitte à revenir ensuite en amont.

Puis j'ai sélectionné dix entretiens qui constituent dix trajectoires spirituelles particulièrement typiques, irréductibles aux autres [1]. Pour me conformer à la population globale telle que la première enquête et le questionnaire me l'ont fait connaître, j'ai sélectionné six femmes et quatre hommes ; sept pratiquants du bouddhisme tibétain, deux pratiquants du bouddhisme zen et un pratiquant des deux traditions. Les milieux sociaux et les niveaux d'études (élevés dans l'ensemble) sont également représentatifs. Six des interviewés sont célibataires (certains vivent en concubinage), quatre sont mariés avec enfants, sur lesquels deux sont divorcés. La sensibilité politique nettement dominante est gauche-écologiste. Enfin, la moyenne d'âge est très proche de celle révélée par le questionnaire : de 26 à 65 ans, avec une moyenne de 41,4 ans (42,7 pour le questionnaire).

Ce sont ces entretiens que nous allons analyser en les mêlant aux résultats complets du questionnaire. Dans un premier chapitre, nous considérerons, surtout à partir des réponses au questionnaire, le profil sociologique des pratiquants du bouddhisme. Dans un deuxième chapitre, nous plongerons en profondeur dans les entretiens et étudierons les trajectoires spirituelles et les identités religieuses. Dans un troisième chapitre, nous chercherons à comprendre quelles relations les pratiquants du bouddhisme entretiennent avec la tradition, la communauté, le centre de méditation, la lignée, le maître spirituel. Dans un quatrième chapitre, nous explorerons les convictions intellectuelles, les croyances, les pratiques et l'éthique. Dans la conclusion, enfin, nous tenterons de récapituler les divers motifs qui poussent des Français à s'engager dans la pratique du bouddhisme et nous nous interrogerons aussi sur les raisons qui incitent certains d'entre eux à quitter la communauté bouddhiste ou à abandonner toute pratique du bouddhisme après un enracinement assez long et profond.

1. Elles seront exposées dans le chapitre 2.

1

Profil sociologique

Existe-t-il un ou des profils sociologiques types des pratiquants du bouddhisme ? Pour tenter de répondre à cette question, considérons les résultats du questionnaire rempli par plus de 900 pratiquants du bouddhisme zen et tibétain. Certaines réponses aux questions permettent d'obtenir des informations sociologiques d'ordre très général. Nous allons en voir les résultats. Je serai souvent amené, au cours de leur exposé, à signaler les liens particuliers entre diverses questions. Ces liens ont été calculés directement par un logiciel d'analyse statistique[1]. Parmi les différents indices permettant de mesurer la *force du lien*, j'ai retenu l'indice PEM (pourcentage de l'écart maximal) mis au point par Philippe Cibois. Chaque fois que je signalerai un lien particulier, j'indiquerai sous la forme d'un pourcentage (PEM) la force de ce lien. Significatif dès 5 %, le lien est évidemment particulièrement important au-delà de 20 %.

Le sexe

De manière globale, Le bouddhisme touche majoritairement les femmes : 55 % contre 45 % selon le questionnaire.

1. « Modalisa », mis au point par Philippe Chappot (responsable des recherches informatiques à l'Institut catholique de Paris).

Mais on s'aperçoit, en distinguant les pratiquants du Zen des pratiquants du bouddhisme tibétain (qui représentent dans la réalité, comme dans le questionnaire, un peu plus des deux tiers des pratiquants du bouddhisme), que cette féminisation est exclusivement le fait du bouddhisme tibétain. Le questionnaire montre en effet que les femmes représentent 60 % des pratiquants du bouddhisme tibétain, tandis qu'elles ne sont que 40 % à pratiquer le Zen. Les proportions hommes/femmes sont donc exactement inversées entre les deux traditions. Ces chiffres, qui correspondent bien à ce qu'on peut observer dans les différents centres, révèlent clairement le caractère très masculin du Zen et la forte féminisation du bouddhisme tibétain.

Comment l'expliquer ? Le croisement de plusieurs questions permet de répondre. Parmi les motivations d'engagement dans le bouddhisme (questions 12 et 13 du questionnaire), les hommes sont plus nombreux à citer en premier lieu le pragmatisme et l'expérience (PEM 25 %), la pratique silencieuse (PEM 32 %), l'apprentissage de la méditation (PEM 34 %) et le contact direct avec un maître (PEM 30 %). Les femmes, quant à elles, citent majoritairement en premier lieu la compassion et le respect pour la vie (PEM 28 %), le rayonnement des maîtres (PEM 35 %) et la loi du *karma** (PEM 50 %). Tous ces liens, compris entre 25 et 50 %, sont très forts et particulièrement significatifs. Il est manifeste que le Zen, entièrement axé sur la pratique de la méditation silencieuse sous la direction d'un maître, correspond bien aux motivations dominantes des hommes, et le bouddhisme tibétain, où la compassion, la figure charismatique du lama et la croyance au karma sont essentielles, à celles des femmes. On trouve là deux grandes tendances du bouddhisme qui semblent bien correspondre à une dominance des traits typiques du masculin dans le Zen – plus sobre, plus rationnel, plus pragmatique –, et des traits typiques du féminin dans le bouddhisme tibétain : plus magique, plus affectif, plus compassionnel.

En considérant aussi la manière dont les personnes sont venues au bouddhisme (question 3 du questionnaire), on constate que beaucoup d'hommes l'ont découvert par le biais des arts martiaux (PEM 29 %) ou d'un livre (PEM 14 %), tandis que davantage de femmes y sont venues par le biais de parents ou d'amis (PEM 13 %) ou par le rayonnement des maîtres (PEM 18 %). On retrouve ici une dominante physique – sportive, même – et intellectuelle chez les hommes, et une dominante affective chez les femmes.

Au cours de cette enquête, j'ai effectivement rencontré beaucoup d'hommes qui avaient découvert le Zen par la pratique des arts martiaux. Désireux d'approfondir la philosophie sous-jacente au judo, au karaté ou à l'aïkido, ils avaient rencontré le Zen. Maître Deshimaru a même écrit un ouvrage, au titre on ne peut plus explicite, établissant le lien étroit qui existe entre les deux disciplines : *Zen et arts martiaux*[1].

On constate encore que les femmes croient plus volontiers à la réincarnation que les hommes (PEM 17 %), croyance également très présente dans les enseignements tibétains alors qu'elle paraît beaucoup plus secondaire dans les enseignements zen. J'ai également été frappé, au cours des entretiens, par la sensibilité particulière des femmes à la cause tibétaine. Il s'agit parfois d'anciennes militantes syndicalistes ou féministes reconverties dans la lutte pour un Tibet libre, et qui épousent plus particulièrement la cause des femmes tibétaines. Mais, de manière plus générale, le drame du Tibet fait incontestablement vibrer une corde compassionnelle présente aussi bien chez les hommes, mais plus particulièrement sensible chez les femmes.

1. Taisen Deshimaru, *Zen et arts martiaux*, Albin Michel, coll. « Spiritualités vivantes », 1983.

L'âge

La fourchette d'âges des personnes ayant répondu au questionnaire va de 17 à 89 ans. Une répartition par classe d'âge fait apparaître une forte dominante des 35-50 ans (51 %) par rapport aux plus de 50 ans (28 %) et surtout aux moins de 35 ans (20 %). L'âge moyen est de 42,7 ans. Les quadragénaires constituent donc le gros de la troupe des pratiquants du bouddhisme. Cela n'a rien d'étonnant : le bouddhisme est une voie spirituelle choisie au terme d'une trajectoire personnelle qui commence souvent à l'adolescence, mais peut prendre quinze à vingt ans avant de se stabiliser. Chez la plupart des pratiquants, il s'étend d'ailleurs un temps assez long entre leur découverte du bouddhisme et leur engagement dans une pratique régulière. Le croisement de deux questions du questionnaire permet de se faire une idée précise de ce délai de maturation : 19 % des sondés se sont «intéressés» au bouddhisme au cours des 5 dernières années, 41 % il y a entre 5 et 15 ans, et 40 % depuis plus de 15 ans; mais ils sont 39 % à «pratiquer» depuis moins de 5 ans, 42 % depuis 5 à 15 ans et 18 % depuis plus de 15 ans. La moyenne de la durée de l'intérêt est d'un peu plus de 13 ans; la moyenne de la durée de pratique est d'un peu plus de 7 ans. Il s'écoule donc en moyenne 6 ans entre la découverte du bouddhisme et l'engagement dans une pratique. Cette durée est plus courte chez les pratiquants du Zen, qui s'engagent assez rapidement dans la pratique de *zazen*, et souvent beaucoup plus longue chez une majorité d'adeptes du bouddhisme tibétain, qui attendent souvent entre 10 et 15 ans avant de passer à l'acte.

Chez ces derniers, on retrouve fréquemment le scénario suivant : lecture d'un livre de Lobsang Rampa à la fin de l'adolescence, qui éveille un intérêt un peu magique pour le bouddhisme tibétain; recherche spirituelle en dilettante durant les dix années qui suivent – intérêt pour l'astrologie, le tarot, le spiritisme, certains mystiques ; crise existentielle peu avant la trentaine, qui stimule le désir de s'investir dans une voie spirituelle ; rencontre d'un grand lama, « prise de refuge » et investissement progressif dans une pratique. L'engagement dans le bouddhisme tibétain, dont la dimension religieuse apparaît beaucoup plus nettement que dans le Zen, s'apparente souvent à une démarche progressive de conversion qui demande une certaine maturation.

À l'inverse, nombre de pratiquants du Zen n'ont pas le sentiment de faire une démarche religieuse, mais plutôt de s'investir dans une pratique méditative assez neutre (certains n'y voient d'ailleurs pas plus de dimension religieuse que dans un art martial). Un tel investissement est plus facile à opérer et demande donc moins de temps de maturation. Au reste, j'ai pu observer qu'un certain nombre de personnes commencent par faire un peu de yoga et par pratiquer quelque temps dans un dôjô zen avant de s'investir plus radicalement dans le bouddhisme tibétain.

Le croisement des réponses au questionnaire fait également apparaître une durée de pratique plus récente chez les pratiquants du bouddhisme tibétain – lien de moins de 5 ans (PEM 29 %) – que chez les pratiquants du Zen – lien de plus de 15 ans (PEM 16 %). Outre les arguments que nous venons d'avancer et qui expliquent en partie ce décalage, il faut aussi souligner un certain vieillissement de la population zen. Alors qu'on constate un *turnover* important dans les centres du bouddhisme tibétain et un renouvellement constant des pratiquants, on observe une relative stabilité des pratiquants du Zen dans les centres fondés par Taisen Deshimaru. En fait, les dôjôs sont fréquentés pour partie par une « vieille garde » d'anciens disciples de Deshimaru, fidèles à la pratique collective depuis quinze, vingt ou vingt-cinq ans, et pour partie par de nouveaux adhérents qui restent moins longtemps. Ce fait, qui souligne l'extraordinaire fidélité à la pratique des anciens disciples du maître japonais décédé en 1982, indique en même temps une grande difficulté pour les centres de l'AZI à renouveler leurs membres et à fidéliser les nouveaux pratiquants qui n'ont pas connu maître Deshimaru. Il est probable que d'ici à une génération le *turnover* deviendra aussi important dans les centres zen que dans les centres tibétains.

Situation de famille et lieu de vie

37 % des sondés sont célibataires, 29 % sont mariés, 19 % vivent en concubinage, 12 % sont divorcés et 2 % sont veufs. La proportion de célibataires est assez élevée et très supérieure à la moyenne nationale si l'on inclut dans cette catégorie les concubins : 56 % contre 31 % [1]. On constate en fait deux écarts très significatifs par rapport à l'ensemble de la population française : tout d'abord, beaucoup plus de personnes vivant seules (célibataires, veufs, divorcés) : 51 % contre 36 %; ensuite, beaucoup moins de couples officiellement mariés : 29 % contre 53 %. Il est néanmoins difficile d'en tirer des conclusions, compte tenu du fait que les pratiquants du bouddhisme, comme nous allons bientôt le constater, appartiennent à des couches sociales privilégiées, population parmi laquelle on observe en général un taux élevé de célibat, de divorce et de concubinage. En fait, la situation de famille des pratiquants du bouddhisme reflète bien celle de la catégorie sociale à laquelle ils appartiennent en grande majorité : des bourgeois urbains au niveau d'études élevé.

28 % des sondés vivent en milieu rural contre 72 % en milieu urbain. Parmi ces derniers, 25 % habitent dans de grandes agglomérations (de plus de 500 000 habitants), 25 % dans des agglomérations intermédiaires de plus de 50 000 habitants, et 22 % dans des villes petites ou moyennes de moins de 50 000 habitants. Ces chiffres sont

1. Sources : INSEE, *Tableaux de l'économie française*, 1998-1999.

à peu près similaires à ceux de la moyenne nationale, mais ils doivent être corrigés, dans notre enquête, en raison de l'installation de la plupart des centres bouddhistes en milieu rural, ce qui amène un certain nombre de fidèles très impliqués à venir vivre régulièrement ou ponctuellement à proximité de ces centres. Ces fidèles ont évidemment le profil socioculturel du citadin, même s'ils vivent en milieu rural.

Études et profession

L'un des chiffres les plus significatifs de cette enquête statistique est le taux très élevé des pratiquants du bouddhisme ayant effectué des études supérieures longues : 39 % des sondés ont en effet un niveau bac + 4 et plus ; 25 % un niveau bac + 2 ; 20 % un niveau bac ; et 16 % un niveau inférieur au bac. Ils sont donc 64 % à avoir un niveau d'études égal ou supérieur au bac + 2, contre 14 % pour l'ensemble de la population française[1]. Cet écart considérable montre que le bouddhisme attire en grande majorité des personnes ayant un niveau culturel et une formation professionnelle élevés. Cela est vrai pour l'ensemble des pratiquants, mais encore plus sensible chez ceux du Zen (PEM 11 %), qui sont d'ailleurs également plus nombreux à vivre dans des agglomérations de plus de 500 000 habitants (PEM 16 %). Il est indéniable que la pratique du Zen répond bien aux besoins de personnes stressées, exerçant une activité à dominante intellectuelle et qui souhaitent se « vider la tête ».

Cela signifie-t-il aussi que le bouddhisme exige une certaine démarche intellectuelle qui n'est pas donnée à tout un chacun ? Les avis divergent chez les pratiquants. Certains sont persuadés que le bouddhisme ne peut toucher qu'une élite, de même qu'en Asie la pratique de la méditation et la récitation des textes sacrés sont réservées à une frange très

1. Sources INSEE, *ibid.*

réduite de la population. D'autres, au contraire, sont convaincus que, sous ses formes les plus dépouillées – concepts de base, méditation silencieuse, attitude juste –, le bouddhisme peut toucher tout le monde.

On retrouve évidemment ce haut niveau d'études dans les professions citées. Les professions libérales, les cadres et les enseignants sont très largement représentés : près de 40 %. À l'inverse, les professions manuelles – ouvriers, employés, commerçants et artisans – ne représentent que 14 %. La catégorie des fonctionnaires (11 %) n'est pas très significative, car on peut y trouver toutes sortes de métiers. Signalons un taux élevé d'artistes (6 %), mais relativement faible de chômeurs (5 %), d'étudiants (2 %), de femmes au foyer (3 %) et de retraités (8 %). Parmi les métiers spontanément cités, outre les enseignants, nous avons constaté une fréquence importante de métiers médico-sociaux : médecins, infirmières, travailleurs sociaux, éducateurs, etc. Les entretiens nous ont confirmé un intérêt très vif pour le bouddhisme parmi celles et ceux qui sont particulièrement en contact avec la souffrance humaine.

Dans leur très grande majorité, les pratiquants du bouddhisme sont donc des actifs appartenant aux couches sociales les plus privilégiées. Autant d'indicateurs qui confirment son caractère élitiste. On assiste toutefois, depuis une dizaine d'années, à une relative démocratisation du bouddhisme, en particulier sous sa forme tibétaine. Les centres constatent une participation plus nombreuse de personnes appartenant aux classes moyennes et même populaires. Ce fait est confirmé par le questionnaire qui établit un lien entre les moins de 35 ans, ceux qui pratiquent le bouddhisme depuis moins de 5 ans, et les professions manuelles : ouvriers, employés, commerçants et artisans (PEM 14 et 13 %).

La sensibilité politique

Autre trait particulièrement significatif des pratiquants du bouddhisme : ils se sentent en grande majorité proches des partis de gauche (24 %) et surtout écologistes (32 %). La droite et le centre recueillent peu de faveurs (11 %). Les extrêmes sont insignifiants, mais 26 % des sondés affirment ne se sentir proches d'aucune famille politique.

Comment interpréter ces sensibilités politiques ? La proximité, tout d'abord, avec la famille écologiste est somme toute logique pour les adeptes d'une philosophie de la non-violence, qui prône la responsabilité individuelle et planétaire, s'appuie sur la loi universelle de causalité et rappelle l'interdépendance de toute chose. Autant de concepts qui fondent la pensée écologique moderne, qu'on retrouve dans tous les discours des grands leaders écologistes comme dans ceux du dalaï-lama. C'est pourquoi la plupart des adeptes du bouddhisme sont aussi des écologistes convaincus, même si tous ne se reconnaissent pas dans les partis qui représentent ce courant.

Le questionnaire permet d'établir des liens significatifs entre ceux qui votent écologistes et ceux qui placent la tolérance (PEM 36 %), le contact direct avec un maître (PEM 22 %), la compassion et le respect de la vie (PEM 10 %) parmi les principales raisons de leur attirance pour le bouddhisme. Pour eux, celui-ci est avant tout une voie spirituelle (PEM 8 %), ils fréquentent plus que les autres plusieurs centres de traditions différentes (PEM 10 %) et ont souvent adhéré à une autre religion ou voie spirituelle avant de le rencontrer (PEM 8 %). Il s'agit plutôt de femmes (PEM 11 %) de 35 à 50 ans (PEM 13 %) vivant en milieu rural (PEM 11 %) (mais dont nous avons vu qu'il s'agit souvent d'anciens citadins venus vivre à la campagne à proximité des centres tibétains).

À l'inverse des catholiques pratiquants, les pratiquants du bouddhisme sont beaucoup plus proches de la gauche que de la droite. Faut-il voir là un lien entre une philosophie de l'impermanence, du mouvement, et une sensibilité politique hostile à l'ordre établi, aux choses figées ? Il est très éclairant de considérer sur ce point les liens statistiques du questionnaire.

Les pratiquants de gauche sont nombreux à déclarer qu'ils ne savent pas s'ils sont bouddhistes (PEM 11 %), à ne pas « prendre refuge » (PEM 9 %), à récuser tout lien particulier avec un maître spirituel (PEM 6 %) ; ils affirment plus volontiers qu'ils ont d'abord été séduits par le bouddhisme à cause de la « liberté laissée à chacun de suivre sa voie » (PEM 10 %), et ils ont plutôt une pratique irrégulière (PEM 9 %) ; ils sont nombreux à ne pas croire à la réincarnation (PEM 24 %), à considérer aussi Jésus-Christ comme un guide spirituel (PEM 7 %) ; ce sont plus particulièrement des citadins (PEM 7 %) de plus de 50 ans (PEM 9 %) qui ont fait des études supérieures (PEM 12 %).

Les pratiquants qui se sentent proches de la droite et du centre ont surtout été attirés parce que le bouddhisme est une « religion sans Dieu ni dogmes » (PEM 16 %) ; ils estiment très important qu'un chercheur spirituel « soit enraciné dans une tradition » (PEM 34 %) ; ils se sentent encore proches de leur religion d'origine (PEM 31 %), et un nombre non négligeable considèrent avant tout Jésus-Christ comme « le Fils de Dieu ressuscité » (PEM 15 %) ; enfin, ce sont plutôt des citadins vivant dans de fortes agglomérations (PEM 7 %) et âgés de plus de 50 ans (PEM 20 %).

Qu'en est-il enfin des pratiquants, nombreux, qui récusent toute appartenance politique ? Ils ont, plus que les autres, été attirés vers le bouddhisme par le « pragmatisme et l'expérience » (PEM 16 %) ; beaucoup ne savent pas si le fait qu'il s'agisse d'une tradition ancienne est important pour eux (PEM 28 %), mais ils considèrent avant tout le bouddhisme comme une « pratique » (PEM 8 %) ; un certain nombre ont reçu une éducation religieuse protestante (PEM 13 %), mais ne savent pas s'ils se sentent encore proches de cette religion (PEM 23 %) ; ils sont plus nombreux que les autres groupes à considérer avant tout Jésus comme un avatar ou un bodhisattva (PEM 8 %) ; enfin, ce sont davantage des hommes (PEM 14 %) de moins de 35 ans (PEM 23 %).

Typologie des pratiquants selon la sensibilité politique

Nous nous étions posé la question de savoir s'il existait un profil sociologique type des pratiquants du bouddhisme. Nous voyons qu'il est possible de considérer que ce pratiquant type est plutôt citadin, possède un bagage universitaire et intellectuel important, et appartient aux catégories culturelles les plus privilégiées de la population française. À partir de cette observation générale, on constate que les clivages politiques révèlent quatre « types » différents de pratiquants du bouddhisme. Il s'agit de groupes dominants au sein de sous-populations qui ne peuvent à l'évidence être réduites à ces figures types. Mais il est très utile, lorsqu'elles apparaissent aussi clairement, de mettre en lumière, au sein de parcours si divers, quelques « idéaux types ». En voici une synthèse.

Le pratiquant type du bouddhisme de sensibilité écologiste est plutôt une femme de 35 à 50 ans qui vit en milieu rural ; elle a un parcours spirituel sinueux (très probablement marqué par le New Age), a rencontré plusieurs religions et voies spirituelles avant de venir au bouddhisme. Ce chercheur spirituel – ancien bricoleur syncrétiste –, ouvert à toutes les voies du sacré, a d'abord été séduit par la tolérance du bouddhisme, mais a su aussi y apprécier sa compassion et son respect de tout être vivant. Il s'est quelque peu stabilisé dans cette tradition grâce au contact qu'il a pu avoir avec un maître. Il préfère toutefois ne pas s'engager dans un seul centre et continue de faire son miel en butinant dans plusieurs centres et écoles, probablement en fonction du rayonnement des maîtres qu'il y rencontre.

Le pratiquant qui récuse toute appartenance et toute affinité politique est plutôt un homme de moins de 35 ans. Il a parfois reçu une éducation protestante et ne sait pas très bien comment se situer par rapport à cette première appartenance religieuse. Il n'a pas été marqué très en profondeur, sur le plan spirituel, par cette éducation et identifie volontiers Jésus à la figure bouddhique d'un être de compassion (bodhisattva), mais il se rend compte que cette formation initiale lui a sans doute transmis certaines valeurs auxquelles il reste attaché. Il est également assez perplexe sur la dimension religieuse du bouddhisme. Pour lui, il s'agit avant tout d'une pratique, et c'est d'ailleurs le caractère pragmatique du bouddhisme qui l'a séduit. Il ne croit rien qu'il ne puisse expérimenter, et son rapport à l'autorité de la tradition est complexe. Il reste d'ailleurs perplexe sur l'importance à accorder aux notions de transmission, de tradition, de lignée, qui lui semblent utiles par certains aspects, mais trop connotées religieusement.

Le pratiquant type du bouddhisme proche de la droite et du centre est un citadin de plus de 50 ans. Il a reçu une éducation catholique qui l'a marqué en profondeur, notamment sur le plan spirituel. Mais il a été déçu par la rigidité morale et dogmatique de l'Église comme par le témoignage des croyants. Après une longue traversée du désert, il a rencontré dans le bouddhisme une religion qui lui permet de s'investir religieusement dans un cadre idéologique et moral moins contraignant que celui de l'Église catholique, mais offrant néanmoins les garanties d'une tradition ancienne. Plusieurs années de pratique du bouddhisme l'ont progressivement réconcilié avec le catholicisme de son enfance, et il lui arrive souvent de confesser à nouveau une foi en Jésus-Christ, Fils de Dieu, ressuscité d'entre les morts, voire de retrouver une pratique religieuse au sein du catholicisme. Il quitte ainsi parfois les pratiquants du bouddhisme pour rejoindre la catégorie des chrétiens méditants, moins impliqués dans le bouddhisme.

Le pratiquant type proche de la gauche, enfin, est aussi plutôt un citadin de plus de 50 ans. Il n'a, quant à lui, gardé aucun lien particulier avec sa religion d'origine. C'est un chercheur spirituel plus qu'un esprit religieux – il est souvent issu de la catégorie des intellectuels agnostiques – et il considère volontiers Jésus comme un guide spirituel. Il a trouvé dans le bouddhisme un espace de liberté pour vivre une quête spirituelle sans engagement idéologique, identitaire ou communautaire marqué. C'est la raison pour laquelle il hésite à «prendre refuge» et à se définir comme bouddhiste. Il pratique assez irrégulièrement et ne croit pas à une doctrine comme la réincarnation, qui lui rappelle trop une croyance religieuse dogmatique.

Nous avons bien là quatre types de trajectoires différentes, soulignées par des clivages politiques. Il est intéressant de noter que les plus sujets aux clivages classiques de la vie politique française (droite-gauche) sont les plus âgés. Les 35-50 ans sont plutôt écologistes, et les moins de 35 ans ne manifestent guère d'intérêt pour la politique, ce qui témoigne d'un phénomène générationnel de rejet de plus en plus massif de l'engagement politique et de brouillage des identités politiques traditionnelles.

Ces quatre trajectoires types correspondent bien également à divers parcours rencontrés au cours de nos entretiens. On n'aurait aucune peine à ranger les dix entretiens retenus parmi ces quatre modèles, certains correspondant en tout point à l'«idéal type», ce qui confirme la valeur de cette première typologie. Je préfère toutefois présenter les diverses trajectoires retenues selon une autre typologie, non plus à partir de la sensibilité politique, mais plus directement du parcours spirituel et des identités religieuses.

2

Trajectoires spirituelles et identités religieuses

Peut-on parler de « conversion » au bouddhisme ? Quelles identités religieuses revendiquent les pratiquants du bouddhisme ? Comment concilient-ils leur engagement dans le bouddhisme avec leur religion d'origine ? Ces questions sont au cœur de notre sujet. Mais on peut se demander s'il est juste d'insister sur l'aspect proprement religieux de parcours complexes où la religion ne constitue pas toujours un élément déterminant. Bien des pratiquants soulignent d'ailleurs que leur trajectoire spirituelle et leur adhésion au bouddhisme ne sont pas spécifiquement d'ordre religieux. La réalisation et le décryptage attentif des entretiens m'ont, en fait, convaincu de l'importance primordiale du rapport au religieux vécu par les interviewés durant leur enfance. Les itinéraires spirituels ultérieurs sont profondément influencés par cette relation – ou cette absence de relation – plus ou moins superficielle ou intime, que chacun a entretenu, enfant, avec la religion ou le divin. J'en ai été si surpris, lors des premiers entretiens approfondis, que j'ai été ensuite particulièrement attentif à cette question.

Il est parfois aussi arrivé que la question soit consciemment ou inconsciemment éludée par l'interviewé au cours d'un premier entretien. J'ai alors sollicité une seconde rencontre qui a permis à la personne de se livrer plus en confiance et de révéler soit des blessures religieuses profondes, soit un « amour déçu » pour sa religion d'origine.

J'ai également été frappé de constater qu'un nombre important de pratiquants de longue date manifestent un intérêt croissant pour leur religion d'origine et que d'aucuns reviennent même à une pratique religieuse régulière. La question de l'identité et de l'« étiquette » religieuses devient alors problématique, parfois même obsédante pour certains.

À l'inverse, d'autres pratiquants n'ont reçu aucune éducation religieuse, ou celle-ci a été extrêmement fugace. Il est tout aussi intéressant de constater que leur trajectoire spirituelle et leur sentiment d'appartenance au bouddhisme sont tout aussi conditionnés par cette relation initiale, faible ou absente, avec la religion.

Avant de nous pencher sur les récits de vie fournis par les entretiens, considérons tout d'abord les réponses au questionnaire ayant trait aux trajectoires spirituelles et aux identités religieuses.

ANALYSE DU QUESTIONNAIRE

À travers une vingtaine de questions, j'ai tenté d'appréhender la diversité des sentiments d'appartenance, d'identité et de trajectoire spirituelle des pratiquants du bouddhisme. Analysons les résultats point par point, correspondant à trois grandes questions : les pratiquants du bouddhisme ont-ils reçu une éducation religieuse et, si oui, laquelle ? Comment se conçoivent-ils en tant que bouddhistes et quelle identité religieuse revendiquent-ils ? Comment concilient-ils l'adhésion au bouddhisme avec leur religion d'origine ?

Religion d'origine

Selon les résultats du questionnaire, 85 % disent avoir reçu une éducation religieuse, 14 % affirment le contraire et

1 % ne savent pas. Sur les 85 % qui ont reçu une éducation religieuse, 92 % disent avoir été élevés dans le catholicisme, 7 % dans le protestantisme et 1,5 % dans le judaïsme. Ces chiffres sont assez conformes à la répartition socioculturelle des religions dans la France de l'après-guerre jusqu'aux années soixante-dix. Ainsi, en 1958, 92 % des enfants étaient baptisés. Il va de soi que le nombre d'enfants élevés dans la religion chrétienne est aujourd'hui beaucoup plus faible. On peut toutefois souligner une légère surreprésentation des protestants par rapport à la population globale. Cette sous-population ne se distingue toutefois pas de manière significative. L'analyse statistique permet seulement d'établir des liens avec les pratiquants de plus de 15 ans (PEM 29 %), avec ceux qui lisent la Bible de temps en temps (PEM 37 %), avec ceux qui ont rencontré une autre religion avant le bouddhisme (PEM 12 %) et ceux qui ne se sentent proches d'aucune famille politique (PEM 12 %). Il n'empêche qu'on peut émettre l'hypothèse – à la suite de nombreux auteurs depuis le milieu du XIXe siècle – d'une affinité particulière, notamment sur le plan éthique, entre bouddhisme et protestantisme : appel à la conscience et à la responsabilité individuelles, pragmatisme, primat de l'expérience et de la raison critique sur l'obéissance et le dogme.

17 % des sondés affirment également avoir adhéré à une ou plusieurs religions ou voies spirituelles avant d'avoir rencontré le bouddhisme. Il s'agit principalement du christianisme (46 %), de l'hindouisme (26 %) et de l'islam soufi (7 %). Ce taux, relativement faible, ne signifie pas que les pratiquants ont eu une quête spirituelle stable ou insignifiante avant leur rencontre du bouddhisme. Les entretiens montrent au contraire que la plupart ont voyagé un certain temps à travers plusieurs traditions religieuses ou mouvances psycho-spirituelles de type New Age. Ils montrent que la plupart n'ont pas « adhéré » à une autre voie spirituelle avant le bouddhisme. Ce qui signifie que, pour une grande majorité, le bouddhisme est la première tradition dans

laquelle ils s'*engagent* depuis qu'ils mènent une quête spirituelle. Nous verrons tout au long de cette étude que le bouddhisme constitue souvent un lieu de stabilisation des quêtes spirituelles modernes, diffuses et éclatées.

Identités et étiquettes religieuses

À la question : vous considérez-vous aujourd'hui comme bouddhiste ? 65 % des sondés répondent par l'affirmative, 20 % par la négative et 15 % ne savent pas. Il est à première vue surprenant de constater que plus d'un tiers des personnes socialisées dans le bouddhisme récusent cette identité ou restent indécis à son propos. Pourquoi les convertis au christianisme, au judaïsme ou à l'islam revendiquent-ils haut et fort leur nouvelle identité religieuse et pourquoi, à l'inverse, les personnes venues au bouddhisme sont-elles beaucoup plus hésitantes à se définir par rapport à lui ? Nous touchons ici à la question de la conversion, qui revêt un caractère très spécifique dans le bouddhisme, compte tenu de la nature particulière de cette tradition que beaucoup d'Occidentaux hésitent à définir comme une religion. Nous avons évoqué ailleurs [1], combien cette question de la définition du bouddhisme a été débattue depuis le milieu du XIXe siècle. En fonction de ses convictions idéologiques et de sa conception personnelle de la religion, chacun apportera la sienne. Ce qui est clair, c'est que le bouddhisme n'est assurément pas une religion si l'on restreint la définition de celle-ci au modèle monothéiste d'une croyance en un Dieu créateur et en une âme immortelle. Mais bien d'autres définitions de la religion ont été proposées par les sociologues, qui permettent d'y intégrer des voies spirituelles présentant, comme le bouddhisme, des expressions typiques du religieux – rituels et liturgies communautaires, croyance en un

1. *La Rencontre du bouddhisme et de l'Occident*, *op. cit.*

au-delà, foi envers le maître spirituel, inscription dans une lignée – tout en récusant les notions de Création, de Dieu personnel ou d'âme substantielle. Il existe plusieurs approches et conceptions possibles du religieux, dont les plus récentes – qui sont en même temps les plus éloignées de la vision occidentalo-centrique – permettent d'intégrer le bouddhisme.

Les bouddhistes asiatiques, quant à eux, ne se posent même pas la question, puisqu'ils n'ont pas la manie des Occidentaux de tout vouloir classer selon des catégories strictes et étanches. En fait, la plupart des Orientaux interrogés à ce sujet considèrent que le bouddhisme entre dans plusieurs catégories, telles que les définissent les Occidentaux, et qu'il est absurde de vouloir le circonscrire à une seule. Pour eux, le bouddhisme est tout à fois une philosophie, puisqu'il propose une vision cohérente de l'homme et du monde fondée sur les efforts de la raison ; un chemin spirituel qui offre la possibilité à l'homme de s'engager dans une voie de salut et de transformation sous la direction d'un maître ; et une religion, dans la mesure où ce cheminement spirituel s'enracine dans une croyance sur l'état de l'homme avant et après cette vie – transmigration –, propose des cérémonies initiatiques et des rituels typiques de l'expression religieuse, et s'organise au sein d'une communauté de personnes qui revendiquent une même appartenance à une « lignée de pratiquants ».

Qu'en pensent maintenant les pratiquants français du bouddhisme ? À la question : pour vous, le bouddhisme est-il avant tout une voie spirituelle, une pratique, une philosophie, une religion, un art de vivre ou autre chose, près de 45 % répondent : une voie spirituelle ; 19 %, une pratique ; 18 %, un art de vivre ; 12 %, une philosophie ; 4 %, une religion, et 2 % donnent encore une autre définition (« agir de manière juste », une « méthode »...). Signalons aussi que de nombreuses personnes ont spontanément ressenti le besoin de cocher plusieurs réponses sans que le questionnaire les y invite, et certaines ont même marqué « toutes à la fois », ce qui rejoint la position orientale du refus d'étiquettes réductrices. Il est néanmoins intéressant de noter que les définitions, non exclusives, qui viennent le plus spontanément à l'esprit ne sont ni une « philosophie » (comme on aurait pu s'y attendre), ni encore moins une « religion », mais une « voie spirituelle », une « pratique » ou un « art de vivre ». Nous en tirons deux enseignements : tout d'abord, que les adeptes occidentaux du bouddhisme mettent avant tout l'accent sur l'aspect concret, pragmatique, existentiel, « expérienciel » du bouddhisme, plutôt que sur son caractère intellectuel ou doctrinal ; ensuite, que la dimension religieuse du bouddhisme est massivement rejetée, ignorée ou – sans doute davantage encore – reléguée au second plan. On rencontre à cet égard deux catégories de pratiquants : ceux, minoritaires, qui nient totalement cette dimension religieuse, et ceux, plus nombreux, qui l'admettent, mais la considèrent comme secondaire. Pour presque tous, le bouddhisme est d'abord et avant tout un chemin spirituel de transformation intérieure qui s'incarne dans une pratique et devient un art de vivre.

L'analyse croisée des réponses au questionnaire fait apparaître plusieurs liens significatifs et permet d'affiner davantage cette question.

Prenons les pratiquants qui revendiquent l'étiquette « bouddhistes ». L'analyse des liens avec les autres réponses permet de constater une très grande cohérence au sein de ce qui constitue un véritable modèle d'identité. Il apparaît en effet avec netteté que ceux qui revendiquent l'identité bouddhiste (65 % de la totalité des sondés) sont les plus enracinés et les plus socialisés dans le bouddhisme à travers la fréquentation régulière des centres (PEM 15 %), l'assiduité dans une pratique quotidienne ou hebdomadaire (PEM 40 %), un lien étroit avec un maître spirituel (PEM 41 %), un engagement explicite par la « prise de refuge » (PEM 61 %), la croyance en la réincarnation (PEM 32 %). On peut considérer cette population, majoritaire chez les « Tibétains » (PEM 34 %), comme celle des « convertis » au bouddhisme. Il est d'ailleurs intéressant de noter qu'ils ont souvent rencontré le bouddhisme pour la première fois lors d'un voyage en Asie (PEM 51 %), et que beaucoup y sont venus à cause du rayonnement des maîtres (PEM 33 %). S'ils considèrent le bouddhisme avant tout comme une voie spirituelle (PEM 15 %), ils n'en demeurent pas moins très attachés à la notion d'ancienneté de la tradition bouddhiste comme gage d'authenticité (PEM 39 %), ils ont plutôt à cœur de faire partager leur intérêt pour le bouddhisme dans leur univers social (PEM 12 %), et souhaitent souvent transmettre le bouddhisme à leurs enfants (PEM 20 %), ce qui tend à confirmer le caractère religieux de leur engagement. Il est d'ailleurs logique qu'ils récusent en masse la possibilité d'être adeptes du bouddhisme et d'une autre religion (PEM 41 %), et considèrent Jésus comme un bodhisattva (PEM 43 %). Le but de leur pratique est bien conforme à celui défini par l'orthodoxie bouddhiste : se libérer du cycle des renaissances (PEM 45 %). Remarquons enfin qu'ils portent souvent un intérêt ancien pour le bouddhisme (PEM 22 %) et pratiquent depuis une dizaine d'années en moyenne (PEM 22 %). On retrouve dans ce modèle tous les traits typiques de ce qu'on peut définir comme une identité et une appartenance religieuses cohérentes et bien établies. Ces pratiquants constituent véritablement ce qu'on peut appeler les *convertis*, les *fidèles* ou les *adeptes* du bouddhisme.

Qu'en est-il de ceux (20 %) qui récusent l'étiquette « bouddhiste » ? Constituent-ils un modèle aussi cohérent ? On constate tout d'abord, chez un certain nombre, un intérêt pour le bouddhisme (PEM 12 %) et un engagement dans une pratique (PEM 22 %) relativement récents (moins de cinq ans). Leur trajectoire révèle qu'ils ont plutôt rencontré le bouddhisme par l'intermédiaire des arts martiaux (PEM 10 %) et des médias (PEM 16 %) ; ils ont été attirés par la tolérance du bouddhisme (PEM 27 %) et parce que c'est « une religion sans Dieu ni dogmes » (PEM 7 %). Ils sont plutôt engagés dans le Zen (PEM 20 %) que dans le bouddhisme tibétain, et un nombre non négligeable d'entre eux considèrent qu'ils sont engagés dans le « bouddhisme en général », sans distinction de tradition (PEM 15 %). Les autres liens font apparaître, à l'inverse du cas précédent, un modèle de personnes peu socialisées dans le bouddhisme et somme toute assez distantes vis-à-vis des diverses formes d'autorité et d'institutions. Ainsi, la plupart n'ont pas « pris refuge » ni reçu l'ordination (PEM 52 %), et n'entretiennent aucun lien avec un maître spirituel (PEM 51 %). Beaucoup fréquentent irrégulièrement les centres et les dôjôs (PEM 19 %), mais sont plutôt fidèles à un seul centre (PEM 20 %) ; ils ont une pratique irrégulière (PEM 20 %), plus spécialement de *zazen* (PEM 18 %) ; ne croient pas en la transmigration (PEM 22 %) et espèrent simplement, par la pratique du bouddhisme, « s'améliorer en cette vie sans se préoccuper des vies futures » (PEM 15 %) ; ils considèrent plutôt le bouddhisme comme une pratique (PEM 6 %) ou une philosophie (PEM 5 %) ; estiment qu'il n'est pas ou relativement pas important que le bouddhisme soit une tradition ancienne (PEM 21 %) ; ils ne souhaitent pas le transmettre à leurs enfants (PEM 20 %) et n'ont pas particulièrement à cœur de le faire partager dans leur univers social (PEM 6 %). Enfin, beaucoup estiment qu'on peut être adepte de plusieurs religions en même temps (PEM 19 %) et une vingtaine d'individus revendiquent explicitement le fait d'être « adeptes d'une autre religion faisant des emprunts au bouddhisme ».

Ce modèle, antinomique du premier, également très cohérent du fait d'une grande distanciation vis-à-vis des caractères religieux les plus typiques, fait en réalité apparaître trois sous groupes : le plus important est constitué de pratiquants du Zen – parfois même assidus – qui définissent essentiellement le bouddhisme comme une pratique et récusent toute identité religieuse ; le deuxième est constitué de pratiquants récents, en majorité dans le bouddhisme tibétain, qui sont encore peu engagés et socialisés, et gardent pour l'heure leurs distances vis-à-vis de l'institution et de l'étiquette ; un troisième groupe, enfin, est constitué de chrétiens et de quelques Juifs convaincus, engagés dans le bouddhisme à travers une pratique et des emprunts philosophiques, mais qui récusent l'idée d'une double appartenance religieuse.

Qu'en est-il, enfin, des 15 % de pratiquants qui n'arrivent pas à définir leur identité ? Plus qu'un véritable modèle intermédiaire entre les fidèles et les distants, ils apparaissent plutôt comme une variante du groupe des distants, avec lesquels ils partagent de nombreux points communs : engagement récent dans la pratique pour un certain nombre (PEM 13 %) ; pratiquants du Zen (PEM 18 %) ; refus de « prendre refuge » (PEM 25 %), de se lier à un maître (PEM 28 %), et fréquence irrégulière de la pratique (PEM 10 %). Mais on constate surtout que ce sont des indécis sur la plupart des questions : une majorité d'entre eux a coché la case « ne sait pas » aux questions sur le prosélytisme et la transmission du bouddhisme aux enfants, l'importance de l'enracinement dans une tradition et l'ancienneté du bouddhisme, la croyance en la réincarnation, la possibilité pour un individu en quête spirituelle d'appartenir à plusieurs religions, ou leur propre appartenance au bouddhisme. Moins catégoriques, donc, que les individus du groupe précédent sur les caractères les plus religieux du bouddhisme, ils sont néanmoins perplexes et peuvent fort bien basculer un jour dans la catégorie des adeptes, comme se rapprocher davantage encore des distants. Quelques liens intéressants permettent encore de savoir qu'ils sont venus au bouddhisme plutôt à cause de son pragmatisme et de la possibilité qu'il offre de faire une expérience (PEM 10 %), qu'ils sont un peu plus à considérer le bouddhisme comme un art de vivre (PEM 6 %), habitent plutôt dans les grandes agglomérations (PEM 7 %), ont fait des études longues (PEM 12 %) et votent plutôt à gauche (PEM 8 %). Enfin, on peut aussi noter, comme pour le modèle précédent, la présence d'un groupe d'une quinzaine de chrétiens convaincus qui considèrent Jésus-Christ comme le « Fils de Dieu ressuscité ».

À partir de la question portant sur les identités, on peut donc établir deux grands modèles de pratiquants, ce qui confirme parfaitement la distinction, dans notre typologie initiale, entre « fidèles-convertis » et « distants ». À l'intérieur de chacune de ces deux catégories, on pourrait distinguer plusieurs sous-groupes. Nous avons déjà discerné, à l'intérieur de la catégorie des fidèles, un petit groupe de pratiquants, les plus assidus et les plus engagés, qui constituent le « cœur du cœur » des Français touchés par le bouddhisme et sur qui reposera bientôt l'essentiel de la transmission. Nous venons de voir qu'il est aussi possible d'identifier plusieurs groupes au sein des « pratiquants distants », principalement les membres d'autres religions, les pratiquants du Zen, qui récusent tout caractère religieux à leur engagement, et les personnes engagées de fraîche date, encore très indécises sur leur lien d'appartenance et leur identité.

Lien avec la religion d'origine

Plus de 68 % des sondés ayant été élevés dans une religion affirment se sentir encore « proches » de leur religion d'origine, contre 28 % qui affirment l'inverse et 4 % d'indécis. Ce taux, très élevé, montre que, loin de constituer une rupture brutale et définitive, l'engagement dans le bouddhisme laisse souvent place à toutes sortes de liens culturels, affectifs, spirituels et même explicitement religieux avec le judaïsme ou le christianisme d'où sont issus les pratiquants du bouddhisme ayant reçu une éducation religieuse. Les nuances sont également significatives : 22 % répondent : « oui, beaucoup », 46 % : « oui, un peu », 23 % : « non, elle m'est indifférente », et 5 % : « non, je la rejette ». Nous constatons là quatre positions différentes sur lesquelles nous reviendrons dans l'analyse des trajectoires spirituelles à partir des entretiens.

J'ai interrogé les sondés, dans un second temps, sur la nature de ce lien. Le large éventail de choix et la possibilité de réponses multiples donnent des réponses très variées : 20 % affirment être restés proches de cette religion par une appartenance culturelle ; 16 % pour des raisons affectives ; 15 % par des lectures spirituelles ; 14 % par la prière ; 9 % par affinité intellectuelle ; 8 % par la foi en un Dieu personnel ; un peu plus de 4 % par une pratique occasionnelle ; et moins de 3 % par une pratique régulière ; 10 % ont répondu « autre » et 1 % « ne sait pas ». En regroupant tous les motifs qui expriment une appartenance socioculturelle et affective, nous obtenons un pourcentage de 42 %, et en regroupant tous les motifs qui manifestent plutôt un engagement existentiel, spirituel et religieux, nous en obtenons un de 43 %. Ainsi, on constate qu'environ la moitié des pratiquants du bouddhisme qui ont reçu une éducation religieuse, et qui se sentent encore proches de leur religion d'origine, le restent d'une manière plutôt superficielle et d'ordre culturel, tandis qu'une autre moitié le sont par un attachement spirituel profond.

Plusieurs questions sont ensuite posées à ceux qui se considèrent comme chrétiens ou qui se sentent encore proches du christianisme. À la question : « qui est pour vous Jésus-Christ ? » près de 40 % répondent un bodhisattva ou un avatar. Rappelons que le bodhisattva est la figure centrale du bouddhisme du Grand Véhicule, qui considère ces « êtres de compassion » comme des éveillés* ayant décidé de renoncer à l'état de Bouddha pour revenir aider et éclairer sur Terre tous ceux qui sont encore dans le *samsâra**. L'avatar est une notion hindoue qui désigne l'émanation d'une figure du divin dans l'humanité. Beaucoup d'hindous considèrent ainsi que Bouddha et Jésus sont des avatars de Vishnou, au même titre que Krishna. J'ai fréquemment rencontré chez les pratiquants français du bouddhisme ces deux représentations de la figure du Christ, et les ai associées dans le questionnaire – même si elles ne revêtent pas le même sens – en tant que représentations orientales de Jésus. Enfin, 36 % considèrent Jésus comme un guide spirituel; un peu plus de 8 % comme le Fils de Dieu ressuscité; 6 % comme un prophète; 5 % comme un exemple moral; 3 % donnent une autre réponse, et 2 % ne savent pas.

Nous constatons donc que la représentation du christianisme orthodoxe est très minoritaire et concerne essentiellement ceux qui se définissent comme chrétiens. Pour une écrasante majorité de ceux qui se considèrent comme chrétiens *et* bouddhistes, ou qui restent très proches du christianisme, Jésus est un guide spirituel. Enfin, la plupart des adeptes du bouddhisme plus éloignés du christianisme le voient comme un avatar ou un bodhisattva. Signalons aussi que 5 % de ceux qui se sentent proches du christianisme lisent souvent la Bible, 45 % la lisent de temps en temps, et 50 % jamais.

Nous avons demandé en outre à ceux qui se considèrent comme chrétiens ou qui se sentent encore proches du christianisme d'exprimer ce qu'ils avaient trouvé dans le bouddhisme qu'ils n'avaient pas trouvé dans le christianisme. Tenant compte des nombreuses réponses apportées dans les entretiens, nous avons proposé douze formules, en laissant la possibilité aux sondés de cocher plusieurs réponses ou d'en ajouter à leur guise. Parmi la totalité des réponses, nous obtenons, par ordre décroissant, les résultats suivants : un travail sur le corps et les émotions (13 %) ; une efficacité pour progresser humainement et spirituellement (13 %) ; l'absence de normes morales rigides et culpabilisantes (12 %) ; des réponses plus vraisemblables au problème du mal (9 %) ; le contact avec des maîtres spirituels (9 %) ; une vision rationnelle du monde et de la destinée (9 %) ; une intégration de la psychologie dans la vie spirituelle (7 %) ; l'absence de dogmes (7 %) ; un soutien dans la vie quotidienne (7 %) ; une intériorité (6 %) ; une aide dans la vie relationnelle (4 %) ; une aide pour la prière (2 %) – et autres réponses (2 %).

En répartissant les réponses en trois groupes, on constate qu'une majorité (39 %) met en avant le caractère efficace et pragmatique du bouddhisme pour un soutien psycho-corporel. Nous l'avons déjà évoqué au sujet des chrétiens qui pratiquent le Zen : beaucoup déplorent l'absence d'« ancrage corporel » de la prière chrétienne et la dichotomie esprit/corps émotionnel qui finissent par faire du christianisme une religion « désincarnée », ce qui constitue, aux yeux de ces chrétiens déçus, un sacré paradoxe pour une religion qui repose entièrement sur le dogme de l'incarnation divine !

Un deuxième groupe de réponses (32 %) met davantage l'accent sur la liberté laissée par le bouddhisme, à l'inverse du christianisme, à ses adeptes pour construire leur système de références et leur vie morale. Les entretiens mettent souvent l'accent sur le fait que le clergé chrétien « infantilise » les individus, tandis que le clergé bouddhiste les « responsabilise ».

Enfin, un troisième grand groupe (29 %) met l'accent sur les plus grandes rationalité et crédibilité des enseignements bouddhistes par rapport à la théologie et au message chrétiens. L'idée-force que l'on retrouve dans les entretiens est que le bouddhisme offre des réponses pas toujours nécessairement rationnelles, mais plus crédibles – ou croyables – que celles apportées par le catéchisme chrétien. Deux exemples sont souvent cités : celui de la loi de causalité du karma, qui constitue une réponse au problème du mal beaucoup plus crédible que celle du péché originelle ; celui de la réincarnation, croyance plus plausible que celles du paradis et de l'enfer.

Avant d'aborder l'étude des parcours de vie, revenons plus directement à la question des identités religieuses telles qu'elles apparaissent dans le questionnaire. Nous avons vu dans la partie précédente qu'il était impossible d'établir une typologie des Français touchés par le bouddhisme à partir du critère d'identité, compte tenu du fait qu'une immense majorité d'entre eux ne se définissent pas comme bouddhistes. Le problème est différent pour la catégorie beaucoup plus précise et ciblée des pratiquants du bouddhisme, qui revendiquent en grande majorité une identité bouddhiste. Pour mettre au jour un certain nombre de trajectoires types, il nous est même apparu intéressant d'établir une typologie de ces pratiquants à partir des divers cas de figure d'identités revendiquées en combinant l'adhésion au bouddhisme et leur lien avec leur religion d'origine. Les informations fournies par le questionnaire sur les identités et les sentiments d'appartenance concernant les personnes proches de leur religion d'origine vont nous permettre de cerner différents modèles d'identité.

Un taux très élevé de non-réponses (43 %) indique que beaucoup ne se sentent pas concernés par cette question, en fait, une grande partie de ceux qui récusent l'appartenance au bouddhisme et tous ceux qui n'ont pas reçu d'éducation religieuse ou qui ne se sentent pas proches de leur religion d'origine.

Sur les 57 % restants, 65 % se considèrent comme « adeptes du bouddhisme tout en ayant conservé un intérêt pour cette religion » ; 21 % se considèrent comme « à la fois adeptes du bouddhisme et de cette religion » ; 6 % se considèrent comme « adeptes de cette religion en faisant des emprunts au bouddhisme » ; et 8 % sont indécis.

Nous distinguons ainsi une nouvelle fois un petit groupe d'une trentaine d'individus (sur 903) qui revendiquent explicitement une identité religieuse autre que le bouddhisme. Ce sont des Juifs ou des chrétiens-méditants qui pratiquent dans un contexte bouddhiste. Nous constatons ensuite un groupe de 111 individus qui revendiquent une double identité religieuse. Ces personnes ont soit pris des distances avec leur religion d'origine, et le bouddhisme les a progressivement réconciliées en profondeur avec celle-ci, soit toujours concilié une double appartenance religieuse.

Enfin, nous constatons un important contingent de 344 individus qui se considèrent comme bouddhistes et disent avoir conservé un intérêt pour leur religion d'origine. Il peut s'agir aussi bien de personnes jadis très croyantes, qui ont connu dans l'enfance une blessure profonde avec leur religion et que le bouddhisme conduit à une réconciliation, que de personnes élevées dans une certaine indifférence religieuse et qui ont redécouvert un certain intérêt pour la religion de leur enfance grâce à la pratique du bouddhisme.

À ces trois modèles « mixtes » d'identité religieuse, ajoutons deux autres modèles plus « purs » : d'abord celui des pratiquants du bouddhisme qui se considèrent comme bouddhistes mais n'ont pas gardé de lien avec leur religion d'origine ; il peut s'agir de personnes qui ont rejeté leur religion d'origine, ou qui lui ont toujours été indifférentes, ou bien qui n'ont pas reçu d'éducation religieuse ; enfin, ceux du même groupe qui, tout en récusant l'étiquette bouddhiste, ont été déçus par leur religion ou qui n'ont pas reçu non plus d'éducation religieuse.

TRAJECTOIRES SPIRITUELLES À PARTIR DES ENTRETIENS

Ces cinq modèles d'identité vont donc nous servir de fil directeur pour explorer les trajectoires spirituelles de l'échantillon de dix pratiquants du bouddhisme que j'ai sélectionnés. À l'intérieur de chaque modèle, nous serons le plus souvent amené à distinguer plusieurs cas de figure ; chacun est illustré par un parcours de vie, typique. Dans le cadre de ces récits de vie nous insisterons surtout sur les grandes étapes du parcours spirituel, de la première éducation religieuse à l'engagement dans le bouddhisme en passant par les crises existentielles, fréquentes à l'adolescence, et les chemins de traverse. Nous ne ferons qu'évoquer les questions relatives aux engagements communautaires ou aux croyances et pratiques, qui seront traités pour eux-mêmes dans les chapitres suivants. Ce qui importe ici, c'est de saisir la dynamique et la cohérence de différents itinéraires spirituels marqués par le bouddhisme.

Lorsque cela est possible, nous livrons le témoignage *in extenso*, ayant juste retravaillé la structure de l'entretien, coupé les questions et ôté les passages que nous souhaitions réserver pour des chapitres ultérieurs. Lorsque cela s'est révélé impossible, l'entretien étant plus décousu, nous avons aménagé des transitions pour présenter les différentes étapes du parcours spirituel de l'interviewé.

• « Je suis bouddhiste et je ne ressens aucun lien avec ma religion d'origine. »

Ce premier modèle fait apparaître une nette adhésion au bouddhisme et un désintérêt pour la religion d'origine. Les individus acceptent l'étiquette « bouddhiste », mais tous n'y mettent pas la même connotation. Les plus éloignés de la religion en général définissent le bouddhisme comme une philosophie et une pratique. Les plus sensibles à la dimension religieuse le définissent davantage comme une voie spirituelle et ne lui dénient pas certains traits typiques relevant de la religion. Mais, quelle que soit la diversité des sensibilités, l'identité revendiquée ici se veut avant tout non religieuse.

J'ai relevé au sein de ce premier modèle trois grands types de trajectoires en fonction de l'éducation religieuse reçue.

Premier cas de figure : « J'ai reçu une éducation religieuse qui ne m'a laissé aucune trace, et ma religion d'origine ne m'intéresse pas plus que les autres religions. »

XAVIER a trente-six ans, il est célibataire et exerce le métier de magistrat dans une ville moyenne du sud-est de la France. Il pratique le bouddhisme tibétain depuis trois ans. Il a été élevé dans un milieu universitaire ouvert ; ses parents étaient des catholiques pratiquants occasionnels. «J'ai eu une éducation religieuse traditionnelle complète et je me suis arrêté immédiatement dès que ça n'a plus été une obligation. » Le parcours qui le mène au bouddhisme est particulièrement atypique. C'est adolescent, à travers la musique de Wagner et le répertoire romantique allemand, qu'il s'initie « inconsciemment » au bouddhisme : « Je faisais de la méditation sans le savoir quand j'écoutais cette musique dans des conditions qui sont à mon avis celles pour lesquelles elle a été composée : à savoir qu'on s'y consacre pleinement, car ce n'est pas une activité de loisir. » Puis, par la lecture d'une thèse de doctorat publiée dans les années soixante sur le lien entre Wagner et Schopenhauer, il découvre *Le Monde comme volonté et comme représentation.* « Quand on est dans Schopenhauer, on est bouddhiste sans le savoir, ou presque », commente Xavier. À vingt-trois ans, pendant ses études de droit, il lit plusieurs ouvrages sur le bouddhisme, dont le célèbre petit ouvrage de Walpola Rahula, *L'Enseignement du Bouddha* : « C'est l'ouvrage qui m'a vraiment convaincu que c'était une philosophie qui méritait un approfondissement. C'est une présentation qui m'a convenu parfaitement, parce que c'est la plus austère, la plus simple. Si j'avais commencé par aborder le bouddhisme dans un ouvrage de vulgarisation dans la mouvance des Tibétains, je serais peut-être resté à l'extérieur. Fort de ce livre, je me suis convaincu que ce que je trouvais dans la musique, on pouvait peut-être le trouver dans des pratiques spirituelles détachées d'un contexte purement artistique. C'est à ce moment-là que j'ai entamé une démarche plus explicitement spirituelle… Et je dois dire que les hasards de la vie, l'expérience ont fini de me convaincre de la réalité ou de la justesse de cette philosophie. Philosophie dotée d'une pratique très simple : la pratique de la méditation. »

C'est ainsi que Xavier décide de s'initier dans un dôjô de

l'AZI. Cette expérience le convainc des bienfaits de la méditation – « se désengager d'un certain nombre d'illusions et éviter une dose inutile de souffrance » – et lui donne encore plus envie d'approfondir le bouddhisme. Bien que peu attiré par le décorum des Tibétains, il se résout finalement à se rendre dans un centre tibétain. « Dans les centres zen, il n'y a pas vraiment de présentation du bouddhisme. Le souvenir que j'en avais gardé, c'est que c'était vendu comme une annexe au cours de yoga, comme une suite approfondie de la relaxation. À partir du moment où j'ai voulu être en contact avec une tradition authentique, ce sont donc les centres tibétains que j'ai approchés. De toute façon, il n'y a pas tellement d'autre choix ! » Son premier contact avec le centre est très difficile : « Il y a un foisonnement de rituels alors qu'au départ je voulais une approche très sobre, dans laquelle il n'y ait aucun rituel ! La première fois que j'ai mis les pieds dans un temple, j'ai vu tout le monde se prosterner, je me suis retenu de repartir, me disant : “Il va peut-être se passer des choses plus intéressantes.” Et puis on a parlé de concepts plus intéressants pour moi. Je me suis donc contrôlé et je n'ai pas réagi aux prosternations. Pour moi, la tradition tibétaine a l'avantage d'être très forte, très cohérente, c'est ce qui lui permet d'être aussi vivace en France, donc de véhiculer pour tout le monde la tradition bouddhiste. Mais il y a aussi beaucoup de particularismes. J'ai fréquenté plusieurs centres. J'ai voulu faire diverses expériences. Je viens ici [à Karma Mingyur Ling, situé entre Valence et Grenoble] pour les sessions de méditation du docteur Jean-Pierre Schnetzler [médecin psychiatre, disciple de Kalou rinpoché et fondateur du centre] parce qu'elles me proposent ce que je cherche : une tradition authentique, quelqu'un de compétent, mais qui ne présente pas les enseignements dans un cadre ritualiste, lequel me reste toujours étranger. Les thankas* tibétaines me gênent plus qu'elles ne m'inspirent [...]. J'ai une démarche rationnelle, et je crois qu'une démarche occidentale hors de la rationalité et de la rigueur n'a pas de sens. Je veux bien examiner toutes les hypothèses, mais sans oublier qu'elles ne sont au départ que des hypothèses, et je ne peux pas accepter le concept de dévotion qui implique une sorte d'abandon. L'Occidental que je suis ne peut pas renoncer à la rigueur, à la logique, au besoin de s'interroger, de poser toutes les questions. J'ai beaucoup de mal à accepter une vérité révélée ou simplement affirmée [...]. Pour moi, le bouddhisme est une philosophie reliée strictement à l'humain, avec une pratique. Le reste, je ne l'aborde pas. Et, en cela, je crois que je vais dans la droite ligne de certains textes du Bouddha, de certains sûtras*. Il y a un tas de questions spéculatives, ce sont des jeux de l'esprit qu'il est inutile de vouloir résoudre. Mais pour moi, l'un des aspects déterminants du bouddhisme est justement l'abandon de ce genre de questions. Je pense qu'il se suffit très bien dans sa dimension de philosophie et de pratique destinée à réduire ou éliminer la souffrance. J'ai une activité professionnelle qui me renvoie quotidiennement à la souffrance des autres – pire que la souffrance physique : la détresse. Cela a joué dans mon attachement au bouddhisme. Il y a aussi des expériences personnelles qui font que la première des "nobles vérités" – "Tout est souffrance, impermanent" – me paraît quelque chose de fondamental. »

Depuis trois ans qu'il fréquente régulièrement – environ deux fois par an – un centre tibétain, Xavier pense avoir trouvé un véritable ancrage spirituel dans la tradition bouddhiste. Entre-temps, il s'est quelque peu intéressé à l'islam par l'intermédiaire d'amis, mais il s'en est assez vite détourné car l'idée d'une Révélation à laquelle il faut croire lui est totalement étrangère. C'est aussi pour cette raison qu'il affirme s'être « définitivement éloigné » de la tradition chrétienne. Depuis très peu de temps, il n'hésite plus à se définir comme « bouddhiste » : « Pendant des années, je crois que j'ai fait du crypto-bouddhisme, je m'y intéressais mais je n'aurais jamais dit que j'étais bouddhiste. Maintenant, je le dis. Il m'est arrivé de créer de petites surprises en disant :

"J'ai une pratique religieuse qui se rattache à la tradition bouddhiste." Quand j'en parle aux autres qui n'ont peut-être pas une connaissance de ce qu'est le bouddhisme, j'emploie parfois le mot de *religion.* Mais, en ce qui me concerne, je ne l'emploierai pas. L'image que j'ai de la religion est tellement négative que je ne peux pas l'appliquer à la pratique bouddhiste. » Xavier a parlé à ses parents de son engagement : « Pas de réaction. C'est bien pris, ce n'est pas conçu comme une secte. Je crois que, de leur côté aussi, ils ont abandonné toute pratique religieuse, avec le temps. Donc, ça ne les choque absolument pas. »

Aujourd'hui, son objectif principal dans la vie est de « parvenir à une stabilité affective et spirituelle, et à ne plus être prisonnier du cercle vicieux de la souffrance. »

Deuxième cas de figure : « J'ai été croyant, mais j'ai rejeté ma religion d'origine et je ne veux plus en entendre parler. »

JACQUELINE, soixante-cinq ans, divorcée deux fois et remariée, mère d'un enfant, est artiste peintre et professeur de lettres à la retraite. Elle pratique le bouddhisme tibétain depuis dix-sept ans. « Je suis née dans une famille ouvrière de la région de Cherbourg. Mon père était un travailleur de base à l'arsenal de Cherbourg et ma mère faisait partie de la petite-bourgeoisie commerçante de la ville. À ce titre, elle a toujours voulu que j'aille dans une école libre, catholique, et pas dans l'enseignement public. Donc, depuis l'école maternelle jusqu'à la première, j'ai toujours été élevée dans la religion catholique. À cette époque, la religion était extrêmement stricte. J'ai fréquenté une école libre dirigée par des sœurs qui étaient odieuses, faisant du forcing pour la communion, la confession, comptant toutes nos fautes dans la journée – une comptabilité incroyable ! Nous avions à remplir des fiches quotidiennes avec le nombre de péchés que nous faisions, et le nombre de choses bien. Lever à six heures du matin pour des petites filles de onze, douze ans, messe à sept heures, confession et communion tous les jours, vérifiées évidemment par les bonnes sœurs. J'en ai été marquée pour des décennies. Entre autres, le rapport avec le corps a été complètement déformé. Nous n'avions pas le droit de nous laver. Nous pouvions nous laver des pieds jusqu'aux genoux, et des mains jusqu'aux bras ; mais il n'était pas question de prendre une douche – ça n'existait pas – ni de se laver le corps, parce qu'il est par définition impur et doit être caché. Nous nous changions sous les draps et sous les couvertures, une fois par semaine, et nous n'avions aucune espèce d'hygiène corporelle. Il se trouve que ma mère, par pudibonderie, je suppose, et les bonnes sœurs, par principe, ne nous ont pas enseigné le fonctionnement du corps féminin. Donc, lorsque les règles sont apparues, cela a été vécu d'une façon absolument dramatique, parce nous nous sentions mourir et que nous n'osions pas le dire. Il y avait, parmi tout ce troupeau de bonnes sœurs, une seule qui m'était sympathique et avec laquelle j'ai eu les seules relations humaines de mon adolescence. Elle était ouverte, intelligente et pleine de cœur. Et il se trouve, je l'ai appris par la suite, que cette sœur a quitté le voile, est partie pour Paris et a fait le trottoir à Montmartre : elle est devenue prostituée ! Elle était la plus intelligente, la plus évoluée, la plus humaine. J'ai donc reçu cette éducation catholique, pétainiste pendant la guerre, odieuse parce qu'elle n'était pas vécue de l'intérieur par les prêtres et les sœurs qui ont été mes maîtres pendant l'époque fondamentale de l'enfance et de l'adolescence [...].

« À l'âge de dix-neuf ans, j'ai connu une crise spirituelle terrible. J'ai rejeté le concept de Dieu et j'ai tenté de me suicider. J'étais désespérée. Car j'avais jusqu'alors une foi en Dieu. Je suis née, je pense, avec une nature qui devait venir de mon père, tournée vers le spirituel. Mais ce que je cherchais, c'était un spirituel vivant, vécu, authentique. Or, je n'ai trouvé chez ces prêtres et ces sœurs – à l'exception de celle dont je vous ai parlé, qui est devenue putain – qu'hypocrisie, calcul, appétit terrible d'argent ! C'était horrible. J'éprouvais donc une aspiration spirituelle et j'étais à la fois confrontée à des êtres chargés d'y répondre, mais qui me transmettaient des témoignages humains tout à fait à l'opposé des valeurs qu'ils prétendaient défendre…

« Ensuite, j'ai été une étudiante, et une étudiante pauvre. À l'époque, les milieux ouvriers ne pouvaient absolument pas accéder à l'université. J'ai voulu sortir de mon milieu et étudier. Mais, en même temps, je devais travailler, rapporter l'argent à la maison. Donc, après le baccalauréat, pendant la journée, j'étais institutrice remplaçante, et pendant la nuit je faisais mes études de lettres modernes. J'ai survécu comme cela, avec du pain, du café. Je ne m'en plains pas, cela m'a formée ; cela m'a fait du bien, dans un sens. Mais la vie était extrêmement dure, parce que je travaillais tout le temps, jour et nuit, avec presque rien à manger et pas d'argent. J'ai donc fini par obtenir mon CAPES après un certain nombre d'années et je suis devenue professeur de lettres dans le second degré, au Havre.

« Comme nourriture spirituelle, à la bibliothèque de Cherbourg, j'aimais beaucoup lire. À la maison, il n'y avait aucune espèce de distraction, pas de radio, encore moins de télévision : elle n'existait pas ; aucun moyen d'information. Il n'y avait que la lecture. J'avais un appétit féroce de dépasser le milieu ouvrier dans lequel je vivais, qui était extrêmement fermé sur lui-même. Pourtant, mon père était un homme très fin, très spirituel, je crois. Il n'en a jamais parlé. Il ne s'investissait pas là-dedans, il laissait ma mère faire mon éducation catholique […]. J'ai découvert à la bibliothèque de Cherbourg un poète indien qui s'appelle Tagore et c'est peut-être la racine de ma passion pour l'Inde. J'ai découvert dans les poèmes de Tagore tout un monde de la pensée et de l'expression poétique qui m'a vraiment enchantée, au sens étymologique du terme. C'était un chant. Je me souviens encore de l'un de ses vers : *Que mon être soit une flûte de roseau que tu puisses emplir de ta musique*. Le “tu” étant évidemment un appel à Dieu. Et j'ai eu un choc spirituel le jour où j'ai su que Dieu pouvait passer à travers nous et chanter. Après, j'ai découvert d'autres livres concernant l'Inde. J'ai découvert Ramakrishna, Vivekananda, les grands êtres réalisés de l'Inde. J'ai tout découvert par la lecture [...].

« En fait, après cette crise terrible de la foi que j'ai connue, à dix-neuf ans, j'ai mené deux vies parallèles et contradictoires. D'une part, un athéisme convaincu. J'ai lu Nietzsche pour qui j'ai nourri une passion pendant des années. Dieu n'existe pas : faisons l'homme ! Je me suis engagée dans des mouvements de gauche, j'ai beaucoup milité dans les mouvements féministes pendant des années – au moins vingt ans de ma vie. C'était un investissement très important. Et, parallèlement, il y avait, d'une façon très secrète en moi, cette espèce de quête spirituelle que je continuais à mener à travers les livres. Étant une passionnée de peinture, contemporaine en particulier, j'ai pensé, à un moment donné, alors que j'avais une trentaine d'années, que je pourrais découvrir par la peinture la planète spirituelle qui me manquait. Je me suis mariée, j'ai eu une petite fille et je me suis inscrite au Havre à une école de peinture, pensant que cet apprentissage pourrait m'apporter des perceptions nouvelles, un nouveau rapport à la matière et à l'esprit. J'ai donc développé parallèlement toutes ces voies contradictoires de l'athéisme, du militantisme de gauche, et de la découverte de la peinture qui était pour moi une tentative de gagner un univers spirituel libre, dégagé du formalisme et d'un appareil intellectuel trop pesant.

« Un jour, j'ai lu dans la Bhagavad-Gîtâ une phrase clé – il y a des phrases clés que l'on reçoit par la lecture ou par la communication humaine, capables de bouleverser toute une vie – qui était la suivante : "Il ne s'agit pas d'accumuler des connaissances, mais d'aller vers cette connaissance qui fait que l'on connaît tout le reste." C'est très beau. À partir de là, mon cheminement spirituel s'est accéléré. J'ai suivi des cours de yoga. Cela me faisait beaucoup de bien, parce que j'ai connu des périodes de dépression. J'avais des problèmes conjugaux qui se sont terminés par un divorce; j'avais beaucoup de chats à fouetter! J'ai pratiqué le hatha-yoga* enseigné à l'occidentale, sans enseignement spirituel, mais ce travail corporel m'a aidée à me réconcilier avec ce corps que le catholicisme avait rejeté. J'ai essayé de considérer mon corps non pas comme un ennemi, mais avec amitié, et d'en faire quelque chose. Le hatha-yoga m'a apporté cela, ce qui était énorme. J'ai cherché, à un moment donné, à m'orienter vers une tradition occidentale, qui est la mienne et qui pouvait peut-être m'ouvrir des portes sur le plan du spirituel. J'ai donc pris contact avec la franc-maçonnerie. Lorsque j'étais au Havre, j'ai été reçue au Droit humain en tant que maçonne. Si cette expérience m'a donné de très bonnes amitiés, elle ne m'a pas du tout satisfaite sur le plan spirituel.

«J'ai ensuite été nommée à Paris. Je voulais absolument venir à Paris parce qu'il y a la peinture, la culture, tout ce que j'aimais. J'ai passé un concours qui m'a permis de devenir directrice de collège. J'ai donc été nommée dans la banlieue parisienne. Lorsque je suis arrivée à Paris, j'ai pris contact avec la Grande Loge féminine de France, beaucoup plus orientée vers la spiritualité que le Droit humain qui traitait essentiellement des problèmes sociaux. Les problèmes sociaux, j'étais dedans toute la journée, je cherchais donc autre chose. J'ai été reçue à la Grande Loge féminine par des femmes formidables et parfois célèbres, dont je n'ai pas le droit de révéler le nom. J'ai pratiqué les rites franc-maçonniques. Nous faisions des "planches", c'est-à-dire que nous avions à faire un travail de minithèses sur des sujets que nous choisissions et qui m'ont considérablement enrichi l'esprit. J'ai travaillé par exemple sur les rites d'Isis. À l'exception près que, lorsque j'étais ressortie de la loge, je me retrouvais avec mes problèmes, comme tout un chacun, et que je ne sentais pas que la franc-maçonnerie était capable d'opérer la révolution intérieure dont j'avais besoin pour transmuter ma vie dans le quotidien. J'avais vraiment une jouissance intellectuelle en franc-maçonnerie, mais c'était encore de l'intellectualisme. Il y avait certes les rituels dans lesquels le corps se trouvait investi, qui permettaient de trouver en soi une discipline et une reliaison avec le principe premier, mais cela ne me suffisait pas.

« Les portes de la spiritualité par les traditions occidentales me semblant bel et bien fermées, j'ai décidé de me tourner vers l'Orient. J'avais lu divers livres sur le bouddhisme. Il m'attirait, m'intéressait. Les principes de base du bouddhisme me concernaient, mais c'était encore une approche intellectuelle. J'ai senti qu'il fallait que j'aie un contact vivant avec des hommes et des femmes qui le pratiquaient. Et, un jour, j'ai découvert dans une revue l'adresse du centre tibétain de Karma Ling, en Savoie. Je me suis dit : "Je vais à Karma Ling. Si ça m'intéresse, j'y resterai quelques jours. Si ça ne m'intéresse pas, je prends le train et je reviens." Je suis donc partie là-bas. J'ai entendu, le premier soir, la conférence de lama Denys Teundroup sur la "prise de refuge", sur les "quatre nobles vérités" du bouddhisme, sur l'évolution que le bouddhisme peut proposer à l'être, sur la remise en question des valeurs, etc. Cette conférence m'a vraiment ébranlée ; à chaque phrase que prononçait lama Denys, je me disais : "c'est juste". Chaque enseignement, chaque fragment d'enseignement tombait juste pour l'intelligence et le cœur. Et cela, je ne l'avais jamais vécu. Cette beauté de l'enseignement qui fait que cela résonne si justement en vous-même [...]. C'était le bonheur. Au lieu d'y rester deux jours, comme je l'avais prévu, j'y suis restée trois semaines. J'ai "pris refuge" auprès de lama Denys, et, à partir de là, ma vie a été complètement transformée. Tout en faisant les mêmes choses, j'étais devenue une bouddhiste sur le terrain [...].

« J'ai ainsi trouvé un enseignement intellectuel de très haut niveau, mais aussi des hommes et des femmes en quête, comme moi, avec lesquels j'ai pu dialoguer. Nous avons pu échanger nos expériences intérieures, avec tout ce qu'elles avaient de négatif, parfois de dramatique, mais aussi de vivant et de mutant. Je suis donc enfin entrée dans la vie de l'esprit – j'avais quarante-huit ans – et j'ai connu un dialogue libérateur qui m'a apporté des axes fondamentaux pour ma vie quotidienne harassante. Le bouddhisme m'a donné une vie intérieure, une force intérieure. L'essentiel, je crois, c'était de recevoir un enseignement, d'où qu'il vienne, qui donne une verticalité, transmis par des gens authentiques. Il se trouve qu'il est venu d'Orient. Mais j'aurais peut-être pu le trouver en Occident, par la franc-maçonnerie ou tout simplement par le christianisme qui était au départ mon fondement...

« Il nous faut une dimension verticale de vie pour assumer la dimension horizontale. Sinon, on crève ! C'est le symbolisme de la Croix : l'horizontale, c'est la terre, et la verticale c'est notre reliaison à l'esprit. J'étais arrivée à un point où je crevais de ne pas pouvoir trouver ma voie. Il me fallait une transmutation, tout en assumant mes responsabilités sur le terrain, dans la vie quotidienne. J'avais huit cents élèves à gérer tous les jours dans une cité difficile. J'ai eu une vie sentimentale assez éprouvante. Je me suis remariée après mon divorce, j'ai épousé un artiste peintre, il m'a entraînée dans des histoires difficiles dont je suis sortie depuis lors...

« Avec lama Denys, j'ai commencé à travailler sur l'émotionnel, le traitement des émotions. Cela me concernait complètement. Que se passe-t-il dans nos vies ? Nous recevons des émotions positives et, dans ce cas, nous nous enchantons de nos propres émotions. Nous recevons aussi, malheureusement, beaucoup d'émotions négatives, de stress, d'agressivité, et nous nous identifions avec la négativité de l'émotion. À ce moment-là, nous n'avons plus le regard distancié et souriant qui nous permet, pendant une seconde, de n'être pas identifiés à l'émotion. Et si nous avons cette petite seconde de reliaison intérieure au centre lumineux auquel nous nous référons dans la méditation, cela nous permet de tenter de répondre positivement à la situation d'agression à laquelle nous sommes confrontés. Une petite seconde de respiration et de distanciation nous permet de traiter l'agression, l'émotion perturbatrice tout à fait différemment [...].

« J'ai également rencontré un certain nombre d'instructeurs et je suis allée dans d'autres centres en France pour essayer d'élargir ma connaissance du *dharma* et recevoir des enseignements de différents maîtres jusqu'au moment où j'ai senti que Kalou rinpoché – que je n'ai pas rencontré de son vivant – était mon lama-racine. J'ai eu une connexion, par la lecture et par ce que j'ai reçu des lamas qui ont témoigné de leur vécu auprès de lui. Je suis reliée à lui en profondeur. C'est ma référence. Le rôle du lama est absolument fondamental dans ma vie spirituelle [...].

« Ce qui m'a particulièrement touchée aussi dans le bouddhisme, c'est la liberté laissée à chacun de prendre ce qui lui convient. De multiples outils de travail vous sont proposés : il y a quatre-vingt-un yogas, et, à l'intérieur des quatre-vingt-un yogas, il y a de multiples instruments de travail. Il faut donc que vous arriviez, en expérimentant, en allant dans les centres, en rencontrant les personnes qui pratiquent, à trouver vos propres outils, à les choisir, à les expérimenter et à les évaluer par vous-même, avec l'aide du lama. En même temps, il faut être attentif à ne pas papillonner. On voit un certain nombre de personnes qui vont dans une tradition, qui y prennent ce qui leur convient et qui vont prendre quelque chose ailleurs, dans une autre tradition. Je ne suis pas du tout favorable au syncrétisme. Autant il est indispensable pour tout être humain d'expérimenter, de découvrir différentes traditions pour découvrir celle qui lui convient, autant, à partir du moment où on a trouvé une voie juste par rapport à ce qu'on est, il est indispensable, non pas de critiquer ni de dévaluer les autres, mais d'entrer dans la voie profonde qu'on s'est choisie et de la pratiquer au maximum. Je pense que le syncrétisme est une fuite. On peut fuir éternellement.

«J'ai une amie que j'aime beaucoup : elle est un peu dans cette perspective. Elle fréquente sur la place de Paris des gens qui donnent des conférences, qui font des expériences de marche sur le feu, de jeûne pendant quinze jours à des prix très élevés; elle fréquente aussi un peu les bouddhistes, elle fréquente un groupe de chrétiens, elle fréquente les derviches tourneurs, sans parler des groupes du New Age! C'est parfaitement son droit et sa liberté. C'est une femme très généreuse, que j'aime beaucoup. Mais personnellement, ce n'est pas du tout ce que j'ai envie de faire. On met peut-être vingt à vingt-cinq ans à trouver sa voie, ce qui a été mon cas, mais à partir du moment où j'ai senti que c'était exactement ce dont j'avais besoin, il faut pratiquer et aller dans la profondeur. Sinon, vous vous dispersez, vous perdez beaucoup de temps. Et peut-être vous perdez-vous complètement au lieu de vous trouver [...].

«Le bouddhisme m'a dispensé une intelligence de la vie que je n'avais pas auparavant. Cela m'a d'abord insufflé le respect de la vie, que ce soit le monde minéral, le monde végétal, le monde animal ou, bien entendu, le monde humain. Avant, durant toute ma période d'athéisme, j'ai passé vingt-cinq ans de ma vie dans le non-sens. Tout était phénomène de hasard. Le monde et ma modeste personne n'avaient strictement aucun sens. Ils étaient voués de toute façon à la destruction, définitivement. C'était une vision extrêmement pessimiste, mais c'était aussi un état de fait que je me devais de constater. Le bouddhisme m'a procuré le bonheur. Je suis heureuse d'être et de vivre. Le travail du bouddhisme m'a permis cette mutation du non-sens au sens. Aujourd'hui, je mets du sens partout, y compris dans les choses les plus modestes du quotidien. Je ne crois plus du tout au hasard. La notion de hasard me semble l'effet de notre ignorance. De manière plus ultime, j'ai donné un sens plus plein et plus conscient à ma vie : donner. Donner ce que j'ai eu le privilège de recevoir. Si je puis donner la joie que j'ai reçue, je suis déjà une femme extrêmement heureuse. Parce que le but du bouddhisme, c'est le bonheur. Non pas les petits bonheurs à la sauvette, qui ne durent qu'un temps. Mais un bonheur profond, fondamental : être bien avec moi-même, dans ma vie et dans ma mort. Parce que, dans le bouddhisme, la mort aussi prend un sens. Et ça, je l'ai également expérimenté en accompagnant dans la mort un ami très cher. Je suis même convaincue que la souffrance, qui m'a tant révoltée dans le passé, n'est pas là pour rien. On peut transmuter cette souffrance en énergie de sagesse. Le bouddhisme tibétain est une alchimie. Par exemple, vous vivez avec un homme et cet homme vous déçoit. Pour des raisons multiples, vous devez vous séparer de lui parce que rien ne va plus, ce qui m'est arrivé pour la seconde fois il y a quelques années. Je me suis dit : "À soixante ans, ma fille, eh bien, tu vas te retrouver seule, tu vas être face à ta solitude, qu'en fais-tu ?" Le bouddhisme a été un support essentiel pour ne pas sombrer dans la déprime et la négativité. Je me suis dit : "J'ai le bouddhisme, eh bien, allons-y ! Tu vas travailler pour les autres, et tous les jours de ta vie. Pour tes enfants, bien entendu ; pour ton petit-fils, cela va de soi. Mais aussi pour les autres, sur le terrain où tu te trouves." J'ai donc fait partie d'associations de lutte contre l'analphabétisme, de lutte contre la drogue. Et j'ai travaillé ainsi jusqu'au jour où j'ai rencontré mon nouvel époux. C'est une histoire extraordinaire. Je l'ai rencontré un 24 décembre ! Je ne pense pas que ce soit un hasard : ça a été une nouvelle naissance. Gustav Meyrink disait : "La vie vous donne chaque jour le pouvoir de commencer." C'est profondément vrai. Chaque jour on meurt, chaque jour on naît. Et même à soixante-quinze ans, quatre-vingts ans, vous pourrez encore commencer ! J'en ai eu des preuves incroyables dans ma vie. Quand vous êtes dans le fond, au degré zéro, et même en dessous, ça remonte, ça bascule et vous pouvez commencer, renaître. C'est aussi au cœur du message du Bouddha. Tout est impermanent. Tout, dans la vie, n'est qu'une succession de morts et de renaissances [...].

« Aujourd'hui, je me considère comme bouddhiste, parce que je tente de l'être. J'admets que ça puisse être une religion, au sens étymologique de relier : *religare*. Il me relie aux autres et il me relie au principe. Mais, en fait, pour moi, c'est beaucoup plus une philosophie et un art de vivre avec soi-même et avec l'autre [...].

« Ma relation à la religion chrétienne est, quant à elle, inexistante. J'ai mis des années à me réconcilier avec le corps, instrument du péché : j'ai eu cela dans la tête toute l'enfance, toute l'adolescence. L'amour qui n'était pas procréateur était forcément une faute, la notion de plaisir était une faute ! C'est la culpabilité judéo-chrétienne qui m'a empêchée de vivre pendant des décennies. Maintenant, je me calme un peu parce que j'ai trouvé bien autre chose depuis. Je considère donc le judéo-christianisme comme une chose qui ne me concerne absolument pas et qui me laisse en paix. Mais, pour obtenir cette paix, il m'a fallu des années. J'étais toujours contre, et non pas avec. Et ç'a été très dur à vivre. Mais, en même temps, la vie de Jésus est pour moi un témoignage immense d'amour de l'autre, qui est toujours une référence. Ça ne l'a pas été dans ma période athée, puisque j'ai tout rejeté en bloc. Mais ça l'a été quand j'ai découvert le bouddhisme. Je me suis réconciliée avec la personne de Jésus et j'ai retrouvé l'amour-compassion. Mais ne me parlez pas des Églises, des curés, ou des bonnes sœurs qui m'ont éduquée et pour lesquelles je garde, bien que je sois bouddhiste, une haine tenace ! »

Troisième cas de figure : « Je n'ai reçu aucune éducation religieuse et seul le bouddhisme m'intéresse vraiment. »

CHRISTOPHE, trente-deux ans, célibataire, vit en concubinage. Français par son père et Québécois par sa mère, il a fait l'École polytechnique de Montréal avant de venir vivre à Paris. N'ayant jamais travaillé, il perçoit le RMI. Il pratique le bouddhisme tibétain depuis dix ans.

Christophe n'a reçu aucune éducation religieuse, ses parents ayant totalement rejeté le catholicisme. Sa mère a cependant toujours été en recherche spirituelle. Après un passage par le soufisme, elle a rencontré Kalou rinpoché et s'est convertie au bouddhisme. Christophe a alors une vingtaine d'années et, par le biais de sa mère, il est aussi touché par le message du Bouddha.

«Je trouvais que c'était une démarche extrêmement rationnelle, logique, totalement scientifique. À l'époque, je faisais des études d'ingénieur et cette démarche me convenait tout à fait. Je lisais des bouquins d'astrophysique et je constatais que certains astrophysiciens, même des gens qui faisaient de la mécanique quantique, étaient bouddhistes [...]. Je n'avais plus vraiment d'illusions sur la société matérialiste et j'avais déjà bien compris que c'était une grosse bouffonnerie, qu'il n'y avait pas de véritables fondements dans le matérialisme libéral. La société marchande me sortait par les yeux. Ce n'est pas que je cherchais un sens à ma vie, mais je cherchais de vraies valeurs, quelque chose de profond.»

Quelques années plus tard, Christophe et sa mère rencontrent un grand lama de la tradition Kagyu, Djamgom Kontrol rinpoché : «Je suis allé le voir et j'ai trouvé que ce qu'il disait était plein de bon sens, et qu'il ne prenait pas les gens pour des imbéciles. Il les prenait par la main et, en même temps, il avait un discours franc, logique, plein de compassion. Comme c'était un être assez élevé spirituellement, il émanait de lui un peu plus que ce qu'il disait. Du coup, j'ai "pris refuge", tout simplement, parce que ça se faisait.»

Un peu plus tard, il rencontre Kalou rinpoché, de passage à New York. De plus en plus touché par le bouddhisme tibétain, il effectue un voyage de plusieurs mois au Tibet et au Népal après avoir obtenu son diplôme d'ingénieur. Puis il s'installe à Paris où il continue de chercher à rencontrer des « grands maîtres ». La rencontre de lama Guendune, en Dordogne, lui fait forte impression : « À mes yeux, c'est le prototype du lama tibétain qui a fait vingt ans de retraite dans les grottes au Tibet. » Christophe ne dissimule pas sa fascination pour ces « grands méditants » qui sont à la fois des êtres « totalement réalisés » sur le plan spirituel et qui peuvent aussi maîtriser la matière grâce à la puissance de leur esprit.

« Ce qui m'a beaucoup plu dans le bouddhisme, c'est cette approche rationnelle et en même temps ce côté magique. Le défaut de l'approche scientifique, surtout aujourd'hui, c'est qu'on est tombé dans l'extrême, ce qu'on appelle le scientisme, le matérialisme radical. C'est un danger. Si la vision scientifique était une bonne chose au départ – elle a repoussé les dogmes religieux de l'Église catholique –, on est allé trop loin dans le matérialisme et une vision réductionniste du réel. Le bouddhisme a un point de vue très logique, tout à fait scientifique, mais il ne se borne pas à ça. Il y a en effet dans le bouddhisme une dimension qui dépasse l'entendement rationnel, le monde du concept. Quand un grand maître, que ce soit le Karmapa* ou lama Guendune, fait des miracles – et ils en font, j'en ai vu –, ça dépasse l'entendement. Il y a un côté magique qu'on ne rencontre nulle part ailleurs. »

Christophe insiste cependant sur le fait qu'il n'existe pas dans le bouddhisme une foi similaire à celle des chrétiens : « Un des enseignements du Bouddha consiste à recommander de ne pas respecter son enseignement parce qu'il est le Bouddha, mais de le comprendre par soi-même. C'est très important. Le bouddhisme n'est pas une religion dogmatique. Le bouddhisme est à la fois une religion, une philosophie, une psychologie, une spiritualité ; c'est un ensemble, c'est la science de l'esprit. » Selon lui, le bouddhisme ne repose donc sur aucun « dogme », même s'il faut au départ une certaine « confiance » dans les maîtres pour entrer dans la profondeur et la subtilité des enseignements. Il croit au karma et à la réincarnation, mais, pour lui, c'est plus une constatation scientifique qu'une croyance religieuse.

« Le karma me paraît évident. La loi de causalité s'applique au monde physique, au monde biologique et au monde psychologique. Elle s'applique partout ; il suffit de regarder la nature, de nous regarder nous, ce qu'on a fait, ce qu'on devient ; c'est en fonction de ce qu'on a fait antérieurement, même dans cette vie-ci. Finalement, la science physique n'est jamais que l'étude de la loi de causalité au niveau physique. Cette loi s'applique donc partout, il n'y pas de raison. Maintenant, dans la logique de cette loi, il n'est pas possible que nous venions de nulle part, qu'il y ait eu une apparition spontanée et que nous ne repartions nulle part après. Il y a forcément une continuité. Au niveau logique, la loi du karma, la réincarnation et la transmigration – un lama se réincarne, un être ordinaire transmigre : il y a une petite différence... – sont un tout. D'une vie à l'autre, ce n'est ni toi, ni un autre, parce qu'il n'y a pas de toi, de notion d'ego. Pour mettre des différences sur les mots, la différence c'est que la réincarnation se fait volontairement, c'est l'acte du bodhisattva qui revient pour le bien des autres ; tandis que dans la transmigration, on est poussé par son karma, on n'a pas le choix, c'est comme ça. Mais si on atteint un certain niveau et qu'on prend conscience de l'illusion de la souffrance, à ce moment-là on s'éveille et on revient en effet pour le bien des autres. Donc, on devient un bodhisattva. »

Christophe a d'ailleurs prononcé les vœux de bodhisattva, qui constitue son idéal suprême. Il recherche le bonheur véritable et est convaincu que celui-ci ne peut être trouvé qu'en se dévouant aux autres : « Lorsque je voyageais en Inde, j'ai rencontré des jeunes filles qui allaient voir les malades au dispensaire de mère Teresa de Calcutta. Je les voyais sortir, elles allaient passer une semaine à nettoyer la merde des vieux, à s'occuper des orphelins. C'étaient des conditions de travail vraiment très difficiles et elles étaient rayonnantes de bonheur. Quand on fait vraiment quelque chose pour autrui, même si ce n'est pas tous les jours, mais qu'on a la motivation, qu'on va dans ce sens-là, c'est une source de bonheur. »

Il reconnaît cependant ne pas se sentir encore capable de se dévouer aux autres et mener une vie assez égoïste. Il n'a pas vraiment envie de travailler, se contente du RMI et consacre l'essentiel de son temps à lire des livres de science ou de spiritualité. Il pratique quotidiennement la méditation, fréquente un centre une fois par semaine, il se considère finalement comme un « pratiquant pas très pratiquant ». Il a reçu les enseignements de plusieurs lamas, mais n'a jamais eu le « courage » de s'engager plus profondément auprès d'un maître en particulier. Il est également très attiré par les « grandes retraites » de trois ans, trois mois et trois jours : « Je pense que je vais faire plusieurs années de retraite en cette vie, c'est la seule chose vraiment importante. Mais je ne suis pas tout à fait prêt. » Quand on lui demande s'il se considère comme bouddhiste, Christophe prend quelques précautions avant de répondre : « Je n'aime pas le mot. Ce qui m'intéresse, c'est le *dharma* du Bouddha. Je suis allé en Inde l'hiver dernier et j'ai fait le pèlerinage sur les lieux saints du bouddhisme. Il y a vraiment eu quelqu'un qu'on a appelé le Bouddha, qui a enseigné, et c'est mon maître à penser. Voilà. Les représentants actuels, tels que le dalaï-lama et d'autres grands lamas, sont mes maîtres à penser. Donc : oui, je suis un adepte du bouddhisme. »

Il ne s'intéresse d'ailleurs pas du tout aux autres religions qu'il juge sévèrement, à l'exception de quelques grands sages qui ressemblent aux lamas tibétains : « Je pense que le Christ était un être extraordinaire, un très grand bodhisattva. On dit qu'il est allé en Inde, au Cachemire ; or, à cette époque-là, il y avait des bouddhistes au Cachemire. Il a probablement été initié. Enfin, c'est ma théorie personnelle, mais je pense que le Christ était bouddhiste. S'il marchait sur les eaux, c'est qu'il avait appris là-bas la lévitation. À mon avis, le Christ était bouddhiste, mais ensuite son message a été déformé par les hommes. » Il reconnaît avoir en outre une certaine estime pour les grands méditants du christianisme, les moines du mont Athos ou les chartreux : « Ces gens-là ont une certaine spiritualité. Mais je n'ai aucun respect pour l'institution catholique romaine, l'Opus Dei, la papauté et toutes ces conneries. Pour moi, c'est une institution qui est pourrie depuis au moins mille cinq cents ans ! »

Christophe affirme se sentir mieux dans sa peau depuis qu'il est bouddhiste : « J'avais beaucoup de violence, d'agressivité en moi quand j'avais une vingtaine d'années. Même s'il m'arrive encore d'avoir des mouvements de colère, ils sont assez vite identifiés et s'expriment donc avec moins de force. Cela m'a apporté une certaine distance, un calme. Et un bonheur, aussi. J'ai un certain contentement, je ne suis pas très riche, mais je vis ce que j'ai envie de vivre. J'ai vécu en Amérique du Nord, j'avais des voitures, je n'ai jamais été très pauvre. Mais je n'ai pas d'attachement matériel, et, d'une façon générale, je suis assez libre de ce côté-là [...]. Pour ce qui est de l'attachement aux choses, il m'arrive d'avoir une pensée de jalousie dans la rue, de voir quelqu'un avec une belle voiture et de me dire : "Ah, ce qu'il me fait chier, celui-là, avec sa BMW !" J'éprouve un peu de jalousie, mais, après, j'ai de la compassion pour lui, parce que je me dis qu'il est complètement pris dans le monde, dans le *samsâra*, et que même s'il possède beaucoup de biens matériels, c'est une source de souffrance pour lui, et je compatis à sa souffrance. J'essaie de me contenter de ce que j'ai et je suis heureux comme ça [...]. Le but du bouddhisme, c'est d'être heureux. Mais je me rends compte que le bonheur pour soi ne suffit pas. La source du vrai bonheur, c'est aussi de travailler pour les autres... même si c'est un peu difficile... »

• **«Je suis bouddhiste et j'ai retrouvé un intérêt pour ma religion d'origine grâce au bouddhisme.»**

Les personnes qui s'inscrivent dans ce deuxième modèle ont une trajectoire spirituelle qui les a conduites d'un christianisme tiède ou de l'agnosticisme au bouddhisme, puis du bouddhisme à un intérêt renouvelé pour leur religion d'origine. Ils se définissent clairement comme bouddhistes, mais affirment que la pratique du bouddhisme a éveillé en eux une sensibilité, une ouverture nouvelles pour la religion de leur enfance qu'ils avaient délaissée depuis de nombreuses années. Certains ont connu une cassure brutale et sont en train de se «réconcilier» en douceur avec leur tradition religieuse familiale. D'autres ont toujours conservé un intérêt assez lointain pour cette tradition, et la pratique du bouddhisme a réactivé en eux cet intérêt, voire, dans certains cas, resserré un lien parfois totalement distendu.

Premier cas de figure : « Cet intérêt a toujours été plus ou moins présent de manière tiède, mais il s'est réactivé depuis que je suis bouddhiste. »

PAULINE a trente-sept ans, elle est célibataire, psychologue et informaticienne; elle pratique le bouddhisme tibétain depuis trois ans. «Je suis issue de la moyenne bourgeoisie. Mes deux grands-pères étaient ouvriers. Mon père a donc gravi un échelon social. Nous étions trois filles, élevées dans la religion chrétienne. Mes parents ne sont pas particulièrement pratiquants, nous allions à la messe le jour de Pâques, et c'était tout. J'ai suivi le cours de catéchisme et j'ai fait une année de persévérance, ce que mes autres sœurs n'ont pas fait. Je me forçais un peu et, en même temps, j'étais attirée, mais sans plus. On est dans une culture judéo-chrétienne, donc tous plus ou moins marqués en matière de culpabilité. Mais je n'ai pas été dans une école religieuse et je ne pense pas avoir été plus marquée que la moyenne. Je n'ai fait que ce que j'avais envie de faire ; il n'y a jamais eu de forcing. J'ai donc fait une année de persévérance, en cinquième, je crois. Ensuite, je ne suis plus tellement allée à la messe. Sans doute cherchais-je quand même quelque chose, car j'ai commencé à lire la vie de Bouddha et la vie du Christ. À seize ans, j'ai lu les livres de Lobsang Rampa, comme beaucoup. Je menais une quête complètement inconsciente dès cet âge-là. Comme je suis psychologue, je sais maintenant que c'est sans doute lié à une blessure narcissique, quelque chose qui a manqué dans les premiers mois de la vie ou pendant la naissance, qui fait qu'il y a comme un trou, un vide, avec un appel à l'absolu. La quête vers l'absolu mène à la spiritualité, mais peut faire aller aussi vers des choses comme la drogue. Rétrospectivement, je le vois comme ça. Depuis toujours, je me suis sentie portée vers un absolu [...].

« La grande chose de ma vie, c'est que j'ai vécu pendant sept ans avec quelqu'un que j'ai rencontré à l'âge de dix-sept ans et qui est mort d'un cancer. Cela a renforcé cet appel vers la spiritualité, la profondeur. Quand on vit quelque chose de cet ordre assez jeune, on ne peut pas être tout à fait comme les autres. Déjà, je n'étais sans doute pas pareille, mais ça a renforcé cette différence. Mon attirance vers la spiritualité s'est encore développée. Deux ans après ce décès, je suis partie toute seule avec un billet *open* au Népal et au Tibet. Je cherchais, je cherchais... je ne sais pas quoi ! Je n'ai pas rencontré le bouddhisme là-bas. Quand je suis revenue, je suis allée faire une retraite chez des sœurs cloîtrées en Alsace. Je cherchais toujours, j'étais si malheureuse, je sentais que j'avais besoin de quelque chose, sans pouvoir l'identifier vraiment. Je suis donc allée chez ces sœurs, et je me disais : "Il est dit : frappez et on vous ouvrira", je frappe et j'attends qu'on m'ouvre, qu'il se passe quelque chose, ce n'est pas possible, c'est trop difficile ! Il ne s'est rien passé non plus, mais j'ai continué à chercher, et un jour, dans un stage un peu New Age, une fille m'a parlé du bouddhisme tibétain. Elle m'a donné l'adresse de Karma Ling. J'étais engagée depuis cinq ans dans une nouvelle aventure sentimentale, mais ça ne collait pas. J'étais encore malheureuse. Je suis donc partie à Karma Ling. C'est là que j'ai rencontré le bouddhisme, par un stage de yoga tibétain. Mais je n'ai pas adhéré tout de suite au bouddhisme. Je faisais du tarot ésotérique depuis cinq ans. C'était très intéressant, avec toute une approche ésotérique et psychologique. Pendant cinq ans, je n'ai pas acheté un seul bouquin, parce que ce cours de tarot, une fois par semaine, me suffisait. Il me remplissait et j'ai beaucoup avancé avec lui, jusqu'à ce que je rencontre le bouddhisme. Je me rappelle : je tirais mes cartes de tarot dans la salle, les lamas passaient ; comme ils sont ouverts, ils ont regardé. Et un lama m'a dit que c'était bien, que plein de voies conduisaient à la même chose, mais qu'il fallait en choisir une, que papillonner ne menait jamais à rien. Effectivement, j'avais fait ma sauce, j'avais pris un petit bout de spiritualité un peu partout. C'était à peu près cohérent, mais c'était mon « truc » ; et, au fond, je n'étais pas encore vraiment satisfaite.

« Après ce stage de yoga tibétain, je me suis séparée de cette deuxième personne. C'était il y a trois ans. Ça n'allait pas bien. Je devais aller en Inde. Et je me suis dit : non. J'ai téléphoné à Karma Ling : il n'y avait rien. Alors je suis allée vers un autre centre en Dordogne : Dhagpo Kagyu Ling. Il y avait un stage sur le *Livre des morts tibétain*. Depuis le décès de mon ami, j'étais évidemment toujours intéressée par ce qui touche à la mort, et j'avais fait en fac un mémoire de psycho sur ce thème [...]. J'ai donc rencontré le maître qui dispensait les enseignements, Kabo Toubten. Ce qu'il disait, c'était tout ce que je pensais. C'était extraordinaire ! J'ai beaucoup développé mon intellect pendant toute la première partie de ma vie jusqu'à maintenant. Intellectuellement, tout était cohérent. C'était la sauce que j'avais confectionnée, plus encore beaucoup d'autres choses, des questions auxquelles je n'avais pas pu répondre. C'était merveilleux. Cela m'a fait un choc. D'autant plus que, la première matinée, c'était la description réelle de la mort, avec la couleur de la peau et tout ce qui se passe. J'avais vu mon ami mourir, et cette précision m'a bouleversée. Au niveau intellectuel, ça a fait tilt. Je me suis dit : c'est exactement cela. C'est une chance extraordinaire de rencontrer ce qui correspond à soi. À la fin du stage, le maître a lu intégralement le *Livre des morts tibétain*, ce qui est très rare. Cela a duré deux heures. C'était très pénible, je n'en pouvais plus. Et, à la fin, je me suis dit : "Il doit en avoir assez, le pauvre !" Et je me souviendrai toujours de son regard : il a levé les yeux vers nous et il avait presque l'air de s'excuser. Il y avait tellement d'amour dans ce regard que ça m'a touchée très profondément, au niveau affectif cette fois [...].

« Ensuite, j'ai fait un autre stage avec un lama occidental. Et lui, sans arrêt, faisait le forcing : "Tu devrais 'prendre refuge'." Et, le lundi de Pâques, à la jonction des deux religions, il m'a dit : "Ce serait un bon jour", et j'ai donc "pris refuge". Ce qui s'est produit de bizarre, c'est que depuis des années – j'ai fait aussi un petit passage par la méditation transcendantale avec une amie –, je méditais, mais jamais régulièrement : cinq minutes par-ci, une heure par-là, trois heures là, mais je n'avais jamais ni régularité ni discipline. Parfois même, j'avais tendance à m'endormir pendant la méditation. Plein de choses se passaient, mais aucune régularité. Or, du jour où j'ai "pris refuge", j'ai médité une demi-heure par jour, quasiment sans effort. C'est rare que je ne médite pas. En ce moment, je médite pendant près d'une heure chaque jour. Il s'est donc passé quelque chose, car je n'ai pas compris comment, d'un seul coup, je suis devenue capable de méditer sans problème [...].

« Cette pratique de la méditation est très complémentaire du travail thérapeutique que j'effectue par ailleurs. On a tous des nœuds psychologiques qui font qu'à un moment donné on ne peut pas s'asseoir sur un coussin pour méditer, c'est trop difficile. On bloque, on sécrète des résistances. Je fais une thérapie pour résoudre ces nœuds, mais pas régulièrement. Depuis trois, quatre ans, je vais, je viens. Et je pratique. Ma pratique avance plus vite, parce que j'ai la thérapie. Ma thérapie avance plus vite, parce que j'ai la pratique. Ça va ensemble.

« Par exemple, j'ai des moments de grande angoisse. J'ai mis beaucoup de temps à comprendre en psychothérapie ce qui s'était passé à ma naissance. Je l'ai trouvé. Et, dans la méditation, quand j'observe justement mon esprit, je vois parfois cette angoisse. Je la regarde et je ne la juge pas. Je me dis : "Aujourd'hui, je suis angoissée." Et parfois, dans la méditation, l'angoisse s'en va. Et je me dis : "L'angoisse est partie." Je suis comme un spectateur de ce qui se passe. Ça me donne de la distance [...].

« Je fais tous les jours cinq minutes de ce qu'on appelle *chiné* *, un travail tout simple sur la respiration pour calmer le mental. Puis ce qu'on appelle l'échange : on imagine que de la fumée noire rentre par l'une de nos narines. On comprend la souffrance des êtres. On peut aussi se connecter sur quelqu'un qu'on aime, sa mère, par exemple, et voir qu'elle souffre, on prend donc la souffrance et, en expirant par l'autre narine, on visualise de la fumée blanche, et on distribue notre bonheur. Ensuite, je récite un mantra pendant cinq minutes. Enfin, je pratique ce qu'on appelle la méditation sans support : observer l'esprit, ce qui s'y passe. Il m'arrive aussi de me livrer à une autre pratique plus compliquée, la pratique d'un protecteur ; mais ce n'est pas très facile pour un Occidental de se livrer à ces pratiques tantriques avec des déités tibétaines. En fait, je suis un peu encombrée par certains éléments de la culture tibétaine. Sur le plan esthétique également. L'esthétique du Zen me parle beaucoup plus. Alors que le bouddhisme tibétain est très chargé, les objets sont moches, ils ont un goût vraiment bizarre, je n'aime pas du tout. Et, en même temps, je trouve que c'est sympa, parce qu'il n'y a pas de rigidité. Je suis très rigide et le Zen aurait accentué ce côté, alors que là, c'est très souple. Je me souviens d'avoir vu au Népal un petit moine qui sortait une pomme de sous son vêtement et qui se mettait à la croquer tout en parlant à son voisin. Il y a là une espèce de décontraction qu'on retrouve dans le décor [...].

« C'est vraiment la philosophie, la précision intellectuelle qui m'ont attirée au départ dans le bouddhisme tibétain, puis le lien affectif avec le lama. Lorsque je vois Kabo Toubten, mon cœur fait un bond. Et, à chaque fois, je me dis : "Non, quand je vais le revoir, ce n'est pas possible, ça ne va pas recommencer." Mais, en fait, si. Lui me fait vraiment quelque chose. Je lui ai demandé s'il était mon maître ; il m'a dit : "Il faut habiter à côté de son maître. Vous habitez Paris, j'habite Nice." Je cherche donc encore mon lama-racine [...].

« Mais j'ai déjà le privilège de rencontrer de nombreux maîtres qui émettent un rayonnement extraordinaire. C'est d'ailleurs une des raisons essentielles pour lesquelles je suis venue au bouddhisme plutôt que de revenir à une pratique dans le cadre de ma tradition d'origine. Parce que, pour moi, le bouddhisme présente, autant que le christianisme, les garanties d'une tradition ancienne et authentique, mais, en même temps, c'est une tradition vivante. Les clés ne se sont pas perdues, et la lettre est moins importante que l'esprit. Alors que, dans le christianisme, dans la religion de la Bible, on a perdu des clés et je n'ai pas rencontré de gens capables de les retrouver et de les transmettre. Je ne crois plus que je pourrai un jour en rencontrer. J'ai totalement perdu confiance en l'Église. Donc, autant aller dans une voie qui me convienne. En même temps, dans mon cœur, il est vrai que la culture chrétienne est quand même présente. Inconsciemment, le Christ, la Vierge Marie me frappent plus que les images bouddhistes, qui sont très compliquées. Mon lien avec le christianisme n'est pas complètement cassé ; je suis particulièrement touchée par la Vierge Marie – c'est une femme – et je vais prier de temps en temps rue du

Bac. Cela touche mon cœur. Je suis à l'affût de voir mon cœur qui s'ouvre, et, quand il s'ouvre, que ce soit à cette église-là ou en un autre lieu, peu importe : il s'ouvre, point final. Je ne relie pas forcément le fait à ce que j'ai connu et appris quand j'étais au catéchisme [...].

« Il est rare que je me définisse comme quoi que ce soit, mais je n'hésiterais pas à me définir comme bouddhiste. J'ai fait ma petite religion individuelle jusqu'à ce que je rencontre le bouddhisme. Je papillonnais, j'avais confectionné ma sauce. Or, dans ce genre de parcours, il y a forcément des trucs de l'ego. Je me limite donc moi-même dans ma progression spirituelle. C'est comme quand on fait sa propre thérapie tout seul : à un moment donné, on rencontre ses propres limites. Et là, sur le plan spirituel, j'avais rencontré mes limites, même si je n'en avais pas vraiment conscience. D'où l'importance de la confiance. Pour moi, c'est une chance extraordinaire de rencontrer quelque chose qui me satisfait sur le plan intellectuel et en laquelle, même si je n'ai pas beaucoup de cœur, j'ai quand même confiance. Je peux donc m'abandonner à cette tradition qui me dépasse, alors même que j'atteignais mes limites. Ce n'est donc pas du tout faire ma religion à moi ; c'est choisir celle qui me correspond, vu ma forme d'esprit et mon attirance, et j'ai beaucoup de chances de l'avoir rencontrée[...]. J'ai d'ailleurs le désir de communiquer, de transmettre le bouddhisme autour de moi. Je distribue des papiers à tout le monde. Je passe pour une allumée dans le milieu informatique, mais j'ai l'habitude. Sur le plan de mon travail en psycho, par contre, je ne mélange pas du tout, je fais la part des choses avec honnêteté, je pense. Mais, autrement, je fais beaucoup de pub. J'essaie d'attirer les gens dans une conférence, et après je m'en fiche. Si ça leur plaît, tant mieux pour eux, si ça ne leur plaît pas, je ne m'y attarde pas [...].

« J'en suis donc là de ma vie : à développer le cœur et la compassion. J'ai eu beaucoup de chance, cette année : à un moment donné, mon intellect a tout lâché. Le cœur s'est ouvert. Cela s'est passé avec des femmes que j'ai accompagnées dans la mort, dans le cadre de mon métier de psychologue. Je ne sais pas si c'est la compassion : c'était une sorte de douceur, d'ouverture et d'attente. Des gens me disaient que j'étais comme un rayon de soleil, qu'ils attendaient ma visite, que j'étais si douce, alors qu'on m'avait toujours dit l'inverse : que j'étais cassante, que je recelais une certaine violence. Et là, quelque chose s'est passé. Est-ce la compassion ? Je ne saurais mettre un mot là-dessus. Je crois que ces trois choses-là vont ensemble dans ma vie et se combinent : la psychothérapie, le bouddhisme et ce travail avec les mourants [...].

« Est-ce que je souhaite maintenant atteindre en cette vie à l'objectif ultime du bouddhisme : l'éveil et le nirvana* ? Toute ma vie a été faite de cela : la passion, les hauts, les bas. Je me suis dit : "Je n'en ai pas envie." Et j'ai émis le vœu de souhaiter atteindre l'éveil. Et, quelque temps après, j'ai effectivement eu le souhait, non pas d'atteindre l'éveil, mais d'aller en *Dewatchen** – c'est l'équivalent du paradis. Ce sont les pratiquants de base qui montrent beaucoup de foi qui vont dans ce paradis et sortent du *samsâra*. Ils ne sont pas encore à l'état d'éveil, mais ils ne sont plus dans la souffrance, ils peuvent continuer à étudier et aller aider les autres êtres. Maintenant, j'ai donc ce souhait-là. Au Tibet, tout le monde veut aller en *Dewatchen* ! Mais des copains pratiquants me disent : « C'est minable, d'aller en *Dewatchen* ! C'est pour tous les beaufs ! Tu n'as qu'à atteindre l'éveil... » Mais moi, ça me va bien. Je ne peux quand même pas renoncer à tout maintenant : posséder des choses, avoir des enfants, être amoureuse... Même si on souffre, on se dit : quand même, il y a des moments qui sont bien ! C'est pour ça que pas mal de gens comme moi n'ont pas forcément envie d'atteindre l'éveil en cette vie ! »

Deuxième cas de figure : « Après une profonde cassure, je suis en train de me réconcilier avec ma religion d'origine grâce au bouddhisme. »

NATHALIE a trente ans et vit en concubinage. Elle travaille comme vendeuse dans un magasin de diététique et pratique le bouddhisme tibétain depuis cinq ans.

« Je pourrais dire que la quête spirituelle qui m'a amenée au bouddhisme a commencé dès l'âge de sept ans, avec une prise de conscience, par le biais de la télévision, de la souffrance qui règne à travers le monde. Pour la petite fille que j'étais, c'était l'incompréhension : où est Dieu, où, la Vierge Marie, et tout ce qu'on m'avait appris durant l'enfance ? J'ai continué tout de même à écouter et à essayer de m'intéresser à la religion. Un jour, je suis allée en vacances à Lourdes avec mes grands-parents. Ceux-ci avaient une foi profonde, ils étaient vraiment convaincus et pratiquaient ; c'étaient des gens très simples et très croyants. À Lourdes, j'ai voulu faire le chemin de croix. J'avais entre sept et dix ans, j'ai voulu me déchausser pour marcher comme Jésus, pieds nus sur les cailloux, afin d'essayer de lui rendre hommage d'une certaine façon. Mes grands-parents, morts de peur, m'ont dit : "Non, il ne faut pas, il faut que tu te rechausses !" Et là, il y a eu une cassure ; je me suis dit : "Mais je ne comprends pas. On m'explique une chose, et quand je veux essayer de la faire, essayer de vivre un peu ce qu'a vécu Jésus, on me dit : non, il faut remettre tes chaussures" ; je n'ai pas compris. Et j'ai grandi avec tout cela en arrière-plan. J'ai fait ma communion sans trop y croire, plus pour les cadeaux ! Il n'y avait pas vraiment de motivation. Mon élan de foi avait été cassé. J'ai grandi et, l'adolescence venant, je me suis mise à être contre tout, surtout contre mes parents et contre la religion. J'ai cassé ma croix de communion devant ma mère. C'était vraiment la révolte ! J'étais anti-curé, anti-Église. Tout ça jusqu'à ce que je rencontre le bouddhisme, il y a environ cinq ans.

«Je travaillais depuis un an comme serveuse dans un bar à vins. C'était très difficile : physiquement, moralement, psychologiquement. J'étais dans un état d'agressivité que je ne connaissais pas. Jusque-là, j'avais toujours été sympa, et je ne comprenais pas pourquoi je devenais tout à coup agressive. Ça me rendait très malheureuse et j'étais d'autant plus agressive que je me voyais comme ça et ne pouvais rien y faire. Il y avait une personne, là-bas, avec qui j'ai beaucoup sympathisé, qui était bouddhiste. Elle a été très sympa, manifestant de la compassion envers moi. Dans une librairie ésotérique venait parfois un lama tibétain pour donner des conférences. Mon amie m'a incitée à y aller. La curiosité m'a poussée et j'ai été y voir. J'ai regardé la vidéo d'un très grand lama, Kalou rinpoché, qui faisait un enseignement sur la nature de l'esprit. Quand je l'ai vu sur l'écran, ça m'a bouleversée à un point tel que j'ai eu un mal de crâne toute la soirée – alors que je n'ai jamais mal à la tête –, et pendant quatre jours, à mon boulot, j'ai littéralement volé ! Je suivais ses paroles, mais c'est surtout son visage qui captait toute mon attention. C'était un vieillard incroyablement émouvant. Il était très maigre et je l'observais qui prenait son verre d'eau. Je voyais sa main qui tremblait quand il prenait son verre, et son poignet, qui faisait la moitié du mien, qui tremblait. J'avais mal pour lui, je me disais qu'il allait se casser ; c'est tout juste si je n'ai pas pleuré parce que ce n'était pas possible : il était trop vieux ! J'ai eu mal au cœur pour lui et, en même temps, il semblait tellement rempli d'amour et de compassion ! Et puis cette amie, voyant que j'allais très mal, m'a donné à réciter un mantra, le mantra de Tchenrezi* : “Si tu récites ça, le maximum de fois que tu peux, tu vas te sentir beaucoup mieux”, m'a-t-elle dit. Je l'ai fait et je me suis effectivement sentie beaucoup mieux. Je récitais et, comme une gamine, je faisais à chaque fois un petit bâton. Quand je lui téléphonais, je lui disais : “Au fait, j'ai compté, j'ai récité quatre cents fois le mantra aujourd'hui." Un peu plus tard, elle m'a donné à faire des exercices de yoga tibétain, parce qu'elle voyait que j'étais encore en dépression. Je me levais le matin en me disant : "Aujourd'hui, ça ira", et, au bout d'une heure, c'était : "Ça y est, je n'y arriverai pas." Le climat affectif n'était pas terrible non plus. Le boulot me plaisait, mais c'était physiquement très dur : je travaillais douze heures par jour, six jours sur sept. J'étais tout le temps debout. Et c'était dur aussi à cause de cette agressivité sans objet qui brûlait toute mon énergie. Je me voyais comme ça et je m'en culpabilisais. Avant que je ne rencontre le bouddhisme, j'en étais donc là : épuisement, agressivité, mal-être, incompréhension, culpabilité, dépression. Dans un premier temps, le yoga tibétain a complètement relancé mes énergies. C'est comme si je me remettais à vivre. Je me suis dit : "Là, je revis… C'est donc que j'étais morte" […].

« Un jour, l'amie dont je parle a quitté le boulot pour aller habiter en Dordogne, au centre de Dhagpo Kagyu Ling. Elle voulait aller là-bas depuis longtemps. Elle est partie du jour au lendemain et, pendant une semaine, je me suis inquiétée pour elle, je ne savais pas ce qu'elle avait. Elle est revenue en me disant qu'elle allait s'installer là-bas. J'étais triste de la voir partir, car c'était une très bonne alliée. Elle me parlait de son lama, lama Guendune. Elle m'expliquait ce qu'était un lama : un être de méditation, un ermite, quelqu'un qui déborde d'amour et de compassion pour les autres.

« Un jour, elle me dit : "Si tu veux, tu m'envoies des photos de toute ta famille." Elle expliquait qu'on pouvait de la sorte recevoir une bénédiction, et que la personne bénisseuse prenait sur elle toutes nos négativités. Je me suis dit : "Chic ! ça m'arrangerait bien de me débarrasser de ces choses-là !" J'étais un peu comme une gamine. J'ai envoyé des photos, la mienne, celles des personnes de ma famille. Elle les a fait bénir et me les a renvoyées. Et le jour où elle les a renvoyées, il s'est passé quelque chose d'assez bizarre. Je travaillais donc dans ce bar à vins, j'habitais avec un ami une petite chambre de bonne dans un hôtel meublé. Ce jour-là, j'étais de repos. Je dormais, je faisais la grasse matinée, c'était cool. Je me réveille tranquille, je me sens bien. Mon copain me dit : "T'as du courrier." Et là, je ne sais pas, je ne peux pas dire au bout de combien de temps, j'ai commencé à avoir une sorte de dépression, je me suis mise à pleurer, j'étais angoissée, vraiment mal, ça a duré jusqu'à six heures du soir. Puis, à six heures du soir, j'ai commencé à me calmer. Je m'étais vidée de toutes mes tensions intérieures, que j'avais laissées partir avec mes sanglots. Et c'est là que j'ai lancé : "Au fait, tu m'avais dit que j'avais du courrier ?" Dans le courrier, je découvre les photos que j'avais envoyées, et celle de lama Guendune [...].

« Deux ans plus tard, je pensais à mes vacances d'été : qu'allais-je faire ? Mon amie bouddhiste m'avait dit en partant : "Tu n'auras qu'à venir me voir." Et, je ne sais pas pourquoi, je suis allée là-bas. Elle ne m'attendait plus. Je ne savais même pas où j'allais dormir, comment ça allait se passer. Je savais qu'elle était là-bas, du moins j'espérais qu'elle s'y trouvait toujours. J'ai donc débarqué là-bas, et ça a commencé comme ça. J'ai "pris refuge" tout de suite. C'était il y a trois ans. Et, depuis, tous les ans je retourne là-bas. Comme quand on a besoin régulièrement d'aller respirer dans la nature [...].

« Aujourd'hui, je me définis clairement comme bouddhiste et je dirai qu'être bouddhiste, c'est pratiquer. J'ai lu quelques livres sur le bouddhisme, mais j'ai arrêté. Je préfère pratiquer. C'est ça dont j'ai besoin. La pratique essentielle consiste à essayer de ne pas commettre d'actions négatives et à faire des actions positives. Après, il y a la récitation du mantra et d'autres techniques comme les prosternations. J'ai beaucoup évolué à ce sujet. Au début, c'était : "Le bouddhisme oui, mais les autels, l'encens, les bougies, pas question !" Une photo, d'accord, puisque "ça marche", mais c'est tout ! Je ne l'accrochais même pas au mur, elle était dans mon portefeuille que j'ouvrais souvent. Mais, passé la deuxième fois où j'ai été au centre de Dordogne, j'ai eu besoin d'un support pour avoir le courage de retourner sur mon lieu de travail. Je me suis acheté un *mala*, un collier de perles. Et la troisième fois que je suis retournée là-bas, tout à coup, je me suis dit que ça ne suffisait plus, qu'il me fallait peut-être une grande photo de lama Guendune, de l'encens, une bougie. Et, à chaque fois, j'en ai rajouté ! Aujourd'hui, j'ai un véritable petit autel dans un coin de ma chambre. C'est un support utile. J'essaie de pratiquer le plus régulièrement possible, car cela m'aide beaucoup. Grâce à la pratique, j'ai également commencé à m'alimenter différemment, j'ai changé de métier – je travaille maintenant comme vendeuse dans un magasin bio et ça me convient beaucoup mieux – et j'ai entamé une petite thérapie pour que les choses aillent plus vite. Le but de la thérapie, comme de la pratique du bouddhisme, est d'éliminer toutes les négativités qu'il y a en moi, est d'arriver à mieux me connaître et à avoir une meilleure compréhension des autres [...].

« Depuis que je suis bouddhiste, je me suis aussi en grande partie réconciliée avec ma religion d'origine. Cela s'est fait grâce aux lamas. Dans la religion de mon enfance, il y avait Jésus, mais il était mort. On prie Jésus, Marie, mais ils sont morts depuis deux mille ans, et c'est fini ! Et là, tout à coup, en rencontrant les lamas, on se rend compte qu'il y a plein de Jésus ! Ç'a été pour moi une découverte fabuleuse de me dire que ces gens-là étaient comme Jésus [...]. Pour moi, le lama, c'est plus qu'un témoin. C'est la manifestation de l'amour, de la compassion, de la perfection. C'est quelqu'un qui, débarrassé de toute sa négativité, prend sur son dos la négativité des autres, comme Jésus l'a fait quand il est mort sur la croix. Simplement, eux le font avec le sourire. Pour moi, c'est ça. Et d'approcher un lama, c'est quelque chose d'extraordinaire. Ils sont comme des mères. Ils m'ont véritablement enfantée à la vie spirituelle et à la vraie vie tout court. Ils m'ont permis notamment de comprendre qu'on était responsable de sa vie, qu'il fallait cesser de gémir et de se poser en victime de tout : de ses parents, de la religion chrétienne, etc. Je me suis donc ouverte à plein de choses et j'ai commencé à me réconcilier avec mes parents et ma religion d'origine. Je me suis réconciliée à un point tel que je suis allée, le jour de la Pentecôte, me prosterner devant les reliques de sainte Thérèse, et j'étais dans un état de bien-être et de paix profonde. C'était super ! Sainte Thérèse, c'est un bodhisattva, elle prie pour nous à tout instant [...].

« En même temps, ce qui m'a poussée à en arriver là, c'est que ma mère est catholique, mon père aussi, et ils sont un peu fermés sur ce que je fais. J'ai essayé de leur passer le mot, mais je préfère ne pas en parler, car ça les dérange beaucoup. Je me suis remise à communier pour montrer à ma mère que je ne m'arrête pas au bouddhisme, qu'il ne faut pas qu'elle s'inquiète. À l'enterrement de ma tante, j'ai écouté ; c'était la première fois que j'écoutais autant ce que pouvait dire un prêtre lors d'un enterrement ou au cours d'une messe. Et ça correspondait tout à fait à ce que nous faisons dans nos pratiques bouddhistes. Pour moi, c'était la même chose. J'ai même lu un texte de la Bible, un passage sur la mort ; je l'ai vraiment lu avec conviction, parce que c'était exactement la même chose que ce qu'on nous dit dans les enseignements bouddhistes. Simplement, c'est la forme qui diffère [...].

« En fait, ce qui me gêne dans le catholicisme, c'est la forme. Quand je suis allée voir les reliques de sainte Thérèse, je souriais, j'avais envie d'exprimer ça aussi, de regarder les gens et de leur sourire. Et les gens étaient tous là avec des têtes sinistres, comme s'ils n'avaient pas le droit de sourire, comme si leur rôle en tant que catholiques pratiquants était d'être tristes. Et ça, c'est le signe de la culpabilité : je n'ai pas le droit d'être heureux parce que les autres ne sont pas heureux. J'ai été tellement marquée, enfant, par cette culpabilité-là que je n'ai pas encore réussi à m'en défaire. Mais les lamas disent que la culpabilité n'est que le jeu de l'ego. Plus la personne se sent coupable, plus elle est égocentrique. Et pan ! c'est une sacrée claque. Alors, j'arrête de me lamenter sur les séquelles de mon éducation judéo-chrétienne et j'essaie de me transformer... »

• « Je me considère comme chrétien – ou juif – et comme bouddhiste »

Nous sommes ici en présence de pratiquants du bouddhisme qui revendiquent deux identités religieuses : l'une bouddhiste, l'autre juive ou chrétienne. On peut rencontrer trois grands cas de figure.

D'une part, les personnes qui n'ont jamais renoncé à leur identité religieuse initiale et qui sont devenues bouddhistes par la suite. Ces personnes affirment le plus souvent que le bouddhisme leur a donné l'« intelligence de leur religion d'origine » qu'elles pratiquent maintenant avec plus de ferveur, sans pour autant renoncer au bouddhisme.

Ensuite, des personnes qui ont perdu tout lien avec leur religion d'origine, mais que l'engagement dans le bouddhisme a progressivement ramenées à cette religion, au point de croire et de pratiquer de nouveau, tout en restant bouddhistes.

Enfin, beaucoup plus rarement, des personnes ayant été élevées hors de tout contexte religieux, converties par la suite au bouddhisme et à une deuxième religion, et qui revendiquent cette double appartenance. Aucune des personnes retenues dans notre échantillon représentatif des pratiquants du bouddhisme n'ayant connu ce dernier type de parcours, nous nous bornerons à présenter ici les deux autres trajectoires, bien plus fréquentes.

Premier cas de figure : « Je n'ai jamais abandonné ma religion d'origine, et le bouddhisme m'en a donné l'intelligence profonde. »

ARIANE a quarante-huit ans. Elle est célibataire, manipulatrice en radiologie et régisseur de théâtre. Elle est née en Algérie dans une famille nombreuse.

« Je suis juive à la base – comme je dis – et c'est relié à la joie. Mes parents ont toujours été très pratiquants. La religion n'a jamais été une contrainte pour moi. J'ai étudié à l'école religieuse – qui correspond au catéchisme – dès l'âge de cinq, six ans, parce que j'en avais envie. Je voulais au départ être professeur d'hébreu et j'ai insisté pour entrer dans une école privée, en sixième. Nous avons quitté l'Algérie en 1962, et, une fois en France, mes parents n'ont pas voulu que j'aille dans une école religieuse. Je me suis donc retrouvée dans une école laïque. Ensuite, j'ai fait l'école de chimie. Mais comme il n'y avait plus de place en chimie, je me suis retrouvée en radiologie. Voilà pourquoi je suis manipulatrice en radiologie, un peu malgré moi. J'y ai travaillé une quinzaine d'années, tout en faisant du théâtre, de la danse, du chant. Et, à un certain moment, cela a été plus important que la radiologie. J'ai donc quitté mon emploi et je suis partie à l'aventure. Je me suis occupée d'une troupe de théâtre pendant une dizaine d'années, il n'y a pas encore longtemps, mais j'ai dû reprendre mon emploi pour des raisons financières. »

Entre-temps, la pratique religieuse reste importante pour Ariane. À son arrivée en France, elle décide même d'enseigner le judaïsme aux enfants et approfondit ses études bibliques. Puis elle traverse une période difficile sur le plan affectif et professionnel, et interrompt ces activités tout en conservant une pratique religieuse occasionnelle.

« Je n'étais pas très bien dans ma tête à ce moment-là et on m'a fait rencontrer une femme qui faisait des thèmes astrologiques. Au début, pour moi, il n'en était pas question. Dans le judaïsme, la voyance est interdite. Mais on m'a dit : "Ce n'est pas de la voyance, c'est l'étude du caractère, de tes problèmes, etc." J'ai donc envoyé mes coordonnées de naissance à cette femme. Six mois plus tard, elle me téléphone, nous nous rencontrons, et il y a un déclic. Cette personne, d'origine catholique, était bouddhiste depuis quatre, cinq ans. J'ai pris des cours, j'étais intéressée notamment par la graphologie ; nous nous voyions donc régulièrement et, avec plusieurs élèves, elle nous emmenait voir différentes choses. C'est comme ça que j'ai assisté à la crémation du dernier Karmapa, en 1981. J'avais une crise existentielle à ce moment-là [...].

« Dans ma pratique exclusive de la religion juive, il n'y a eu qu'un jour où j'ai été très mal, qu'un seul jour où je n'ai pas cru en Dieu. Ç'a été la panique totale. Je ne savais plus où j'étais. Quand j'étais petite, je parlais à Dieu et je Lui écrivais ; chaque soir, je mettais ma lettre sous mon oreiller. Et, d'un seul coup, plus rien ! Je me suis dit : "Ce n'est pas possible ! Je ne peux plus croire ! Mais je ne peux pas ne pas croire !" Ç'a été une journée atroce. Je devais avoir seize, dix-sept ans. La foi est tout de suite revenue. Je me suis concentrée uniquement sur Dieu, et non plus sur la pratique ou les théories. Et la pratique a suivi à son tour, petit à petit, mais elle ne me convenait plus autant, elle ne m'aidait pas suffisamment à vivre ma religion, comme j'en avais vraiment besoin. J'en ai parlé à cette amie astrologue ; elle voulait absolument que j'aille voir les bouddhistes, que je "prenne refuge", selon l'expression tibétaine, ce qui correspond au baptême. J'ai dit : "Il n'en est pas question, ce n'est pas une thérapie ! Je ne vais pas aller vers une autre religion parce que je ne me sens pas bien !" Ça me paraissait aberrant. »

Pendant un an, Ariane fréquente néanmoins plusieurs lieux bouddhistes. Elle s'initie quelque temps à la pratique de la Soka Gakkai, mais abandonne vite, sentant que « ce n'est pas authentique ». Elle se rend aussi au centre de Karma Ling, en Savoie, pour un stage de yoga tibétain.

« Quand j'ai assisté pour la première fois à une *puja* – une pratique collective –, j'ai trouvé une étonnante ressemblance de son avec les chants du judaïsme. J'avais vraiment l'impression d'entendre mon père. Je ne tombais pas dans un monde complètement absurde. C'était quelque chose de connu. Là-bas, j'ai lu un livre, la *Vie de Milarepa.* J'en ai gardé un souvenir extraordinaire, ce qui m'a peut-être fait "prendre refuge", plus tard. Ce type – je dis "ce type", parce que, à ce moment-là, ça ne représentait rien pour moi – avait fait toutes les bêtises du monde, et, d'un seul coup, s'était mis à méditer et était passé, d'abord avec le maître, ensuite au-delà du maître et au-delà de la religion, à la sainteté. Or c'est exactement mon but avec le judaïsme. Puisque Dieu a créé l'homme à Son image, nous sommes à la fois un réceptacle et Dieu Lui-même. Nous avons donc cette grandeur-là. Et, d'un seul coup, je retrouvais cela, mais d'une manière concrète, accessible. Dans le judaïsme, il y a des prières pour nous aider, mais là, dans le bouddhisme, c'était ramené aussi à mon corps, le chemin vers la sainteté était rendu concrètement possible par la pratique des méditations. »

Un an plus tard, Ariane accompagne une autre amie qui allait "prendre refuge" auprès d'un grand lama tibétain. Elle est saisie par le rayonnement du lama.

« Il m'a dit : "Vous aussi ?" et je n'ai pas dit non, parce que je ne pouvais pas dire non. Non pas parce qu'il m'a obligée, mais parce que c'était une évidence. Nous nous sommes installés. Quelqu'un a d'abord lu un texte en français, écrit par Kalou rinpoché, disant que le fait de "prendre refuge" n'empêchait pas de pratiquer sa religion si on en avait une avant. Je me suis dit : "Bon, ça va", car il n'était pas question pour moi de changer de religion ! J'étais troublée par cette rencontre, certes, qui avait été un moment étonnant, mais je n'avais pas envie de changer de religion. J'ai pris ça comme une bénédiction émanant de n'importe quel maître de n'importe quelle religion qui vous met la main sur la tête et vous dit : “Soyez béni.” Je me suis dit que ça ne pouvait pas m’entraîner plus loin que ça [...]. Ensuite, ç’a été un rejet ; je me disais : “Où vais-je ?” et j’ai été très troublée pendant un an et n’y suis plus retournée. »

Après ce recul, Ariane se décide à accompagner son amie – avec laquelle elle avait “pris refuge” – à divers enseignements. Progressivement, un contact personnel se noue avec le lama.

« C’étaient des mots tout simples. Cela ne changeait rien à ma vie au départ. J’écoutais ce qu’il disait et j’avais une relation plus forte avec lui qu’avec les rabbins. Entre-temps, d’ailleurs, j’avais rencontré un rabbin avec qui j’ai eu cette même relation – que j’appelais aussi mon maître –, mais qui est décédé depuis. »

Progressivement, Ariane s’engage dans une pratique du bouddhisme tibétain, tout particulièrement la pratique tantrique des visualisations : « Il y a des bouddhas pour représenter diverses émotions, diverses formes, divers états de conscience et divers moyens d’action. C’est la raison pour laquelle il y en a énormément. Le bouddhisme apprend à passer de la forme au sans forme. C’est ce que je cherchais à faire dans le judaïsme. Le bouddhisme m’a aidée à le faire. »

Elle découvre également certains concepts fondamentaux du bouddhisme comme la transmigration : « J’ai redécouvert qu’elle existait dans le judaïsme, mais qu’on ne nous en avait jamais vraiment parlé. Il y a divers niveaux dans le judaïsme et j’ai étudié ce qu’on a bien voulu me montrer. Avec le bouddhisme, j’ai été amenée à lire des livres qui m’ont étonnée et grâce auxquels je vais maintenant encore plus loin dans ma compréhension du judaïsme. Je pense que ça peut déranger beaucoup de gens, notamment parce que je suis une femme, ce qui m’empêchera d’accéder à certains textes judaïques. Mais j’ai pu en lire quelques-uns qui me montrent que c’est semblable. Chaque fête juive a pour moi sa correspondance dans le bouddhisme. Le bouddhisme m’a vraiment donné l’intelligence du judaïsme. »

Aujourd'hui, Ariane pratique quotidiennement la méditation : « Cela modifie mon état d'esprit, ma façon de voir les choses. Dès qu'une chose se présente, j'essaie de la rendre plus simple. Mon comportement vis-à-vis des autres, mais aussi de moi-même s'est transformé en profondeur. Cela m'apporte calme et sérénité. La souffrance est une notion importante dans ma vie et dans l'histoire du peuple juif. Or, quand on étudie le bouddhisme, on apprend que les « quatre vérités » sont : la vérité de la souffrance, la vérité de la cause de la souffrance, la vérité du chemin qui mène à la souffrance, et la vérité de la cessation de la souffrance. Quand j'ai repris le métier de manipulatrice après avoir pratiqué, cela m'a énormément aidée. Alors qu'auparavant, comme je le faisais contrainte et forcée, je passais à côté, je faisais mon travail, mais comme ça. Maintenant, j'essaie de prier en même temps, et ça m'aide à faire mon travail et à aider les autres. Au départ, on a envie de régler la souffrance des autres et on s'aperçoit que ce n'est pas possible. Jusqu'au moment où on comprend qu'il faut d'abord passer par soi-même et que le travail est d'abord à faire sur soi, sur sa propre souffrance. Et qu'en faisant ce travail sur soi, on aide les autres. C'est vraiment un apport du bouddhisme, un apport de tous les jours [...].

« Je crois que je suis bouddhiste dans la mesure où je pratique ce qui m'a été enseigné. Mais je n'ai jamais abandonné pour autant le judaïsme. Je pense que dans le judaïsme, les gens sont malheureusement trop axés sur la forme et non pas sur le fond des choses. Depuis que je pratique le bouddhisme, je vais vers le cœur profond de ma religion juive. C'est pour cela que je dis que le bouddhisme m'a donné l'intelligence du judaïsme. C'est vraiment le même chemin avec des moyens différents. Il faut vraiment rester à chaque fois dans le fond, éviter de trop se perdre dans tout ce qu'on peut rajouter à côté. Quand j'ai un peu perdu pied dans le judaïsme, mon rejet n'a porté que sur la forme. Je pratiquais tout en étant chez mes parents, en faisant ce qu'il fallait, mais la forme ne me convenait pas. Cela me gênait, et c'est le bouddhisme qui a remis les choses en place. Mais dans une continuité [...]. Il m'arrive d'ailleurs de constater aussi la même chose dans le bouddhisme : à certains moments, je suis quelque peu perturbée, il y a un phénomène de mode avec le dalaï-lama, des réunions ou des endroits où je n'ai pas du tout envie d'aller à cause de tout le folklore qu'il y a autour. »

Depuis une quinzaine d'années qu'elle pratique avec assiduité le bouddhisme, Ariane n'a jamais abandonné la pratique du judaïsme : « J'ai une pratique juive et une pratique bouddhiste et elles s'enrichissent mutuellement. Je suis fidèle à la synagogue, puisque mon père m'a enseigné au départ la religion et m'a emmenée tout le temps avec lui ; il était membre d'une communauté, d'abord en Algérie, ensuite à Paris. Il se trouve que j'ai toujours eu de très bonnes relations avec les rabbins. Comme mon père – qui est décédé – était une figure très importante, c'est aussi ma maison. »

Ariane reconnaît toutefois qu'elle n'a pas osé parler à son père de son engagement dans le bouddhisme : « Vraiment, je voulais lui en parler, parce que pour moi c'était important. Mais lui, plus il vieillissait, plus il était proche du grand rabbin de Paris ; il pratiquait de plus en plus, et j'avais peur... Peut-être de sa colère, je n'en sais rien... Je n'avais pas envie de le troubler non plus. Il m'aurait laissée faire, parce qu'il a toujours été très tolérant et il m'a appris à aimer tout le monde, quels que soient la couleur de la peau, la religion, le milieu social. Mais, après la mort de mon père, je l'ai quand même dit à ma mère, parce que c'était important. Elle a eu très peur que j'abandonne le judaïsme. Pour les gens qui ne connaissent pas les religions, quand on parle de bouddhisme, ils ont Hare Krishna à l'esprit. Je lui ai bien expliqué, et finalement elle a accepté. Le fait que je garde le judaïsme l'a aussi rassurée. Mais elle n'a qu'une peur, c'est que je parte faire la "grande retraite" de trois ans, comme une de mes amies bouddhistes. Ah, les mères juives ! »

Deuxième cas de figure «J'ai abandonné ma religion d'origine et le bouddhisme m'y a progressivement ramenée.»

Maïté a quarante ans. Mariée, mère de trois enfants, elle est assistante sociale et pratique depuis peu les massages shiatsu * et la sophrologie. Elle est engagée dans le bouddhisme tibétain depuis huit ans.

«Je viens d'un milieu catho, pratiquant et même un peu militant. Points forts : l'adolescence, le scoutisme qui vient répondre à plein de désirs et d'attentes d'une vie collective et fraternelle. Les fêtes qu'on prépare dans les camps, les week-ends, les autels en pleine nature, dans les bois, dans les champs, ont donné de la vie à ce qui, jusque-là, était pour moi un peu tristounet dans la religion. Ç'a été un moment clé de ma vie spirituelle. J'en ai gardé des souvenirs formidables. Je ne sais pas très bien ce que c'est, mais j'y suis sensible, cela m'émeut terriblement : les chants religieux, la guitare, le bruit des torrents... Ensuite, c'est le désert pendant un certain nombre d'années. J'ai quitté le scoutisme à vingt-deux ans ; j'y ai eu de grandes responsabilités dans le sud de la France. J'ai arrêté et je suis partie en Afrique noire. Et là, j'ai ressenti en quelque sorte un deuxième choc, tout aussi indicible, irrationnel, mais également très fortement émotionnel. L'Afrique noire, la danse, l'animisme, les incantations dans les rues pour faire venir la pluie dans le Sahel : des choses qui dépassaient la raison... J'y ai vécu deux ans, mais j'étais plutôt passive, comme une espèce d'éponge qui s'imprègne de sensations – rien au niveau mental, rien de réfléchi. De retour d'Afrique, j'étais à l'époque dans un groupe féministe ; l'une des membres était particulièrement "branchée" en matière de spiritualité, mais elle cherchait. Or, un jour, elle a découvert Kagyu Ling, ce centre tibétain en Bourgogne. Elle y est allée deux ou trois fois toute seule et, une autre fois, elle nous a demandé si on voulait l'accompagner. Et là, vraiment, ce fut la rencontre. C'était il y a huit ans [...].

« J'ai tout d'abord été très frappée par le silence. J'ai réalisé à ce moment-là que, pour moi, dans la religion catholique, il y avait trop de mots, trop de paroles, beaucoup trop ! C'est vraiment à ce moment-là que j'ai mesuré que, pendant des années et des années, je m'étais emmerdée royalement aux messes. J'aimais les chants, qui me transportaient. J'aimais le latin, pour la musique des mots, mais je n'y comprenais rien. La notion de péché m'était détestable, mais je ne le sentais que de manière très confuse. Je ne supportais pas bien cette espèce de clivage entre le bien et le mal, et la responsabilité qu'on avait là-dedans. C'étaient pour moi des notions embrouillées, et, en tout cas, je sentais que ce n'était pas juste. Surtout, on ne nous apprenait pas à prier. Chaque fois que j'allais me confesser, je me trouvais ridicule, je cherchais désespérément des trucs à dire, où et en quoi j'avais fauté. Et chaque fois que j'en ressortais, je me disais : "Mais, merde, pourquoi dis-tu ça ? Oui, d'accord, c'est pas bien, mais aller m'en confesser oralement auprès de quelqu'un alors qu'il me semblait que ça n'avait à voir qu'avec moi-même...". Et ce Dieu, quand même ! L'histoire de Jésus m'a toujours beaucoup plu, mais ce concept de Dieu m'était vraiment étranger. Certaines choses aussi m'avaient révoltée : quand j'avais découvert, en terminale, la Seconde Guerre mondiale et les horreurs commises contre les Juifs, je me disais : "Où est Dieu, là-dedans ? C'est inconcevable, ce n'est pas possible !"

« Pour en revenir au bouddhisme, première chose, donc : le silence. Je suis enfin toute seule avec moi-même et il se passe quelque chose ! Et dans ce quelque chose, les lamas nous orientaient et nous guidaient.

« La deuxième chose qui m'a beaucoup touchée, c'est l'alliance entre la thérapie et la spiritualité. J'avais eu une expérience de psychanalyse qui m'avait beaucoup déçue. Je n'étais pas malheureuse quand je suis "entrée en psychanalyse", j'étais plutôt bien dans mes baskets. C'était comme un plus, une recherche personnelle, mais qui s'est interrompue au bout de deux ans. Je lui reprochais de ne pas positiver l'existence, d'être en permanence dans cette recherche du drame, de l'horreur, des blocages, des frustrations, et de ne rien véritablement construire. C'était finalement une recherche très égotiste. Alors que dans le bouddhisme, la dimension thérapeutique – de nécessaire nettoyage de nos émotions – est présente, mais de manière constructive, et elle s'insère dans une démarche spirituelle positive. Pour aimer de manière juste, il faut faire cet apprentissage de l'amour de soi, sans y mettre trop d'attachement et d'égotisme, et je crois que le bouddhisme se situe dans cette frange-là. On ne peut, pour lâcher l'ego, qu'y rentrer, mais en ne perdant pas de vue que l'ego reste quelque chose d'impermanent, de très factuel, de très ponctuel, et qu'il y a donc une autre dimension, derrière l'ego, qui est l'esprit. La découverte de l'esprit, c'est la méditation [...].

« La méditation est pour moi la grande découverte. Tous les rituels bouddhistes me sont insupportables, je n'arrive pas du tout à y accrocher, même si j'en comprends le bien-fondé. C'est le *trop* qui me relie, là, au catholicisme que je n'aime pas. Souvent, on m'a dit : "Mais pourquoi n'es-tu pas plutôt zen ? pourquoi le bouddhisme tibétain ?" Je ne sais pas. Je le remercie tellement, encore aujourd'hui, de m'avoir fait découvrir la méditation que j'ai envie de lui rester fidèle. Mais tout ce qui est rituel, pratique collective, non ! Je ne pratique pas. Je retiens du bouddhisme uniquement le silence et la méditation. Je fais *chiné*, essentiellement : le calme de l'esprit. Et, quand je suis en forme, je fais ensuite la pratique de *lhaktong**, que j'aime beaucoup, mais qui est beaucoup plus difficile. *Lhaktong*, c'est la transmutation, c'est laisser apparaître des aspects de l'existence un peu plus négatifs, et les transformer. Le dernier *lhaktong* dont j'aie gardé un souvenir précis, c'est un conflit important avec ma mère, non dit. Au cours de la méditation, les émotions montent : c'est le sentiment d'injustice d'une mère qui ne me voit pas telle que je suis, d'où un ressentiment, un malaise. *Lhaktong*, c'est la possibilité de prendre acte d'une incompréhension, mais de nourrir beaucoup de compassion à l'égard de ma mère qui, pour des raisons qui lui appartiennent, ne peut pas comprendre l'être que je deviens et que je suis. C'est donc nourrir vraiment ce sentiment de compassion, malgré tout. *Lhaktong*, c'est ça. Cela va donc au-delà de ce calme. C'est un travail d'alchimie des émotions. Et efficacité garantie ! Une journée avec méditation et une journée sans méditation, ce n'est pas la même chose. C'est pourquoi, depuis huit ans, je mets mon réveil tous les matins une demi-heure plus tôt que mes filles. Et je tiens à ce rituel. C'est comme un ancrage ; c'est parfois difficile, laborieux, et il arrive, surtout l'hiver, que j'aie envie de roupiller plutôt que de méditer. Mais quand je me pousse au derrière et que je le fais, j'en suis tellement contente ! Je ne démarre pas la journée pareillement. Je n'accueille pas mes filles de la même manière. J'arrive au boulot, je chante. Quelque chose s'est complètement apaisé à l'intérieur. Une réceptivité beaucoup plus grande, une compassion plus présente [...].

« La grande trouvaille de Bouddha, c'est la question de la souffrance. C'est l'origine de cette souffrance, les moyens d'en sortir et le détachement. Mais le détachement, pour moi, ce n'était pas l'indifférence, car étant complètement dans la vie, je ne pouvais pas accepter cela. Là, les livres m'ont été utiles ; ils m'ont permis de comprendre comment on pouvait être dans l'impermanence tout en étant dans la vie, comment on pouvait être dans le détachement tout en restant dans la vie. Le "détachement", c'est : je reconnais l'émotion qui passe, la colère qui m'arrive, mais je ne suis pas que colère, je suis bien autre chose à côté. C'est cette position témoin. Le "grand enseignement", qui est une sorte de colonne vertébrale très solide, c'est, maintenant : "Cela m'arrive, mais je ne suis pas que ça, et ce qui semble m'envahir pour le moment va passer." C'est désormais à mon tour, en dirigeant des groupes de sophrologie, ou dans ma pratique du shiatsu, d'aider les gens à porter ce regard-là sur l'existence. À ne pas se laisser envahir par les émotions, parce qu'elles sont fondamentalement destructrices. On a l'impression qu'elles nous envahissent alors qu'elles ne sont qu'une toute petite parcelle de notre être [...].

«Je me fiche pas mal de toutes les notions plus religieuses comme le karma ou la réincarnation. Ce qui m'intéresse, c'est la recherche permanente, c'est ce regard de vigilance sur la vie qu'on a avec soi-même, c'est comment on est avec soi-même et comment on est avec les autres. J'aime bien ce décalage, parce que, pour moi, il existe vraiment, même s'il m'est quelquefois difficile de l'exprimer, ayant été formée pendant des années au moule du catholicisme avec les notions de bien et de mal, d'acte négatif et d'acte positif. C'est qu'il y a une grande différence! La culpabilité n'apporte que des choses mauvaises pour soi et pour les autres. La prise de conscience, c'est autre chose. Quant au bouddhisme, le travail sur soi, c'est avant tout une prise de conscience. J'ai posé un acte qui était vraiment négatif; il va effectivement engendrer d'autres actes négatifs. Si je prends la peine de regarder ça, c'est le bonheur intégral de voir ce lien qui joue sur-le-champ entre ce que j'ai fait de merdique et l'effet quasi immédiat que cela va produire : la claque que je vais me prendre dans la figure! C'est vraiment intéressant, parce que c'est tonique, dynamique : il se passe quelque chose. Là, on devient maître et responsable de son existence! La loi de cause à effet, la notion de karma, devient pertinente. Il n'y a donc pas à se flageller, à formuler des milliers de pardons et de *mea culpa*, il y a seulement à changer. Et à le faire vraiment, avec détermination. Mais il faut le prendre, ce temps, et y mettre du soin. Parce que la culpabilité du judéo-christianisme nous a fait un mal de chien. Éviter de tomber là-dedans reste difficile. Même par rapport à ma propre souffrance, par exemple, je n'arrive plus à me la jouer comme avant. Si j'ai des chagrins, des frustrations, franchement, ça ne s'installe plus. Je me rends compte que j'ai beaucoup souffert, par le passé, parce que je me la racontais. On peut trouver du plaisir dans la souffrance. C'est fini, ça ! Je n'arriverai plus à croire à ma souffrance. Et c'est le bouddhisme qui m'a amenée là [...].

« Aujourd'hui, je dirais que le bouddhisme, pour moi, c'est avant tout un art de vivre avec soi et avec les autres. C'est un axe rigoureux, difficile. C'est une colonne vertébrale, un fil conducteur. Un fil rouge, dur, intransigeant, mais qui vaut le coup. Je pense vraiment que le bouddhisme aurait intérêt à gagner du terrain aujourd'hui du fait de ce qui se passe, mais aussi parce que c'est vraiment quelque chose d'à la fois très exigeant et très simple, à la portée de tous [...].

« Le problème, c'est que le bouddhisme n'est pas très porté sur le prosélytisme. Moi-même, j'avoue que je confie très rarement que je suis bouddhiste. Maintenant, je commence à me dire : "C'est complètement idiot. Il serait peut-être temps que tu en parles un peu. Il n'y a pas de honte à révéler quelque chose d'aussi intime et personnel !" J'en parle plus volontiers à mes filles. La grande adolescente, je puis dire que mes petits conseils bouddhistes l'ont énormément aidée, notamment autour de l'impermanence*. C'est un garde-fou extraordinaire de pouvoir se dire : "C'est un moment, ce n'est qu'un moment, il va passer. Comme mon corps vieillit, cette pensée va passer, cette émotion passera. Ne pas s'identifier à l'émotion, ne pas s'accrocher." [...].

« Incontestablement, le bouddhisme a été et continue d'être une grande lumière dans ma vie. Toutefois, j'ai de plus en plus conscience que le danger, dans le bouddhisme comme dans la psychanalyse, c'est de trop renforcer l'ego. Je suis convaincue que les valeurs morales ou éthiques n'ont aucun sens si le socle n'en est pas l'amour. Elles se cassent la figure les unes après les autres s'il n'y a pas ce fondement de l'amour. J'ai vu un sacré grand nombre de bouddhistes mal en point, en grande souffrance. Le bouddhisme, pour eux, c'était l'occasion de se soigner eux-mêmes, sans ouverture aux autres. Alors ils développaient certaines vertus, ils faisaient parfois preuve d'une grande discipline de vie, mais sans amour, sans ouverture du cœur – et tout ça, un jour, se casse la figure. Personnellement, j'ai compris, en pratiquant le bouddhisme, que l'amour était l'essentiel. Pourquoi, en m'aimant, moi, un peu mieux, en me comprenant un peu mieux, l'amour avec les autres devenait plus fluide, moins compulsif, moins dans l'attente. Je te donne ça, je n'attends plus que tu me donnes ça en retour, vraiment, ça m'est complètement égal. La joie et le plaisir sont vraiment dans ce don que je fais. À partir de là, toutes les valeurs éthiques se mettent naturellement en place. Mais leur finalité, c'est l'amour. Et j'en suis ravie, car c'est très en harmonie avec l'idée que je me faisais de Jésus [...].

« Pour moi, il n'y pas de rupture. Je me remets à lire la Bible, que je n'avais pas ouverte depuis des années. Ça choque beaucoup les gens qui me disent : "Alors, t'es quoi ? Faudrait savoir !" Dans un système très dualiste, comme on le connaît chez nous, il faut choisir. Eh bien, non, je ne choisis pas ! Je ne sais trop comment me définir, d'ailleurs. J'ai toujours du mal à dire si je suis bouddhiste ou pas, si je suis encore catholique. Je dis que je suis sur un chemin [...]. Ma fille, la petite, a été baptisée cette année. C'était une expérience vraiment très belle. Son père est complètement athée, et je suis catholique et bouddhiste. Il a fallu qu'elle rame, la pauvre ! Mais c'est elle qui m'a demandé, cette année, d'aller au catéchisme pour être baptisée. C'est plutôt joli, comme histoire. Elle est très contente [...].

« Le bouddhisme m'a donc rapprochée du christianisme, essentiellement sur deux points qui leur sont communs : ce message d'amour, et une espèce de droiture dans l'existence – il est important d'être droit, de bien se comporter dans la vie. Cela m'a appris à faire montre de beaucoup d'indulgence à l'égard du christianisme, et j'ai eu envie d'aller plus au fond. Notamment, les messes ont plus de signification pour moi maintenant. La communion aussi prend du sens. Tous les symboles que je ne comprenais pas m'apparaissent désormais plus clairs, intéressants et pleins. Et j'y reviens. C'est intéressant, car cela montre que le bouddhisme ne fonctionne pas par clivage ni par exclusion. La preuve, c'est que je retourne avec une sorte d'évidence au catholicisme. Et c'est une réconciliation tranquille, sans culpabilité d'avoir renié un jour quoi que ce soit. C'est tranquille, très doux. Des prêtres me demandent souvent pourquoi je suis allée vers le bouddhisme ; je leur réponds : "Mais vous ne m'avez jamais appris à prier, ni donné les moyens d'apprendre à m'aimer et à aimer les autres !" »

• **« Je ne me considère pas comme bouddhiste et je ne revendique aucune appartenance religieuse. »**

Comme nous l'avons vu, un nombre non négligeable de pratiquants du bouddhisme récusent l'étiquette « bouddhiste » ou sont indécis à cet égard. Cette négation ou cette hésitation vis-à-vis d'une identité bouddhiste semblent liées à un rejet de toute identité religieuse. En se définissant comme « bouddhistes », ces pratiquants craignent qu'on ne les assimile à des adeptes de la « religion bouddhiste ». C'est pourquoi ils prennent souvent soin de préciser qu'ils considèrent le bouddhisme plutôt comme une pratique ou une philosophie. En ce sens précis, certains ne récuseraient d'ailleurs pas l'étiquette « bouddhiste ». Ainsi, au cours des interviews avec ces pratiquants, la discussion s'est souvent prolongée sur la définition de la religion, d'une part, et sur celle du bouddhisme, d'autre part. Il s'agit souvent de personnes qui ont une très mauvaise image de la religion en général – et du christianisme en particulier – et qui ont été attirées par la forme la plus dépouillée du bouddhisme : la pratique de la méditation silencieuse. C'est pourquoi la plupart pratiquent *zazen* et sont même assez allergiques au bouddhisme tibétain qu'ils jugent trop institutionnel, ritualiste, bavard et, en fin de compte, religieux !

Premier cas de figure : « J'ai reçu une éducation religieuse et je me suis définitivement éloigné de toute religion. »

EMMANUEL a quarante-neuf ans. Il est photographe professionnel, marié et père de deux enfants.

« Je suis issu d'une famille catholique par ma mère. Mon père était d'une famille protestante. Il s'est converti quand il a épousé ma mère, mais est resté très protestant par un certain esprit de crainte. Enfant, j'ai donc reçu une éducation catholique : catéchisme, communion, etc. Mais, l'adolescence venue, j'ai commencé à prendre des distances avec la religion. C'était surtout lié à l'ambiance familiale. Pour que j'aie envie de suivre quelqu'un, il faut qu'il soit un exemple, un modèle que je souhaite reproduire. Or mes parents, comme tout le monde, avaient des conflits. Et c'est peut-être cela qui, finalement, m'a amené à dire : la foi chrétienne ne règle pas les problèmes. J'allais à la messe, mais je ressentais de l'ennui, une certaine routine, pas d'ambiance forte. Je suivais, mais de manière passive, sans être vraiment engagé. J'ai commencé à ne plus aller à la messe, ce qui a provoqué des conflits avec mes parents. Mais je respectais leur vie. On n'a pas à accuser l'un ou l'autre d'être dans un conflit. Cela, je l'ai très vite compris. On se découvre dans la vie, on grandit, on se dit : je suis comme cela, j'ai tel problème, je suis entouré d'une famille qui peut m'aider, mais qui ne peut pas tout faire. J'ai toujours été conscient qu'il fallait régler soi-même ses problèmes. On rencontre des gens qui vous aident plus ou moins, mais on est seul quand il faut faire des choix. J'ai fait des études musicales, et la vie a continué.

« Pendant des années, j'ai eu des attentes religieuses plus ou moins conscientes. On a tous une certaine angoisse de vivre. On cherche, on voudrait la résoudre. J'aspirais à trouver quelque chose non pas d'absolu, mais qui me donne une sécurité totale, en quoi je puisse croire totalement pour apaiser cette angoisse. L'engagement dans le catholicisme n'était pas une chose qui me rassurait, et ce n'était pas complet. »

Emmanuel s'investit totalement dans sa passion pour la photographie qui lui apporte un certain épanouissement, mais il se sent mal dans sa peau : « J'ai toujours eu une tendance homosexuelle. Je voyais que ma vie avançait et que je n'arriverais pas à être heureux et équilibré. J'étais attiré par des hommes, mais je voulais en même temps fonder une famille. C'est tout à fait personnel : je sais qu'il y a des homosexuels très contents d'être en couple. Mais moi, j'étais constamment déchiré. »

Il cherche en vain, pendant plusieurs années, un moyen de trouver la paix intérieure. « Je me suis dit que ce n'était pas le monde extérieur qui allait me stabiliser vraiment, cela pouvait m'aider, mais il fallait que je trouve quelque chose par moi-même. Et, dans les années 70, je voyais le mot "Zen" un peu partout. C'était pour moi quelque chose de mystérieux que je voulais absolument comprendre. J'ai commencé à lire et j'ai découvert les ouvrages de maître Deshimaru, dans lesquels il ne cesse de répéter que, pour comprendre le Zen, rien ne sert de lire, il faut venir et pratiquer. »

Par chance, Emmanuel habite juste à côté du dôjô parisien où enseigne maître Deshimaru. Sans hésiter, il suit sa première séance d'initiation à la pratique de *zazen* : « La posture est difficile, mais j'ai compris dès le premier jour que j'avais enfin trouvé ce que je cherchais depuis des années. Tout était là. J'ai continué à venir et j'ai reçu des réponses aux questions que je me posais. Les choses se sont peu à peu arrangées dans ma vie. À force de pratique du *zazen*, j'ai retrouvé un équilibre psychique plus grand et de meilleures relations avec les autres en général. Introverti, je me suis ouvert plus facilement [...].

« J'ai trouvé une réponse claire à mon problème d'homosexualité. Maître Deshimaru nous a dit qu'il y avait quelques règles fondamentales à respecter : ne pas tuer, ne pas voler, ne pas avoir une mauvaise sexualité. Le simple fait qu'il ait dit cela a été déterminant. J'étais convaincu qu'il avait raison. C'était la réponse pour moi : renoncer à mes pratiques homosexuelles pour fonder un véritable foyer. Et, à force de faire *zazen*, tout s'est transformé. J'ai rencontré ma femme, qui me connaissait tel que j'étais et qui m'a compris. Maintenant, j'ai une vie normale, je n'ai plus de relations sexuelles avec des hommes, même si je garde une sensibilité particulière. Mais, à l'époque, j'étais dans la recherche perpétuelle de l'autre et c'était sans fin, il me fallait sans cesse de nouveaux partenaires. Je pense que si je n'avais pas rencontré le Zen, à l'heure qu'il est je serais mort. La pratique quotidienne de *zazen* m'a permis d'opérer ce difficile travail de transformation au plus profond de moi. C'est ça, la force du Zen. Car il ne suffit pas de dire : combattons le mal et faisons plus de bien ! Il faut faire avec ce qu'on est et transformer ce qui ne va pas. Il faut ne pas voler, ne pas tuer, ne pas agresser, c'est sûr. Mais si vous dites à des jeunes qui sont agressifs, ou à quelqu'un d'énervé : "Calme-toi !" ce n'est pas suffisant. Il faut apporter à cette personne le moyen de recouvrer son calme. Quels moyens leur donner, à ces jeunes qui vivent dans les banlieues, qui sont agressifs, énervés pour tout un tas de raisons ? Il faut leur donner les moyens de se transformer. Il faut leur dire : voilà ce qu'il faut faire pour que tu puisses te transformer. C'est à toi de choisir. Il y a ce moyen qui existe ; si tu le saisis, ton agressivité se transformera. Ce qui est important, c'est de pouvoir apporter aux gens qui ont des problèmes un moyen de se transformer. C'est en tout cas ce que la pratique de *zazen* m'a inculqué pour régler mes difficultés personnelles. »

Depuis plus de vingt ans qu'il pratique, Emmanuel est convaincu de l'efficacité du Zen et affirme avoir ainsi trouvé quelque chose en quoi il puisse « croire totalement » : « Ce qui m'a beaucoup intrigué chez les chrétiens et chez les catholiques, c'est qu'ils sont souvent dans le doute, explique-t-il. J'ai un oncle prêtre et qui parle encore du doute au bout de quarante ans. Pour moi, avoir le doute, cela veut dire ne pas avoir la foi. Avoir la foi, c'est l'avoir totalement. C'est être complètement convaincu de quelque chose que l'on fait. Pour moi, avoir la foi, cela veut dire croire totalement que le Zen peut m'apporter ce dont j'ai le plus besoin. On ne croit pas à quelque chose en se disant : je crois mais je doute, je ne suis pas sûr. J'ai donc une foi totale dans la pratique de *zazen*. Mais cette foi est le fruit d'une expérience corporelle. C'est parce que j'expérimente chaque jour les bienfaits de la pratique que j'y crois totalement. »

Emmanuel se rend au moins deux fois par semaine au dôjô, mais pratique aussi *zazen* une heure tous les matins chez lui : « Je me mets dans ma chambre, car c'est l'endroit le plus calme. J'enfile un kimono, ou un tee-shirt quand il fait chaud, et, pendant une heure, je ne suis pas dérangé. J'ai l'impression d'être là où je suis, je suis bien avec ce qui m'entoure. Je ne fais rien de spécial, parce que le *zazen*, c'est seulement la posture. C'est une méditation sans objet. Et, comme on a toujours des problèmes, des choses viennent dans la tête, sans arrêt. On les laisse passer. Dans le dôjô, il y a des gestes à faire, très simples. Par exemple, le salut. On entre d'une certaine manière. Ce n'est pas très compliqué. On entre du pied gauche et on salue la statue. La statue en elle-même n'est qu'un morceau de matière, mais elle représente le Bouddha historique devant lequel on s'incline, car c'est lui, l'inspirateur de toute cette lignée dont nous sommes les derniers maillons. Et on respecte le silence, on ne parle pas dans le dôjô. C'est donc un rituel très simple. Il n'y a pas de clairons ni de clochettes comme chez les Tibétains qui vous cassent les oreilles pendant des heures. À la fin du *zazen*, il y a certes une petite cérémonie avec chant et récitation de certains textes anciens, mais, pour un *zazen* qui dure une heure, cette cérémonie dure à peine dix minutes.

C'est cette simplicité, ce dépouillement, cette rigueur que j'aime aussi dans le Zen [...]. Nous sommes tous en noir : c'est obligatoire, parce que cela permet de ne pas être dérangé par des couleurs vives ou des choses qui peuvent vous empêcher de vous concentrer. Il y a des fleurs sur l'autel, des bougies, l'encens. Tout cela donne une esthétique très sobre. Cela peut apporter quelque chose de supplémentaire, mais c'est tout à fait secondaire ; car on peut très bien faire *zazen* dans une forêt ou dans sa chambre, sans encens ni bougie. »

Emmanuel est aussi très sensible à la notion de transmission et au rôle du maître : « J'ai tout de suite compris que, pour le Zen, il fallait suivre un maître. Il faut être guidé au début parce qu'on peut commettre de graves erreurs. Si on se dit : "Je vais faire *zazen* deux jours avec un maître, et ça y est, je vais tout connaître de la pratique du Zen", c'est une grande erreur. Bien que je pratique quotidiennement depuis bientôt vingt-cinq ans, je suis encore rattaché à un disciple de maître Deshimaru qui a été ordonné par maître Narita, un maître du Japon. Et c'est important pour moi qu'il ait reçu cette transmission, même si je ne le considère pas comme mon maître au même titre que l'était Deshimaru. »

Il reconnaît que c'est une des choses essentielles qui lui ont manqué dans le christianisme : « Je pense que le véritable christianisme est une bonne religion. Mais il faut trouver la personne qui vous éduque bien, qui vous donne envie de continuer. À titre personnel, je n'en ai jamais rencontré et ne suis toujours pas convaincu. Quand je vois des gens qui sortent de la messe, cela ne me donne pas envie d'aller voir plus loin. Les personnes n'ont pas l'air engagées. On a l'impression qu'elles sont là, mais qu'elles ne se coupent pas complètement du monde extérieur. C'est une question, à mon avis, d'intensité de pratique. La grande force du Zen, c'est que la méditation est un engagement par le corps, la prière par le corps. Quand on va à l'église, on récite des prières, mais le corps ne participe pas : on se met seulement quelquefois à genoux, assis ou debout. Alors qu'il y a dans le Zen un engagement corporel très fort. C'est cela qui fait que c'est un tout : on est complètement engagé par le fait de se tenir comme ça. Quand vous voyez quelqu'un qui pratique le Zen depuis longtemps, quelque chose de fort émane de son visage. Chez les chrétiens, même chez les évêques, il n'y a pas cette force qui émane du visage et qui m'a beaucoup impressionné chez maître Deshimaru ou d'autres maîtres zen que j'ai rencontrés. Peut-être avais-je personnellement besoin d'être attiré par la force intérieure de quelqu'un. »

Emmanuel a du mal à se donner une identité religieuse : « On pourra dire de moi que je suis bouddhiste, mais c'est un mot. Tout ce que je peux dire, c'est que je suis un pratiquant du *zazen*. Pour moi, *zazen* est la forme parfaite du bouddhisme, du moins celle qui me convient. Je savais que certains partaient vers les Tibétains et que leur façon de pratiquer était tout à fait différente. Mais cela ne m'a pas attiré, parce qu'il y a plus de récitation, et la posture, la tenue sur le coussin, est beaucoup moins forte. Le bouddhisme tibétain ressemble plus à une religion. La méditation silencieuse n'est pas une religion, c'est une pratique, une méthode qui développe un esprit de bonté qu'on possède tous en soi. »

Deuxième cas de figure : « Je n'ai reçu aucune éducation religieuse et la religion ne m'intéresse pas. »

NICOLAS a vingt-six ans, il est célibataire sans enfant et habite chez ses parents en Région parisienne. Titulaire d'un IUT de maintenance industrielle, il est à la recherche d'un emploi après avoir travaillé pendant un an.

« Mes parents sont athées, même si ma grand-mère était très chrétienne. J'ai donc eu la chance d'échapper au catéchisme et à la communion. Ensuite, comme beaucoup d'enfants, je me suis posé des questions sur la vie, la mort... toutes choses essentielles pour un être humain. Plus tard, adolescent, j'ai cherché dans de nombreuses directions [...]. À l'âge de treize ans, je suis tombé fou amoureux. C'était un amour très ancré dans ma tête et dont je ne suis toujours pas dégagé aujourd'hui. Cela a été le point de départ de ma démarche philosophique pour comprendre ce désir et cet amour obsessionnels que j'avais vis-à-vis d'une fille [...].

« Vers dix-huit, dix-neuf ans, je suis entré dans une librairie et j'ai acheté le livre de Taisen Deshimaru, *La Pratique du Zen*. Quand je l'ai lu, ça n'a pas été une révélation, mais quelque chose qui correspondait à mon expérience précédente, à la manière dont j'avais déjà élaboré une philosophie pour être plus fort dans la vie. Je suis plutôt scientifique, j'aime la cohérence. Quand j'ai lu ce livre, j'ai trouvé qu'il recelait de la cohérence, quelque chose de très profond. Ce qu'il disait correspondait à mon expérience personnelle, mais il y avait quelque chose en plus, même si ce livre comporte des aspects ésotériques difficiles à comprendre quand on n'est pas ancré dans le bouddhisme. »

Petit à petit, Nicolas s'initie à la pratique de *zazen* en fréquentant le dôjô de l'Association Zen Internationale, fondée par Taisen Deshimaru. Il essaie de méditer quotidiennement chez lui et de se rendre deux fois par semaine au dôjô : « La pratique, c'est juste la continuation de la vie. C'est une chose qui permet de s'ancrer dans la vie et d'être un peu plus distancié vis-à-vis des événements. Quand je ne pratique pas, souvent je pense au boulot parce je suis au chômage, ou bien à la fille avec qui je ne sors pas, etc. Mais quand je fais *zazen*, il n'y a plus rien de tout ça, je suis vraiment moi-même. C'est un moment de sérénité. Quand on fait *zazen*, on a une respiration profonde et on se dégage de la souffrance. La souffrance est toujours là, mais on peut faire le choix de s'en dégager. »

Nicolas insiste aussi sur l'aspect communautaire de la pratique, essentielle pour lui : « Quand on chante les sûtras, on résonne avec les autres, on se sent relié aux autres. C'est comme dans la vie, on est toujours relié aux autres, on donne et on reçoit, et si on refuse cet échange, on n'est pas vraiment soi-même. »

Il est essentiel pour Nicolas que le bouddhisme repose sur la raison et non sur la foi, ce qui lui permet d'adopter une position scientifique : « Quand on pratique *zazen*, on a une vision, on regarde à un mètre devant soi et tout autour de soi, on fixe un point donné et en même temps on a une vision globale à l'extérieur. Mais notre regard est aussi tourné vers l'intérieur. On se sent respirer, on écoute chaque partie de son corps. On regarde ses pensées, on les laisse passer. À mon avis, c'est là un point de vue scientifique : on se poste en observateur, jamais en participant. Tel est l'essentiel du bouddhisme. Ce qu'on appelle la conscience, c'est cet état, le minimum qu'on puisse faire pour être humain : avoir la conscience à la fois extérieure et intérieure de ce qu'on vit. Si on n'a pas cette conscience, on vit comme un animal, on évolue dans la vie mais sans choix, sans liberté. »

Pour Nicolas, le bouddhisme, c'est d'abord « une pratique dont découle tout l'environnement philosophique et doctrinal, soit tibétain, soit zen, soit chinois. Je me définis comme sans religion, mais je dis que je pratique *zazen* et que j'adhère à certains aspects de la philosophie bouddhiste tibétaine, chinoise, japonaise, etc. Cela n'empêche pas que je sois complètement impliqué et persuadé que ça va me prendre de plus en plus, jusqu'à ma mort [...]. Je ne sais pas quelle définition on peut donner de la religion. Si la religion, c'est aller à l'essentiel et relier l'homme à l'univers, alors, pour moi, pratiquer *zazen*, c'est l'essence de la religion, c'est l'ultime religion. Mais si la religion, c'est ce qu'on propose dans le christianisme ou dans l'islam, la pratique de *zazen* n'a rien à voir avec la religion. »

Nicolas avoue d'ailleurs s'être peu intéressé aux autres religions, notamment au christianisme dont le peu qu'il connaît le hérisse totalement : « Le christianisme ne correspond pas du tout avec ma vision des choses. Pour moi, à partir du moment où il y a dualité, il y a fausseté ; le message est erroné. Or, j'ai l'impression que dans la religion judéo-chrétienne, on est dans une dualité complète : le bien et le mal, Dieu et le Diable, des tas de choses comme ça... En même temps, j'ai l'impression que si Jésus a existé il y a deux mille ans, sa démarche était proche de celle du Bouddha. Mais je n'ai pas envie d'en discuter, c'est beaucoup trop complexe, et les questions d'ordre théologique ne m'intéressent pas. La seule chose qui compte pour moi, c'est d'ancrer ma vie dans une pratique de la méditation.»

• **«Je ne me considère pas comme bouddhiste parce que je suis chrétien – ou juif –, mais je pratique la méditation dans un contexte bouddhiste, et je fais des emprunts au bouddhisme.»**

Il s'agit, dans ce dernier modèle, de personnes qui revendiquent une identité religieuse autre que le bouddhisme – juive ou chrétienne –, mais qui pratiquent dans un contexte explicitement bouddhiste : centre de méditation zen ou tibétain. Elles ont souvent beaucoup plus d'affinités intellectuelles avec le bouddhisme que les «chrétiens-méditants» qui pratiquent dans un contexte chrétien et que nous avons classés dans la catégorie des «proches» plutôt que dans celle des pratiquants du bouddhisme. Toutes témoignent d'un attachement assez profond à leur religion d'origine, mais affirment avoir trouvé dans le bouddhisme des enseignements et des techniques de méditation qui leur manquaient cruellement. Bien que spirituellement très engagées dans le bouddhisme, elles refusent le principe même d'une double appartenance religieuse et considèrent plutôt le bouddhisme comme un espace intellectuel et spirituel ouvert, où elles trouvent les outils qui leur permettent de vivre et d'exprimer plus pleinement leur foi religieuse, juive ou chrétienne.

MARIE a cinquante-trois ans. Elle exerce le métier de psychologue dans une grande ville du sud-ouest de la France. Elle est mariée et mère de quatre enfants.

« Je suis née dans un milieu bourgeois parisien traditionnellement catholique. Une catholique sans histoire, qui a vécu dans une famille très pratiquante mais où il n'y avait jamais de dialogue religieux. Pas question de rater la messe du dimanche, mais pas question de communier à Pâques si on ne s'était pas confessé la veille. La lettre plus que l'esprit ! Si je balaie toute ma vie jusqu'à aujourd'hui, je n'ai jamais douté, j'ai toujours éprouvé une foi très forte. Cela ne veut pas dire qu'elle était mise en pratique, mais c'était une foi inentamable, très personnelle.

« Je n'ai pas eu une enfance très heureuse, je m'investissais énormément dans le milieu scolaire qui était ma deuxième, parfois même ma première famille. J'ai tout absorbé sans aucune révolte. Les révoltes sont venues après la trentaine, tard. Mais j'ai été pétrie. À six ou sept ans, je priais pour les âmes du purgatoire, ce qui en dit long. Donc, très fervente, très pieuse. Les engagements que j'ai pu avoir, c'était dans le cadre du scoutisme. Ensuite, j'ai fait des études de psychologie à dix-sept, dix-huit ans. Le choix de ce métier de psychologue avait quelque chose à voir avec ma foi : je voulais exercer un métier humain, au service des autres. J'avais d'ailleurs pensé devenir assistante sociale, mais les personnes qui m'entouraient de près sur le plan scolaire m'ont dit : "Mais non, vous pouvez faire mieux, intellectuellement." Peut-être au demeurant est-ce que je le regrette aujourd'hui. Je me suis mariée jeune avec un garçon de mon milieu, catholique et très impliqué dans le scoutisme. Nous avons eu un début de mariage très engagé dans les équipes Notre-Dame, avec le désir de vivre une vie chrétienne authentique.

« Et puis, progressivement, je me suis sentie mal vis-à-vis de l'Église catholique. Depuis longtemps, je dis que je suis chrétienne, je ne dis pas : "Je suis catholique", bien que je pratique régulièrement ma foi dans un cadre catholique. La cassure s'est accentuée en 1968, après la lecture d'une encyclique importante du pape Paul VI évoquant les problèmes de la contraception. Or, nous venions d'avoir notre troisième enfant en quatre ans et nous ne songions pas à en avoir un quatrième dans l'immédiat. J'ai été extrêmement révoltée par la position de l'Église sur ce plan-là. La pilule commençait à être diffusée largement en France. Et je me suis sentie injustement exclue de l'Église par cette encyclique, même si nous avons toujours un prêtre sous la main qui va nous expliquer que, bien sûr, le pape a dit ça, mais qu'on peut aller communier sans penser qu'on a commis un péché mortel du fait qu'on prend la pilule. N'empêche que la cassure date de là. Je savais fort bien que si nous avions un quatrième, un cinquième, voire un sixième enfant, je n'allais pas tenir le coup. J'avais trop peu de résistance, et tout le monde en aurait pâti. C'est encore un point très sensible pour moi. Par rapport aux divorcés, aussi. Nous avons suffisamment d'amis divorcés ou de parents et d'amis de nos enfants qui le sont. J'ai le souvenir d'être allée un jour à la messe avec mon fils, qui avait environ dix ans, et l'un de ses amis dont les parents venaient de divorcer. Ce que j'entendis, qui avait trait à un Évangile et induisait un certain discours sur la fidélité dans le couple, était insupportable ; j'en étais malade et j'ai hésité à sortir de l'église, tant ce que nous avions entendu était terriblement blessant pour le garçon qui nous accompagnait [...].

« En même temps, je suis restée catholique pratiquante, parce que l'Évangile est pour moi très important. Parce que j'ai trouvé aussi beaucoup de réconfort chez certains prêtres. J'ai fait des expériences enrichissantes ; je suis partie faire une semaine les "exercices" de saint Ignace, seule, avec la chance d'avoir à ma disposition un jésuite, que je voyais pratiquement trois à quatre heures par jour, ce qui était un luxe extraordinaire [...]. J'ai rencontré des prêtres catholiques fabuleux : un père comme Philippe Maillard est un homme qui me rend le catholicisme complètement crédible. Il y a eu aussi des événements de vie qui m'ont confirmée dans ma foi. Sur nos quatre enfants, deux ont été en danger de mort : l'un à la naissance, un autre qui, à seize ans, a eu un accident de mobylette extrêmement grave. Et d'autres épreuves, aussi. Ces moments-là ont été très importants pour ma foi. J'ai alors cherché énormément de réconfort en Dieu, j'ai beaucoup prié, et ça n'a pas du tout été de la révolte. Ç'aurait pu être des moments d'éloignement; pour moi, au contraire, ça a joué dans le sens d'un enracinement dans ma foi chrétienne : je crois au Christ et j'ai envie de mettre l'Évangile dans ma vie, même si un certain nombre de dogmes me laissent tout à fait indifférente [...].

«Je pense que le Christ est Fils de Dieu, mais je pense aussi très profondément qu'on ne dit pas assez que nous sommes tous enfants de Dieu. Je me sens très profondément fille de Dieu. C'est une dimension très importante pour moi. Quand je parle du Christ, les mots sont toujours très difficiles à manier pour évoquer ce genre de chose; ma relation à Dieu est aussi très forte dans sa dimension de Dieu-Père. C'est essentiel pour moi. Et l'Esprit, ô combien aussi! Je suis vraiment chrétienne; aujourd'hui, je dirai de sensibilité protestante plutôt que catholique. Car je suis très gênée par le pouvoir centralisateur et l'institution, dirons-nous. Les événements entourant le départ de monseigneur Gaillot m'ont, comme d'autres, bouleversée, et certaines attitudes du pape ne me semblent pas parfaitement évangéliques [...].

«J'ai découvert le bouddhisme dans des circonstances assez étonnantes. Je ne cherchais rien en dehors du christianisme. En fait, je n'avais pas de quête. J'avais des inconforts. C'est à la suite d'une crise personnelle, un moment de grande dépression, que, par le plus grand des hasards, j'ai été mise en relation avec un prêtre catholique qui pratiquait le bouddhisme zen, Jacques Breton. Cela s'est fait par l'intermédiaire d'un ami. Sur son conseil, j'ai pris rendez-vous avec ce prêtre. J'ai débarqué dans son petit bureau de la rue de

Rennes, sans savoir où je mettais les pieds. J'ai rencontré avec lui le Zen, toujours dans la perspective chrétienne, mais en même temps acceptable par n'importe quelle personne n'étant pas de tradition chrétienne ou qui aurait coupé les ponts avec le christianisme. J'ai ainsi passé des week-ends entiers consacrés à la méditation et qui pouvaient fort bien se terminer par une célébration eucharistique avec ceux qui s'y intéressaient. Nous vivions à ce moment-là une célébration très particulière, tout à fait dans le droit-fil de la tradition chrétienne, mais avec une participation du corps, quelque chose qui avait été partagé auparavant entre les participants, au cours de deux jours de méditation. Il y avait donc une coloration tout à fait particulière, et cela ne me posait aucun problème, car, pour moi, le Zen n'était finalement qu'une technique de méditation qui m'apportait un plus grand équilibre, une plus grande pacification, une plus grande écoute des autres, un meilleur ancrage dans les valeurs profondes et, tout compte fait, je cherchais à la fois – ce qui est toujours le cas – un approfondissement personnel et un chemin qui me permette de travailler sur moi-même, de m'approfondir, de m'ouvrir davantage aux autres et, en définitive, de vivre davantage mon engagement chrétien [...].

« C'était il y a dix ans. Mais j'ai dû déménager et il n'est pas toujours facile de partir en week-end, de laisser toute la famille, de couper un peu les ponts avec elle quand on ne se voit pas beaucoup en semaine... J'ai donc quelque peu abandonné, par faiblesse et par fatigue. Et, du coup, j'ai aussi laissé tomber la méditation quotidienne de *zazen*. C'est alors que, par le plus grand des hasards, j'ai découvert le bouddhisme tibétain. N'ayant plus la pratique corporelle du Zen, qui m'aidait beaucoup, j'ai voulu me mettre au yoga, l'année dernière. Cela m'apporte énormément. Au bout de deux ou trois séances, le professeur de yoga m'a dit : "Puisque vous avez pratiqué le Zen, nous avons un groupe ici qui pratique la méditation avec un lama." Je me suis dit : "Le bouddhisme tibétain, pourquoi pas ?" Et je suis arrivée, un beau jour de novembre, chez la personne qui organisait ces journées de méditation avec un jeune lama français. J'ai trouvé que la pédagogie de lama Tsultrim, sur le plan de la méditation, était très intéressante, que l'enseignement qu'il dispensait d'une façon très prenante était passionnant. J'établissais des relations nombreuses avec ma foi chrétienne ; c'était un peu comme un renouvellement de ma foi. Par ailleurs, il y avait des points sur lesquels je butais, et il est certain que je garderai toujours ma foi chrétienne, car je ne peux pas penser qu'un jour il n'y aura plus que le *dharma*, le Bouddha et la *sangha* !...

« Certains concepts bouddhistes, comme la notion d'impermanence, m'ont profondément touchée. Tout ce qui est prise de conscience de l'impermanence des choses, du caractère extrêmement fugace de tout ce qui peut nous arriver d'heureux, de la non-saisie, est très important. Ce qui concerne aussi la libération par rapport à ce que le bouddhisme appelle les "émotions perturbatrices" trouve beaucoup d'écho en moi. Enfin, ce que je trouve extraordinaire, c'est le caractère très rapidement opérant de la pratique de la méditation sur le quotidien. J'ai à peu près résolu ainsi de graves problèmes relationnels en quelques mois – j'ai commencé en novembre, nous sommes fin juin : c'est quand même très court ! Il y avait eu du travail accompli avant, et peut-être les choses sont-elles venues simplement à éclosion, mais, sur le plan des sentiments négatifs que je pouvais nourrir envers certaines personnes de mon entourage, vis-à-vis de qui j'ai pu avoir de graves griefs, c'est curieusement en train de disparaître.

« Depuis ce travail, mon attitude spontanée n'est plus de l'ordre du devoir, comme dans le christianisme. On me donne les moyens de travailler sur moi et d'arriver à aimer l'autre tel qu'il est, quelle qu'ait pu être auparavant l'histoire entre cet individu et moi. Je suis prise par la main, il y a une pédagogie que je ne trouve pas au même degré dans l'Église catholique. Cette méditation est capitale, commençant par le support du souffle – support pour moi très familier, puisque c'est de cette manière-là que l'on travaille dans le Zen – pour passer finalement à une pratique sans support où l'on quitte même celui du souffle. Nous avons commencé à l'expérimenter au cours d'un week-end passé dans un centre tibétain avec une partie du groupe. La méditation sans support est celle où seule se manifeste la vigilance. Il ne s'agit pas de ne pas penser, c'est impossible : il ne faut pas lutter contre les pensées parasites, mais il faut ne pas s'en saisir, les laisser, prendre conscience de leur présence et les lâcher. Puis on va aller vers des techniques de visualisation que je n'ai pas encore véritablement abordées et qui me posent un peu problème. Si l'on visualise par exemple des déités représentant les différents aspects de la nature de Bouddha, on va entrer dans quelque chose qui s'éloigne du dépouillement du Zen, et qui va me gêner terriblement. De même, je ne suis pas du tout à l'aise dans les rituels tibétains. Je suis certainement plus à l'aise dans une église romane, dans le silence ou dans le *zazen*. Le poids culturel du bouddhisme tibétain est pesant. C'est d'ailleurs ce que nous dit notre lama qui est – je dirai : heureusement – occidental et français. Il nous dit : "Pour moi, de temps en temps, le poids culturel tibétain est un peu lourd." C'est un Français d'une quarantaine d'années originaire de Grenoble, issu d'une famille nombreuse et catholique de tradition [...].

« L'un des principaux bénéfices que j'ai retirés de ma pratique de la méditation bouddhiste, par rapport au christianisme, c'est la participation active du corps. Cette association du corps à la méditation est une des choses que j'ai trouvées particulièrement précieuses quand j'ai commencé à travailler dans la perspective du Zen. J'estimais très important de travailler la verticalité dans son corps ; l'ouverture, aussi. Ce sont deux aspects fondamentaux pour moi. Il faut absolument l'ancrage, l'enracinement, cette verticalité qui tout à la fois nous relie à Dieu et nous ancre totalement dans la réalité, avec tout le poids de notre corps et l'assise que nous prenons sur le sol. Le corps doit être placé, avec l'appui des genoux; j'ai beaucoup travaillé l'importance de la posture dans le Zen. Les bouddhistes tibétains sont beaucoup plus cool par rapport à ça. Si vous avez envie de bouger parce que quelque chose vous fait soudain mal, vous bougez. Dans le Zen, il n'en est pas question, c'est beaucoup plus dur : vous prenez une bonne posture au début, et plus question d'en changer, même si la méditation dure une heure! De cette double dimension verticale – je suis reliée à Dieu et je suis ancrée, enracinée dans le sol –, il me semble que j'ai acquis une grande solidité. Dans l'expiration, le souffle part dans la terre, et on finit par se sentir enraciné comme un arbre. Et quand on est bien ancré, solide dans sa verticalité, quand on ne se casse plus la figure dans la rue parce qu'on est stressé, et qu'on arrive à marcher vraiment dans son *hara** – je repars dans le Zen, mais il a beaucoup compté pour moi... –, à ce moment-là, on peut s'ouvrir aux autres, et c'est toute la dimension de l'ouverture au monde. Au fond, c'est par le Zen que la relation au corps a constitué pour moi une découverte essentielle, et le bouddhisme tibétain m'a ensuite apporté une dimension psychologique et spirituelle plus approfondie [...]. Grâce à un travail de méditation dans le bouddhisme tibétain, j'ai réussi à pardonner à quelqu'un qui m'a fait beaucoup de mal, alors que je n'y étais pas parvenue dans le cadre de la prière chrétienne. Là, j'ai pardonné, j'ai lâché. Par rapport à tout ce qui peut être rumination, ressassement d'idées, de pensées négatives, de vieilles haines qui sont simplement l'expression de vieilles douleurs, j'arrive à faire, dans le cadre du bouddhisme, un travail que je n'avais pas réussi à réaliser dans celui du christianisme.

«Je dirais que le bouddhisme m'a aidée à incarner davantage la notion d'amour du prochain, si forte dans le christianisme. Mais je ne sais comment l'expliquer. Cela mériterait une réflexion dont je n'ai pas encore fait le tour. Il y a beaucoup de choses dans le christianisme – le poids des interdits, l'importance du péché, celle donnée à tout ce qui est négatif, les aspects de la pénitence, etc. – que je ne retrouve pas dans le bouddhisme et qui font que, du coup, l'amour et la compassion y occupent toute la place. Je le dirais peut-être comme ça. Alors que le christianisme a pour moi trop mis l'accent sur des choses secondaires qui finissent parfois par occulter le message évangélique [...].

« J'ajouterai encore que pour ce qui a trait à la transmission de la religion catholique, on est beaucoup plus dans l'ordre du discours que dans celui de l'expérience spirituelle. Et c'est là, je crois, que le christianisme doit accomplir un travail très important qui est peut-être déjà en germe. Car il y a – c'est aussi une grande banalité de le dire – quelque chose d'essentiel, de l'ordre de l'expérience spirituelle, de la relation à Dieu, des moyens de faire cette expérience, que le christianisme n'apporte pas ou plus aujourd'hui, ou trop peu [...].

« Toutes les personnes qui, autour de moi, pratiquent la méditation tibétaine, ont "pris refuge" ; pour moi, c'est une grande question. Je n'ai pas fait la démarche, car en "prenant refuge" on devient bouddhiste et, même si les lamas vous disent que vous pouvez fort bien vivre dans deux traditions en même temps, j'aurais probablement le sentiment de recevoir un baptême bouddhiste – et deux baptêmes, c'est trop ! Peut-être y a-t-il dans mon inconscient la peur de renier mon christianisme en effectuant cette démarche, alors que je sais très bien que ce n'est pas vrai. En tout cas, il y a chez moi une barrière qui fait que je n'ai pas eu envie de franchir le pas et que je ne sais pas si je le ferai un jour. Mais il est certain que j'ai une très grande soif spirituelle que ma seule tradition ne parvient pas à combler [...].

« Le dernier livre que j'ai lu, par exemple, a été écrit par un rabbin philosophe, le rabbin Ouaknin, qui parle longuement du Talmud et qui m'a passionnée. J'espère que je ne suis pas en train de déambuler dans une "grande surface" religieuse, occupée à prendre un peu de judaïsme à droite, un peu de bouddhisme à gauche, etc. ; en fait, j'essaie de trouver dans toutes les grandes traditions du monde ce qu'il y a de plus riche, de plus fort, de plus vrai, et d'enrichir ainsi ma foi chrétienne. Je ne crois pas qu'il y ait de voie pour moi dans le judaïsme, mais, intellectuellement, j'ai besoin de m'ouvrir et de travailler aussi largement que possible. J'ai haut comme ça de livres sur le bouddhisme, que j'emporte en vacances.

« En fait, j'ai surtout le sentiment que ce détour par les autres religions – le bouddhisme en particulier – me permet de redécouvrir l'essentiel de ma foi, qui est vraiment pour moi l'amour de l'autre. D'autant que, dans le même temps, le bouddhisme ne me parle pas du Christ ni de Dieu, qui sont indissociables de ma vie spirituelle. Si la méditation a remplacé pour l'instant ce qu'on appelle classiquement la prière chrétienne, dans l'avant et l'après immédiat de la méditation, je me resitue dans une dimension chrétienne. Avant d'entrer en méditation, je cherche à être présente à Dieu, et, à la fin de ma méditation, je prononce une sorte d'action de grâces. En tout cas, la relation à Dieu est tout le temps présente. Dans les pires moments de ma vie, je n'ai jamais mis en doute Son existence, et ça, c'est quelque chose d'extraordinaire qui m'a été donné ! Son existence et Son amour sont des évidences. Je n'ai jamais douté. Il m'est aussi arrivé de faire, durant des séances de méditation, une expérience de la présence de Dieu, de l'amour de Dieu, d'un très grand bonheur. Je pouvais me dire : après la mort, ce doit être à peu près comme ça. Je pense que je suis aujourd'hui, grâce au bouddhisme, bien plus consciente de l'impermanence des choses et de l'attention, de l'importance à accorder à cette mort qui vient, qui est la seule chose dont nous soyons sûrs. Cette perspective de la mort est devenue quelque chose de très vivant, de très important, pas du tout comme une menace, mais comme un but. J'ai le sentiment que, dans ma méditation, chaque jour je prépare un peu ma mort. »

3

La communauté, le maître spirituel, la tradition

On peut distinguer trois moments clés dans les trajectoires des personnes engagées dans une pratique du bouddhisme : la phase d'éveil ou d'interrogation – qui correspond souvent à un moment difficile, à une épreuve de vie, à une rupture avec la religion d'origine, etc. –, le moment de la première rencontre, et enfin la phase d'engagement dans la pratique et de socialisation dans la communauté bouddhiste.

Comment vient-on au bouddhisme ?

Les trajectoires spirituelles que nous venons de considérer montrent qu'on vient souvent au bouddhisme dans une période critique de sa vie : après un deuil (Pauline), dans une phase de dépression (Nathalie, Marie), confronté à des souffrances dans sa relation à soi ou à l'autre (Ariane, Emmanuel, Jacqueline ou Nicolas). Dans certains cas, cependant, sans traverser une quelconque crise existentielle, la personne est simplement en quête de réponses philosophiques et d'une voie spirituelle qui lui convienne. La rencontre avec le bouddhisme produira alors un déclic immédiat (Xavier, Maïté, Christophe). Le bouddhisme peut être rencontré au terme d'une recherche spirituelle active, plus ou moins longue et éclatée, et constituer un espace de stabilité et d'enracinement (Nicolas, Pauline, Jacqueline,

Emmanuel, Christophe). À l'inverse, il peut être rencontré sans que la personne ait consciemment été en quête de quoi que ce soit, mais il a immédiatement répondu à un besoin psychique ou spirituel plus ou moins pressant (Nathalie, Marie, Maïté, Ariane, Xavier).

Interrogeons-nous de manière plus précise sur la manière dont les personnes ont rencontré le bouddhisme. À l'interrogation du questionnaire : « Par quel biais avez-vous rencontré le bouddhisme pour la première fois ? » 28 % des sondés répondent : « Par la lecture d'un livre. » Parmi les nombreux auteurs mentionnés, les plus cités sont par ordre décroissant : l'exploratrice française Alexandra David-Neel (49 citations) ; le lama tibétain Chögyam Trungpa (39 citations) ; le journaliste et écrivain français Arnaud Desjardins (38 citations) ; le lama tibétain Kalou rinpoché (35 citations) ; l'écrivain anglais Lobsang Rampa (34 citations) – beaucoup de sondés ont dû oublier avoir lu cet auteur, qui apparaît très fréquemment dans les entretiens comme la *première* lecture sur le bouddhisme ! le maître zen Taisen Deshimaru (32 citations) ; le savant japonais D. T. Suzuki (16 citations) ; l'écrivain anglais et pratiquant du Zen Alan Watts (12 citations) ; le lama tibétain Sogyal rinpoché (12 citations) ; enfin le penseur allemand Karlfried Graf Dürckheim (10 citations) ; 124 autres citations sont réparties entre une multitude d'auteurs très divers ; 25 % des sondés affirment ensuite avoir rencontré le bouddhisme pour la première fois grâce à un ami, un parent ou un collègue de travail ; 17 % grâce à la personnalité d'un maître (essentiellement le dalaï-lama, Kalou rinpoché et Taisen Deshimaru) ; 7 % par la pratique des arts martiaux ; autant par un voyage en Asie ; 5 % grâce à un article de presse ou à une émission de télévision ; enfin, 11 % donnent une autre réponse.

L'observation des trajectoires permet de se rendre compte que ces divers « médiums » qui conduisent au bouddhisme sont le plus souvent imbriqués ou s'enchaînent. Ainsi, Ariane découvre le bouddhisme par l'intermédiaire d'une amie astrologue qui lui fait rencontrer un lama, et c'est à cette occasion qu'elle affirme : « Là, il y a eu rencontre ». Pauline est éveillée à la spiritualité à l'âge de seize ans par la lecture de Lobsang Rampa, mais c'est dix ans plus tard qu'elle rencontre véritablement le bouddhisme par l'entremise d'une personne qui lui fournit l'adresse d'un centre tibétain. Christophe découvre quant à lui le bouddhisme après la conversion de sa mère, mais c'est à la suite de plusieurs lectures et de la rencontre de lamas tibétains qu'il s'engagera personnellement, etc.

Engagement dans la sangha *et prosélytisme*

J'ai déjà signalé le temps assez long qui s'écoule entre la première découverte du bouddhisme et l'engagement véritable dans une pratique (six ans en moyenne). Ce temps de maturation permet souvent de s'initier progressivement aux concepts du bouddhisme avant de s'engager d'une manière plus existentielle. Ainsi Xavier a-t-il attendu dix ans entre la lecture de l'ouvrage de Walpola Rahula, qui l'a initié aux enseignements du Bouddha, et son investissement personnel dans une pratique de la méditation. Certains engagements se déroulent d'ailleurs en plusieurs temps. Xavier a pratiqué en dilettante un peu de yoga et de Zen avant de s'engager plus profondément dans la méditation tibétaine. Marie a également pratiqué le Zen avant de venir à la méditation tibétaine, qu'elle juge plus engageante. Pauline ne s'est impliquée qu'après sa deuxième retraite dans un centre. Sa peur de trahir le judaïsme était au départ si forte qu'Ariane, malgré sa fascination, a attendu assez longtemps avant de s'impliquer dans le bouddhisme.

Ainsi que nous l'avons déjà souligné, on constate que, d'une manière générale, l'engagement dans la pratique du Zen se fait beaucoup plus rapidement. Moins connoté culturellement, philosophiquement et religieusement que le bouddhisme tibétain, le Zen n'intimide pas les néophytes. Ils s'engagent souvent dans la pratique dès la première rencontre, ce qui ne signifie pas pour autant qu'ils prononceront rapidement les vœux de bodhisattva.

Il est d'ailleurs nécessaire de distinguer plusieurs étapes dans l'implication et la socialisation : l'investissement dans une pratique ; la « prise de refuge » et la prise de vœux ; l'engagement régulier dans une communauté, un centre, un dôjô ; enfin l'engagement dans la voie monastique pour les plus impliqués. Pour certains, ces étapes ont lieu presque simultanément. Ainsi Emmanuel a-t-il reçu l'ordination zen (équivalent de la « prise de refuge ») très peu de temps après s'être engagé dans une pratique de *zazen*, et il s'est tout de suite intégré au dôjô. Jacqueline a « pris refuge » dès sa première rencontre avec le bouddhisme et s'est aussi tout de suite impliquée dans la pratique de la méditation et la vie d'un centre tibétain. Mais, pour une majorité d'adeptes, l'engagement se déroule plutôt en deux ou trois étapes. Ils commencent par s'investir dans une pratique de la méditation apprise lors d'un stage. Puis, quelques mois ou quelques années plus tard, ils s'engagent davantage dans la communauté bouddhiste en « prenant refuge » dans les « Trois Joyaux » : le Bouddha (qui reste le modèle exemplaire de l'« éveillé »), le *dharma* (la doctrine du Bouddha considérée comme la loi universelle) et la *sangha* (sa communauté de disciples qui cheminent pour atteindre l'éveil), ou bien en recevant l'ordination zen.

Dans le bouddhisme tibétain, il est important de distinguer entre les « prises de refuge » collectives où, à l'issue par exemple d'une grande cérémonie ou d'un enseignement, toutes les personnes qui le souhaitent sont invitées à prononcer ensemble, à la suite du lama, les paroles d'engagement dans les « Trois Joyaux », des « prises de refuge » individuelles, beaucoup plus engageantes. Ces dernières se déroulent le plus souvent de la manière suivante : au cours d'une cérémonie publique, le converti échange une écharpe blanche (*khata**) avec le lama en signe d'offrande. Puis le lama coupe une mèche de cheveux du converti, signifiant que celui-ci s'engage à la suite du Bouddha dans la voie du renoncement. Enfin, le nouvel adepte se voit remettre sur un petit billet son nom tibétain. Ce nouveau nom, écrit par le lama, puis tiré au sort parmi d'autres, officialise son entrée dans la communauté. Aucun canon ne règle toutefois le rituel de « prise de refuge », qui peut connaître de fortes variations selon les écoles, les lignées et les lamas. De même, aucun registre ne conserve les noms des nouveaux adeptes. Plus encore qu'un engagement dans une institution religieuse particulière, la « prise de refuge » est conçue et vécue par les fidèles comme une démarche personnelle d'engagement sur la voie tracée par le Bouddha.

Les fidèles du bouddhisme tibétain peuvent aussi prendre de nombreux autres engagements ultérieurs. Il leur sera proposé par exemple de choisir « trois racines » : un lama, qui deviendra leur lama-racine, avec lequel ils entretiendront une relation spirituelle particulière ; les *yidams**, sortes de déités tantriques utilisées dans certains exercices de visualisation ; et des divinités protectrices censées les aider à atteindre plus vite l'éveil. Le caractère chamanique du bouddhisme tibétain apparaît nettement dans la recherche de ces protections très particulières ; il est d'ailleurs intéressant de noter qu'un certain nombre d'Occidentaux ne savent pas très bien s'il faut les considérer comme des entités réelles ou des produits de la conscience !

Les adeptes qui voudront s'engager un peu plus sur la voie pourront également prononcer des vœux de « fidèles laïques » : ne pas tuer – y compris les animaux –, ne pas prendre ce qui n'est pas donné, ne pas mentir ni tromper l'autre, ne pas avoir de conduite sexuelle incorrecte, et ne pas boire d'alcool. Signalons que certains maîtres, y compris parmi les plus illustres, tels Taisen Deshimaru ou Chögyam Trungpa, estimaient que ces vœux pouvaient être transgressés à tout moment si les situations l'exigeaient… et n'ont pas hésité à montrer l'exemple à leurs disciples pour ce qui est de la sexualité et de l'alcool !

Les plus désireux de s'impliquer pourront encore s'engager dans la voie monastique et prononcer les « trente-six vœux mineurs » ou les « deux cent cinquante vœux majeurs ». En Occident, ces vœux revêtent très rarement un caractère définitif. Ils sont pris pour une durée précise, puis renouvelés.

Dans le Zen, la « prise de refuge » s'apparente à une ordination de « fidèle laïque » et le nouvel adepte prononce aussi les vœux de bodhisattva (œuvrer pour le bien de tous les êtres vivants). Après la « prise de refuge » et la prononciation des vœux, le maître coupe également une mèche de cheveux pour signifier l'engagement dans la voie. Le disciple pourra dès lors porter durant les séances de méditation un *rasuku* qu'il aura cousu lui-même.

Même si l'on insiste toujours dans le bouddhisme sur le caractère personnel de la démarche, ces diverses cérémonies et engagements officiels permettent aussi au fidèle de se sentir participer davantage à une communauté. Au sens le plus large, il s'agit de la *sangha* bouddhique, constituée de tous les pratiquants depuis le Bouddha lui-même. Mais il s'agit aussi de communautés plus rapprochées et concrètes : celle de la lignée de transmission de maître à disciple dans laquelle s'inscrit le nouvel adepte, celle de l'école particulière dans laquelle il pratique, enfin celle du centre ou du dôjô qu'il fréquente le plus régulièrement.

Divers points du questionnaire portent sur ces différentes formes d'engagement communautaire. Avant de considérer, dans les paragraphes suivants, celles qui concernent l'engagement dans un centre, une tradition et une relation maître-disciple, examinons les résultats relatifs à la « prise de refuge ». À la question : « Avez-vous “pris refuge” ou reçu l'ordination (pour le Zen) ? » 73 % des sondés répondent oui ; 26 % non ; près de 1 % ne savent pas. Mais on constate que 83 % des pratiquants du bouddhisme tibétain ont « pris refuge», contre seulement 59 % chez les pratiquants du bouddhisme zen. Une fois encore, le Zen apparaît comme moins impliquant sur le plan communautaire, et sans doute aussi moins «religieux».

Disons ici un mot du prosélytisme. Nous avons eu plusieurs fois l'occasion de rappeler qu'il ne revêt dans le bouddhisme aucun caractère systématique ou agressif. Cela ne signifie pas pour autant qu'il soit absent, loin de là. À la question : «Avez-vous à cœur de faire partager le bouddhisme au sein de votre univers social ?» 67 % des sondés répondent par l'affirmative, contre 24 % qui s'expriment par la négative et 9 % (taux assez élevé) qui ne savent pas. Ils sont donc près des deux tiers à parler du bouddhisme autour d'eux, à inviter des amis à des centres, à vanter les bienfaits de leur pratique. Là encore, les pratiquants du bouddhisme tibétain se révèlent plus prosélytes que ceux du bouddhisme zen : 78 % contre 72 %, mais l'écart est plus réduit que pour la «prise de refuge» ou l'appartenance au bouddhisme, ce qui signifie que les pratiquants du Zen ont moins de répugnance à vanter autour d'eux les mérites de la pratique de *zazen* qu'à se dire bouddhistes ou à s'engager officiellement dans la communauté.

Tous les entretiens mettent en avant tant le désir de transmettre le bouddhisme que la prudence et la discrétion à montrer dans la manière de le faire. Évoquant son désir de communiquer son expérience spirituelle à son amie, Xavier explique : «J'en parle, je laisse traîner les bouquins, je lui en donne. Quand elle me les rend, ils ne sont pas toujours lus. Mais je sais aussi qu'il faut énormément de temps et que c'est une démarche qui doit être personnelle. On peut la faire partager à quelqu'un, mais il faut qu'il y ait une motivation profonde et personnelle de l'autre.» Dans l'enthousiasme de leur conversion, certains convertis ont commencé par être très prosélytes, mais ils ont pris progressivement conscience que cette attitude n'était pas conforme à l'esprit de tolérance du bouddhisme. Tel est le cas de Christophe, aujourd'hui convaincu qu'« il ne faut pas brusquer les choses. Les lamas se font toujours inviter, ils ne s'imposent jamais. Je crois qu'il faut vraiment s'en tenir à ça. Parler aux gens qui en ont besoin. Mais on ne va pas dans la rue dire : "Le bouddhisme, c'est super !" comme le font souvent les chrétiens ou les intégristes musulmans, parce qu'ils pensent qu'ils détiennent la vérité et veulent l'imposer aux autres ».

De fait, on constate que les lamas ou les maîtres asiatiques sont globalement (il y a des exceptions) beaucoup moins prosélytes que leurs disciples occidentaux. Alors que ces derniers ont très à cœur de répandre partout le *dharma* et n'hésitent pas à faire pression sur leurs amis pour qu'ils viennent à des stages ou « prennent refuge », les Asiatiques restent beaucoup plus discrets et attendent le plus souvent qu'on vienne à eux.

J'ai également posé la question de la transmission familiale : 68 % des pratiquants du bouddhisme affirment transmettre ou souhaiter transmettre le bouddhisme à leurs enfants ; 13 % ne le font pas ou n'envisagent pas de le faire ; 19 % sont indécis ; 75 % des pratiquants du bouddhisme tibétain répondent « oui », 8 % « non » et 17 % ne savent pas ; 57 % des pratiquants du Zen répondent « oui », 19 % non et 24 % ne savent pas.

On retrouve bien dans les entretiens cet enthousiasme des pratiquants du Vajrayâna à transmettre leur expérience spirituelle à leurs enfants : « Ma grande adolescente, je peux dire que mes petits conseils bouddhistes l'ont énormément aidée », affirme Maïté, qui a également parlé du christianisme à ses enfants. Mais aussi cette indécision des pratiquants de *zazen* qui ne souhaitent généralement pas parler du bouddhisme hors de leur pratique de la méditation silencieuse. Ils savent que cette pratique ne peut s'effectuer trop tôt et attendent que leurs enfants grandissent avant de leur faire éventuellement partager cette expérience, somme toute indicible : « Je pense qu'ils sont trop jeunes, explique ainsi Emmanuel à propos de ses enfants de seize et dix-huit ans.

Mais j'aime bien l'idée qu'ils sauront plus tard qu'il existe quelque chose, et que, si cela les intéresse, ils pourront le faire. »

Implication dans le centre ou le dôjô

Envoyé aux pratiquants les plus socialisés dans le bouddhisme, le questionnaire fait apparaître une fréquentation très régulière des centres. Ainsi, 45 % des sondés affirment fréquenter un centre une ou plusieurs fois par an, 17 % une ou plusieurs fois par mois, 22 % une ou plusieurs fois par semaine, 6 % tous les jours, et 10 % jamais ou moins d'une fois par an. La fréquentation régulière (quotidienne ou hebdomadaire) est beaucoup plus le fait des pratiquants du Zen (64 %) que des pratiquants du bouddhisme tibétain (38 %). Nous y voyons deux raisons : d'une part, la plupart des dôjôs zen sont insérés au cœur des villes et facilitent une pratique communautaire régulière, à l'inverse des centres tibétains qui sont situés majoritairement à la campagne ; d'autre part, comme nous le verrons plus loin, les pratiquants de *zazen* insistent tous sur le soutien de la pratique collective. La pratique de la méditation tibétaine, plus complexe et impliquant de nombreux exercices que chacun choisit selon son avancement et ses besoins, se prête davantage à un exercice solitaire. Les centres tibétains proposent d'ailleurs davantage de liturgies et de rituels collectifs, assortis de récitations de textes et de chants en tibétain, que des séances collectives de méditation silencieuse. Sous la pression des Français, de plus en plus nombreux à souhaiter méditer ensemble, on constate toutefois depuis peu une certaine évolution. Les grands centres du Vajrayâna multiplient ainsi depuis quelques années les petits groupes de méditation au cœur des villes. Ces groupes se réunissent le plus souvent une fois par semaine dans l'appartement d'un pratiquant.

Nous nous sommes également posé la question de savoir si les pratiquants français du bouddhisme zen et tibétain fréquentaient simultanément un seul centre, plusieurs centres de la même tradition, voire plusieurs centres de traditions différentes. Le questionnaire fait apparaître que la moitié d'entre eux fréquentent un seul centre, 33 % plusieurs centres de la même tradition, et 17 % plusieurs centres de diverses traditions. Ces chiffres font apparaître une relative stabilité des pratiquants et une fidélité à la tradition dans laquelle ils pratiquent. La mobilité est plus grande au sein du même courant, un bon tiers des pratiquants, tant zen que tibétains, n'hésitant pas à fréquenter plusieurs centres ou dôjôs.

Contrairement à ce qu'on pourrait imaginer, les pratiquants du bouddhisme ne sont donc pas des individualistes qui fuient les rituels collectifs. Presque tous les pratiquants que nous avons rencontrés insistent en fait sur l'utilité d'une pratique individuelle et collective. Certains évoquent l'émotion qui se dégage des pratiques collectives : « Si les gens pratiquent en même temps, quelque chose de fort se passe, comme quand on assiste à une messe ou qu'on fait une prière dans une synagogue. Quand tout le monde chante en même temps, je suis émue », explique Ariane. D'autres insistent plutôt sur l'apport mutuel d'une pratique commune : « C'est très important de faire le point avec d'autres sur sa pratique, affirme Marie. Très important d'entendre ensemble le même enseignement, de méditer ensemble. Quelle que soit la forme que l'on donnait précisément à la méditation, je me suis toujours sentie portée par la méditation des autres et donc aussi en devoir de me montrer très vigilante dans ma méditation. »

Pour beaucoup, le soutien communautaire est précieux sur le plan humain : « Je vais au dôjô une fois par semaine et j'ai besoin de ce contact régulier avec cette petite communauté zen, explique Emmanuel. J'aime bien la famille, c'est une communauté, on est entouré. J'ai vécu un peu trop seul, je l'ai voulu, mais j'ai trouvé cela épouvantable. À la longue, je comprends que les gens soient complètement désespérés, déséquilibrés. Je pense que l'homme n'est pas fait pour vivre seul longtemps. » Nathalie, qui a connu elle aussi une vie difficile et parfois solitaire, apprécie particulièrement la pratique collective : « Le fait d'aller en groupe chaque semaine nous donne une base solide tant vis-à-vis de soi que vis-à-vis des autres. Et puis, ça fait toujours plaisir de retrouver des bouddhistes qui rencontrent les mêmes problèmes que nous. C'est une compréhension, une joie. On ne sait même pas ce que l'autre fait, comment il s'appelle, quel métier il exerce, mais on sait ce qu'il cherche, qu'il est là comme nous pour essayer de progresser. C'est super ! »

Certains, toutefois, ont connu de profondes déceptions au sein du centre ou du dôjô par lequel ils ont découvert le bouddhisme. Les critiques sont assez fréquentes, même chez des personnes qui apprécient en général les groupes. Maïté, par exemple, a été déçue par l'évolution récente du centre tibétain où elle a découvert le bouddhisme ; elle s'y rend de moins en moins et cherche un autre lieu de pratique communautaire : « Pour moi, ce centre est sur le déclin, ou en tout cas dans une passe très difficile. Depuis quelques années, les résidents vont très mal d'un point de vue personnel. J'ai plein de compassion pour eux, mais je n'y amènerais pas du monde en ce moment. D'ailleurs, c'est triste pour moi, car beaucoup de personnes me disent : “Quand tu vas à ton centre, emmène-nous, on a envie de comprendre, de voir ce que c'est.” Mais, franchement, je ne veux pas, les gens y sont trop mal en point. La vie communautaire est très difficile, elle révèle les côtés égotistes et névrotiques des gens d'une manière exacerbée. Il y a un tel manque de vie et de générosité : “Ah, moi, j'ai fait ces pratiques, aujourd'hui ! J'aurai des mérites…” Il y a là tout un langage que je trouve franchement terrible ! »

Ceux qui pratiquent au sein du bouddhisme tibétain insistent beaucoup sur le rôle et la personnalité du lama comme agent de cohésion de la communauté. Pour eux, une communauté bouddhiste n'a de sens que par rapport au maître spirituel qui agrège un certain nombre de disciples autour de lui. Lorsque le maître disparaît, la communauté n'a plus vraiment de raison d'être. C'est pourquoi beaucoup de pratiquants du bouddhisme tibétain quittent le centre après le décès du lama qui les a touchés et en cherchent un autre ailleurs. « Ce qui est très important, c'est la *reliaison* au lama, explique Jacqueline. J'ai rencontré un jeune lama occidental, nous avons une relation de confiance, d'amitié. Il sait nous transmettre les enseignements du *dharma,* nous en discutons, nous les confrontons avec nos expériences dans le groupe. Il y a donc un dialogue permanent. Nous lui écrivons quand il n'est pas là, nous lui téléphonons. Nous sommes dans un groupe où la solidarité et l'échange sont tout le temps à l'œuvre. Nous ne sommes pas seuls. Mais ce qui est fondamental, c'est la *reliaison* à un lama, et il appartient à chacun de le trouver. » Nathalie partage le même sentiment : « La *sangha,* pour moi, c'est un groupe qui nous lie au lama. Quand nous pratiquons en groupe, c'est lama Guendune qui est là, c'est son énergie qui est là. »

Maître spirituel et transmission

Les pratiquants du bouddhisme zen et tibétain insistent tous sur l'importance du maître. Véritable guide de la vie intérieure, il aide le disciple à s'engager sur la voie, le soutient dans les moments difficiles, l'éclaire par ses enseignements et ses conseils pratiques, lui permet d'éviter bien des pièges et lui promet, s'il s'investit totalement dans la quête, de le conduire à bon port. Il connaît le chemin pour l'avoir lui-même emprunté, et il se propose de conduire d'autres aspirants à la libération définitive sur cette voie ardue, semée de pièges. Comme nous venons de le voir, la communauté bouddhiste n'a donc de sens pour les disciples occidentaux du Bouddha que dans la mesure où elle permet à des individus de se réunir pour pratiquer autour d'un grand méditant expérimenté. Le plus souvent, la seule autorité véritable qu'ils acceptent n'est pas celle d'un quelconque magistère ou d'une institution lointaine, mais celle de leur lama, de leur maître en méditation.

« On ne peut pas se passer d'un être authentique qui a vécu l'expérience avant nous et qui est comme un miroir pour nous, explique Jacqueline. Il peut vérifier à chaque instant l'authenticité de notre expérience spirituelle : là, c'est une petite déviation de l'intellect. Là, c'est un fantasme… C'est en quelque sorte le guide de la vie intérieure. Cette *reliaison* du disciple au vrai maître spirituel – je ne parle pas des faux maîtres qui courent les rues et le monde – est essentielle. Mais il faut bien choisir son maître et ne pas se laisser fasciner. Il faut évaluer votre lama. Lui, cela fait longtemps qu'il vous a évalué aussi ! »

Toutes les traditions bouddhistes insistent en effet sur l'importance du choix du maître. Chacun doit trouver le guide qui lui convient en fonction de sa personnalité, bien sûr, mais aussi des objectifs qu'il s'est fixés dans sa pratique. Certains maîtres sont plus aptes à guider des moines ; d'autres, des laïques engagés dans le monde. Une fois son maître choisi, le disciple doit demander ouvertement à ce dernier s'il accepte d'être son guide spirituel. Si le maître accepte, le disciple doit ensuite accepter avec confiance toutes les recommandations de son nouveau guide relatives à sa progression dans la voie. D'un commun accord, le disciple peut par la suite changer de guide si ce dernier ne convient plus à son nouvel état d'avancement spirituel ou pour des raisons d'ordre pratique (déménagement, etc.).

Nous avons vu dans les trajectoires de vie que Pauline, par exemple, a rencontré un lama qu'elle aurait aimé prendre pour lama-racine, mais que ce dernier a refusé en raison de la trop grande distance géographique. Pauline continue donc de chercher son guide et insiste quant à elle sur l'importance de la relation affective qui unit maître et disciple comme facteur de progression spirituelle. « C'est un formidable accélérateur. L'amour et la dévotion qu'on a pour un maître nous permettent d'avancer très vite. Mon problème, justement, était d'avancer dans la foi. C'est quand même une forme de relation amoureuse. Dans une telle relation, on fait des choses qu'on ne ferait pas autrement. Si j'avais un maître, je pense que cela me permettrait d'accélérer cette ouverture du cœur. Ce serait très bien pour moi. Le maître personnifie aussi le Bouddha ; c'est un peu comme voir le Christ en chair et en os. Donc, c'est formidable ! »

Les disciples occidentaux parlent sans cesse de l'exemplarité du maître. Pour eux, un maître authentique se juge à son rayonnement spirituel et humain. Il doit être cohérent dans ses paroles et ses actes et, surtout, avoir expérimenté par lui-même ce qu'il enseigne aux autres. « Un maître authentique a toujours vécu ce qu'il enseigne, insiste Jacqueline. J'ai eu le privilège d'être reçue personnellement par Bokar rinpoché. J'ai alors fait l'expérience – et vous ne pouvez pas nier votre propre expérience, il ne s'agit pas là d'un acte de foi – d'avoir en face de moi un être d'éveil, un « éveillé ». Il a une telle bonté, une compassion immense, il n'a plus d'ego. Il est en face de vous dans l'intelligence profonde, complète et sans voile de votre propre nature, et il vous aide à la découvrir. Cela est ineffable, inappréciable. Vous ressentez une joie extraordinaire, qui est transformatrice de votre être. »

Autre aspect essentiel pour les Occidentaux : cette transmission de maître à disciple permet de rendre l'enseignement vivant, incarné. Ce n'est pas un discours « mort », vidé de l'expérience concrète, qui est transmis, mais un enseignement rendu actuel par le témoignage de ceux qui l'énoncent. « Le bouddhisme est à mon avis la seule tradition vivante, authentique, qui s'est transmise de maître à disciple sur la planète », déclare Christophe. « Il est dit dans le bouddhisme tibétain que si la transmission vivante est rompue à un moment donné tout se perdra, surenchérit Jacqueline. Et que ce qui est infiniment précieux, c'est que cette tradition ne cesse pas de se transmettre de maître à disciple, de façon vivante et personnelle, de par le monde. » Jacqueline continue d'ailleurs d'entretenir une relation personnelle et vivante avec son lama-racine, bien qu'il soit décédé depuis dix ans. « Kalou rinpoché est présent dans ma vie à tous les instants. J'ai une difficulté, ou je vois un être en difficulté (et Dieu sait si j'en vois ici !), je me réfère à lui et je lui dis : "Travaillez, travaillez pour cet homme (ou pour cette femme, ou pour cet enfant). Travaillez avec moi !" Je lui parle comme je vous parle : "Moi, je fais ce que je peux sur le plan de l'humain, mais je suis par définition très limitée. Vous qui avez atteint l'état d'éveil et qui avez accepté de continuer à venir en aide à tous les êtres, je vous appelle, je vous demande d'aider cet homme (ou cette femme) dans la difficulté qui est la sienne." Je l'appelle, je le prie – c'est une prière. Je prie Kalou rinpoché comme dans une prière chrétienne, c'est un appel, la *reliaison* par la prière avec le lama-racine. Et ce, dans la vie de tous les jours. »

À la question : « Êtes vous relié à un maître ou à un lama en particulier ? » 61 % des sondés répondent par l'affirmative, 35 % par la négative, et 4 % se savent pas. Même s'ils en reconnaissent l'importance, tous les Français qui pratiquent le bouddhisme ne sont pas pour autant reliés à un guide spirituel en particulier. Tous ont appris à méditer soit avec un maître asiatique, soit avec un disciple occidental avancé, mais, tandis que certains n'ont pas encore trouvé leur maître, d'autres n'en ressentent pas le besoin. Les pratiquants du Zen sont particulièrement nombreux à ne pas être reliés à un maître : 46 %, contre seulement 26 % chez les pratiquants du bouddhisme tibétain. Cette différence significative peut s'expliquer de deux façons.

D'une part, il y a actuellement en France de nombreux lamas tibétains, tandis qu'il existe, depuis la mort de maître

Deshimaru, très peu de maîtres zen. Certains disciples occidentaux ont reçu la transmission et accédé au statut de « maître », mais ils sont rarement perçus comme tels par les pratiquants qui attendent souvent d'un maître plusieurs décennies de pratique et sont très sensibles au charisme particulier – sûrement, pour certains, à l'exotisme – des guides bouddhistes asiatiques.

D'autre part, la demande des Occidentaux qui pratiquent le Zen est moins importante à l'égard du maître que celle des Occidentaux qui pratiquent le bouddhisme tibétain. Ces derniers entretiennent une relation personnelle, affective et intellectuelle avec le maître. Les disciples du Zen attendent avant tout du maître qu'il leur enseigne les bases de la méditation et une bonne posture ; pour ce faire, des disciples avancés, sortes de frères aînés, suffisent souvent. Mais il est difficile de savoir si cet état de fait est indépendant de la quasi-absence en France de maîtres asiatiques transmettant le Zen. Emmanuel, par exemple, avait été complètement séduit par le charisme de Deshimaru, qu'il considérait comme son maître. Aujourd'hui, même s'il pratique avec un disciple avancé de Deshimaru, il attache beaucoup moins d'importance à la notion de maître. Nicolas, qui, pour sa part, n'a pas connu Deshimaru, est encore plus distant : « Je ne recherche pas spécialement un maître. Ce qui est important, c'est de rechercher, dans les lieux où l'on pratique, quelqu'un qui a avancé et peut corriger la posture. C'est important pour les débutants. »

Tandis que certains disciples du bouddhisme tibétain, comme Pauline, cherchent activement leur maître, d'autres ressentent moins ce besoin. Maïté, par exemple, confie : « C'est une grande question pour moi en ce moment. Quand je lis des livres, je me rends compte que la place du maître est importante, et j'en comprends le bien-fondé. Mais je ne sais pas comment en trouver, où le trouver, ni comment je pourrais être reliée à lui. Avant toute méditation, certains de mes amis se relient à leur maître, par exemple Kalou rinpoché. Personnellement, je n'ai jamais senti le besoin d'avoir un maître. Mais c'est tout de même une question. J'y pense souvent. J'aimerais être guidée, avoir un guide spirituel. Cette sorte d'artisanat du travail de l'amour me touche. Cela me remplit de joie. Quand je vois des photos de Kalou rinpoché, je suis très émue. C'est vraiment une source d'inspiration. Cela m'apaise. »

D'autres, plus rares, sont en revanche franchement agacés par la dévotion qui entoure les lamas. Pour Xavier, par exemple, « le concept de maître, de gourou, peut – ou a pu – me tenir à l'écart. Je ne cherche pas à avoir un maître. Ce sont même des démarches qui me gênent, car elles se rapprochent de la dévotion. Pour moi, il y a alors un clignotant rouge qui s'allume. »

Tradition ancienne

Ce rôle central dévolu à la transmission de maître à disciple permet de comprendre pourquoi la plupart des pratiquants du bouddhisme zen et tibétain attachent de l'importance au fait que le bouddhisme soit une tradition, et une tradition ancienne. Deux points du questionnaire se rapportent directement à ce sujet. À la première interrogation : « Pensez-vous qu'il soit important, pour un chercheur spirituel, d'être enraciné dans une tradition ? » 68 % des sondés répondent par l'affirmative, 17 % par la négative, et 14 % sont dubitatifs. La deuxième, plus explicite, met en avant l'ancienneté du bouddhisme et la place centrale de la transmission : « Que le bouddhisme soit une tradition très ancienne, avec une lignée de maîtres et de disciples remontant jusqu'au Bouddha, est-ce pour vous… » : 43 % répondent « essentiel » ; 34 % « important » ; 14 % « relativement important » ; 5 % « sans importance » ; et 3 % ne savent pas. Les pratiquants sont donc encore plus nombreux à plébisciter la notion de transmission que celle de tradition.

Certains, d'ailleurs, établissent une nette distinction entre les deux. Pour Nicolas, par exemple, « la tradition en soi n'a aucune importance, en ce sens que *zazen* pourrait très bien s'inventer aujourd'hui. Mais ce qu'il est important de voir et de mesurer, c'est à quel point il est difficile d'accéder à la compréhension de *zazen*. Je sais que si j'avais dû moi-même refaire toute la démarche du Bouddha, jamais je n'aurais pu y parvenir. »

Plus des deux tiers des pratiquants, toutefois, ne partagent pas cet avis. Il est important pour eux que le bouddhisme soit une voie spirituelle traditionnelle, qui a fait depuis longtemps ses preuves. On retrouve chez certains la peur des « sectes » : « J'aurais été méfiant si ç'avait été un groupe récent, explique Emmanuel. C'est risqué d'entrer dans ces nouvelles communautés où il peut y avoir du bon, dans la méditation, par exemple, mais où on profite de la faiblesse des gens. Si on les abrutit, qu'on les fait manger très peu, qu'on ne leur donne plus de forces pour rien faire, ils se trouvent complètement déstabilisés et sont enrôlés au service de la secte. » Pour d'autres, c'est davantage un gage d'authenticité : « Franchement, je ne crois pas que j'aurais pu m'intéresser à un mouvement créé il y a une vingtaine d'années, explique Maïté. Pour moi, le fait que tous ces grands maîtres aient passé des années en retraite à chercher, est un gage de vérité. »

Ce sont souvent ceux qui ont connu une quête spirituelle assez diffuse et éclatée avant de rencontrer le bouddhisme qui insistent le plus sur l'importance de la tradition, voire sur l'ancienneté de cette tradition. « Il ne faut pas méditer tout seul dans son coin, parce que certaines tendances venant de notre ego se développent, explique Pauline. Il faut sans arrêt se remettre dans le courant, dans la ligne. J'attache de l'importance à l'orthodoxie. Le bouddhisme est une tradition millénaire, et ce point est vraiment important. Pour moi, c'est l'une des rares religions à être vivante, en ce sens qu'il n'y a pas de coupure dans la transmission depuis

Bouddha. Quand quelque chose traverse les âges, c'est la garantie que cette chose, justement, n'est pas temporelle. Le bouddhisme, de plus, traverse les cultures... Je me base sur des choses comme ça. C'est important, l'ancienneté ; c'est le signe qu'il existe une vraie tradition. »

Mais les plus critiques vis-à-vis de la religion en général ont souvent eu du mal à surmonter leurs réticences instinctives face à tout ce qui évoque l'univers traditionnel. Xavier a cheminé intellectuellement de nombreuses années avec le bouddhisme avant de vaincre sa peur de pratiquer dans un contexte traditionnel : «J'ai compris il y a peu de temps l'importance de pratiquer au sein d'une véritable tradition, ce qui m'a permis de venir fréquenter des centres. Pendant fort longtemps, j'ai été au contraire gêné par cette idée de tradition, de transmission. Mais, un jour, le déclic s'est fait et j'ai compris que dans ce genre d'aventure spirituelle le contact avec des gens plus avancés était indispensable. La meilleure garantie d'authenticité est d'approcher des personnes qui ne revendiquent pas d'être les créateurs du produit, mais des gens qui, au contraire, ont l'humilité de dire : "Je ne fais que transmettre ce qui a été élaboré avant moi de manière fulgurante..., ou de manière collective et progressive." »

Christophe, qui revendique également une démarche rationnelle et scientifique, s'est posé les mêmes questions. Il défend aujourd'hui avec force les notions de transmission et de tradition : « On pourrait dire : après tout, si quelqu'un a découvert quelque chose il y a trente ans, et que c'est valable, pourquoi serait-ce plus valable si ça vient de deux mille cinq cents ans en arrière ? Mais ce n'est quand même pas rien qu'au Tibet, par exemple, ça ait monopolisé pratiquement tout un pays pendant des siècles : les gens ont approfondi la doctrine, expérimenté les enseignements, écrit des commentaires sur les commentaires, rajoutant ainsi chaque fois quelque chose. Si ça a été étudié pendant des siècles par des centaines de milliers de gens, ça ne peut pas être une escroquerie ! »

L'idée sous-jacente aux yeux de beaucoup est aussi celle d'une pureté originelle des enseignements du Bouddha, transmis de maître à disciple depuis plus de deux mille ans. « Ce n'est pas l'ancienneté qui est importante, explique Nathalie, c'est la façon dont ça a été transmis. C'est un point très important. La Bible, je ne pense pas qu'elle soit aussi pure qu'elle l'était au départ. Les textes tibétains sont transmis de maître à disciple ; le maître épure et le disciple devient pur. Quand il devient pur, le maître transmet au disciple. Finalement, la transmission reste donc intacte. C'est comme si on était à la racine, à la source la plus pure à chaque génération. Il n'y a pas de mauvaises ondes, ni d'ego qui viennent se greffer là-dessus. »

Dans la mesure où le bouddhisme est une tradition spirituelle fondée sur l'expérience de l'« éveil » du Bouddha historique, Shâkyamuni, le maître spirituel devient le maillon indispensable dans la longue chaîne de transmission de cette première expérience fondatrice. Il est véritablement au centre du dispositif institutionnel du bouddhisme, notamment zen et tibétain. Rien de plus important, dans ces deux traditions, que les lignées de maîtres et de disciples. Aucune autorité ne peut tirer sa légitimité hors de cette succession de méditants qu'on fait remonter jusqu'au Bouddha. Un maître n'a d'autorité que parce qu'il a lui-même réalisé une expérience spirituelle décisive sous la direction d'un autre maître. Ainsi, pour les Tibétains, il est moins important d'appartenir à telle ou telle école que d'être inscrit dans telle ou telle lignée, d'avoir été le disciple de tel ou tel maître.

Contrairement à la conception que nous en avons en Occident, le rôle de l'autorité religieuse, représentée dans le bouddhisme par le maître spirituel, ne consiste pas, dès lors, à dire et à contrôler ce qu'il faut croire, mais à transmettre et à vérifier l'authenticité d'une expérience spirituelle. Les Occidentaux, qui reprochent justement aux Églises de ne plus transmettre qu'un discours dogmatique et normatif, sont particulièrement sensibles à cette voie spirituelle entièrement axée sur l'expérience individuelle. À la figure du prêtre, du pasteur ou du rabbin, qui transmet ce qu'il faut croire et ne pas croire, faire et ne pas faire – bref, du dogme et de la norme –, ils opposent la figure du maître oriental qui transmet les modalités d'une expérience qu'il a lui-même réalisée. D'un côté, ils affirment subir un discours qui a perdu toute signification et leur est transmis par un « fonctionnaire » qu'ils sentent souvent « mal dans sa peau », « en contradiction avec ses actes » ; de l'autre, ils choisissent de faire une expérience personnelle qui concerne tout leur être – corps, psyché, esprit – auprès d'un « maître » qu'ils trouvent « rayonnant », et qui est lui-même le « témoin de ce qu'il dit ». Dans leur religion d'origine, ils se sentaient perdus dans une « institution bureaucratique » et entourés de « pratiquants tièdes » ; ils se sentent désormais reliés à travers l'espace et le temps, par l'intermédiaire du maître, à une « communauté fervente » de « pratiquants assidus ».

4

Religiosité

Nous nous sommes jusqu'à présent intéressés au profil sociologique des pratiquants français du bouddhisme zen et tibétain, à leurs trajectoires spirituelles et à leur engagement communautaire. Il faut encore considérer leur religiosité, c'est-à-dire les croyances auxquelles ils adhèrent, les pratiques et rituels qu'ils effectuent, la morale à laquelle ils souscrivent, etc.

De nombreux chercheurs ont proposé des critères qui permettent de mesurer la religiosité des individus. Ceux proposés par Stark et Glock[1] me semblent les plus pertinents. Les deux sociologues américains distinguent cinq dimensions essentielles de la religiosité : la dimension idéologique (les croyances), la dimension ritualiste (les pratiques), la dimension « expérientielle » (religieux vécu à travers des sentiments et des sensations tels que la peur ou la confiance), la dimension intellectuelle et enfin la dimension « conséquentielle » (effet des précédentes sur la vie quotidienne et les relations avec les autres). Nous regrouperons ces diverses dimensions sous trois grands thèmes : 1. Pratiques ; 2. Éthique, compassion, relation au monde ; 3. Connaissance, croyance, sentiment.

1. Y. Glock et R. Stark, *Patterns of Religious Commitment*, University of California Press, Berkeley, 1968.

Pratiques

Les Français touchés par le bouddhisme que nous étudions ici ne se considèrent pas d'abord comme des penseurs ou des croyants, mais comme des *pratiquants* engagés sur un chemin spirituel, et c'est pourquoi nous les avons ainsi nommés. Tous revendiquent un engagement dans une pratique de la méditation. Même si certains attachent aussi beaucoup d'importance aux enseignements philosophiques, ils restent convaincus que la théorie ne peut être assimilée – et n'a de sens – que si elle s'incarne dans une pratique. « On ne peut pas acquérir ce qu'on acquiert si on n'a pas cette pratique quotidienne, affirme Maïté. Ça passe par là. On peut dire ce qu'on voudra, on peut avoir intégré intellectuellement des quantités de notions du bouddhisme, s'il n'y a pas cet ancrage quotidien dans la méditation, qui nous fait toucher la dimension spirituelle, on passe à côté de l'essentiel. »

Le questionnaire propose une question ouverte formulée ainsi : « Quelle pratique faites-vous le plus régulièrement ? » Pour les pratiquants du Zen, la réponse est simple : tous répondent : « *Zazen.* » Pour ceux du bouddhisme tibétain, nous avons enregistré une centaine de réponses différentes ! À la différence du Zen, qui repose presque exclusivement sur la méditation silencieuse, le Vajrayâna propose en effet quantité de rituels et de pratiques individuelles et collectives. Si toutes ces techniques ont pour but ultime de permettre la libération de l'esprit soumis à l'ignorance et à l'illusion de l'ego, certaines sont davantage axées sur un travail psychocorporel, d'autres sur une alchimie des émotions, d'autres encore visent à favoriser l'apprentissage intellectuel, etc.

La plupart des pratiquants rencontrés mêlent plusieurs techniques selon leurs besoins et leur état d'avancement : méditation silencieuse, récitation de mantras, exercices de visualisation de déités tantriques, prosternations, récitation collective de sûtras, chants, rituels initiatiques, etc.

La technique la plus répandue, que tout le monde pratique, est la méditation assise silencieuse, intitulée *chiné*. Méditation sans objet, avec une attention sur le souffle, il s'agit d'une technique très proche de *zazen*. Elle vise à obtenir le calme mental.

« Nous nous plaçons sur un coussin dans une posture où la colonne vertébrale doit être non pas rigide, mais droite ; il faut la sentir pousser comme un bel arbre, explique Jacqueline. Nous regardons notre cinéma intérieur, les émotions passer, les idées passer. Nous sommes le spectateur de notre propre spectacle. On les voit, on ne les rejette pas, parce que le bouddhisme tibétain ne rejette strictement rien de ce que nous sommes. Il prend en charge ce que nous sommes au moment où nous sommes, et il nous aide à transformer les énergies émotionnelles en énergie de sagesse. Le travail est là. Et cette méditation assise nous permet, lorsque nous nous retrouvons sur le terrain, de pratiquer la méditation en action. »

Dans le bouddhisme tibétain, on n'attache généralement pas une importance excessive à la posture. Celle-ci peut varier selon les besoins et le confort des personnes. Il en va tout autrement dans le Zen, surtout celui enseigné par maître Deshimaru, où la posture revêt un caractère crucial. L'apprentissage de la méditation passe d'abord par l'adoption d'une bonne posture. Certains adeptes du bouddhisme tibétain choisissent d'ailleurs d'utiliser la posture *zazen*, qu'ils jugent la plus adaptée à la recherche du calme mental : « La posture de la méditation est essentielle, explique ainsi Maïté. J'ai appris à méditer dans la posture *zazen*. Le fait d'avoir la colonne vertébrale bien droite et le "vaisseau gouverneur vert" qui est libre, disponible, me paraît une chose très importante. Je ne sais pas pourquoi, mais ça marche ! Si je me mets à méditer dans une posture moins ferme, non, mon esprit n'est pas clair. Dès que je me redresse et que j'ouvre la poitrine, que je place bien les jambes, etc., je sens que ça y est. Je suis vigilante. Je ne vais pas m'endormir. Je ne vais pas non plus laisser mon esprit vagabonder à cent à l'heure. Mon esprit se pose. »

Tandis que les pratiquants du Zen se livrent uniquement à la méditation assise silencieuse, ceux du bouddhisme tibétain s'adonnent à de nombreuses autres techniques de méditation. Certaines visent à opérer une alchimie des émotions, c'est-à-dire à transformer, grâce à une technique, les émotions négatives – peur, colère, ressentiment, tristesse... – en amour et en sagesse.

L'une de ces techniques s'appelle *tonglen**. La plupart des pratiquants de base l'utilisent pour sortir d'une relation conflictuelle avec un proche en développant un sentiment de compassion à son égard. C'est tout simplement la mise en œuvre de l'enseignement fondamental du Bouddha selon lequel toute personne qui génère des pensées ou des actions négatives, qui nous fait mal, est elle-même en situation de souffrance. « Dans la méditation, vous visualisez cette personne et vous travaillez sur le souffle, commente Marie. Dans l'inspiration, vous visualisez une sorte de lumière noire que vous aspireriez chez cette personne et qui symbolise tout ce dont elle souffre, tout ce qui est douloureux en elle. Cette espèce de lumière noire qui émane d'elle, vous pensez qu'elle se dissout en vous, et, quand vous expirez, vous envoyez une lumière blanche radieuse qui vient l'illuminer et lui faire du bien. Vous prenez la souffrance de l'autre et vous lui insufflez la paix, comme s'il y avait en vous une sorte de transmutation de la souffrance en rayonnement spirituel, en sérénité, en paix. C'est un mode de méditation tout à fait intéressant, que j'ai utilisé progressivement jusqu'à arriver à l'appliquer à des êtres qui m'avaient posé de graves problèmes dans la vie. »

Cet exemple est une belle illustration de la manière dont la philosophie bouddhiste s'incarne dans le corps et la psyché grâce aux techniques de méditation. C'est cet ancrage dans le corps et les émotions, cette véritable incarnation de la doctrine que recherchent les pratiquants du bouddhisme, incarnation qui leur a si souvent fait défaut – comme pour Marie – dans leur religion d'origine.

Parmi les nombreuses autres techniques proposées par les Tibétains, certaines sont très surprenantes et difficiles d'accès pour les Occidentaux. Il s'agit surtout des pratiques tantriques qui utilisent comme supports de méditation des déités tibétaines. « Ce qui me paraît fastidieux et laborieux, ce sont toutes ces pratiques autour des divinités, soupire Maïté. Tout cela me paraît bien loin de moi, loin de ma culture. » Plus on entre en effet dans des techniques tantriques complexes, plus la culture tibétaine est prégnante, avec son panthéon de divinités, de bouddhas et de bodhisattvas. Lorsqu'ils arrivent à en comprendre le sens profond au-delà des aspects exotiques, certains pratiquants apprécient au contraire ces techniques de visualisation ; c'est par exemple le cas d'Ariane : « Dans le tantrisme tibétain, il y a des pratiques qui correspondent à des divinités spécifiques. Chaque pratique correspond à une divinité représentée par une statue ou une photo. Quand on lit le texte de la pratique, on "crée" en quelque sorte la divinité par une visualisation. Quand la visualisation est faite, on doit réciter un autre texte, un mantra, pour entrer en contact avec cette visualisation. Ensuite, le mantra se dissout dans la visualisation de la déité. Enfin, on fait dissoudre cette visualisation. C'est le circuit pour arriver à la réalisation. On crée une forme sur laquelle on s'appuie pour arriver finalement au sans forme. Il y a des bouddhas, des bodhisattvas ou des déités pour représenter diverses émotions, diverses formes, divers états de conscience et divers moyens d'action. Par ces techniques, le bouddhisme apprend donc à passer de la forme au sans forme. C'est ce que je cherchais à faire dans le judaïsme. »

Le questionnaire propose une interrogation sur la fréquence de la pratique. 45 % des sondés affirment pratiquer quotidiennement ; 31 %, une ou plusieurs fois par semaine ; 10 %, une ou plusieurs fois par mois ; 7 %, une ou plusieurs fois par an ; enfin, 5 % ne pratiquent plus ou dans des occasions exceptionnelles. Ces chiffres montrent une étonnante assiduité chez plus des deux tiers des pratiquants. Elle est aussi forte chez les adeptes du Zen que chez ceux du bouddhisme tibétain. La plupart mêlent en fait une pratique individuelle quotidienne ou hebdomadaire à une pratique collective hebdomadaire ou mensuelle. Christophe, par exemple, qui pratique très régulièrement le bouddhisme tibétain, explique : « Tous les matins, je "prends refuge" et je récite quelques mantras. Durant toute la journée, j'essaie d'avoir une distance* avec mes pensées dans tout ce que je fais. Et puis, le soir, je dédie les mérites pour le bien de tous les êtres, et j'essaie de méditer une demi-heure : simplement *chiné*, le calme mental sur la respiration. Une fois par semaine, je vais dans un centre où l'on fait le rituel de Tchenrezi et où l'on chante quelques sûtras. »

Les personnes qui affirment pratiquer occasionnellement sont pour la plupart des individus qui ne pratiquent que lors de stages dans des centres. Ils font une fois par an une *sesshin* zen de cinq jours ou se rendent à des stages de yoga ou de méditation tibétaine en week-end ou pour de courts séjours. C'est le cas de Xavier : « Je pratique la méditation de manière cyclique, parce que je n'y arrive pas dans la vie quotidienne. Je préfère venir faire de temps en temps quelques paliers pour me consacrer plusieurs jours à la pratique de la méditation dans un centre bouddhiste. Au début, j'essayais de méditer chez moi tous les jours, mais je me suis rendu compte que ce n'était pas compatible avec ma vie active dans le monde. J'ai renoncé. Je préfère me réserver une semaine tous les six mois, ou tous les quatre mois, pour faire une chose à la fois. »

Quel que soit leur rythme de pratique, tous insistent sur l'efficacité et les bienfaits de la méditation. À la différence d'une pratique religieuse juive ou chrétienne qu'ils ont la plupart du temps abandonnée parce qu'elle avait perdu à leurs yeux toute signification et leur semblait sans impact sur leur vie quotidienne, la pratique du bouddhisme transforme leur vie quotidienne et revêt pour eux, du même coup, une signification profonde. C'est son efficacité qui lui confère toute sa valeur.

Les fruits de cette pratique sont fort divers. Le questionnaire permet d'en hiérarchiser une dizaine qui ont recueilli plus de 5 % des suffrages. À la question (réponses multiples possibles) : « Que vous apporte avant tout cette pratique ? » 17 % répondent « la sérénité, la paix intérieure » ; 14 %, « un équilibre émotionnel et psychologique » ; 11 %, « une compassion active » ; 11 %, « une plus grande lucidité » ; 10 %, « une connaissance de la vraie nature des choses » ; 9 %, « une libération progressive de l'esprit » ; 8 %, « une meilleure énergie » ; 5 %, « une bonne concentration » ; 5 %, « moins souffrir » ; 5 %, « être heureux » et 5 % également « une meilleure santé et hygiène de vie ». Si l'on procède à un regroupement en deux grandes catégories, l'une concernant les buts ultimes du bouddhisme – libération de l'esprit, connaissance de la vraie nature des choses, compassion, élimination de la souffrance –, l'autre concernant des objectifs de bien-être plus immédiat – sérénité, équilibre, énergie, lucidité, concentration, santé –, on obtient 35 % pour le premier groupe et 65 % pour le second. Ce qui indique clairement qu'une large majorité des pratiquants sont avant tout frappés et séduits par les résultats concrets de la pratique dans leur vie affective, émotionnelle, professionnelle de tous les jours. Au-delà des objectifs ultimes de la pratique, c'est cette transformation de la vie quotidienne qui retient leur attention et motive sans doute leur persévérance et leur assiduité dans la pratique.

Nous avions déjà vu, auprès des personnes restées proches de leur religion d'origine, combien elles insistaient sur les bienfaits psycho-corporels des techniques bouddhistes par rapport à ce que leur apportait la religion de leur enfance. Une des remarques les plus courantes entendues au cours des entretiens est la distance apportée par la pratique de la méditation, qui permet de vivre toute sa journée autrement. « La méditation, c'est cette possibilité de distance. Toutes les difficultés qu'on va traverser dans la journée sont comme recouvertes par ces flashes du matin, et apparaissent dérisoires : ça ne vaut pas le coup de se prendre la tête, vraiment, ce n'est pas grave ! » s'exclame Maïté. « Dans la méditation, nous arrivons à évacuer pensées et émotions comme des nuages qui occupent notre ciel et qui, par l'effet du vent, finissent par se disperser et se dissoudre, explique Jacqueline. À ce moment-là, nous sommes au centre de notre propre lumière. Car derrière cette agitation mentale incessante vit un être dont on n'a aucune notion de la profondeur, si on ne donne pas un coup d'arrêt à cette imagerie mentale. La méditation bouddhiste vous permet d'accéder à ce que vous êtes, à ce dont vous êtes porteur, mais à quoi vous n'avez pas accès. » Presque tous évoquent des exemples très précis des changements que la méditation a apportés dans leur vie quotidienne : « Par exemple, je courais tout le temps pour attraper mon métro, raconte Pauline. Un jour que je courais comme à mon habitude, alors qu'il y a des métros toutes les minutes, m'est venu ce mantra que je répète tous les matins. C'était de l'ordre du réflexe. Et mon corps s'est calmé. Je me suis dit : "Je prendrai le prochain." J'ai eu un autre réflexe que d'ordinaire. Maintenant, dans certaines circonstances comme celle-là, je suis plus calme, plus sereine. »

Ils insistent aussi sur le fait que la méditation finit par s'enraciner en eux comme une seconde nature, et devient action. C'est ce qu'explique Xavier : « Et puis vient un moment, quand on pratique la méditation, où se développe une certaine attention à soi-même, au souffle, aux événements, et on médite sans même se dire : "Je vais faire de la méditation." Dans la vie quotidienne, j'ai cessé toute pratique méditative formelle au sens où *formel*, pour moi, c'est déjà grimper s'asseoir sur un coussin. Mais j'ai souvent le sentiment d'être toute la journée en état de méditation, ce qui me permet d'agir autrement que je ne l'aurais fait auparavant. »

Éthique, compassion, relation au monde

Les traditions bouddhistes sont porteuses de règles de vie qu'elles proposent aux adeptes occidentaux comme des repères. Mais nombre de pratiquants ne veulent pas entendre parler d'une « morale » bouddhiste au sens de règles de conduite imposées par une institution. Une telle morale normative leur rappelle de trop mauvais souvenirs. Face à cette question, j'ai constaté quatre attitudes différentes des Français pratiquants du bouddhisme.

Pour certains, cette question relève uniquement de la société. Les règles de conduite sont nécessaires pour vivre ensemble, mais un individu, dès lors qu'il respecte les règles de la vie commune, n'a pas à s'imposer de règles morales particulières. Écoutons Xavier, par exemple, qui, rappelons-le, est magistrat : « Je dois reconnaître que l'éthique du bouddhisme n'est pas ce qui m'intéresse le plus et je n'y suis pas sensible. La non-violence, le côté végétarien, ou un certain nombre d'interdits que j'ai découverts après m'être intéressé à la philosophie, ne me concernent pas. Je pense que l'éthique – mais c'est un point de vue personnel, qui vient de ma profession – doit se résumer à une loi sociale. Je réduis l'éthique à un code, à une série d'interdits qu'il faut respecter pour vivre en société. »

D'autres admettent l'idée d'une morale individuelle, mais affirment nettement que chacun doit être libre de créer ses propres repères éthiques, et n'attachent aucune importance aux prescriptions du bouddhisme. « Non, il n'y a pas de morale en soi, explique Nicolas. Chacun fonde sa propre morale, chaque personne crée la sienne, à partir de son expérience de la vie, de sa pratique. La morale imposée émane uniquement de la société. »

D'autres encore admettent la nécessité de se conformer à un certain nombre de principes éthiques universels et sont sensibles à ceux énoncés par le bouddhisme comme la non-violence, le respect d'autrui (qui implique une certaine conduite sexuelle) et le respect de la vie (qui implique le refus de l'avortement). Mais, tout en admettant la nécessité de poser de grands principes, ils revendiquent le droit à une interprétation personnelle, et la possibilité d'exceptions. Bien qu'elle adhère au principe général de respect de la vie, Jacqueline, par exemple, n'est pas d'accord avec les enseignements tibétains qui condamnent l'avortement comme un crime : « Le respect de la vie passe par le fait qu'on refuse l'avortement, explique-t-elle. Mais je me dis qu'un enfant voué au malheur, c'est un moindre mal de ne pas le garder. Donc, là-dessus, je conserve à tout moment ma liberté, et cela ne me pose aucun problème éthique. C'est ma liberté de penser ainsi. »

D'autres pratiquants, enfin, acceptent volontiers de se plier aux règles de conduite éthique édictées par le bouddhisme. Mais il s'agit souvent de personnes possédant déjà un grand sens moral et qui ne subissent pas ces règles comme des contraintes. Pauline raconte : « J'ai prononcé des vœux de conduite éthique il y a quelques jours. Il y en a cinq : ne pas tuer, y compris les animaux ; ne pas voler et ne pas prendre ce qui ne t'est pas donné (nuance qui peut être très subtile) ; ne pas mentir ni tromper l'autre ; ne pas avoir de conduite sexuelle incorrecte, ce qui signifie en premier lieu ne pas aller avec quelqu'un déjà engagé ailleurs ; et ne pas boire d'alcool. On peut en prononcer un, deux, trois, quatre ou cinq. Au choix. Et on les prononce pour une durée déterminée, ou bien à vie. Je me suis rendu compte que, pour moi, ce n'était pas difficile, car j'ai toujours eu spontanément cette conduite-là. Je suis quelqu'un de très conventionnel et moral, et cette moralité était à l'intérieur de moi. Je n'ai pas besoin d'avoir de garde-fou extérieur. Je suis même parfois rigide sur certaines choses. »

Quelle que soit l'attitude revendiquée face aux règles de conduite prônées par le bouddhisme, tous insistent sur le fait que leur transgression n'entraîne aucune sanction communautaire. Tandis que dans le catholicisme, par exemple, un divorcé remarié est exclu de la communion, le bouddhisme ne prévoit aucune sanction automatique. Ce qui n'exclut pas la possibilité de sanctions, mais chaque cas est considéré comme particulier, et, si sanction il y a, elle est prise par le maître spirituel à la demande du disciple fautif en vue de l'aider à progresser dans la « voie ». Celui-ci peut alors se voir imposer un certain nombre de pratiques visant à rectifier son travers ou à réparer le mal commis.

La notion de péché telle que nous la connaissons en Occident est absente du bouddhisme. Celui-ci fonde sa morale sur deux lois fondamentales : l'interdépendance de tous les phénomènes et la loi de causalité. Partant de ces deux lois universelles, il considère que chaque acte de violence ou d'ignorance commis par une « partie » interagit sur le « tout » et aura également une répercussion « karmique » négative pour la personne concernée. C'est la raison pour laquelle l'éthique du bouddhisme repose sur la notion de responsabilité individuelle et universelle. Chaque individu est responsable de ses actes et porte la responsabilité de l'harmonie cosmique. Le moindre progrès spirituel d'un seul individu fait progresser l'humanité entière, et le moindre mal commis par chacun a des conséquences universelles. Le seul remède à une faute consiste à développer des pensées et des actions positives.

Cette notion de responsabilité est très souvent invoquée – dans des sens d'ailleurs assez divers – par les disciples occidentaux du Bouddha qui reprochent souvent au catholicisme de déresponsabiliser les individus. « Dans le bouddhisme, il y a des repères, des principes moraux assez identiques à ceux du judéo-christianisme, mais il n'y a pas de règle absolue dans l'observance de ces préceptes, explique Marie. Par exemple, si on brise ses vœux monastiques, si on divorce, ça ne regarde à la limite que vous ; une institution ne va pas vous mettre au ban de la société. Il y a une responsabilité individuelle. Dans le bouddhisme, on vous dit de garder tout votre esprit critique, et si, pour une raison ou pour une autre, vous trouvez que le lama ne vous convient pas, que son enseignement ne vous convient pas, il faut le quitter. Comme dit lama Tsultrim : “Au revoir et merci !” Cette dimension, pour moi, restitue à l’homme toute sa responsabilité. C’est pour cela que je suis plus protestante que catholique. Dans le catholicisme, je souffre d’une espèce d’infantilisation. Je pense que Dieu veut l’homme debout, responsable. Or le bouddhisme insiste beaucoup sur cette notion de responsabilité de chacun, et il en résulte aussi l’absence de la notion de culpabilité. »

Nathalie insiste à son tour sur l’importance que revêt pour elle la notion de responsabilité : « Si on croit en un Dieu extérieur, on a tendance à tout rapporter à Lui. Dans le bouddhisme, à l’inverse, on est responsable de tout. On est responsable de chaque instant présent. S’il se passe quelque chose à côté, si nos voisins s’engueulent, on est responsable du fait que ça s’améliore ou pas. Si on récite une prière, un mantra, ça va aller dans un sens meilleur ; si on ne fait rien, qu’on se contente de dire : “Ils font chier, ceux-là !” et qu’on va se coucher, là, on devient aussi responsable du fait que ça ne s’améliore pas entre eux. »

Comme nous l’avons constaté dans le récit des trajectoires spirituelles, presque tous les pratiquants du bouddhisme racontent comment leur pratique a modifié leur relation aux autres. Tous insistent sur la notion d’amour et de compassion qui, selon eux, se développent grâce à la pratique. Mais beaucoup mettent aussi l’accent sur le fait que cette plus grande attention aux autres, « ce souci d’autrui », comme aurait dit Lévinas, passent d’abord par une meilleure connaissance et une plus grande estime de soi. « Quand on essaie de se comprendre soi-même, on comprend les autres, rappelle Nicolas. À mon avis, on ne peut d’abord essayer de sauver les autres et ensuite de se sauver soi-même. Il faut d’abord se sauver soi-même pour mieux sauver les autres. Quand on essaie de se sauver soi-même, de comprendre ce que l'on est, on comprend les autres, parce qu'ils ont les mêmes racines, la même humanité. Je pense que c'est cela, le rapport à la compassion. » C'est certainement l'une des grandes forces du bouddhisme que de proposer un travail d'introspection efficace qui peut déboucher sur un développement du cœur et une plus grande ouverture aux autres.

De nombreux pratiquants, toutefois, déplorent le manque d'attention aux autres de bon nombre de bouddhistes occidentaux, trop préoccupés par leur propre progrès spirituel. « Il faut prendre avec beaucoup de circonspection les grandes déclarations sur la compassion qu'on entend dans les centres, affirme Maïté. J'ai vu tellement de gens n'avoir que ce mot à la bouche et agir en purs égoïstes ! Je crois qu'il ne faut pas idéaliser les bouddhistes à partir de leur discours, mais les juger uniquement sur leurs actes. »

Tous les pratiquants du bouddhisme portent un regard critique sur le monde occidental actuel. La plupart lui reprochent avant tout son matérialisme, son absence de préoccupations d'ordre spirituel. « C'est la société de consommation, donc l'extériorité qui domine, explique Pauline. Tout est dans la rapidité, l'apparence. L'aspect spirituel est complètement laissé de côté. Il y a un grand vide et une grande souffrance. Plus d'espace pour être face à soi-même. Les gens sont terriblement angoissés par le fait de se retrouver face à eux-mêmes. »

Bien souvent, les Églises, qui n'ont pas su répondre aux besoins spirituels des Occidentaux du monde moderne, ne sont pas épargnées par cette critique : « Le monde occidental, aujourd'hui, est un monde – ce que je vais dire est banal, vous m'en excuserez à l'avance – qui a perdu toutes ses valeurs verticales, qui s'est enfoncé dans le matérialisme et qui en crève, affirme Jacqueline. Plein de jeunes et de moins jeunes sont en quête de valeurs spirituelles hors des intermédiaires classiques, les prêtres, la hiérarchie, les évêques, etc. Les églises sont vides parce que beaucoup de ceux qui devaient assurer la transmission vivante se sont contentés d'un formalisme rituel qui a exclu le rapport de personne à personne et l'aide à l'autre. » Face à un tel constat, beaucoup sont convaincus que la diffusion du bouddhisme en Occident constitue une excellente issue pour sortir du matérialisme.

« On ne peut pas rester comme ça, assure Maïté. On est allé au bout de ce qu'on pouvait gagner avec la technologie de pointe et le matérialisme forcené. On ne peut pas aller plus loin. Je pense que le bouddhisme peut apporter cette idée de paix, de non-violence, de tolérance, dont on a tant besoin. Il est une des manières de revenir aux valeurs essentielles. »

Ariane partage ce sentiment et insiste sur le caractère non religieux du bouddhisme, qui le rend accessible à tous : « Nous sommes dans un monde en grande souffrance, même si, souvent, la joie n'est pas loin. Le bouddhisme peut apporter la sérénité à tous parce qu'il peut rester en dehors de toute religion, qu'il peut être uniquement une forme de méditation, de relaxation. Après, pour la religion, c'est l'affaire de chacun. Je ne peux pas dire : c'est cette religion qui va sauver le monde. Je vois des gens très heureux qui pratiquent le judaïsme. Le bouddhisme, lui, on peut le prendre uniquement au niveau de la méditation, et c'est plus simple que le judaïsme pour quelqu'un qui n'a rien. C'est une pratique corporelle qui peut s'accompagner d'une pratique religieuse, mais qui peut éventuellement se faire sans. »

Certains adeptes, toutefois, sont beaucoup plus sceptiques sur l'accessibilité du bouddhisme et la possibilité pour tous de le pratiquer, même au seul niveau de la méditation. Pour Pauline, par exemple, « le bouddhisme tibétain ne s'adresse pas à tout le monde, parce qu'il est difficile. Déjà, au niveau intellectuel, il est difficile. La psychanalyse ne s'adresse pas à tout le monde non plus ! Les Tibétains le disent : jamais n'importe qui ne pourra être bouddhiste tibétain. Je pense qu'il répond effectivement à une certaine attente, cela se voit bien, mais il n'est pas pour tous. C'est pour cela que les sectes, qui proposent un message et des pratiques beaucoup plus simples, se développent. C'est parce que – j'en suis persuadée – il y a dans l'être humain une dimension spirituelle qui, pour le moment, n'est pas prise en compte. »

Connaissance, croyance, sentiment

Théoriquement, le bouddhisme ne repose sur aucun dogme et n'admet aucune croyance non vérifiable par l'expérience. « Ne croyez rien de ce que je vous enseigne si vous ne l'avez expérimenté par vous-même », prévenait le Bouddha. Dans la réalité, les choses sont beaucoup plus complexes. S'il est vrai que le discours sur les « quatre nobles vérités » du Bouddha, fruit de sa méditation, est tout ce qu'il y a de plus rationnel et logique, il se développe dans le cadre d'une doctrine proprement religieuse, celle de toute la pensée indienne : la croyance au *samsâra* (cycle des existences), à la transmigration, à la loi universelle du karma (causalité) et à la libération possible (*moksha**). Même s'il contient des ruptures et des évolutions, comme la doctrine du non-soi (*anâtman**), le message du Bouddha s'enracine dans cet arrière-fond philosophico-théologique. Or, on ne peut guère parler d'une appréhension purement rationnelle – au sens occidental et moderne du terme – de concepts comme ceux du *samsâra*, du karma ou de la transmigration. Le bouddhisme tibétain possède par ailleurs une cosmologie, une métaphysique et une vision cohérente de ce monde et de l'au-delà, qu'il est difficile de classer comme une philosophie au sens où nous l'entendons en Occident. Même si ces enseignements ne prétendent pas être le fruit d'une révélation surnaturelle – comme l'affirment par exemple les monothéismes pour leurs propres Livres sacrés –, ils exigent de la part des adeptes une certaine démarche de foi, quitte à être ensuite « vérifiés » par l'expérience individuelle dans le cadre d'exercices de méditation qui accordent d'ailleurs une plus large part à l'intuition qu'à la rationalité. À la suite de nombreux maîtres bouddhistes traditionnels, tel Nagarjuna, le dalaï-lama admet volontiers cette part de foi : « Le bouddhisme nécessite une conjugaison de la foi et de l'esprit. S'il attache une grande importance à la raison et à l'intelligence, la foi n'en est pas pour autant absente. Le bouddhisme se situe à mi-chemin entre le matérialisme radical et l'acte de foi absolu. C'est peut-être un avantage : il peut ainsi être une passerelle entre ces deux extrêmes et réussir peut-être à les concilier [1]. »

Le bouddhisme repose ainsi sur un équilibre très subtil entre la foi et la raison, la logique et l'intuition. On a d'ailleurs pu observer que les notions de connaissance, de rationalité, de foi, de croyance, et certains sentiments comme la confiance sont très étroitement mêlés dans la plupart des itinéraires spirituels des pratiquants du bouddhisme. Mais, lorsqu'on les interroge plus directement sur ces questions, les discours deviennent souvent plus tranchés. Certains pratiquants revendiquent d'abord haut et fort le caractère rationnel, voire scientifique du bouddhisme, et nient toute dimension plus irrationnelle. C'est le cas de Nicolas, par exemple, qui affirme : « Je n'ai aucune croyance. J'adopte une position, une pensée, une philosophie. Pour ce qui est de la transmigration, par exemple, j'ai eu une certaine compréhension, mais ce n'est pas pour moi une croyance. C'est une expérience d'ordre intellectuel, une compréhension intellectuelle. » Même discours chez Jacqueline qui croit dur comme fer au karma et à la transmigration, mais pour qui ces convictions ne constituent en

1. Propos recueillis par Gilles Van Grasdorff, in *Actualité religieuse*, « Le Défi bouddhiste », octobre 1997.

rien des dogmes et ne relèvent d'aucune sorte de foi : « Dans le bouddhisme, personne ne vous demande un acte de foi. On vous donne des outils de travail, on vous demande de les choisir, de les expérimenter et de les évaluer. C'est une démarche scientifique qui me convient. Personne ne m'a demandé de croire à la transmigration, à la réincarnation. Il n'y a pas de dogme dans le bouddhisme. La seule chose que je puisse faire, c'est de répondre par mon expérience. J'ai une connexion fondamentale avec l'ancien Kalou rinpoché, et mon expérience me dit que le petit Kalou rinpoché reconnu comme la réincarnation du précédent, c'est bien l'ancien Kalou rinpoché. C'est un ressenti. Cela ne peut pas être prouvé : je constate, je me fie à mon vécu. De même, on ne demande pas de croire à la loi du karma, mais j'ai expérimenté la loi des causes et des effets dans ma vie bien avant d'être bouddhiste. Quand, avec un tempérament très passionnel qui était le mien, j'ai envoyé des données négatives vers un certain nombre d'êtres, j'ai reçu dix ans plus tard le retour de ces négativités que j'avais envoyées. Je les ai reçues après, mais je les ai reçues quand même ! Mon expérience vécue me fait constater que la loi du karma n'est pas du tout un fantasme, mais une réalité que l'on peut expérimenter dans sa propre vie. Les grandes lois fondamentales du bouddhisme, vous ne pouvez les nier, puisque vous constatez leur justesse lorsqu'elles sont expérimentées par vous-même. »

Pour d'autres pratiquants qui attachent tout autant d'importance au caractère rationnel et pragmatique du bouddhisme, les choses sont plus nuancées. Christophe, on l'a vu, malgré une intelligence scientifique, ne nie pas le « côté magique » du bouddhisme tibétain et admet être aussi fasciné par cet aspect plus irrationnel. Comme Jacqueline ou Nicolas, il récuse la notion de foi, mais parle plutôt de confiance. Pour lui comme pour beaucoup de pratiquants du bouddhisme, on ne peut avancer dans la voie spirituelle sans nourrir une grande confiance dans son propre guide.

« Certains lamas étaient étonnés que les Occidentaux disent : “Ah non, pourquoi fait-on ci ? et ça ?” Si toi, tu sais comment marche un moteur d’avion et que tu dises à quelqu’un qui n’y connaît rien : “Là, il y a la pale du réacteur, ici les injecteurs, etc.”, et que l’autre réplique : “Mais pourquoi c’est comme ça ? Si on faisait plutôt ça ?” alors qu’il n’y connaît rien, tu l’enverras balader. Les lamas ont eu plus de patience avec nous, mais ils étaient surpris à juste titre qu’on puisse contester certains aspects concernant la pratique, alors qu’on n’y connaissait rien. C’est là qu’intervient la confiance : si un être dont tu penses que les enseignements qu’il te donne tiennent la route, qu’il émane véritablement de lui une compassion, une sagesse, te dit qu’il a une superméthode pour être heureux, eh bien, tu as confiance, tu suis ce qu’il te dit. C’est tout. »

Xavier, totalement allergique aux notions de foi ou de dévotion, a eu bien du mal à entrer dans certains aspects de la doctrine bouddhiste. Il évoque aussi aujourd’hui avec plus de recul la notion de confiance : « Qui dit confiance dit qu’on va vérifier quelque chose. On ne donne pas sa confiance comme ça, gratuitement. On l’accorde à quelqu’un qu’on connaît, parce qu’on sait qu’il a fait ou qu’il est capable de faire telle ou telle chose. Les concepts de foi et de dévotion me gênent énormément, car ils me paraissent être l’inverse. C’est très irrationnel, affectif, alors que ce qui fait à mon avis l’intérêt du bouddhisme, c’est justement la méthode pragmatique : “Expérimentez vous-même ce que j’ai pu enseigner.” J’ai fait plusieurs centres tibétains : il y a des choses très intéressantes, des enseignements remarquables ; mais j’ai eu parfois le sentiment que les gens qui venaient y assister étaient simplement en arrêt devant l’apparat, le costume, le rituel, plutôt que pour écouter vraiment les enseignements. En ce qui concerne le karma et la réincarnation, ç’a été pendant de nombreuses années un frein pour moi. Il y a dix ans, on m’aurait parlé du karma, j’aurais peut-être stoppé net la conversation. Ça me paraissait quelque chose de totalement scandaleux. J'ai fait quelques progrès, j'arrive à tolérer cette idée, parfois même à essayer de vérifier cette hypothèse. Maintenant, je l'accepte comme une hypothèse parmi d'autres. La transmigration, quant à elle, est totalement au-delà de l'expérience immédiate, je lui réserve donc le sort que le Bouddha a réservé aux grandes questions qui dépassent l'entendement humain. Mais, au départ, j'avais aussi, par rapport à ce thème, une réaction extrêmement négative ; cette idée-là me paraissait profondément choquante ! »

D'autres pratiquants n'ont, quant à eux, aucune difficulté à parler ouvertement de foi en ce qui concerne certaines théories comme le karma ou la transmigration. Pour Emmanuel, par exemple, qui s'appuie sur le témoignage de son maître, ces postulats métaphysiques constituent une évidence : « J'y crois tout à fait. Maître Deshimaru en parle. Nous avons tous un karma. C'est plus rassurant de croire qu'on a plusieurs vies et qu'on peut s'améliorer sur un temps assez long. J'y crois tout à fait. Mais, comme dit maître Deshimaru, personne n'est revenu de la mort pour nous en parler. Donc on y croit, mais ce n'est pas la peine de perdre son temps à y réfléchir, à disséquer. J'y crois absolument ! Je pense que c'est la vraie justice, que les gens qui ont commis des horreurs peuvent revenir pour se racheter. Il n'y a aucune raison pour que des gens passent leur vie à souffrir et que d'autres aient tout ce qu'ils veulent : c'est absolument idiot ! »

C'est surtout la notion de « foi dans la pratique » qui revient souvent dans la bouche des adeptes, tant zen que tibétains. En fait, comme nous l'avons déjà vu, tous constatent les résultats souvent spectaculaires de leur pratique dans leur vie quotidienne. Il se développe dès lors, envers la pratique, ce que d'aucuns n'hésitent pas à appeler une véritable foi. Mais c'est surtout par rapport à sa pratique de *zazen* qu'Emmanuel parle ainsi le plus volontiers : « J'ai une foi totale dans la pratique de *zazen*. Mais cette foi est le fruit d'une expérience corporelle. C'est parce que j'expérimente chaque jour les bienfaits de la pratique que j'y crois totalement. »

Cette foi dans la pratique va permettre au pratiquant de s'ouvrir progressivement à une autre dimension – plus affective, plus intuitive – que celle de l'intellect et de la rationalité sur lesquels il fondait jusqu'alors toute son adhésion au bouddhisme, le plus souvent par opposition à sa religion d'origine qui faisait trop appel à une foi aveugle. Le témoignage de Pauline est à cet égard éclairant.

« C'est le problème que nous avons, nous autres Occidentaux : nous sommes assez doués sur le plan de l'intellect, mais nous n'avons pas beaucoup de foi. Je suis typiquement occidentale et j'ai d'abord été séduite par l'intellect. Ce n'est que comme ça que ça pouvait marcher. Mais, à un moment donné, j'ai senti qu'il fallait rééquilibrer tous les rapports entre le corps, le cœur et l'intellect. Quand j'ai commencé mes études de psychologie, ça allait déjà dans ce sens-là. Et maintenant, j'en suis à développer le cœur, et le cœur, pour moi, c'est la foi.

« Mon cœur ne s'ouvre pas facilement, j'ai essuyé beaucoup de blessures, il est un peu poreux. Pour la foi, c'est pareil, je n'en avais pas. Elle est venue en faisant les exercices qu'on appelle les "prosternations *". Se prosterner, pour un Occidental, c'est très difficile. Au début, personne ne veut le faire : on a son orgueil, on se dit que ce n'est pas possible. Un jour – je travaillais en informatique –, un client ne voulait pas me payer ; j'étais très en colère. Ils étaient déjà quatre à ne pas me payer. Je suis allée faire une journée de prosternations intensives, ce que je n'avais encore jamais fait. Je me suis dit : on verra bien. À un moment donné, la personne qui dirigeait la journée dit : "Vous vous prosternez, il y a donc les bouddhas, mais imaginez que vos ennemis sont en dessous..." Et je me disais : "Que pourrais-je mettre comme ennemi ? Mais, bien sûr, ma bande des quatre !" Et je les mets devant moi. J'ai été tout à coup très

© Don Farber

© DR

Kalou rinpoché (1904-1989) est l'un des plus grands maîtres spirituels contemporains. Il est aussi le principal artisan de la propagation du bouddhisme tibétain en France, où il fonda de nombreux centres de méditation à partir de 1974. Sa réincarnation a été "retrouvée" moins de deux ans après sa mort (médaillon en bas à gauche).

En publiant en 1960 *Tintin au Tibet*, Hergé ne se doutait sans doute pas qu'il susciterait, chez de nombreux lecteurs occidentaux, une fascination pour les lamas "aux pouvoirs extraordinaires" qui joua un rôle non négligeable dans la séduction du bouddhisme tibétain, à partir des années 70.

© Hergé / Moulinsart 1997

Le XIVᵉ dalaï-lama (ici avec Matthieu Ricard) est la personnalité du monde bouddhiste la plus connue en Occident. Chacun de ses voyages en France suscite un vif intérêt.
© Albert Facelly / Sipa Press

© Erwan Temple

Le XVIᵉ karmapa est le chef de l'école tibétaine Kagyupa, la plus représentée en France. Décédé en 1981 à Chicago, il était considéré comme un maître spirituel exceptionnel.

Entouré de ses disciples français et de Jigmé rinpoché, lama Guendune a dirigé de nombreuses retraites de méditation et fondé en Auvergne le plus grand monastère du bouddhisme tibétain en Occident. DR

Sogyal rinpoché a fondé les centres Rigpa qui connaissent un succès croissant depuis la publication de son ouvrage *Le Livre tibétain de la vie et de la mort*, vendu à plus d'un million d'exemplaires dans le monde.
© Association Rigpa

Posture de kin-hin à la Gondronnière, l'un des plus grands temples Zen au monde, fondé par Taisen Deshimaru en 1980 près de Blois.
© Association Zen International

Chant d'un "sutra" après la séance de *zazen* (méditation assise silencieuse) du matin, au temple de la Gondronnière.
© Association Zen International

Repas après le *zazen* du matin. Au menu : un bol de soupe constitué de riz complet et de légumes bouillis.
© Association Zen International

Taisen Deshimaru (1914-1982) en posture de *zazen*. Arrivé en France en 1967,
il est le grand apôtre du Zen en Europe.
© Association Zen International

Le temple du château de Plaige (Bourgogne), inauguré en 1987 par Kalou rinpoché. (Ph. Michel Gounot)

Le château de Plaige et un chörten, édifice sacré, dans lequel reposent des reliques. (Ph. Michel Gounot)

Le centre de Karma Mingyur Ling, entre Grenoble et Valence, fondé par le disciple de Kalou rinpoché, Jean-Pierre Schnetzler. (Ph. Michel Gounot)

L'ancienne chartreuse de saint Hugon (Savoie), transformée en centre tibétain. L'Institut Karma Ling est dirigé par le lama français Denys Teundroup. (Ph. Michel Gounot)

Le centre Guéloupga Vajra Yogini, près de Toulouse. (Ph. Michel Gounot)

L'intérieur du temple de l'Institut Karma Migyur Ling (Isère). (Ph. Michel Gounot)

Plaige (Kagyu Ling) fut le premier lieu en Occident à organiser des grandes retraites de trois ans, trois mois et trois jours. Les cabanons des retraitants. (Ph. Michel Gounot)

Cérémonie du Lo Sar, nouvel an tibétain. (Ph. Michel Gounot)

Séance de méditation silencieuse au centre de Dhagpo Kagyu Ling, en Dordogne. DR

Rituel (Puja) dans le temple de Plaige (centre de Kagyu Ling). Au premier plan, Hermès, la plus jeune française à avoir effectué une grande retraite de trois ans.
(Ph. Michel Gounot)

fatiguée, j'avais du mal à faire les prosternations, je sentais des courbatures dans mes bras. J'avais vraiment du mal. À un moment donné, je ne sais pas ce qui s'est passé – c'est comme en art martial, quand on prend l'énergie de l'autre –, j'ai lâché quelque chose comme : "Après tout, je m'en fiche de ce chèque, même si je n'ai pas l'argent." Quelque chose a lâché en moi, et là, j'ai volé littéralement, je me suis mise à faire des prosternations à toute allure, j'avais une énergie incroyable, c'était étonnant. Je suis rentrée chez moi en superforme, ravie, de bonne humeur, et j'ai oublié l'histoire du chèque. Je suis retournée travailler chez eux deux jours après, et tout a été réglé avec une rapidité surprenante. Je me suis dit que ces techniques étaient très puissantes. J'ai donc maintenant la foi dans le *dharma*, dans les techniques, et je peux les pratiquer sans les comprendre. J'accepte que mon intellect ne dirige plus cela. La foi, ça vient doucement et ça se développe dans la pratique. Ça grandit aussi beaucoup maintenant par l'expérience que je vis à la clinique avec les mourants, puisque je m'investis de plus en plus comme psychologue dans l'accompagnement des mourants. Mon cœur s'ouvre et, en même temps qu'il s'ouvre pour les autres, ma foi se développe. »

Par le biais du questionnaire, j'ai également interrogé les pratiquants du bouddhisme zen et tibétain sur la croyance en la transmigration : 63 % affirment croire en la transmigration, 6 % affirment ne pas y croire et 31 % sont indécis. Les réponses sont très diverses selon les traditions zen et tibétaines. Ainsi, les pratiquants du bouddhisme tibétain croient massivement en la transmigration : 78 %, contre seulement 2 % qui affirment ne pas y croire et 20 % d'indécis. Les pratiquants du Zen sont beaucoup plus partagés : si 34 % disent croire en la transmigration, contre 13 % qui affirment ne pas y croire, ils sont en majorité indécis : 53 %.

Cette différence s'explique par le caractère plus philosophique et plus doctrinal du bouddhisme tibétain, tandis que le Zen, tel qu'il s'est développé en France sous l'égide de maître Deshimaru, apparaît avant tout comme une technique de méditation qui relègue au second plan les questions plus philosophiques. Nous avons également constaté plusieurs fois que les pratiquants du Zen se définissent en majorité comme sans religion ou athées, et gardent beaucoup de distance vis-à-vis de tout ce qui pourrait apparaître comme une croyance religieuse. En même temps, la porte n'est pas fermée. Ils sont une majorité à considérer la question de la transmigration comme une hypothèse plausible, mais sans doute invérifiable par la seule expérience. Les pratiquants du bouddhisme tibétain, à l'inverse, sont très nombreux à croire en la transmigration ; il faut dire que ce bouddhisme fait non seulement reposer une bonne part de ses enseignements sur cette croyance fondamentale, mais qu'il la met en avant avec la publicité faite autour des *tülkous**, ces petits enfants considérés comme la réincarnation de maîtres décédés, dont le dalaï-lama est le plus célèbre. Il est difficile, une fois engagé dans le bouddhisme tibétain, de se montrer convaincu que la transmigration n'existe pas sans être en contradiction avec quantité de théories et de pratiques développées dans cette tradition autour de la mort et de la renaissance.

5

Pourquoi vient-on au bouddhisme … et pourquoi le quitte-t-on ?

Tous les témoignages qui précèdent mettent au jour de nombreux facteurs qui expliquent le succès du bouddhisme en France : pragmatisme et place centrale de l'expérience, religion sans dieu ni dogmes, tradition ancienne mais centrée autour de la figure charismatique du maître, reliaison corps/esprit, efficacité de la pratique pour progresser humainement, équilibre entre raison et foi, explication plausible du problème du mal, responsabilisation de l'individu, importance de la compassion, de la non-violence et du respect de la vie, liberté laissée à chacun de suivre sa propre voie tout en proposant un ancrage dans une tradition qui a fait ses preuves, tolérance, souplesse morale, esthétique exotique, etc.

Nous reviendrons, dans la dernière partie de cet ouvrage, sur quelques grands paradoxes qui semblent aussi expliquer, de manière ultime, le succès croissant du bouddhisme dans la modernité occidentale. Auparavant, il nous a paru intéressant, dans ce chapitre, de revenir, d'une part, sur la question des motivations, en opérant une synthèse à partir du questionnaire, et d'examiner, d'autre part, les raisons qui peuvent conduire certains pratiquants à quitter le bouddhisme après de nombreuses années d'engagement.

Attraction initiale

Considérons deux points importants du questionnaire relatifs à l'attrait du bouddhisme. Le premier concerne cet attrait à son début, lors de la première rencontre avec le bouddhisme. Le deuxième interroge les pratiquants sur l'attrait qu'il exerce pour eux aujourd'hui. Pour ce faire, à partir des entretiens déjà réalisés, j'ai sélectionné une liste de 22 réponses possibles (plus 1 réponse ouverte) et demandé aux sondés d'en sélectionner 5, numérotées de 1 à 5 par ordre de préférence. Nous lirons les résultats de deux manières. D'une part, en indiquant par ordre décroissant tous les pourcentages obtenus dans les 22 réponses, ce qui permet de se faire une idée assez précise des motivations fortes et de celles qui sont secondaires ou insignifiantes. D'autre part, en citant par ordre décroissant les 5 réponses le plus souvent citées en premier, ce qui fournit sans doute la meilleure indication sur les motivations les plus profondes.

La première question est ainsi formulée : « Au début, qu'est ce qui vous a le plus attiré dans le bouddhisme ? » En prenant en compte toutes les réponses enregistrées, et sans tenir compte du rang, on obtient trois groupes assez compacts.

Tout d'abord, un peloton de tête de 7 réponses qui obtiennent un taux compris entre 6 et 11 % :

1. Son respect de tout être vivant, sa compassion (11 %).
2. Il ne fait pas appel à des dogmes ou à un Dieu extérieur (9 %).
3. La liberté qu'il offre à chacun de suivre sa propre voie (8 %).
4. Son pragmatisme, il est toujours relié à l'expérience (7 %).

5. Sa tolérance envers les autres religions et voies spirituelles (7 %).
6. Le rayonnement des maîtres (6 %).
7. Sa doctrine du karma – loi de causalité – (6 %).

Ensuite, un deuxième groupe de 8 réponses qui obtiennent un taux compris entre 3 et 5 % :

8. Son explication du mal et de la souffrance (5 %).
9. La pratique silencieuse (5 %).
10. Le travail qu'il propose sur les énergies, le corps, les émotions (5 %).
11. Il m'apprend à méditer (4 %).
12. La possibilité d'un contact direct avec un maître (4 %).
13. Il me fournit une lucidité et une aide psychologique (4 %).
14. C'est une tradition très ancienne qui a fait ses preuves (3 %).
15. Sa doctrine de la transmigration (3 %).

Enfin, un groupe de 8 réponses qui obtiennent un taux inférieur à 3 % :

16. La souplesse de sa morale qui regarde chaque cas particulier (2 %).
17. Sa sobriété, son dépouillement (2 %).
18. Il m'aide à éliminer la souffrance (2 %).
19. Un côté ésotérique et mystérieux (2 %).
20. Il ne s'appuie que sur la raison humaine (1 %).
21. La beauté des rituels et des cérémonies (1 %).
22. Autres (1 %).
23. Le rayonnement des adeptes (moins de 1 %).

Un choix aussi éclaté montre qu'aucune motivation ne se détache nettement des autres. Nous pouvons constater que la compassion et le respect de la vie sont le plus souvent cités, ce qui montre que l'attrait du bouddhisme ne tient pas uniquement à l'efficacité de ses techniques psycho-corporelles ou à son pragmatisme, mais aussi à des traits qui touchent davantage au domaine des valeurs. Autre surprise, dans ce peloton de tête, le score assez faible de la réponse « le rayonnement des maîtres » (sixième position), pourtant constamment évoquée dans les entretiens. Cela tient sans doute en partie à une dispersion des réponses entre cette motivation et celle, très proche, concernant « la possibilité d'un contact direct avec un maître ». Si nous avions regroupé ces deux énoncés, l'attrait du maître aurait été placé en deuxième position. Mais les vraies grandes surprises viennent des scores quasiment nuls enregistrés par certaines réponses qui apparaissent souvent dans les entretiens.

C'est notamment le cas de l'appel à la rationalité (« il ne s'appuie que sur la raison humaine »), qui recueille tout juste 1 % des suffrages. Nous avons pourtant vu que nombre de pratiquants utilisaient cet argument comme l'un des principaux motifs de leur attirance pour le bouddhisme. Le résultat du questionnaire conduit à relativiser très sérieusement cette motivation.

Je propose trois hypothèses pour expliquer ce décalage : d'abord, le fait que cet argument est finalement secondaire, même pour ceux qui l'invoquent oralement, et passe après au moins cinq autres arguments plus importants ; ensuite et surtout, l'appel à la rationalité est indirectement présent dans d'autres réponses très souvent citées : « ne fait pas appel à des dogmes ou à un Dieu extérieur » ou « il est toujours relié à l'expérience » : il est fort probable que les pratiquants du bouddhisme qui ont été séduits par son caractère rationnel préfèrent inscrire cette rationalité dans le cadre d'une traduction concrète – ni Dieu ni dogme, pragmatisme – plutôt que se référer à la rationalité de manière abstraite. D'autant plus que la formulation « il ne s'appuie que sur la raison humaine » est excessive et exclut totalement des notions comme le cœur, la foi, l'intuition, la confiance, dont il est difficile, même pour un pratiquant rationaliste, d'affirmer qu'elles ne sont pas présentes. Il n'en demeure pas moins que de nombreuses personnes interviewées évoquent le caractère rigoureusement rationnel et scientifique du bouddhisme. Il n'est donc pas impossible – et c'est notre troisième hypothèse – que certains pratiquants se sentent poussés, lors d'un entretien en tête à tête, à évoquer ce type d'argument qui met en avant le caractère éminemment moderne et non religieux de leur démarche, tandis qu'ils ressentent moins la nécessité de se justifier ainsi dans le cadre d'un questionnaire.

Cela signifierait que le discours omniprésent sur la rationalité du bouddhisme, sur son caractère « purement » scientifique, serait un discours servant en grande partie à légitimer *a posteriori* leur engagement dans cette voie spirituelle chez des individus fortement enracinés dans les valeurs du monde moderne et qui craignent que l'on assimile leur adhésion à une démarche religieuse fondée sur la foi.

Autre surprise : le taux de réponses très faible à l'énoncé « il m'aide à éliminer la souffrance ». Tel est pourtant bien le but principal du bouddhisme ! Ce qui montre, en ce domaine également, que les Occidentaux n'ont pas tellement en tête le message originel du Bouddha lorsqu'ils se sentent attirés pour la première fois par le bouddhisme. On pourrait objecter que, faute d'avoir déjà pratiqué – puisque la question concerne leurs motivations des débuts –, les sondés ne peuvent avoir une opinion sur l'efficacité du bouddhisme dans l'élimination de la souffrance.

Signalons dès à présent que cette motivation progresse de 2 % dans la question suivante portant sur les raisons actuelles de l'intérêt porté au bouddhisme. Cette progression est significative, mais le score enregistré reste somme toute très faible, compte tenu que cette proposition résume la raison d'être même du bouddhisme. On peut toutefois, là aussi, imaginer que peu de personnes se posent la question de manière aussi directe et abstraite. C'est dans des traductions plus concrètes – telles que « le travail qu'il propose sur les énergies, le corps, les émotions », ou « il me fournit une aide psychologique » – qu'on peut lire en filigrane l'élimination de la souffrance.

Le taux extrêmement faible de réponses aux énoncés ayant trait au « côté magique et mystérieux », au caractère « exotique » ou à la « beauté des rituels » est également surprenant. Souvent cités dans les entretiens comme autant de motivations aux tout débuts de la rencontre avec le bouddhisme, ils apparaissent ici finalement comme très secondaires. On peut aussi formuler l'hypothèse que la plupart des sondés n'ont plus immédiatement à l'esprit certaines de leurs motivations anciennes, aujourd'hui aux antipodes de leur intérêt pour le bouddhisme. J'ai rencontré par exemple quantité de personnes qui avaient été séduites à l'adolescence par le bouddhisme tibétain en lisant des ouvrages ésotériques de Rampa. La plupart des sondés ont sans doute omis cette première et lointaine fascination pour privilégier cinq motivations en définitive plus proches de leur regard actuel.

C'est d'ailleurs sans doute l'une des explications de la grande similitude des réponses entre les deux questions ayant trait aux motivations des débuts et d'aujourd'hui. Au cours d'un exercice rapide comme celui de remplir un long questionnaire, la mémoire est sélective et les motivations présentes ont sans doute tendance à se substituer, dans l'esprit de nombreux sondés, à celles d'il y a dix ou quinze ans. Nous attacherons donc plus d'importance à l'analyse des résultats de la deuxième question.

Avant d'y venir, considérons uniquement la première réponse citée (rang 1). Nous obtenons un ordre assez similaire, mais dans des proportions beaucoup plus significatives. En fait, 2 réponses dominent largement, et seulement 7 réponses dépassent le seuil de 5 % :

1. Ni Dieu ni dogmes (20 %).
2. Compassion, respect de la vie (14 %).

3. Pragmatisme, expérience (8 %).
4. Liberté de suivre sa voie (8 %).
5. Rayonnement des maîtres (7 %).
6. Pratique silencieuse (5 %).
7. Explication du mal et de la souffrance (5 %).

Ce deuxième classement permet de se faire une idée encore plus juste de la hiérarchisation des motivations, puisqu'il tient compte uniquement de la première réponse citée, donc de la plus importante. Il est normal que la plupart des réponses secondaires disparaissent en deçà d'un seuil de 5 %, voire de 3 %. Seules les motivations qui apparaissent comme essentielles sont encore citées. On retrouve les deux premières (dans un ordre inverse), mais l'écart se creuse nettement avec les suivantes.

Attraction actuelle

Considérons maintenant la deuxième question : « Pour quelles raisons aujourd'hui le bouddhisme vous convient-il ? » En prenant en compte toutes les réponses enregistrées, et sans tenir compte du rang, on obtient trois groupes assez compacts :

Tout d'abord, un peloton de tête de 4 réponses qui obtiennent un taux compris entre 6 et 11 % :

1. Son respect de tout être vivant, sa compassion (12 %).
2. Son pragmatisme ; il est toujours relié à l'expérience (8 %).
3. La liberté qu'il offre à chacun de suivre sa propre voie (8 %).
4. Il me fournit une lucidité et une aide psychologique (7 %).

Ensuite, un deuxième groupe très compact de 8 réponses qui obtiennent un taux de 5 ou 6 % :

5. Il ne fait pas appel à des dogmes ou à un Dieu extérieur (6 %).
6. Le contact direct avec un maître (6 %).
7. Sa tolérance envers les autres religions et les autres voies spirituelles (6 %).
8. Le rayonnement des maîtres (6 %).
9. Le travail qu'il propose sur les énergies, le corps, les émotions (6 %).
10. Il m'apprend à méditer (4 %).
11. La pratique silencieuse (5 %).
12. Sa doctrine du karma – loi de causalité (5 %).

Enfin, un groupe de 11 réponses qui obtiennent un taux inférieur à 4 % :

13. Son explication du mal et de la souffrance (4 %).
14. Il m'aide à éliminer la souffrance (4 %).
15. La souplesse de sa morale qui regarde chaque cas particulier (3 %).
16. Sa sobriété, son dépouillement (2 %).
17. Sa doctrine de la transmigration (2 %).
18. C'est une tradition très ancienne qui a fait ses preuves (2 %).
19. Il ne s'appuie que sur la raison humaine (1 %).
20. Autres (1 %).
21. La beauté des rituels et des cérémonies (moins de 1 %).
22. Un côté ésotérique et mystérieux (moins de 1 %).
23. Le rayonnement des adeptes (moins de 1 %).

Les réponses sont également très resserrées, mais on relève un petit groupe de tête où l'accent est mis d'une part sur la compassion, le respect de la vie, la liberté, d'autre part sur l'expérience et l'apport des techniques méditatives. D'un côté, donc, l'insistance est mise sur des valeurs (liberté, compassion, respect de la vie), de l'autre elle est mise sur la possibilité de faire une expérience concrète efficace. Un deuxième groupe extrêmement compact met surtout en avant l'apport des techniques de méditation et l'importance des maîtres. Enfin, une troisième catégorie regroupe tous les motifs les moins attrayants.

Si l'on considère maintenant le classement uniquement en fonction de la première réponse citée, nous obtenons 8 réponses qui franchissent la barre des 5 % :

1. Compassion, respect de la vie (17 %).
2. Ni Dieu ni dogmes (14 %).
3. Pragmatisme, expérience (9 %).
4. Liberté de suivre sa voie (8 %).
5. Pratique silencieuse (6 %).
6. Contact direct avec le maître (6 %).
7. Rayonnement du maître (6 %).
8. Apprend à méditer (5 %).

En comparant les deux questions – au début et aujourd'hui –, on constate quelques évolutions significatives. Tout d'abord, la compassion et le respect pour tout être vivant deviennent la principale motivation actuelle des pratiquants du bouddhisme, quel que soit le mode d'interprétation des résultats (toutes réponses confondues ou première réponse citée). À l'inverse, même si elle est encore citée en premier lieu par 14 % des pratiquants (deuxième position), la réponse « sans Dieu ni dogmes » obtient globalement beaucoup moins de suffrages aujourd'hui qu'hier, puisqu'elle chute de la deuxième (9 %) à la cinquième position (6 %), à égalité avec cinq autres réponses. D'autres motivations régressent légèrement, mais de guère plus de 1 à 2 %. On notera en revanche la progression très nette d'une réponse qui a trait à la pratique et à son efficacité : « il me fournit une lucidité et une aide psychologique », qui passe du treizième rang (4 %) au quatrième rang (7 %). Sinon, la plupart des autres réponses restent assez stables.

Pour résumer ces quelques variations, on pourrait dire que le bouddhisme attire surtout au début pour son caractère rationnel-pragmatique et ses valeurs, et convient ensuite aux pratiquants pour ses valeurs et l'efficacité de ses techniques.

Nous allons vérifier et affiner cette première constatation en procédant à certains regroupements. La multiplicité des réponses, qui offre l'avantage d'une grande précision, rend aussi plus complexe l'interprétation des résultats, du fait de cet éclatement et de la similitude de certaines réponses. Il nous semble donc utile de regrouper les 22 réponses en quelques grands ensembles. Le premier réunit toutes les réponses ayant trait aux valeurs : liberté, compassion, respect de la vie, tolérance, souplesse morale.

Le deuxième rassemble les réponses ayant trait à la rationalité, à l'expérience et au pragmatisme : ni Dieu ni dogmes, pragmatisme, expérience, « s'appuie sur la raison ».

Le troisième regroupe les réponses ayant trait à la pratique et à son efficacité : pratique silencieuse, travail sur les énergies, le corps et les émotions, lucidité, aide psychologique, « apprend à méditer », « élimine la souffrance ».

Le quatrième rassemble les réponses ayant trait à la tradition, au témoignage de ses représentants et à la transmission : ancienneté de la tradition, rayonnement des maîtres, contact direct avec un maître.

Le cinquième, rassemble les réponses ayant trait à la philosophie et à la doctrine : loi du karma, transmigration, explication du mal et de la souffrance.

Le dernier, enfin, rassemble les réponses ayant trait à l'esthétisme et à l'exotisme : beauté des rituels, sobriété, côté ésotérique et mystérieux.

Une seule réponse n'entre dans aucune de ces catégories

– le rayonnement des adeptes – mais, comme elle arrive à chaque fois bonne dernière avec moins de 1 % des suffrages, il n'y a pas lieu de s'en soucier. Il est d'ailleurs intéressant de souligner que le critère du témoignage des adeptes n'entre absolument pas en ligne de compte dans les motivations des pratiquants du bouddhisme zen et tibétain, alors que c'est un trait typique de la séduction des « nouveaux mouvements religieux » et des « sectes », et le principal facteur d'attraction de la Soka Gakkai [1]. Ce trait confirme le caractère très progressif et mûrement réfléchi de l'engagement dans le bouddhisme, le témoignage d'un autre pratiquant pouvant parfois constituer un déclic pour « aller voir », jamais une raison suffisante d'adhérer.

Voyons d'abord les résultats en ce qui concerne l'attraction initiale. Les valeurs arrivent nettement en tête avec 28 % de réponses. Les bénéfices de la pratique viennent en deuxième position avec 20 % de réponses. Le groupe rationalité, expérience, pragmatisme arrive en troisième position avec 18 % des réponses. Viennent ensuite la philosophie et la doctrine avec 14 %. Puis le groupe tradition, transmission, maître avec 13 %. Enfin, loin derrière, l'exotisme et l'esthétisme avec seulement 5 %.

En ce qui concerne maintenant les motivations actuelles, les valeurs sont toujours les plus citées avec 28 %, mais sont talonnées par les bénéfices de la pratique (27 %), qui gagnent 7 points. Le groupe rationalité, expérience, pragmatisme régresse à la troisième place avec 16 %, tandis que le groupe tradition, transmission, maître gagne une place avec le même taux (13 %), au détriment de la philosophie et de la doctrine qui sont un peu moins citées (11 %). Enfin,

1. Karel Dobbelare et Bryan Wilson ont recueilli un peu plus de six cents questionnaires parmi les adeptes anglais de la Soka Gakkai. Celui-ci fait apparaître que la principale source d'attraction initiale (37 %) réside dans les qualités perçues chez les membres. Karel Dobbelare et Bryan Wilson, *A Time to Chant. The Soka Gakkai Buddhist in Britain*, *op. cit.*

l'exotisme et l'esthétisme ne sont plus cités que par 3 % des sondés.

Nous avons donc la confirmation que les pratiquants du bouddhisme zen et tibétain sont avant tout attirés par trois facteurs dominants : d'abord les valeurs de respect de la vie, de compassion, de tolérance, de responsabilité, de liberté prônées par le bouddhisme. Ensuite, son caractère rationnel et pragmatique, qui met l'accent sur l'expérience personnelle au détriment des discours et des dogmes. Enfin, la possibilité qu'il offre de progresser humainement et spirituellement grâce à des techniques psycho-corporelles dont on retire des bénéfices très divers.

Ces trois motivations principales sont soutenues par deux autres facteurs non négligeables : la présence de maîtres spirituels, considérés comme authentiques et rayonnants, qui transmettent un message et les modalités d'une expérience qui ont fait leurs preuves au sein d'une tradition très ancienne ; un corpus philosophique et doctrinal qui apporte des réponses assez plausibles aux grandes questions de l'existence. En revanche, les motivations ayant trait à l'exotisme, au mystère et à la beauté des cérémonies apparaissent comme très marginales ; nous sommes néanmoins convaincus que, sans être déterminants, ces aspects peuvent exercer, au début, un attrait plus important que ne s'en souviennent – ou ne veulent bien l'admettre – les pratiquants qui ont répondu à ce sondage.

Pourquoi quitte-t-on le bouddhisme ?

Les critiques ne sont pas absentes du discours des pratiquants du bouddhisme. Comme nous avons pu le constater, la plupart concernent les disciples occidentaux, souvent jugés trop « égoïstes », « centrés sur eux-mêmes », etc. Au cours de notre enquête, nous avons également entendu de la part de pratiquants assez anciens de nombreuses critiques portant sur le décalage entre le discours des fidèles et la réalité de leurs actes. Mais certaines portent aussi – quoique plus rarement – sur les Asiatiques, en particulier sur certains lamas. Christophe, par exemple, bien que fasciné par le rayonnement de nombreux maîtres, reconnaît aussi avoir été déçu par d'autres, et explique qu'il est absurde, comme le font certains, d'idéaliser le bouddhisme tibétain : « Il y avait au Tibet des monastères où les lamas n'étaient pas plus éveillés que vous ou moi, et qui abusaient de leurs pouvoirs. Il ne faut pas le nier. Il ne faut pas penser que tout était beau, que tout était rose. En diaspora aussi, il faut avouer que des lamas sont tombés dans différents excès : sexuels, financiers ou de pouvoir. Et ça existera toujours. »

Nous avons également vu que nombre de fidèles se sentent mal à l'aise du fait de l'aspect trop prégnant de la culture tibétaine. Mais les critiques peuvent aussi porter sur certains points de doctrine. Pauline, par exemple, reproche surtout aux Tibétains de légitimer une certaine misogynie par la théorie de la transmigration : « Les Tibétains enseignent dans *Le Flambeau de la liberté*, qui est un grand livre de pratique tibétaine, qu'il vaut mieux naître dans un corps d'homme que dans un corps de femme, que c'est meilleur pour atteindre l'éveil. Il n'y a d'ailleurs pas beaucoup de femmes lamas. Et Kandro rinpoché, qui en est une, disait que, pour elle, cela avait été difficile, qu'on lui avait mis des barrières. Une fille disait dans un centre qu'on est trop tourné vers l'affectif quand on est femme, que ce n'est pas bon pour l'éveil. Ces choses-là me gênent. Il y a quand même quelque chose de réactionnaire dans la tradition tibétaine, c'est évident. »

Ces critiques, qui manifestent lucidité et autonomie de la part des fidèles, n'empêchent pas les pratiquants de continuer à s'investir dans une voie qu'ils estiment globalement excellente pour eux. Mais il n'est pas rare aussi que des personnes effectuent un stage ou une session de méditation, commencent à s'engager dans une pratique, puis abandonnent au bout de quelques mois. La plupart de ceux que nous avons rencontrés n'adressent aucun reproche particulier aux centres bouddhistes. Ils ont simplement constaté que la pratique régulière de la méditation ne leur convenait pas, pour des raisons ayant trait au manque de temps, à la difficulté d'aménager un espace de méditation, à la vie commune, ou tout simplement à un défaut de motivation et d'énergie.

Christian, jeune cadre de trente-deux ans, explique :

« Après avoir lu pas mal de livres sur la question, j'ai eu envie d'aller rencontrer des gens qui pratiquent la méditation zen. Je me suis donc inscrit à une session de plusieurs jours, animée par des disciples de Deshimaru. Ç'a été une difficile et formidable expérience. J'ai pris conscience d'un tas de blocages intérieurs, de choses que je ne voulais pas voir dans ma vie. En même temps, la pratique assidue de *zazen* m'a fourni une excellente énergie pour aller de l'avant. Bien que secoué, je suis revenu enthousiaste, avec la résolution de faire au moins quinze minutes de *zazen* tous les jours. J'ai tenu un mois, puis j'ai eu un travail énorme et j'ai commencé à relâcher la régularité de la pratique. Au bout de trois mois, je ne pratiquais plus du tout. Et c'est très difficile, maintenant, pour moi, de m'y remettre. Je sens que ça peut me faire beaucoup de bien, mais il faut malgré tout une sacrée volonté pour persévérer tout seul. Peut-être qu'un jour je retournerai faire une *sesshin*, mais je me rends compte aussi que j'ai un petit peu peur de me retrouver face à moi-même. »

Certains témoignages, plus rares, évoquent un abandon de la pratique lié à des attentes déçues, à des contre-témoignages, à une confrontation avec des faits choquants. Brigitte, par exemple, comédienne de quarante-six ans, explique pourquoi elle a renoncé à fréquenter un centre tibétain parisien et, du même coup, à rompu presque tout contact avec l'univers du bouddhisme.

« J'ai trouvé tout d'abord que les responsables demandaient beaucoup d'argent. Le lama tibétain qui dirigeait le centre passait son temps à répéter : "Vous autres, Français, vous ne payez pas vos cotisations", et j'ai trouvé que ça n'allait pas avec le reste du discours. J'ai eu l'impression, comme c'est parfois le cas dans le tiers-monde – j'ai déjà connu ça en Afrique – que le Blanc était bon pour payer. J'ai aussi eu le sentiment qu'il voulait un respect un peu obligatoire. Je n'aime pas ce genre d'attitude, je trouve que le respect, ça se mérite ! Or, ce n'était pas forcément le cas... Il y avait aussi un manque de progrès chez les adeptes, qui m'a un peu découragée. Je voyais au fil des enseignements les disciples les plus engagés toujours aussi en peine, pauvres, malheureux, inquiets à tout niveau, alors que je croyais que le bouddhisme devait apporter un état d'épanouissement. J'ai plus senti une béquille qu'un véritable désir de transformation. Comme disait Godard, « on veut se plaindre, on ne veut pas changer ». Ça me paraît une phrase clé pour qualifier la plupart des gens qui suivaient ce maître tibétain très en vogue. Ça faisait beaucoup, alors j'ai laissé tomber. »

Qu'ils soient ou non critiques, ces cas de renonciation à la pratique au début de l'engagement sont fréquents. Il est en revanche beaucoup plus rare qu'une personne très engagée dans le bouddhisme, qui médite régulièrement depuis des années, abandonne totalement la pratique de la méditation.

J'ai fait la connaissance de Jean-Claude, médecin psychiatre de cinquante-six ans, divorcé et remarié depuis peu, père de deux enfants. Marqué par la souffrance depuis sa plus tendre enfance – son père, qu'il n'a jamais connu, est mort dans les camps –, il a cherché dans le bouddhisme, après un long cheminement thérapeutique et spirituel, une véritable thérapie contre sa douleur existentielle. Après sept ans de pratique assidue, il a définitivement abandonné la méditation et la fréquentation des centres, convaincu qu'une certaine forme d'engagement dans le bouddhisme constitue, pour nombre d'Occidentaux, une fuite de la souffrance plus qu'une libération, ainsi qu'un évitement de la rencontre avec soi et avec l'autre dans toute son altérité. Son témoignage m'est apparu fort intéressant pour comprendre comment le bouddhisme peut aussi apparaître comme un leurre à certains disciples, pourtant très motivés au départ. Il constitue par ailleurs une trajectoire spirituelle passionnante.

«Je suis né à Paris pendant la guerre, de parents juifs polonais de Varsovie, qui avaient émigré de Pologne vers 1930 et se sont mariés à Paris. Je n'ai jamais connu mon père, parce qu'il a été emmené en camp pendant la grossesse de ma mère, laquelle ne devait jamais retrouver son mari. Je suis donc né dans ce contexte des Juifs qui se cachent. Si je suis vivant, c'est parce que nous sommes partis en Suisse par des chemins détournés. J'ai passé ma petite enfance, entre l'âge de deux et cinq ans, en Suisse dans des camps pour réfugiés juifs. Tout ce qui était juif, il fallait le cacher. Je n'ai pas été circoncis, on m'a appelé Jean-Claude pour que je n'aie pas l'air juif. Toute mon enfance est donc liée à un cauchemar.

«Je ne parlerai pas beaucoup de mon père, vu que je ne l'ai jamais connu, mais mes parents étaient athées. Très tôt révoltés, ils s'étaient sentis marxistes. Je n'ai donc pas du tout été élevé dans une religion. Je n'avais pas un sentiment très clair vis-à-vis du judaïsme. En même temps, après la guerre, ma mère a essayé de m'inculquer le parler yiddish et l'écriture yiddish. J'étais très réfractaire, car je détestais les gens, le milieu qu'elle connaissait. En même temps, j'ai toujours été fasciné par la Bible, la Genèse, et je l'ai lue très jeune. J'ai toujours senti que c'était un livre sacré, une puissante et extraordinaire écriture, qui me reliait à des choses infinies. Mais je crois que j'étais trop désespéré pour sentir Dieu. Je le dis comme ça maintenant. J'étais profondément désespéré, je vivais dans une très profonde angoisse. Et, quand on est plongé dans une angoisse très profonde, tout est barré, fermé, aucun horizon ne s'ouvre [...].

«Je lisais beaucoup et, vers quinze ans, j'ai vécu une expérience forte quand j'ai ouvert un livre de peinture chinoise.

J'ai été saisi de vertige, j'ai été pris par quelque chose qui dépassait tout ce que j'avais jamais ressenti jusqu'alors, quelque chose d'indicible. C'était une expérience très physique, sentie. Les Chinois ont une vision holistique, jamais morcelée : il y a toujours un mouvement [...]. J'ai ensuite été passionné, dès l'adolescence, par les analogies, les résonances, les questions et réponses qui partent d'une religion, qui vont dans une autre, les entrelacs... Par contre, j'ai eu du mal à attaquer les Évangiles. À six ans, quand j'ai mis pour la première fois les pieds à l'école communale, j'ai le souvenir que des gars sont venus autour de moi et m'ont dit que j'avais tué le Christ. Avec un truc pareil, j'ai eu du mal à me dégager de ce que représentait le Christ. Pourtant, au fil des ans, la figure du Christ est devenue pour moi centrale. J'étais extrêmement frappé par certaines phrases de Jésus que je trouvais extraordinaires, imparables. Pour moi, Jésus est un rebelle : c'est le premier mot que je mettrais sur lui. C'est-à-dire un homme libre. Donc, rebelle à toutes les conventions, à toutes les Églises, à tous les agglomérats et conglomérats divers. Autrement dit, quelqu'un qui s'intéresse à l'homme et non pas au troupeau. Je n'ai jamais changé d'idée là-dessus, pour moi c'est évident [...].

« Plus que le bouddhisme, le Tibet me fascinait, comme beaucoup. Il y a eu l'histoire du dalaï-lama ; je me rappelle l'époque où il a dû fuir le Tibet. Il y a des points communs considérables entre le peuple tibétain exilé et le peuple juif. Tout ce qu'on pouvait dire aux actualités m'a complètement fasciné, de même que *Tintin au Tibet* ! Ça parle à un imaginaire d'enfant, ces histoires fantastiques : j'ai imaginé des gens qui étaient doués d'une sorte de force et de pouvoirs singuliers – quand on est un gamin démuni, on voit les choses en termes de pouvoir. Pour moi, les Tibétains étaient des êtres aux pouvoirs psychiques considérables. Peu à peu, à travers ce que j'en glanais, je m'en faisais une image complètement ésotérique d'êtres extraordinaires, un peu comme des extraterrestres qui possédaient un savoir tout à fait particulier. J'étais donc fasciné, comme un gamin. Je pense que j'ai commencé par là. Et, comme j'aime bien les textes d'origine, j'ai lu plus tard les "dits" du Bouddha. J'ai été bouleversé quand j'ai lu ce que disait Bouddha. Ses paroles m'ont paru magnifiques, extraordinaires d'intelligence et de finesse psychologique. J'ai senti que c'était un psychologue fantastique. En même temps c'était un grand poète, comme Jésus, comme tous les vrais maîtres.

« Un jour, comme je passais mon temps à regarder les livres sans les connaître, à les feuilleter, les humer, les sentir – c'est un vieux truc –, puis à les acheter en me disant : "C'est bon", j'ai remarqué *Pratique de la voie tibétaine*, de Trungpa. J'ai adoré ce petit livre. Ce que j'ai aimé, en fait, c'est que ce n'était pas du tout ce que j'imaginais. Il était en train de parler du quotidien. J'étais très frappé par : "être en situation". C'est ça qui m'a amené au bouddhisme. Exactement ça ! Comment il expliquait ce que c'est qu'"être en situation". Ça a vraiment été la porte du bouddhisme, pour moi. Être en situation, c'est être ici et maintenant, présent, attentif, vigilant, ouvert, et gérer l'ensemble de la situation, c'est-à-dire toute perception ouverte. En fait, ça voulait dire être présent. Mais c'est sa manière d'en parler, très pragmatique, très concrète, qui fait que tout le monde peut l'entendre – avec tout de même un certain bagage et une certaine expérience ; il ouvre au maximum un terrain de résonance, de compréhension avec beaucoup de gens, sans verser dans un enseignement ésotérique.

« Je me suis mis à lire d'autres livres de Trungpa, puis j'ai commencé à lire d'autres livres de Tibétains, à me cultiver à fond sur la manière de penser tibétaine. J'étais totalement passionné. Puis, un jour, j'ai été invité à un week-end chez des amis. S'y trouvait une femme, orthophoniste, je crois. Nous nous sommes aperçu que nous nous intéressions tous les deux au bouddhisme tibétain. J'étais étonné, c'était la première fois de ma vie que je rencontrais quelqu'un qui s'intéressait comme moi au bouddhisme tibétain. J'ai commencé à échanger avec elle et elle m'a dit : "Il y a un maître qui va faire une conférence dans une semaine, c'est un Tibétain, il est très bien, il a exactement l'esprit de Trungpa dans son enseignement." C'était un homme maintenant fort bien connu : Sogyal rinpoché. Me voici donc à écouter Sogyal rinpoché. Il parlait en anglais et dispensait un enseignement hebdomadaire. J'y suis allé toutes les semaines pendant deux ou trois ans [...].

« Il n'était pas encore question pour moi de pratiquer, j'allais juste à son enseignement. C'était remarquable. Ç'a été une sorte d'initiation. Ça m'a conduit à une autre façon d'être vigilant, de m'observer, d'observer ma relation au monde, aux autres, avec mes émotions. Ça m'a amené à me regarder, à me sentir, à me considérer, à m'appréhender dans ce que je ressens, dans ce que je comprends, dans ce qui se passe en moi, d'une manière radicalement différente de ce que j'avais pu vivre à travers des séances de psychanalyse. J'avais le sentiment que l'analyse était un phénomène extrêmement mentalisé et que je m'y complaisais beaucoup trop. Tandis que ce j'appellerais la grande psychologie de Bouddha, telle qu'elle est transmise par les Tibétains, est une vision beaucoup plus holistique, qui implique tout l'homme. J'ai été aussi très sensible à la cohérence explicative de l'interaction. La notion de karma, de causalité, m'apparaît centrale. Je ne vois pas comment une éthique peut fonctionner sans cela. Je crois à la transmigration, et c'est ainsi que je peux accepter les horreurs du monde, sinon je ne le peux pas. Pour moi, c'est la seule façon de les accepter. Mais je sais aussi – je ne suis pas dupe – qu'il y a là-dedans un processus mental de protection, de défense très important. C'est comme un garde-fou, mais sans plus.

« Après Sogyal rinpoché dont j'appréciais l'enseignement, mais face auquel j'ai toujours gardé une certaine méfiance instinctive, j'ai rencontré un enseignant eurasien. C'est un personnage particulier qui m'a totalement fasciné. Un jour, on m'a parlé de lui en me disant : "C'est un vrai bouddha."

J'ai dit : "Qu'est-ce que c'est que cette histoire ?" On m'a regardé, on m'a dit : "Si, si, tu n'as qu'à venir, tu verras." Je vais donc à l'un de ses enseignements et je suis pris d'une fascination complète. Je me dis : "Ce doit être vrai." Je le trouvais léger, aérien, lumineux. Je n'avais jamais rencontré un être humain comme ça. Ma fascination a duré sept ans. À présent, je le remets très fortement en question. J'ai besoin de comprendre ce qui a pu se passer dans cette fascination qui, pour moi, n'était pas d'ordre spirituel, mais tenait davantage, sans doute, de la recherche du père et de la mère [...]. Toute la difficulté, dans un cheminement spirituel, est justement d'arriver à appréhender ce qui est de l'ordre de la recherche du père et de la mère par l'enfant angoissé qui est toujours en nous – je continue d'être dans cette démarche – et ce qui ressortit à l'expérience spirituelle, qui est d'une autre nature.

« Ce pseudo-maître transmettait un enseignement assez traditionnel, tout en l'explicitant beaucoup. C'est ça qui m'intéressait aussi chez lui : j'aimais bien sa pédagogie, les analogies qu'il faisait avec saint Jean, par exemple, ou avec l'enseignement du Christ. Ça correspondait bien à mon esprit : il ne restait pas enfermé dans le bouddhisme tibétain. Il y avait toujours aussi un temps de méditation de durée variable. Nous étions deux cents devant lui à chaque session. Et puis des temps de chants ou de mantras répétés. Une chose qui m'a été fort utile, c'est l'enseignement de certains mantras. J'en ai retenu un par cœur ; depuis que j'ai arrêté, il est toujours là. De temps en temps, il m'arrive de le dire et ça me touche.

« Il est certain que la pratique a joué un rôle, dans le sens d'un apaisement de mes angoisses, des difficultés de ma vie. À un moment donné, le "maître" nous disait : "N'ouvrez pas la trappe de l'inconscient, car si vous commencez à l'ouvrir, vous n'arrêterez plus. Vous serez constamment envahis par l'inconscient. Ça ne s'arrête plus." Il présentait ainsi sa pratique du bouddhisme tibétain. Ce qu'il disait m'arrangeait très bien, à l'époque. Je me suis dit : "Ah, voilà quelqu'un qui parle bien, qui ne va pas nous emmerder avec la psychanalyse : le danger des gens qui ruminent à longueur de temps, qui sont dans le malaise, le mal-être profond, et qui plongent dedans à qui mieux mieux." En fait, même si j'éprouve toujours les mêmes réserves à l'égard de l'analyse classique, je suis aujourd'hui convaincu que ce type de discours est un piège total. Progressivement, je me suis aperçu que ça ne tenait pas la route et que lui-même avait évidemment "clivé" quelque chose par rapport à sa propre histoire, il n'était absolument pas enraciné.

« Il n'empêche qu'avec lui j'ai vraiment été en état de fascination pendant plus de sept ans. Comme on est fasciné par de la sorcellerie. La magie blanche contre la magie noire. Un truc de gamin ! Mais c'était pour moi un instrument de pouvoir. Pas consciemment, bien sûr. Je commençais néanmoins à me faire une très haute idée de ma personne, ayant été initié, n'est-ce pas, à tant de choses profondes, à des pratiques qu'on n'inculque pas à n'importe qui ! J'étais parti sur le chemin d'un maître. Comme j'étais médecin psychiatre, plutôt cultivé, et que j'ai un aussi un sens du théâtre assez développé, j'avais tous les bons ingrédients pour briller, et j'étais une des stars du système… Tout ça dans l'humilité la plus totale, bien entendu !

« J'ai donc décidé de quitter ce pseudo-maître et la pratique de la méditation. J'ai continué de m'intéresser au bouddhisme en général, et toujours plus à la religion chrétienne ainsi qu'au soufisme, qui est pour moi extrêmement intéressant. Je me suis également intéressé à l'esprit hébraïque ancien, qui ressemble à l'esprit chinois. Au niveau de la langue, c'est extraordinaire ! Celui qui m'a beaucoup initié sur ce plan, c'est Lévinas. J'ai adoré ses *Leçons talmudiques*, qui sont un des plus grands livres de ma vie, mais bien audelà du judaïsme. Je trouve ça d'une intelligence prodigieuse, et j'aime cette intelligence hébraïque ancienne […].

« Si on me demandait aujourd'hui quelle est ma religion,

j'hésiterais à répondre, parce que cet investissement dans le bouddhisme est important pour moi. Mais je n'arriverais pas à dire : "Je suis bouddhiste." Ça n'a pas de sens pour moi. Je ne répondrais pas davantage "juif" : je ne suis pas juif de religion ; je suis juif d'origine, de par mes racines génétiques, biologiques, culturelles, certes, mais pas au niveau de l'appartenance à une religion. Je répondrais finalement que je n'appartiens à aucune religion.

« Si je devais résumer ces dix années d'immersion dans le bouddhisme tibétain, je dirais tout d'abord que c'est un enseignement absolument magnifique. Là où il me touche le plus, c'est dans ses formes poétiques, ses formes biographiques sur certains grands maîtres, c'est Milarepa, par exemple, comme figure humaine vivante, populaire, de poète. La pensée tibétaine, la culture tibétaine, tout ce qui gravite autour de ce que le Tibet a su préserver, me bouleversent. Je suis aussi sensible à la notion d'initiation. Je pense que c'est au cœur de l'homme. Ce pseudo-maître avait d'ailleurs fait venir – c'est le plus important de ce que j'ai vécu – Dilgo Khyentsé rinpoché, que j'ai rencontré à trois reprises et que je n'oublierai jamais. Bien qu'il soit décédé, je le considère toujours comme mon maître. À chaque fois, j'ai vécu des choses extrêmement fortes qui sont de pures expériences.

« Maintenant, ayant beaucoup utilisé le bouddhisme comme amulette contre mon angoisse, je refuse absolument de retomber dans ces auto-mystifications. Je n'ai rien renié ni rejeté par rapport à ça. Mais je m'en méfie par rapport à moi-même. Je suis passé par une phase où j'ai pris conscience de tout ce que j'aliénais de moi-même, de mes profondeurs, de mes racines, de la compréhension de moi-même, de ma vigilance sur moi-même, en m'identifiant à un pseudo-maître bouddhiste que je considère comme n'étant pas lui-même enraciné. C'est pourquoi il nous répétait sans cesse : "Il ne faut pas ouvrir la trappe de l'inconscient." O.K., c'est super, ça ! Je n'ai plus qu'à me mettre en méditation et je vais être heu-reux ! Et ça marchait ! J'étais apaisé.

Sauf que, pour ma vie de tous les jours et ma vie familiale, ce n'était pas terrible. Pour schématiser, je dirai qu'avec le bouddhisme on trouve des amulettes pour se calmer, on revient à quelque chose de relativement serein, on va s'ouvrir davantage à autrui. Mais jusqu'à un certain point seulement. Après, ça se voit facilement, beaucoup de « bons bouddhistes » sont toujours parfaitement calmes, ils sont merveilleux, ils ont d'excellentes relations avec tout le monde, puisqu'ils sont toujours calmes ; mais jusqu'où va l'authenticité de la relation qu'ils établissent avec l'autre ? Y a-t-il une véritable écoute, un véritable respect de l'autre ? Ce sont des attitudes auxquelles ils croient. Et beaucoup de gens rentrent dans cette combine parce qu'ils ont besoin d'y croire. J'ai vécu ça : ça s'appelle l'*angélisme à plusieurs* ! Le bien-être dans l'angélisme, ça ne fait aucun doute, est assuré !

« Quand je dis que je commence maintenant à savoir enfin ce qu'est la recherche de soi, la différence, c'est que, quand tu es vrai, tu rencontres à tous les coins de rues ta souffrance d'origine. Tu ne peux pas y échapper quand tu es vrai, car elle est là pour chacun. Donc, la vérité de l'être dans sa rencontre avec lui-même passe évidemment par la souffrance d'origine. Tant qu'il ne l'a pas nettoyée, elle reste là. C'est ce que beaucoup de bouddhistes occidentaux cherchent à éviter par une pratique quelque peu angélique de la méditation […].

« Aujourd'hui, j'observe au présent que je vais de plus en plus profondément dans ma souffrance à travers une thérapie – pas tout seul. Je ne crois pas qu'on puisse y aller tout seul. J'y tiens. Ce que je vis dans ce cheminement à travers ma souffrance constitue pour moi le sens profond de la notion d'initiation et de transmission. Elle passe par là, et non pas dans des décorums, des pensées ou des choses extérieures. Ce cheminement passe par l'ouverture que l'autre me permet d'avoir avec ma profondeur de ma souffrance. Tel est le mystère de l'initiation : c'est un vécu complètement personnel, et en même temps on est initié. Je vis donc cela à travers mon travail thérapeutique avec une femme qui veille avec un soin extrême à ce que je sois en contact avec moi, et rien d'autre. Avec mon être profond, et non avec des substituts ou des projections. Et ce n'est pas une mince affaire ! »

La critique de Jean-Claude est double : elle dénonce la fuite d'une authentique rencontre avec soi-même et avec autrui que peut constituer une certaine pratique de la méditation, et aussi le danger d'idéalisation du « maître », tout comme la tentation de s'ériger soi-même comme « maître ». Nous reviendrons, en conclusion, sur ces critiques qui traduisent les difficultés d'acculturation d'une sagesse orientale dans un monde occidental marqué par le culte de l'ego, la sentimentalité et la recherche de domination. Au-delà de l'aspect proprement critique, ce témoignage montre aussi comment le bouddhisme peut constituer une étape importante au sein d'une quête spirituelle qui court tout au long d'une vie. Pour diverses raisons, il peut ne plus convenir à un moment donné, mais il marque néanmoins en profondeur l'itinéraire spirituel.

J'ai recueilli d'autres témoignages de personnes qui ont ainsi cheminé de longues années avec le bouddhisme zen et tibétain avant de s'en éloigner, le plus souvent pour se réengager dans leur religion d'origine. Nous l'avons en effet constaté à plusieurs reprises dans cet ouvrage : le bouddhisme ramène de nombreux êtres à la tradition religieuse de leur enfance. Mais il s'agit souvent d'une réconciliation, d'un rapprochement plus que d'un complet retour de foi et de pratique. Lorsque c'est le cas, ainsi que nous l'avons vu avec le témoignage de Maïté, la personne revendique alors une double appartenance religieuse et continue de « pratiquer » dans les deux traditions.

Il arrive néanmoins que certains, qui ont retrouvé un contact étroit avec leur religion d'origine grâce à leur pratique du bouddhisme, ressentent le besoin de « clarifier » leur situation religieuse nouvelle en quittant le bouddhisme pour éviter tout risque de malentendu ou de syncrétisme. Deux cas de figure se présentent alors : soit la personne revendique une nouvelle identité religieuse et abandonne toute pratique du bouddhisme ; soit elle revendique une nouvelle identité religieuse mais conserve certaines techniques de méditation bouddhiste qu'elle tente d'« acculturer » à son nouvel engagement religieux.

Tel est le cas de l'une des principales disciples de maître Deshimaru, Évelyne Holzapfel, devenue maître zen après la mort de ce dernier et après avoir reçu la transmission* au cours d'un long séjour au Japon, et qui a créé son propre dôjô zen à Paris. Ayant redécouvert au fil des ans ses racines chrétiennes, elle a finalement décidé de revenir à une pratique chrétienne et de renoncer à l'étiquette « bouddhiste » pour éviter tout malentendu. Elle continue néanmoins à pratiquer – et à faire pratiquer – *zazen* dans un contexte liturgique catholique. Voici le récit du parcours spirituel peu banal de cette femme divorcée (trois enfants) de cinquante-trois ans qui exerce la profession de médecin pédiatre, acupunctrice et homéopathe.

« Je n'ai pas reçu à proprement parler une éducation religieuse, mais une présence chrétienne très forte par ma mère qui s'était convertie à l'âge de vingt ans et qui a toujours eu une foi très vive, très parlante, très vivante. Pour elle, la vie religieuse n'était pas une tradition, mais une foi, une présence de chaque instant. Elle a longtemps été dans le sillage de Maurice Zundel, ce théologien chrétien, marginal. J'ai baigné dans cette approche de la religion, je la trouvais normale.

« L'autre fait marquant de la présence religieuse dans mon enfance a été l'œcuménisme. Mon père était protestant non pratiquant et se disait athée parce qu'il était rationaliste et voulait essayer de comprendre rationnellement la foi. Il avait l'impression qu'on disait des choses dans les Écritures qui n'étaient pas réelles, et les abordait avec une démarche avant tout rationnelle. Ma mère a toujours souhaité jeter un pont entre elle et lui dans le domaine spirituel et s'est beaucoup investie dans les rapprochements œcuméniques qui commençaient à s'esquisser à ce moment-là à Lyon. Il y a eu aussi l'importance du rôle du prêtre qui avait baptisé ma mère et qui était très proche de la famille. J'ai le souvenir de lui quand j'étais enfant : il était très présent. C'était le père Remillieux, l'un des pionniers de l'œcuménisme, mais pas seulement, car il était curé dans une banlieue communiste proche de Lyon, et, pour lui, les communistes étaient des frères chrétiens, ce n'étaient pas d'horribles païens athées. Il était très mal vu par sa hiérarchie, parce qu'il avait un cœur grand ouvert et sa paroisse était un lieu de vie extraordinaire.

« Le père Remillieux m'a donc beaucoup marquée. Nous sommes partis en Haute-Savoie, nous y avons longtemps vécu, et, de temps en temps, il venait rendre visite à mon père et à ma mère – c'est lui qui me surveillait pendant la sieste ! J'ai le souvenir de moments assez forts, denses, avec lui, et surtout de son rire : c'était la joie qui y passait. Quand il célébrait la messe dans les petites chapelles de montagne, il me demandait de la servir à ses côtés : ce fut une expérience extraordinaire ! Il me tenait presque les mains pour faire les gestes. Sa manière de célébrer était fantastique. Ça nous laissait une impression de densité et de présence très grandes. Ensuite, j'ai fait en partie mes études dans des écoles religieuses. La paroisse était juste à côté de l'école religieuse à la vie de laquelle j'étais très mêlée. J'ai été jeannette, guide, guide aînée, etc. C'était une foi très présente, avec des phases plus intenses que d'autres. Vers mes douze ans, je voulais être religieuse.

« J'ai ressenti la coupure avec le christianisme à un moment très précis. J'étais mariée, j'avais déjà deux enfants. Je commençais à voir qu'avec mon mari nous n'avions aucune entente véritable et qu'en particulier nous ne partagions pas du tout le même point de vue spirituel. Je vivais cette solitude dans mon couple, mais aussi dans l'Église : les paroisses devenaient des lieux vides ; les gens venaient à la messe et allaient à la pâtisserie sitôt sortis. C'était une activité sociale rythmée. Ce côté extérieur me pesait énormément. À un moment donné – je me souviens de l'église où je me trouvais, du jour et de l'heure –, je me suis dit : “Mais non ! C'est vide, il n'y a personne !” À partir de cet instant, je ne suis plus allée à l'église. A débuté une période de questionnements, de profondes remises en cause, qui s'est traduite extérieurement par une dépression assez forte, mais masquée. Il n'y a rien eu d'extérieur, mais je ressentais une grande tristesse, un profond abandon. Longtemps j'ai pensé que c'était à cause du côté affectif, car je venais de divorcer. Mais, aujourd'hui, avec la démarche que j'accomplis vers mes racines chrétiennes, je me rends compte que c'est cette douloureuse cassure religieuse qui fut à l'origine de ma dépression [...].

« J'étais médecin, comme mes parents, et j'ai commencé alors à étudier l'acupuncture. L'Orient, la pensée chinoise ont une relation au monde complètement différente, et ç'a été une sorte de bouleversement qui s'est produit en même temps que les autres et m'a quelque peu redonné vie. Ç'a été une ouverture à un mode de pensée radicalement autre, d'abord avec le fait que le corps et l'esprit constituent une unité profonde, que le psychisme ne s'oppose pas au corps, que toutes nos pensées rationnelles et analytiques font bien partie du mode de pensée, mais qu'il peut y en avoir un autre, beaucoup plus synthétique.

« Et puis, grâce aux liens amicaux qui se tissaient autour de l'acupuncture, j'ai rencontré des gens qui m'ont fait découvrir le yoga. La pratique du yoga m'a permis de retrouver une respiration, une unité de l'esprit et du corps, une relation différente et nouvelle à la spiritualité. Avant, j'avais l'impression d'être extrêmement cloisonnée, mais je ne m'en rendais pas compte, j'étais comme tout le monde.

Surtout à cette époque-là : c'était avant 68, en études de médecine on ne parlait pas du tout de psychologie ; c'était soit le corps, soit l'esprit. Si c'est l'esprit qui est malade, ça veut dire que c'est un dérangement, on va chez "les fous"…

« C'est par mon professeur de yoga que j'ai connu le Zen. Longtemps il m'a parlé de ce qui est véhiculé autour de la dynamique du Zen. Après le cours, nous parlions des heures. Je buvais ses paroles, ça me passionnait, comme quand on retrouve quelque chose qu'on croit reconnaître et dans lequel on se sent à l'aise. Un jour, à la fin d'une année de yoga, il nous a dit, à une amie et à moi : "Je vais vous montrer quelque chose de secret, de spécial." Et il nous a montré la posture *zazen*. À la maison, j'ai fait *zazen*, je me suis mise dans cette posture avec naturel sans même penser que je faisais quelque chose de spécial, sans me dire : "Maintenant, je vais faire *zazen*." Puis le professeur m'a parlé de maître Deshimaru. J'ai été une fois au dôjô de Paris et, très rapidement, j'ai participé à une *shessin* au monastère dominicain de l'Arbresle. C'était en 1974. La pratique avait lieu dans une église et, pour moi, c'était tout naturel de faire *zazen* dans une église : c'était une attitude de prière. Maître Deshimaru insistait beaucoup, surtout dans les premières années de son enseignement, sur la grande rencontre qu'il vivait entre le Zen et le christianisme. Là, il s'est soudé quelque chose d'assez profond. J'avais l'impression d'arriver avec mon paquet de douleurs, de souffrances, de passer mon temps à gigoter sur mon coussin sans tenir en place et de pleurer tous les litres d'eau de l'univers. J'étais en souffrance morale sans même m'en rendre compte : les pleurs venaient comme ça… Les moments de conférence ou d'enseignement, de rencontre avec lui étaient très vivants, très beaux et en même temps très simples. Au lieu de proposer une spiritualité projetée dans une perfection au-delà de la vie humaine, c'était quelque chose qu'il vivait dans la vie humaine telle qu'elle était. J'ai donc décidé de continuer le *zazen* et de le faire en suivant cet homme-là : maître

Deshimaru. Non pas en le reconnaissant comme un gourou – à ce moment avaient déferlé l'influence de l'Inde et la mythologie relative aux gourous –, mais je reconnaissais sa garantie et sa rigueur spirituelles, parce qu'il ne se présentait pas autrement que comme un être humain normal [...].

« À partir de cette rencontre avec maître Deshimaru, il y a eu beaucoup de transformations dans ma vie. Il m'a encouragée à exercer l'acupuncture alors que je travaillais auparavant en protection maternelle et infantile ; j'exerçais un rôle très intéressant, en médecine et en pédiatrie préventive, mais j'en avais un peu fait le tour. J'avais déjà étudié l'acupuncture et la pratiquais auprès d'amis et de connaissances, mais pas professionnellement. Lui m'a encouragée à m'y atteler et il m'a fait sentir la proximité de la pratique de *zazen* et de l'acupuncture, ce travail complet entre le corps et l'esprit. Il m'a beaucoup appris dans le domaine psychique et médical, dans la manière d'aborder un patient, d'agir et de transformer les choses, autrement dit de ne faire qu'un avec les choses, de trouver avec elles le point d'unité, de laisser se décanter les éléments inutiles et de retrouver par soi-même la force primordiale qui nous est donnée, qui est disponible dès lors qu'on la laisse s'exprimer [...].

« La pratique régulière de *zazen* permet de construire une unité, de ne pas vivre en morceaux épars, d'être mieux en relation avec les autres. Cela m'a permis de porter et de vivre la réalité du lien avec les autres, que ce soit dans les relations amicales de personne à personne ou dans celles de groupe (puisque la pratique du *zazen* se fait en groupe), voire dans les relations de travail qui revêtent un caractère un peu particulier et différent. Notamment en cassant quelque peu l'espèce de carapace ou de façade derrière laquelle on se cache. Cela ne veut pas dire que ça n'existe plus, car nous avons tous des tas de pelures derrière lesquelles nous nous cachons, beaucoup de défenses et d'agressivité. Mais le Zen permet d'ouvrir tout cela et de communiquer avec l'autre. Pour moi, la pratique du *zazen* et la médecine ont été très liées. La médecine fait partie intégrante de ma vie, non pas en tant qu'activité intellectuelle ou économique, mais en tant que raison d'être par rapport aux autres ; c'est un outil qui permet de vivre pour et vers l'autre. Le Zen a donc été très présent dans ma vie, y compris par l'aspect très spécifique de l'acupuncture, de la médecine chinoise et de la conception orientale de la relation de l'homme au monde. Ç'a été l'intégration de préoccupations spirituelles scindées en diverses dimensions dans quelque chose d'unique, qui se vit comme tel au quotidien [...].

« Un autre aspect a consisté à rendre vivants et réellement présents le côté contemplatif ou méditatif, le besoin de silence. Je pense que c'était en moi un besoin que je ne savais pas reconnaître et qui a pu trouver sa place, rythmée dans le temps. Dans la mesure du possible, j'essaie de pratiquer tous les matins, sauf "panne" ou excès de fatigue [...].

« Après la mort de maître Deshimaru s'est posée la question de continuer le *zazen*, c'est-à-dire de garder un lien vivant avec cette pratique. En ce qui me concerne, avec d'autres, je me suis naturellement tournée vers Narita rôshi, disciple du même maître. Maître Deshimaru lui avait demandé de s'occuper de ses disciples ; il avait lui-même créé le pont. Le fait d'approfondir et de continuer avec maître Narita m'a permis de vivre ce lien de la transmission, puisque c'est de ce dernier que j'ai reçu la transmission zen. Mais, d'emblée, ce n'était plus la personne elle-même, avec sa charge émotive et affective, son énergie, sa présence directe (puisque je ne le voyais pas même une fois par an, lui vivant au Japon et moi en France) ; c'était un lien d'une autre nature, mais très prégnant. Je m'en rends compte maintenant, avec le recul, alors que je n'en étais pas consciente à ce moment-là. Alors qu'elle comptait peu pour nombre d'autres disciples de maître Deshimaru, cette notion de transmission était capitale pour moi [...].

« Dès le départ, j'ai ressenti le Zen comme une manière de faire revivre ce qui était encore présent en moi du message chrétien. Le fait que maître Deshimaru ait eu beaucoup d'échanges avec des moines et des prêtres chrétiens, que, pour lui, le point de rencontre du Zen et du christianisme était un point essentiel, tout cela m'était connu et évident. Après la mort de maître Deshimaru, les différents groupes zen qu'il avait fondés ont été obligés de se donner une identité qui a été une identité bouddhiste, alors qu'à l'origine, avec lui, nous n'avions pas de problème de ce genre : l'identité, c'était lui, on n'avait besoin d'aucune autre identité. Beaucoup de groupes restent d'ailleurs aujourd'hui encore attachés à l'identité de maître Deshimaru, un point, c'est tout.

« En même temps s'est nécessairement posée la question de l'enracinement dans une tradition. Nous avons voulu continuer de pratiquer et d'enseigner avec la validation de ceux qui étaient chargés de transmettre cette pratique et cet enseignement, et non de s'autoproclamer « maîtres zen » ! C'est un point très important à une époque de prolifération des sectes, où des gens se déclarent gourous et enseignent n'importe quoi à n'importe qui en manipulant des choses très graves [...]. Et puis, il est aussi très important pour les autres d'avoir un repère, une étiquette. Je me suis dit : puisque c'est ainsi, autant l'assumer. C'est pourquoi, avec d'autres qui étaient dans les mêmes dispositions, désirant être reconnus, non pour se valoriser, mais pour être dignes de la confiance de ceux qui pratiquaient le Zen, nous en sommes venus à nous doter d'une identité de bouddhistes et à nous enraciner dans une lignée bouddhiste japonaise. Cette identité-là, j'ai dû la déclarer vis-à-vis de religieuses catholiques chez qui nous allions faire des *sesshins* et qui avaient besoin qu'on leur dise : nous sommes bouddhistes et vous, vous êtes chrétiennes. Pour ces deux raisons, j'ai donc été amenée, après la mort de maître Deshimaru, à me définir nettement comme bouddhiste. Mais je dois avouer que, personnellement, je n'avais pas besoin d'étiquette, c'est pour les autres que j'ai dû afficher la couleur afin qu'il n'y ait ni ambiguïté ni confusion [...].

« Il s'est passé depuis lors quelque chose de fondamental dans mon cheminement spirituel : la redécouverte de mes racines chrétiennes et d'un lien vivant avec le christianisme. Cela s'est fait par plusieurs biais. Il y a eu les sœurs servantes du Sacré-Cœur qui nous ont gentiment proposé un lieu pour faire nos *sesshins*. Nous étions très heureux d'être accueillis et nous voulions y aller non pas seulement comme utilisateurs d'un lieu, mais, si possible, pour vivre avec elles un minimum de choses. Nous avons donc toujours participé aux offices du matin, aux laudes. Et il est vrai que, petit à petit, à force de chanter les psaumes, il s'est produit une certaine imprégnation, quelque chose s'est mis à vivre. Ce qui était chanté, ça allait très bien : j'étais heureuse de pouvoir recommencer à chanter dans une église, j'aime beaucoup cela, et ça me manquait. Par contre, pour les paroles parlées, j'avais l'impression de mots sans vie, de tout un enseignement qui a perdu sa vie. J'éprouvais une sorte de blocage, de blessure assez profonde. Mais, peu à peu, grâce à ces sœurs avec qui nous avions des rapports très simples – ça a duré sept, huit ans, à raison de deux jours par mois –, tout ce qui était bloqué, gelé, et qui ne voulait pas se remettre en mouvement a repris vie.

« Un autre facteur déterminant a été le fait qu'à différents moments des personnes que j'ai suivies en tant que médecin sont mortes. J'ai réalisé à leur chevet de mourants que je vivais une rencontre avec le Christ. Quand quelqu'un approche de la mort, le moment est très particulier, d'une amplitude extraordinaire. La personne entre dans une dimension au-delà de sa personne souffrante, qui s'ouvre à autre chose. Cette dimension est celle de l'éternité. Pour moi, cette rencontre très profonde avec ces êtres revenait à renouer avec la réalité de la rencontre du Christ. À ces moments-là est revenue en moi, sans que je l'aie décidé, la récitation du Notre-Père et du Je vous salue Marie…

« Un autre moment important a été la maladie et la mort de ma propre mère. Ça a scellé aussi quelque chose de très profond avec le christianisme, car avec ma mère, c'est le lien religieux qui était le plus ancré. Ce lien, petit à petit, a refait naturellement surface et a eu besoin de reprendre sa place. Pendant qu'elle est tombée malade, j'ai séjourné six mois au Japon, et, pendant ces six mois j'ai reçu la transmission de maître Narita : c'était donc une phase très importante. Je savais alors qu'elle était déjà sur la pente fatale. Au moment de la transmission avec maître Narita, j'ai senti que je recouvrais une unité, que le Zen et le christianisme n'étaient pas le bouddhisme d'un côté, le christianisme de l'autre, mais qu'une unité était en train de se sceller. Je ne pouvais l'expliquer, et quand j'en viens à parler comme ça, on me dit : attention, syncrétisme ! Or ce n'est pas un problème de syncrétisme ; il s'agit de trouver l'unité à un niveau fondamental, quitte à opérer ensuite des choix pour ne pas tomber dans le syncrétisme. Toujours est-il que c'est là que j'ai retrouvé l'unité entre mes racines chrétiennes et ce que je vivais dans le Zen. Peu de temps après, il y a eu les derniers moments de ma mère ; et cette conscience-là était déjà présente en moi. Ma mère, qui ne pouvait plus bouger de son lit, m'a dit : "Va demander au prêtre qu'il vienne m'administrer la communion." Je suis allée voir le prêtre, qui m'a dit : "Je n'ai pas le temps ; venez à la messe, je vous donnerai la communion, vous la lui porterez." J'avais envie de m'exclamer : "Mais il ne sait pas à qui il a affaire, le pauvre homme !" Il m'a donné la communion comme ça, à une nonne bouddhiste ! Mais je n'ai rien précisé au prêtre, je me suis dit : "S'il le prend comme ça, c'est que ça va." J'ai été à la messe, j'ai pris une petite coupe, j'ai été en même temps que tout le monde à la communion, il m'a déposé l'hostie dans cette petite coupe et je suis repartie. Mais au moment où je traversais la place du village sous un soleil torride – c'était complètement désert, j'allais avec ma coupe et l'hostie dedans –, j'ai vécu quelque chose qui m'a terrassée, foudroyée ! J'ai fondu en larmes. Et j'ai eu du mal à recouvrer un visage serein pour aller vers ma mère et lui apporter la communion. Je pense qu'elle a compris, car mon visage devait être marqué. Ç'a été un moment extrêmement fort.

« Après, il y a eu d'autres épisodes. Au monastère de La Pierre-qui-Vire, notamment, où je dispensais un enseignement sur *zazen*, il y a eu la présence d'un des moines bénédictins pendant toute une *sesshin* zen. Ç'a été pour moi quelque chose de très profond : c'était vraiment la présence d'un disciple du Christ, la rencontre du Christ qui se déroulait à travers lui, et ça m'a énormément touchée. Un autre épisode a été une visite à Assise. J'y étais allée, enfant, et ça m'avait énormément marquée. J'avais toujours eu envie d'y retourner. J'ai profité du passage d'un maître zen japonais, qui s'est spécialisé dans l'étude de Riokan, qu'on dit être le saint François du Zen au Japon. Je me suis dit : "Bonne occasion ! Il faut que je lui fasse visiter Assise." J'ai donc amené ce rôshi à Assise et j'étais heureuse comme tout de revoir les lieux. En fait, il y est allé parce que j'avais, moi, envie de voir Assise, mais pour lui aussi ç'a été un très beau moment.

« Nous avons fait la visite avec le fils d'un ami franciscain, alors à Assise, qui nous a accueillis et guidés. Il disait : "Le rôle des franciscains à Assise, c'est que les gens arrivent en visiteurs et repartent en pèlerins." De cette rencontre, nous avons gardé des liens épistolaires. Il ne cessait de me provoquer sur ma situation par rapport au christianisme. Parfois, je réagissais violemment. Mais, petit à petit, quelque chose s'est clarifié, décanté, révélé. Je me suis rendu compte que je vivais surtout la coupure avec l'Église sur le plan de l'étiquette et de ce qu'attendaient de moi les gens. C'était par rapport aux autres. Par rapport à moi-même, je n'avais qu'une envie : pratiquer les sacrements. J'ai objectivé cela il y a quelques années. Petit à petit, je me suis rendu compte que ça posait en fait le problème de l'étiquette. J'ai donc dû dire au groupe dont j'ai la responsabilité et aux différentes personnes avec qui je suis liée par la pratique du *zazen* que je voulais vivre celui-ci en tant que chrétienne, quitte à renoncer – puisqu'on ne peut pas superposer les étiquettes – à l'étiquette bouddhiste et à la forme d'expression bouddhiste. J'ai également pris la décision de ne pas transmettre l'ordination, car, en tant que chrétienne, je ne veux pas avoir un rôle institutionnel, ecclésial dans le bouddhisme. Inversement, en Europe, des gens le font, qui n'ont pas reçu la transmission. Et c'est dramatique, car cela revient à créer un lien fictif, alors que ce doit être un lien très profond. J'y ai renoncé pour que tout soit clair [...].

«Depuis plusieurs années, je me considère nettement comme chrétienne, et le groupe de *zazen* que j'anime a évidemment évolué. Certains ont suivi un cheminement similaire au mien. D'autres sont en recherche et sont restés. D'autres encore sont partis, mais d'autres aussi sont venus en raison de cette orientation explicitement chrétienne. Actuellement, nous pratiquons ensemble *zazen* deux fois par semaine dans une salle paroissiale, avec un crucifix au mur, donc dans un contexte liturgique chrétien. Après la médiation silencieuse, nous lisons un passage de la Bible [...].

«Je n'imaginais pas que cette question des étiquettes fût aussi perturbante. Dès qu'on essaie de chercher un lieu de rencontre au-delà des étiquettes, les gens se sentent totalement perdus. Par exemple, certains moines ou religieuses catholiques avec qui j'avais d'excellentes relations en tant que nonne bouddhiste ont été totalement perturbés lorsque je leur ai dit que je me sentais chrétienne. Ça ne leur allait pas du tout que je sois chrétienne ! Quand on est chrétien, il faut qu'on ait en face de soi un sauvage bouddhiste : comme ça, on a du travail à faire, on peut le convertir ! Mais si on trouve en face de soi un identique, un égal, il n'y a plus de miroir de soi ! L'identique, ça ne va plus du tout, c'est une perturbation violente. On assiste à beaucoup de ces perturbations à tonalité passionnelle dès lors qu'une tradition se confronte à une autre tradition. Il faut reconnaître que beaucoup de gens qui sont engagés dans le dialogue chrétiens-bouddhistes cherchent en fait une voie pour échapper à la logique interne de leur propre religion. Cela rend confuses et suspectes de telles recherches. La double appartenance, par exemple, me paraît quelque chose de suspect. Dès que j'ai reçu la transmission de maître Narita au Japon, j'ai su que j'étais allée jusqu'au bout de mon cheminement de bouddhiste, dans une vraie fidélité, mais que ce cheminement me reconduisait maintenant au christianisme. Depuis lors, j'ai clairement fait le choix de l'appartenance à l'Église catholique, même si je continue de pratiquer *zazen*. Mais je le pratique dans une perspective et un contexte explicitement chrétiens. Je ne peux intégrer les deux traditions, car ce n'est pas du domaine du possible dans une vie humaine, ni pour une génération, mais je sens – c'est mon impression, mais ce n'est peut-être qu'un désir ou une illusion – que c'est une chose en train de se faire, plutôt de civilisation à civilisation et sur une période plus longue que celle d'une vie humaine, sur au moins quatre à cinq générations. Une intégration est en train de se faire, ou à tout le moins une rencontre, une fécondation entre la civilisation orientale et la civilisation occidentale. Ça se voit déjà en économie, mais je pense que dans la religion aussi il peut y avoir une rencontre profonde. Je ne dirai peut-être pas un mariage, parce que le mot est ambigu, mais un don : le bouddhisme peut donner au christianisme et le christianisme peut donner au bouddhisme [...].

« Ma manière d'être bouddhiste, maintenant, c'est de renoncer à être bouddhiste. Cela peut paraître absurde, un artifice de langage. Mais je le ressens comme ça. Renoncer à l'appartenance, à l'étiquette, me permet de le faire. J'ai souvent eu l'impression que le bouddhisme était une manière de vivre l'unité avec le monde, l'absolu, Dieu. De vivre l'unité de la vie. Si le bouddhisme permet de vivre l'unité avec la vie chrétienne et s'il faut, pour cela, renoncer à l'appartenance bouddhiste, pour moi, cela ne me conduit pas à trahir le bouddhisme. C'est un renoncement, pas un reniement [...].

« Le Zen, c'est être disponible, être là pour accueillir. Pour un bouddhiste asiatique, je ne sais ce que ça peut représenter, mais, pour un Occidental façonné par le christianisme, ce n'est pas faire face au vide, à une immensité du non-manifesté, c'est faire face à quelque chose qui passe l'entendement humain, c'est être disponible à Dieu. Cela ne peut s'exprimer en d'autres mots pour un chrétien. Parce que la trame spirituelle et religieuse façonne l'expression et la compréhension. Et ça m'a touchée d'entendre Dennis Gira, cet excellent spécialiste du bouddhisme qui est en même temps un chrétien convaincu, parler du bouddhisme : il en parle de manière compréhensible, mieux qu'un bouddhiste asiatique, parce qu'il l'exprime avec une sensibilité qui est la nôtre, en tant qu'Occidental et en faisant vibrer la fibre religieuse chrétienne.

« Donc, ce qui me parle dans le Zen, c'est ce qui me parle en lui du christianisme [...]. D'abord dans le silence. On dirait que le christianisme ne laisse pas de place – du moins est-ce mon impression – à un certain nombre de choses à mon sens primordiales, entre autres, le temps du silence, du recueillement, de la présence à Dieu. Dans une église, il n'y a jamais de vrai silence, ça parle tout le temps ! D'autre part, l'union du corps, du geste et de l'esprit, et l'union de tous les moments de la vie quotidienne. Par exemple, les repas pris en *zazen* ont une ritualité qui les pare d'une dimension sacrée. C'est très proche de la perception que l'on peut et doit avoir de la communion, qui est un sacrement, mais sous la forme d'un repas partagé, et non pas seulement d'un sacrement désincarné, hors matière. Je ne veux pas faire d'amalgame entre les repas du Zen et la communion, car, malgré tout, cela n'a pas la même portée. Mais le fait que les gestes et les actes de la vie quotidienne peuvent se vivre dans cette dimension sacrée, voilà qui constitue pour moi une porte ouverte sur le christianisme. On néglige trop ce côté de la vie, le fait que la vie quotidienne peut se vivre comme un enchaînement de gestes sacrés. »

Les nombreux témoignages cités montrent un triple mouvement à l'œuvre dans les processus d'engagement ou de conversion au bouddhisme. D'un côté, les pratiquants sont profondément insérés dans le monde moderne et semblent bien façonnés par le primat de la rationalité, l'individualisme et le pragmatisme si caractéristiques de la modernité. Et c'est cette parenté qu'ils perçoivent entre bouddhisme et modernité qui les attire et les engage vers cette voie spirituelle. D'un autre côté, ils critiquent certains aspects de la modernité – manque de verticalité, société de consommation, rationalisme-technicien étouffant, etc. –, et c'est souvent au nom de cette critique qu'ils font appel à la tradition bouddhique en recherchant des maîtres spirituels expérimentés qui les aident à vivre une « expérience spirituelle authentique ». C'est donc cette triple relation entre modernité, critique de la modernité et tradition qu'il convient maintenant d'étudier en montrant tous les ajustements et rééquilibrages que les adeptes occidentaux du bouddhisme tentent d'opérer entre ces trois pôles.

TROISIÈME PARTIE

Entre tradition et modernité

De nombreux auteurs, le plus souvent des disciples occidentaux, se sont plu à relire les enseignements du Bouddha sous l'éclairage de la modernité et à montrer les affinités qui existent entre ce message vieux de deux mille cinq cents ans et les conceptions scientifiques et anthropologiques du monde moderne [1]. Si l'on peut ramasser la vision du monde proposée par Shâkyamuni en cette proposition : *Tout dans l'univers et dans l'existence humaine est impermanent, conditionné, relatif, interdépendant et en mouvement,* on devine en effet combien elle semble rejoindre des postulats fondamentaux récemment mis au jour par les sciences physiques et humaines. Toutefois, cette lecture « moderniste » fait le plus souvent abstraction du caractère historique plus religieux et plus irrationnel du bouddhisme, de son enracinement dans des cultures locales souvent teintées de paganisme. À l'inverse, certains détracteurs du bouddhisme, et même parfois des ethnologues uniquement focalisés sur son acculturation en Asie, ou bien en réaction contre le discours « moderniste » développé en Occident [2], mettent exclusivement l'accent sur la religiosité populaire du bouddhisme

1. Bien que très engagée, l'une de ces entreprises parmi les plus abouties est celle de Serge-Christophe Kolm, *Le Bonheur-Liberté. Bouddhisme profond et modernité*, P.U.F., 1982.
2. Lionel Obadia, *La Diffusion du bouddhisme tibétain en France, op. cit.*

et ses traits les plus magiques ou institutionnels, en passant sous silence le caractère éminemment universel, rationnel et éthique du substrat fondamental des enseignements du Bouddha.

Ces controverses n'ont rien de nouveau. Depuis sa « découverte » savante, au milieu du XIXe siècle, le débat sur la parenté entre bouddhisme et modernité n'a cessé de passionner les Occidentaux. Nous avons vu comment ce thème a pu être décliné selon des perspectives diverses : recherche des « étonnantes similitudes » entre le bouddhisme et la modernité ; question fort débattue de la définition du bouddhisme comme religion ou comme philosophie ; exaltation du « rationalisme » et du « modernisme » bouddhiques dans une perspective apologétique ou antichrétienne ; à l'inverse, mise en avant des cultes « idolâtriques » et de l'« irrationalité » du bouddhisme populaire comme argument visant à réfuter l'image et la promotion d'un bouddhisme élitiste, rationnel et moderne, etc.

Derrière ces débats, et au-delà des polémiques idéologiques, un constat troublant pour les esprits « rationnels » du XIXe siècle : celui du paradoxe d'une tradition plus ancienne que le christianisme, présentant la plupart des traits typiques des religions – canons, rituels collectifs, clergé, transmission autorisée, fonction socialisante, religiosité populaire... –, mais qui prétend ne s'appuyer que sur la raison, s'affiche non théiste, place l'expérience individuelle au centre de sa praxis, ne semble reposer sur aucun dogme intangible, propose une morale humaniste sans référence à une quelconque révélation divine, etc. Nous avons montré comment ce paradoxe s'est révélé quasiment inassimilable pour les esprits du XIXe siècle : selon les *a priori* idéologiques et les catégories des uns ou des autres, le bouddhisme *devait être* soit un système philosophique purement rationnel, étonnamment compatible avec la modernité – dont on accordait qu'il pouvait être parfois travesti en religion par la superstition populaire –, soit, au contraire, une religion païenne aux antipodes de la rationalité occidentale moderne au sein de laquelle on pouvait distinguer une élite savante cultivant une sorte d'athéisme nihiliste.

Pourquoi fut-il si difficile aux Européens de concevoir le bouddhisme *à la fois* comme une philosophie et une religion, comme un système rationnel *et* irrationnel ? On peut sans doute avancer un besoin systématique de distinguer, de séparer, de classer, d'étiqueter, de toujours ramener l'inconnu à des catégories connues. Or, les catégories de la pensée occidentale se sont constituées depuis les Grecs sur cette distinction fondamentale, fortement réactivée et radicalisée de manière idéologique depuis la fin du XVIIe siècle, entre, d'un côté, le mythe et la religion, censés exprimer une vision irrationnelle du monde – puisque non fondée sur la seule raison – et, de l'autre, la philosophie et la science, censées exprimer une vision parfaitement rationnelle du monde. La rationalité a même été « confisquée » par les penseurs modernes qui renvoient la religion et la magie dans la catégorie de l'irrationalité.

Cette opposition abrupte ne tient plus aujourd'hui – où l'on parlerait plus volontiers de divers registres de rationalité et d'irrationalité présents dans tous les domaines du savoir humain –, mais elle s'imposait à la plupart des intellectuels de la fin du XIXe siècle qui concevaient l'univers religieux et l'univers moderne comme deux sphères imperméables et antinomiques. Cette opposition radicale fut renforcée par l'idéologie positiviste qui décrivait l'univers religieux comme un stade infantile de l'humanité, bientôt définitivement surmonté grâce aux lumières de la Raison et au progrès scientifique. Elle reposait également sur une conception de la religion forgée à partir du modèle théologique et institutionnel du catholicisme. Dans une telle perspective, le bouddhisme ne pouvait à l'évidence être à la fois une tradition religieuse et un système rationnel compatible avec la modernité.

Cette conception de l'opposition radicale entre modernité et religion a été, avec d'importantes variantes, l'un des traits dominants de l'interprétation sociologique du fait religieux au XXe siècle, et a semblé validée par la perte d'emprise des institutions religieuses sur la société. Elle a donné lieu à diverses théories de la «sécularisation», rendant compte, dans de nombreux pays européens, de la chute de la pratique chrétienne et du reflux du religieux dans la sphère strictement privée, et constatant, partout en Occident, les effets dissolvants de la modernité sur les comportements religieux individuels [1]. Mais ce paradigme de la perte du religieux dans la modernité a été bouleversé, dès le tournant des années 60-70, par une effervescence religieuse d'une grande diversité : floraison de nouveaux mouvements évangéliques au sein et en marge des Églises, multiplication des «sectes», diffusion des religions orientales en Occident, développement de la nébuleuse du New Age; mais aussi montée de mouvements extrémistes et identitaires : fondamentalismes protestants, ultra-orthodoxie juive, islamisme radical, intégrisme catholique, etc. Décontenancés, les observateurs ont été amenés à parler, dans un premier temps, d'un «retour du religieux» aussi spectaculaire qu'inattendu dans le champ social et sur la scène publique. Autant certains aspects de ce surprenant *come-back* semblaient attester un refus de la modernité et pouvaient être lus comme un retour réactionnel de la religion, le plus souvent instrumentalisé par le politique, *contre* la modernité [2], autant la plupart de ces manifestations, regroupées sous l'appellation «nouveaux mouvements religieux [3]», semblaient au contraire attester l'enracinement de ces nouvelles manifes-

1. Tandis que les sociologues latins s'attachaient surtout à mesurer la crise de l'institution catholique, les chercheurs anglo-saxons observaient les processus de privatisation, de subjectivation et d'atomisation des croyances. *Cf.* notamment les travaux de Thomas Luckmann (1967), Harvey Cox (1968), Bryan Wilson (1969), Robert Bellah (1970), Peter Berger (1971) et David Martin (1978).

2. Certains chercheurs comme Gilles Kepel (*La Revanche de Dieu*, Seuil, 1991) font en même temps remarquer que bon nombre de militants actifs de mouvements extrémistes sont aussi de «purs produits» d'une modernité qu'ils contestent ouvertement.

3. Voir notamment les ouvrages collectifs dirigés par Eileen Barker, *New Religious Movements : A Perspective for Understanting Society*, Edwin Mellen Press, New

tations du religieux *dans* la modernité, remettant en cause le paradigme de l'antinomie radicale entre religion et modernité, tout comme certaines théories radicales de la sécularisation qui l'ont accompagné.

Est-il juste, pour autant, de parler de « retour » de la religion ? En dehors d'une réactivation de la religion par le politique, finalement très marginale en Occident, l'essentiel de l'effervescence religieuse ne signifie en rien un retour de l'univers religieux traditionnel ni une nouvelle emprise du religieux sur la société. Au contraire, les nouvelles quêtes spirituelles sont marquées du sceau de l'individualisme moderne qui dissout les institutions et les identités religieuses stables et manifestent surtout que, contrairement à ce qu'on a pu croire dans une perspective rationaliste trop idéologique, les préoccupations religieuses des individus n'ont pas disparu, loin s'en faut. Marcel Gauchet résume bien ce double mouvement par lequel la modernité saborde la fonction sociale de la religion sans pour autant évacuer les manifestations de l'expression religieuse individuelle : « Il y a deux erreurs à éviter : celle qui consiste à conclure de

York et Toronto, 1982, et James Beckford, *New Religious Movements and Rapid Social Change*, Sage-Unesco, B. Hills (Californie), 1986. Cette expression, aujourd'hui consacrée en sociologie des religions, pose pourtant problème. Plusieurs sociologues français s'interrogent actuellement sur la pertinence d'un terme qui prête à équivoque. « S'agit-il de phénomènes vraiment nouveaux ? Pourquoi les appeler mouvements ? Relèvent-ils tous du religieux ? Pour chacun des groupes ou des réseaux observés, il faut poser ces questions », souligne à juste titre Jean-Paul Willaime (*Sociologie des religions*, P.UF., 1995, p. 59). Dans le livre *Sectes, mensonges et idéaux, op. cit.*, fruit de l'enquête menée avec Nathalie Luca sur le phénomène sectaire, nous faisions ainsi remarquer que bon nombre de ces mouvements étaient essentiellement thérapeutiques, que certains revendiquaient le titre de religion pour des raisons économiques (exonération fiscale) ou de légitimité, et qu'il était tout aussi réducteur et équivoque de qualifier indifféremment tous les groupes récents de « nouveaux mouvements religieux » que de « sectes ». En même temps, l'utilisation d'une expression commune se révèle très utile pour désigner l'ensemble de ces manifestions, et l'on voit mal comment remplacer cette terminologie aujourd'hui consacrée. C'est pourquoi, sans renoncer à son usage, nous parlerons de « nouveaux mouvements religieux » entre guillemets, comme nous le faisons avec le mot, tout aussi ambigu, de « secte ».

l'existence de ce noyau subjectif à la permanence ou à l'invariance de la fonction religieuse; celle qui consiste à tirer de l'indiscutable dépérissement du rôle de la religion dans nos sociétés l'annonce certaine de sa volatilisation sans traces. La discontinuité dans l'ordre de la fonction sociale est déjà pour l'essentiel opérée. La continuité dans le registre de l'expérience intime n'a pas fini, en revanche, de nous réserver des surprises [1]. » De même, pour Patrick Michel, l'ample recomposition à laquelle nous assistons «réfère à des réarticulations du croire, ou plus précisément à une crise de l'articulation entre croire individuel et croire commun. La crise n'est pas du croire, mais du croire ensemble, ce qui amène à poser, centralement, la question de l'institution. Ou, pour être net, la question de la possibilité même d'une institution du croire dans l'univers du relatif [2] ».

De nombreux sociologues des religions soulignent toutefois que certaines formes actuelles de l'expression religieuse revêtent un caractère communautaire et réactivent de manière fort diverse la référence à la tradition. Les conversions au bouddhisme en sont d'ailleurs, nous le verrons plus loin, un bon exemple. Sans remettre en cause le processus fondamental de sécularisation, ces manifestations, certes marginales, obligent cependant à élaborer de nouvelles catégories conceptuelles qui puissent rendre compte du double processus par lequel la modernité dissout la religion *et* produit des recompositions religieuses, ce qui a conduit plusieurs chercheurs, au fil des années, à réviser l'analyse des rapports entre religion et modernité [3]. Cet effort théorique a

1. Marcel Gauchet, *Le Désenchantement du monde. Une histoire politique de la religion*, Gallimard, 1985, pp. 292-293.

2. Patrick Michel, *Politique et religion. La Grande Mutation*, Albin Michel, 1994, p. 112.

3. On soulignera tout particulièrement les nombreux travaux de Danièle Hervieu-Léger, et notamment ces trois ouvrages : *Vers un nouveau christianisme? Introduction à la sociologie du christianisme occidental*, en collaboration avec Françoise Champion, Cerf, 1986; *La Religion pour mémoire*, Cerf, 1993; *Le Pèlerin et le Converti. La religion en mouvement*, Flammarion, 1999.

permis de revenir à une conception plus circonspecte de la sécularisation comme « mutation socioculturelle globale se traduisant par un amenuisement du rôle institutionnel et culturel de la religion[1] », selon les termes de Jean-Paul Willaime. Une telle approche renvoie à deux processus caractéristiques de la modernité : la différenciation fonctionnelle des institutions et l'individualisation croissante des acteurs, qui ne signifient pas la disparition des phénomènes de croyance et ne découragent pas non plus la mise en œuvre d'entreprises de recomposition religieuse par le recours à la légitimité d'une tradition. Ce n'est plus en termes de « perte » ou de « retour » qu'on peut désormais parler des relations entre religion et modernité, mais en termes de décompositions et de recompositions. La religion ne disparaît pas dans le monde moderne, elle s'y métamorphose.

La diffusion du bouddhisme en France nous semble constituer un excellent laboratoire de ces métamorphoses du religieux dans la modernité. Comme nous l'avons déjà signalé, l'enquête que nous avons menée révèle en effet un double paradoxe. Celui, tout d'abord, d'individus parfaitement insérés dans le monde moderne, qui critiquent néanmoins de nombreux aspects de la modernité. Celui, ensuite, d'individus – parfois les mêmes – façonnés par la modernité, mais qui font appel à la tradition pour compenser les insuffisances ou les excès du monde moderne. C'est donc ce triangle à trois – modernité, critique de la modernité, appel à la tradition – qu'il convient d'analyser dans cette dernière partie. Nous montrerons tout d'abord comment la progression du bouddhisme en Occident est favorisée tant par la modernité que par la crise de la modernité (chapitre 1). Nous observerons ensuite les nombreux ajustements et rééquilibrages que les Français les plus impliqués dans le bouddhisme tentent d'opérer entre tradition et modernité, et

1. Jean-Paul Willaime, *Sociologie des religions*, *op. cit.*, p. 97.

nous nous demanderons quelles fonctions remplissent ces divers recours à la tradition (chapitre 2). Dans un troisième temps, nous verrons combien la référence à la tradition demeure cependant toujours profondément marquée du sceau de la modernité et ses nombreux effets dissolvants sur les croyances et les comportements religieux (chapitre 3). Puis nous observerons comment le bouddhisme permet à de nombreux adeptes encore proches du christianisme – ou inconsciemment influencés par les concepts chrétiens – de redire l'ancien avec des mots nouveaux, ou de redécouvrir certaines notions chrétiennes traditionnelles par le truchement plus « moderne » du bouddhisme (chapitre 4). Nous montrerons enfin, dans un chapitre conclusif, comment le bouddhisme transposé en Occident peut servir à toutes sortes d'utilisations à la carte – participant ainsi du phénomène de désagrégation des identités religieuses –, comme, à l'inverse, permettre à des individus de se redonner une identité religieuse soit en cherchant à se stabiliser dans une tradition bouddhiste asiatique, soit en redécouvrant, après un long détour par le bouddhisme, leur religion d'origine.

1

Modernité et critique de la modernité

Avant d'observer comment la diffusion du bouddhisme en Occident est à la fois favorisée par la modernité et par la crise de la modernité, je souhaiterais préciser, fût-ce très brièvement, ce que j'entends par les expressions « modernité », « crise » ou « critique » de la modernité, tant ces concepts sont utilisés en des acceptions parfois fort éloignées.

La modernité et son mythe

J'ai déjà signalé combien la notion de *modernité* avait été fortement parasitée par divers investissements idéologiques. Comme le fait remarquer Jean Baudrillard, la modernité est autant un processus historique qui marque le passage de l'univers traditionnel au monde moderne « qu'un système de valeurs, un mythe et un immense processus idéologique [1] ». Par le biais de la raison, de la science, de l'essor technologique, de l'activité industrielle, de l'État laïque, la modernité va s'opposer à la tradition, notamment religieuse, tout en conduisant au « désenchantement du monde » dont parlait Max Weber. Or ce processus de désenchantement s'est accompagné d'un mythe, celui du *progrès*. Cette idée d'un

1. Jean Baudrillard, article « Modernité », in *Encyclopædia Universalis*.

progrès cumulatif, d'une loi de perfectionnement continu de l'homme, de la connaissance et des sociétés, est née chez certains philosophes du XVIIIe siècle comme Condorcet ou Turgot. Elle a culminé au milieu du XIXe siècle au moment où la société moderne se pense comme telle – et où le mot « modernité » apparaît pour la première fois – avec Comte et Spencer. Mais elle s'est en bonne partie effondrée un siècle plus tard avec les soixante millions de morts de la Seconde Guerre mondiale, avec Auschwitz, Hiroshima, le Goulag, etc. L'homme contemporain a pris non seulement conscience, à travers tant d'horreurs, que les sociétés modernes « raisonnables » n'avaient rien à envier aux actes de barbarie des sociétés du passé, mais aussi de l'ambiguïté des avancées scientifiques et technologiques, des monstrueuses aberrations d'un système bureaucratique livré à lui-même, ou des limites du politique. Les instruments du désenchantement – la raison critique, le politique, la science –, qui étaient devenus de véritables religions séculières de substitution, sont aujourd'hui eux-mêmes « désenchantés ». Comme le souligne encore Jean Baudrillard, « la modernité perd peu à peu toute valeur substantielle, toute l'idéologie morale et de progrès qui la sous-tendait au départ, pour devenir une esthétique du changement pour le changement [1] ».

À la crise de société des années 60, qui a produit la « contre-culture », se superpose ainsi une crise de la modernité d'une ampleur telle que beaucoup n'hésitent pas désormais à qualifier notre époque de « postmoderne ». Mais ce terme, dans cette acception précise, est-il vraiment approprié ? Avec l'effondrement de l'idéologie du progrès, en effet, nous n'assistons pas tant à une fin de la modernité – qui continue son processus historique de rationalisation et d'autonomisation du sujet – qu'à une fin du *mythe* de la modernité. Les adeptes du bouddhisme, par exemple,

1. *Id.*, *ibid.*

comme ceux des « nouveaux mouvements religieux », ne remettent pas en question les fondements et les véhicules de la modernité – raison, science, productivité, politique, individualisme... –, mais la *valeur* qu'on leur attribuait comme vecteurs de sens. Ils ont des comportements qui attestent leur enracinement dans la modernité : primat accordé à l'expérience, souci d'efficacité, mobilité des adhésions et conception instrumentale de la communauté, interprétation subjective des croyances, désir de réalisation personnelle, etc. Mais ils ne croient plus aux miracles de la science et des techniques, à la raison divinisée, aux vertus paradisiaques de l'économie de marché, au mythe de la liberté lié à un individualisme utilitaire ni aux grandes utopies politiques. En grande partie débarrassée de ses vieux habits idéologiques, la modernité apparaît aujourd'hui sous son visage véritable, celui que Jean Baudrillard caractérise comme une « esthétique du changement pour le changement », Marcel Gauchet comme un « impératif du changement [1] » ou Georges Balandier comme « le mouvement, plus l'incertitude [2] ».

Pensée rationnelle et pensée magique

Il apparaît clairement, à la lumière de notre enquête, que le développement du bouddhisme est favorisé tant par la modernité que par la crise de la modernité [3]. Dans la moder-

1. Marcel Gauchet, *Le Désenchantement du monde...*, *op. cit.*

2. Pour souligner à la fois la rupture que constitue la fin du mythe de la modernité et éviter l'expression piégée de « postmodernité » – qui laisse accroire que le processus historique de la modernité serait clos –, certains auteurs ont suggéré de parler de « surmodernité » (Marc Augé, *Non lieux. Introduction à une anthropologie de la surmodernité*, Seuil, 1992) ou d'« ultramodernité » (Jean-Paul Willaime, *Sociologie des religions*, *op. cit.*). Nous préférerons ici conserver l'expression de « modernité », ayant bien établi qu'il s'agit du processus historique essentiellement marqué par l'accélération du mouvement et l'avènement de l'individu.

3. Comme l'avait déjà fait remarquer Edgar Morin, dès les années 60, à propos de la « nouvelle gnose ».

nité, il intègre les valeurs fondamentales d'individualisme et de rationalité-pragmatisme. Aucun adepte interviewé ne songe à remettre en question ces deux postulats. Tous sont de parfaits représentants de l'individualisme moderne et insistent sur leur liberté de choix ou leur bonheur personnel comme sur l'aspect rationnel, concret et efficace du bouddhisme. Le fait que la plupart d'entre eux soient des citadins, issus de milieux bourgeois et ayant fait des études longues, les rend particulièrement représentatifs de l'individualité occidentale dans ce qu'elle a de plus poussée. Dans la crise de la modernité, cependant, s'insère son caractère plus archaïque, magique, symbolique et ritualiste, qui permet de raccrocher le sujet atomisé à un cosmos sacré. Nous avons en effet déjà souligné combien la vision toute théorique d'un bouddhisme purement rationnel et démythologisé n'était qu'une vue de l'esprit de certains Occidentaux. Comme le souligne à juste titre Bernard Faure, « dans la réalité vivante du bouddhisme, le philosophique et le religieux, le rationnel et le magique, le profane et le sacré vont de pair, voire se confondent, n'en déplaise à notre esprit logique [...]. Le bouddhisme relève aussi, en fin de compte, d'une logique "païenne" ou polythéiste. Il a su redescendre des grands principes universalistes et abstraits vers une sacralité concrète, locale, immanente. Il est parvenu de la sorte à réaliser un compromis entre deux conceptions très différentes du sacré, et à retrouver des structures anthropologiques profondes, sous-jacentes aux diverses cultures asiatiques [1]. »

Ce balancement entre pensée rationnelle et pensée magique apparaît tout particulièrement dans le bouddhisme tibétain. On peut avancer de nombreuses raisons pour expliquer l'étonnant succès de cette tradition – somme toute très minoritaire en Asie – en Occident : drame du Tibet et

1. Bernard Faure, *Bouddhismes, philosophies et religions* , Flammarion, 1998, pp. 110 et 129.

exil des lamas, médiatisation du dalaï-lama, etc. Il nous semble cependant que l'une des plus importantes réside justement dans cet équilibre très subtil qu'elle entretient entre modernité et archaïsme, pensée logique et pensée magique, philosophie rationnelle et rituels parmi les plus exotiques. Le dalaï-lama lui-même en est un bon exemple : entre deux discussions philosophiques de haut vol avec des penseurs et des scientifiques occidentaux, il consulte son oracle et ses astrologues !...

Comme nous avons pu le constater au cours de cette enquête, le bouddhisme tibétain apparaît aux adeptes français comme résolument moderne : il est considéré comme pragmatique, rationnel, centré sur l'individu et son expérience subjective, tolérant, refusant toute idée de normes extérieures ou de vérité unique, etc. Dans le même temps, il attire, même si la chose est parfois moins « avouable », par son caractère symbolique, esthétique, mystérieux, initiatique, magique. Son succès ne révèle-t-il pas les limites de la rationalité occidentale comme seul horizon de sens, et le besoin des individus, par ailleurs parfaitement intégrés dans l'univers moderne, rationnel et technicien, de réintroduire une dimension mythique et irrationnelle dans leur existence ?

Le caractère « magique » et « miraculeux » du bouddhisme tibétain est d'autant plus ressenti qu'il est perçu à travers la puissance du mythe du « Tibet magique » – mythe dont nous avons établi l'origine et le développement dans notre ouvrage *La Rencontre du bouddhisme et de l'Occident*[1] – que nous continuons de voir à l'œuvre chez de nombreux adeptes.

On retrouve cette dialectique entre modernité et crise de la modernité, pensée rationnelle et pensée magique, dans la recherche d'un équilibre entre raison et foi. Nous avons été frappé, lors de l'enquête chez les pratiquants du bouddhisme tibétain, par cette insistance à trouver un point d'équilibre entre ces deux pôles qu'ils jugent complémen-

1. *Op. cit.*

taires plutôt qu'antinomiques. Nous avons vu précédemment comment Pauline, cette jeune psychologue informaticienne de trente-sept ans, insistait sur cet aspect.

La foi, cependant, reste reliée au pragmatisme et à l'efficacité – « j'y crois parce que ça marche » –, ce qui montre bien son inscription dans l'horizon de la modernité. La notion de « foi aveugle » en des dogmes totalement hors de portée de la raison et de l'expérience est vivement rejetée par la plupart des adeptes du bouddhisme. Beaucoup, certes, croient en certaines notions centrales de la doctrine bouddhiste comme le karma et la réincarnation, qui semblent difficilement vérifiables selon la méthode scientifique occidentale ; mais ils développent alors le plus souvent un discours légitimateur qui permet de sauvegarder, au moins en mots, la liberté de choix et la sacro-sainte raison moderne.

D'autres, plus rares, soulignent au contraire combien la métaphysique tibétaine et sa vision de l'au-delà peuvent se transformer en dogmatisme, voire en idéologie si elles sont comprises dans une démarche qui se veut scientifique et purement rationnelle.

« Toute la dimension rationnelle du bouddhisme, si elle est entendue sans foi, est un système paranoïaque, nous explique Jean-Claude. C'est rigide, sclérosant et sclérosé s'il n'y a pas la foi. C'est d'ailleurs l'un des dangers de l'enseignement du bouddhisme tibétain. Ça peut être extrêmement dangereux. Parce que tout s'explique parfaitement. Au niveau de la lettre, des mots, du discours, c'est une idéologie. C'est présenté comme une explication du monde qui prétend être le fruit de l'expérience et de la raison, mais où il y a plein de messages invérifiables ! Par exemple, le descriptif du passage dans la mort : il y a une codification, c'est ainsi et pas autrement, il y a des réponses à tout et on vous dit : "Croyez-nous, parce que tous les maîtres nous l'ont transmis !" J'ai marché dans ce système pendant des années, presque sans esprit critique… »

Ce témoin critique pointe là assurément le possible développement d'une nouvelle forme de dogmatisme légitimé par les lamas tibétains en évoquant certaines expériences de méditation profonde et le recours à l'autorité de la tradition – ce qui est tout à fait légitime –, mais aussi par les Occidentaux en arguant de leur propre expérience – ce qui est parfois plus douteux – et surtout de la seule raison, ce qui est la définition même d'une idéologie.

On constate ainsi que certains Occidentaux touchés par le bouddhisme tibétain et particulièrement fascinés par son côté magique, mystérieux, initiatique, ressentent le besoin de minimiser, voire de nier ce caractère « merveilleux » pour mettre en avant, dans leur discours, le caractère moderne, rationnel, pragmatique, voire « scientifique » de cette tradition. Nous émettrons l'hypothèse que le bouddhisme tibétain attire tout particulièrement des Occidentaux en quête d'une expérience typiquement religieuse impliquant la foi, l'émotion, le sacré, le symbole, le rituel, le mythe – mais qui ont besoin du discours rationnel et moderne du bouddhisme pour les aider à revenir à la religion. Il s'agit le plus souvent d'anciens catholiques en révolte contre la religion de leur enfance, ou bien d'individus sans expérience religieuse antérieure, mais trop fortement insérés dans l'univers moderne rationaliste pour reconnaître – face aux autres, mais parfois aussi à leurs propres yeux – leur besoin de se relier à un cosmos sacré. On peut d'ailleurs se demander si cette impossibilité de définir le bouddhisme comme religion selon les critères substantiels habituels, alors qu'il en revêt maints caractères, ne constitue pas un des motifs importants de l'attraction qu'il exerce sur des Occidentaux qui ne veulent plus entendre parler de « religion » mais dont la demande religieuse est toujours aussi pressante. La recette du succès du bouddhisme paraît en quelque sorte inverse de celle du Canada Dry : ça ne ressemble pas à de la religion, et pourtant c'est bien de la religion !

Modernité psychologique contre modernité technicienne

Les pratiquants du bouddhisme portent tous un regard critique sur le monde occidental moderne : « société de consommation dominée par le fric », « monde de l'apparence et des valeurs superficielles », « il n'y a plus d'espace pour être face à soi-même », « monde qui a perdu toutes ses valeurs verticales, qui s'est enfoncé dans le matérialisme et qui en crève », « rationalisme étroit », etc. On retrouve là aujourd'hui toutes les critiques formulées par les Occidentaux contre la modernité depuis les Romantiques au début du XIXe siècle. L'Orient, à travers sa version bouddhisante, assurément la plus proche des valeurs fondamentales de la modernité, demeure une réserve utopique, un espace privilégié dans lequel l'Occidental, étouffé par le primat de l'efficacité technicienne, mais aussi, d'une certaine manière, partiellement dégagé des impératifs d'enrichissement personnel et de réussite sociale, incline à une reconstruction spirituelle de lui-même.

« Pendant des années, j'ai lutté dans mon métier pour essayer de gagner de l'argent, de gravir les échelons dans la société, explique François, commandant de bord de cinquante-deux ans. Et puis, quand je me suis retrouvé en haut, j'ai eu une sorte de vertige et me suis dis : "À quoi tout cela sert-il ?" J'avais besoin de spiritualité. »

Dans le cas des « fidèles pratiquants », la conversion au bouddhisme devient l'occasion d'une réalisation personnelle, d'un travail sur soi, au carrefour de la psychologie et de la vie spirituelle. Parfaitement ajusté à la problématique du souci de soi caractéristique de la modernité psychologique occidentale [1], le bouddhisme constitue une réponse crédible, une solution moderne à l'un des grands paradoxes contemporains : celui de l'avènement d'un sujet confronté

1. *Cf.* Danièle Hervieu-Léger, *Le Pèlerin et le Converti. La religion en mouvement, op. cit.*, pp. 138-140.

à une dépersonnalisation croissante induite par l'envahissement de la rationalité scientifique et techniciste. De fait, nombre de personnes touchées par le bouddhisme soulignent la « limite » à laquelle elles étaient arrivées dans l'horizon limité de cette modernité techniciste. Le témoignage de Matthieu Ricard, qui abandonna son poste de chercheur à l'institut Pasteur pour suivre des maîtres en Inde, est particulièrement significatif.

« La carrière scientifique que j'ai menée a été le résultat d'une passion pour la découverte. Tout ce que j'ai pu faire ensuite ne constituait nullement un rejet de la recherche scientifique, qui, à bien des égards, est passionnante, mais le fruit de la constatation qu'elle est incapable de résoudre les questions fondamentales de l'existence. En bref, la science, si intéressante soit-elle, ne suffisait pas à donner un sens à ma vie [...]. C'est un progrès incontestable que de connaître la forme et les dimensions exactes de la Terre, mais qu'elle soit ronde ou plate ne change pas grand-chose au sens de l'existence. Quels que puissent être les progrès de la médecine, on ne peut soulager temporairement des souffrances qui ne cessent de resurgir et qui culminent avec la mort [1]. » À la science occidentale qui s'intéresse aux phénomènes extérieurs, Matthieu Ricard oppose la « science intérieure[2] » que constitue le bouddhisme, « science » qui permet de répondre aux grandes questions de l'existence et d'aider l'individu à trouver le bonheur véritable.

Cette recherche du bonheur individuel, inscrite au cœur de la modernité psychologique, constitue également l'axe central de la démarche du bouddhisme, elle-même perçue par les Occidentaux comme rigoureuse et scientifique. On peut donc dire que le bouddhisme offre, pour ces nouveaux adeptes, une sorte de *science objective de la subjectivité du sujet*. Or, comme le rappelle Edgar Morin, « le développe-

1. Matthieu Ricard et Jean-François Revel, *Le Moine et le Philosophe*, *op. cit.*, pp. 18 et 33-34.

2. Id., *ibid.*, p. 143.

ment de l'individu pose avec de plus en plus d'inquiétude ou de virulence le problème de la subjectivité dans un univers qui est de plus en plus conçu objectivement par la science, car il n'y a pas de science du sujet[1] ». Ainsi, c'est par la brèche de la subjectivité que le bouddhisme s'introduit dans la modernité occidentale comme une « science moderne du sujet », laquelle possède en outre un avantage déterminant : celui de favoriser pratiquement le bonheur individuel par un travail sur soi qui intègre toutes les dimensions de la personne – corps, imaginaire, émotions, psychisme, esprit.

1. Edgar Morin, *Sociologie*, Fayard,1984, p. 369.

2

Une tradition moderne

Si le succès actuel du bouddhisme en Occident s'explique en partie par ses affinités avec la modernité, il tient aussi, comme nous venons de le rappeler, à la présence de nombreux traits typiques de l'univers traditionnel. L'enquête menée auprès des pratiquants du bouddhisme a d'ailleurs montré combien la référence à la tradition était importante pour cette catégorie spécifique de Français touchés par le bouddhisme. Il importe maintenant de bien comprendre la signification de cet appel à la tradition : s'agit-il d'un recours à une autorité religieuse normative, à de nouvelles institutions régulatrices du « croire[1] » au sein d'un monde moderne qui estimait s'en être définitivement émancipé ? Assistons-nous à l'émergence d'un îlot religieux traditionnel au cœur de la modernité et qui lui serait même antinomique ?

1. Bien que ce ne soit pas conforme au bon usage de la langue française, nous utiliserons parfois dans cette dernière partie le mot « croire » de manière substantive. Cet usage, introduit en sociologie des religions par Michel de Certeau et repris par de nombreux auteurs comme Jean Séguy, Patrick Michel, Danièle Hervieu-Léger, etc., est très utile pour distinguer diverses modalités modernes de l'acte fondamental de « croire ». On parlera ainsi aisément d'un « croire » religieux ou d'un « croire » non religieux, des différents mode de validation du « croire », etc.

Une religion sans Dieu ni dogme

Certains chercheurs tendent à accréditer cette thèse d'une resocialisation religieuse de type traditionnel qui invaliderait l'approche sociologique actuellement dominante des rapports entre religion et modernité – approche, nous l'avons vu, qui souligne les effets dissolvants de la modernité sur la religion et le caractère inéluctable de la perte d'emprise sociale des autorités religieuses. Ainsi, Lionel Obadia adopte une curieuse posture polémique d'ethnologue opposé aux « sociologues des religions » et s'acharne à démontrer le caractère irrationnel et « extrêmement prosélyte », tout comme l'« efficacité de l'organisation institutionnelle » du bouddhisme tibétain qui opérerait un véritable « recrutement religieux », pour expliquer que les sociologues se sont trompés dans leur approche des relations entre religion et modernité, le cas du bouddhisme tibétain « ayant valeur de contre exemple [1] ».

Cette thèse, qui a le mérite de rappeler des traits du bouddhisme tibétain un peu trop vite oubliés de certains adeptes ou observateurs – son caractère religieux et magique, son indiscutable efficacité institutionnelle –, tombe malheureusement, par son propos polémique et par la faiblesse de son investigation de terrain, dans l'excès inverse : exagération du « prosélytisme » des lamas tibétains, qui verse souvent dans le procès d'intention (ils entretiendraient la fiction d'une libre adhésion pour mieux forcer la conversion) ; survalorisation du rôle de l'institution et du caractère religieux traditionnel du bouddhisme au détriment de ses affinités – pourtant indéniables – avec la modernité ; analyse des mécanismes de conversion qui ne retient que l'influence du groupe confessionnel au détriment de la démarche individuelle, laquelle est presque totalement niée [2] !

1. Lionel Obadia, *Bouddhisme et Occident, op. cit.* pp. 140-141 et 240-245.
2. Id., *ibid.*, pp. 201-203.

L'enquête que j'ai menée m'a convaincu, au contraire, que le recours à la tradition n'annule en rien les effets de l'individualisme moderne sur les croyances et les comportements religieux contemporains, comme la perte de crédibilité et l'effacement des institutions religieuses. La tentative de réinscription dans une tradition bouddhiste constitue plus un effort de rééquilibrage contre les excès de la modernité qu'une tentative de sortie de la modernité et de retour à l'univers stable de la tradition. C'est précisément parce qu'il possède une réelle affinité avec la modernité – affinité, il est vrai, souvent exagérément mise en avant, mais néanmoins réelle – que le bouddhisme permet à certains Occidentaux d'avoir recours à cette tradition. Le paradoxe du bouddhisme, maintes fois souligné depuis plus de cent cinquante ans, et qui exaspère notre logique manichéenne, tient à cette association de traits typiques de l'univers religieux traditionnel et de traits typiques de la modernité. Il constitue pour de nombreux Occidentaux un lieu de rencontre privilégié des univers moderne et traditionnel dans lesquels ils peuvent sélectionner ce qui leur convient le mieux.

Cet espace assez unique, au sein duquel des individus enracinés dans le monde moderne partent en quête d'autres horizons de sens que ceux offert par la techno-science et la société de consommation, leur permet de concilier certains acquis fondamentaux de la modernité – raison, individualisme, pragmatisme, relativisme – avec une expérience spirituelle « profonde » et authentifiée par des « experts » en religion, mais débarrassée des caractères les plus « périmés » de leur univers religieux traditionnel : Dieu, le dogme, la norme. Le bouddhisme apparaît dès lors comme une « religion moderne », c'est-à-dire une voie spirituelle balisée, mais qui laisse au sujet son entière liberté de choix et d'action.

Tous les entretiens conduits avec les pratiquants du bouddhisme zen et tibétain, y compris chez les individus qui se prétendent les plus allergiques à la religion, montrent cette recherche d'un équilibre entre individualisme, rationalisme et pragmatisme d'un côté, solidité, ancienneté et caractère initiatique de la tradition, de l'autre. « Ce qui m'a particulièrement touchée dans le bouddhisme, c'est la liberté laissée à chacun de prendre ce qui lui convient », explique Jacqueline, insistant ainsi sur le caractère résolument moderne de sa démarche. Mais elle insiste aussitôt sur la nécessité de s'enraciner dans une tradition en suivant les conseils d'un maître avisé : « On ne peut se passer d'un être authentique qui a vécu l'expérience avant vous et qui est comme un miroir pour vous. Il peut vérifier à chaque instant l'authenticité de votre expérience spirituelle. »

Son de cloche similaire chez Xavier, qui insiste surtout, quant à lui, sur le caractère rationnel de sa quête : « J'ai une démarche rationnelle et je crois qu'une démarche occidentale hors de la rationalité et de la rigueur n'a pas de sens [...]. J'ai beaucoup de mal à accepter une vérité révélée ou simplement affirmée [...]. Pour moi, le bouddhisme est une philosophie reliée strictement à l'humain et avec une pratique. Le reste, je ne l'aborde pas. » Tout en soulignant son rejet de notions comme la croyance à la réincarnation ou la dévotion au lama, Xavier admet néanmoins : « J'ai compris que dans ce genre d'aventure spirituelle le contact avec des gens plus avancés était indispensable. La meilleure garantie de l'authenticité était d'approcher des personnes qui ne revendiquaient pas l'invention du produit, c'est-à-dire des gens qui, au contraire, avaient l'humilité de dire : "Je ne fais que transmettre ce qui a été élaboré de manière fulgurante, ou de manière collective et progressive avant moi." »

Les individus attirés par le bouddhisme restent très sensibles aux valeurs modernes d'individualisme, de liberté de choix, de subjectivité qui continuent de miner la religion traditionnelle, quelle qu'elle soit. En même temps, ils veulent inscrire leur trajectoire spirituelle dans une « lignée de pratiquants » qui remonte jusqu'au Bouddha lui-même. Cet appel à la tradition semble remplir plusieurs fonctions. J'en relèverai au moins quatre.

Un chemin spirituel balisé

Une fonction initiatique, tout d'abord, qui se manifeste sous un double aspect pédagogique et de garde-fou. Tous les pratiquants mettent en avant la nécessité d'apprendre à méditer auprès de guides expérimentés. La recherche du maître spirituel est donc primordiale. Celui-ci est choisi librement – caractéristique centrale de la modernité –, mais le disciple s'engage ensuite à suivre en toute confiance ses recommandations concernant son apprentissage de la vie spirituelle, tout particulièrement de la méditation. Le succès du bouddhisme tibétain tient aussi beaucoup au nombre relativement important de lamas exilés en Occident, lesquels sont le plus souvent devenus des virtuoses de cette « science de l'esprit » qu'est le bouddhisme. Comme le rappelle Matthieu Ricard, « cette science intérieure a été la préoccupation principale d'une bonne partie de la population[1] » du Tibet depuis bientôt douze siècles. « De la même manière qu'on apprend à jouer du piano ou l'ébénisterie auprès d'un maître qualifié, on ne peut progresser dans la voie spirituelle sans les conseils d'un ancien », explique pour sa part Arnaud Desjardins, qui a consacré l'un de ses derniers ouvrages à celui qu'il appelle l'« ami spirituel[2] ».

Cette fonction pédagogique de la tradition est souvent associée, dans le discours des adeptes, à un rôle de garde-fou. J'ai été frappé de constater combien les pratiquants du bouddhisme se méfient des risques d'un mauvais discernement en matière religieuse. L'aventure spirituelle leur apparaît comme une aventure périlleuse. L'ancienneté du bouddhisme et la présence de maîtres expérimentés insérés dans un dispositif institutionnel les rassurent contre les dérives sectaires et les aventures spirituelles modernes sans

1. Matthieu Ricard, *Le Moine et le Philosophe, op. cit.*, p. 143.
2. Arnaud Desjardins, *L'Ami spirituel, op. cit.*

garde-fous. Évelyne Holzapfel insiste sur l'importance de ces mécanismes de régulation.

« Nous, les médecins, nous avons fait des études longues, nous sommes contrôlés, encadrés par l'ordre des médecins, qui est ce qu'il est, mais qui, au moins, a la vertu d'exister et de faire que si un médecin devient fou on lui ordonne d'arrêter d'exercer. Il y a un répondant, nous avons des comptes à rendre. Et c'est sans doute encore plus important dans le domaine spirituel où on n'a surtout pas le droit de faire n'importe quoi ! »

La peur de tomber dans une « secte », clairement exprimée dans plusieurs entretiens, est conjurée par l'ancienneté d'une tradition vieille de deux mille cinq cents ans. Par ailleurs, comme l'expriment fort bien les deux témoignages qui viennent d'être cités, une religion traditionnelle semble offrir plus de garanties d'« authenticité » qu'une religion nouvelle. L'idée sous-jacente à cette allégation est que le facteur temps est décisif pour séparer le bon grain de l'ivraie . Une religion ancienne a fait ses preuves. Cela ne signifie pas pour autant qu'elle soit « vraie ». Il est intéressant de noter, en effet, que les adeptes du bouddhisme préfèrent le plus souvent le terme d'« authenticité » à ceux de « vérité » ou de « véracité ». Ce que valide, selon eux, l'ancienneté d'une tradition, ce n'est pas la vérité de ses enseignements, mais la sincérité du fondateur et l'authenticité de son expérience vécue. Le temps vérifie la qualité du témoignage du prophète plus que celle de son discours. Ainsi, la quasi-totalité des adeptes français du bouddhisme admettent également que le christianisme est une tradition authentique qui repose sur le témoignage fiable d'un être exceptionnel (Jésus). Ils n'en récusent pas moins la vérité de la doctrine chrétienne. Comme nous l'avons déjà signalé, ce qui les touche dans le bouddhisme, ce n'est pas tant la *vérité d'un discours* que l'*authenticité d'une expérience* qu'ils souhaitent réaliser à leur tour. Le lama ou le maître zen apparaissant dès lors comme des experts qualifiés qui permettent au néophyte de réaliser à son tour cette expérience spirituelle de la manière la plus authentique possible : « Il ne faut pas méditer tout seul dans son coin, parce que certaines tendances venant de notre ego se développent », explique Pauline, jeune psychologue adepte du bouddhisme tibétain. Plus qu'une orthodoxie – la transmission d'une doctrine juste –, le bouddhisme apparaît ainsi comme une orthopraxie : la transmission d'une pratique droite. Soulignons encore que la notion d'authenticité, qui tend à se substituer à celle de vérité, s'applique aussi au pratiquant lui-même. Lorsqu'ils relisent leur propre itinéraire, les pratiquants du bouddhisme parlent rarement de « vérité », mais évoquent volontiers la « sincérité » de leur démarche et l'« authenticité » de leur réalisation spirituelle, comme une juste coïncidence d'eux-mêmes par rapport à eux-mêmes. En cela, ils manifestent une fois de plus leur sortie de l'univers traditionnel et leur parfait enracinement dans la modernité. Comme le souligne Patrick Michel, « la coïncidence de soi avec soi ne se définit plus par l'adhésion à un soi fictivement stable, mais par l'acceptation de la circulation entre les différentes identités qui nous constituent, que nous habitons et qui nous habitent. C'est cette acceptation – ou cette tension vers l'acceptation – que l'on retrouve dorénavant, sous le nom d'"authenticité", comme constituante majeure, sinon axe, des itinéraires contemporains du croire[1]. »

Voie initiatique, tuteur pédagogique, garde-fou contre les faux prophètes et les risques de séduction sectaire, la tradition est aussi perçue comme un rempart contre des expériences mystiques archaïques que le méditant redoute de vivre au cours de son cheminement spirituel. Dans un monde libéré des institutions religieuses, l'expérience spirituelle échappe dorénavant à la domestication rationnelle.

1. Patrick Michel, « Des recompositions contemporaines du croire », *in* F. Lenoir et Y. Tardan-Masquelier, *Encyclopédie des religions*, Bayard Éditions, 1997, p. 2138.

Dans un univers religieux traditionnel, celle-ci n'a pas uniquement pour fonction d'encadrer l'expérience mystique dans une orthodoxie, mais celles d'endiguer les poussées irrationnelles et de protéger l'individu contre les pièges de l'imaginaire. Michel Hulin a bien décrit l'ambivalence de l'expérience mystique et les diverses manifestations – que l'on qualifiera de « sublimes » ou de « pathologiques » selon le point de vue subjectif de l'observateur – d'une expérience spontanée du divin non codifiée qu'il qualifie « mystique sauvage ». Il rappelle ainsi que « là où des groupes sociaux homogènes – traditions initiatiques ou Églises – ont su mettre au point, génération après génération, des techniques d'induction et des codes de déchiffrement de l'expérience extatique, le phénomène "mystique sauvage" n'apparaît pratiquement pas, ou se trouve confiné dans des zones marginales de l'existence individuelle ou sociale. Ce fut le cas, pour ne parler que de l'Occident, dans la chrétienté entre le XIIe et le XVIIe siècle. Il refait surface, en revanche, dès que les codes se brouillent et perdent de leur efficacité. C'est ce qui se produit dans toutes les périodes de transition historique et de crise religieuse. C'est le cas aujourd'hui, à un degré de profondeur et sur une échelle que l'histoire n'avait encore, semble-t-il, jamais connus[1]. »

Des expériences extatiques liées à la drogue, aux pratiques néo-chamaniques du New Age, les manifestations actuelles de la « mystique sauvage » sont en effet légion. Faut-il s'en étonner dès lors que la modernité met doublement l'accent sur l'expérience individuelle et le refus des autorités, tandis que la critique de la modernité incite de plus en plus d'individus à libérer leur imaginaire et à chercher un sens à leur existence dans une voie spirituelle ? Cette quête d'une expérience mystique libérée de tout contrôle institutionnel et des grilles de lecture offertes par les religions traditionnelles est au cœur de la plupart des nouvelles quêtes spiri-

1. Michel Hulin, *La Mystique sauvage*, P.U.F., 1993, p. 293.

tuelles modernes marquées par la recherche d'un vécu émotionnel intense[1]. Beaucoup d'adeptes du bouddhisme sont passés par cette étape d'une quête spirituelle totalement individualiste avant de ressentir le besoin d'être guidés. Certains font état des « problèmes » qu'ils ont alors rencontrés et qui les ont incités à rechercher dans le bouddhisme le soutien d'experts qualifiés de la vie spirituelle. Cela va des « pièges de l'ego » dénoncés par Pauline, qui a effectué un long cheminement solitaire dans la mouvance du New Age, aux « fantasmes » évoqués par Jacqueline, voire au « pétage de plombs » dénoncé par certains autres adeptes au cours de l'enquête. D'autres ont ressenti dès le début de leur quête spirituelle le besoin d'être guidés et encadrés.

Cet appel à la tradition comme soutien pédagogique et garde-fou revêt un caractère différent selon les adeptes du bouddhisme zen et tibétain. Davantage engagés dans une démarche globale qui intègre le corps, le psychisme, les émotions, l'imaginaire, l'intellect, le travail direct sur l'esprit, les pratiquants du bouddhisme tibétain insistent plus sur le caractère « protecteur » de la tradition et du maître spirituel. Les plus impliqués vont même jusqu'à se placer sous la protection de « divinités protectrices » recommandées par leur lama et censées les défendre contre les « divinités malfaisantes » qui harcèlent, à l'instar du Bouddha, les aspirants à l'éveil. Il en va différemment pour le Zen. La plupart des disciples de maître Deshimaru, qui adoptent le plus souvent une simple pratique de la méditation silencieuse en dehors de toute référence doctrinale, évoquent uniquement le caractère pédagogique du recours à la tradition. Le maître spirituel est alors perçu comme un méditant plus avancé qui enseigne une posture et dispense quelques précieux conseils, essentiellement d'ordre technique.

1. Danièle Hervieu-Léger et Françoise Champion, *De l'émotion en religion*, Centurion, 1990.

Une expérience spirituelle partagée

Le recours à la tradition revêt ensuite, pour beaucoup de pratiquants, une fonction socialisante. Il répond au besoin d'individus aux trajectoires éclatées de recréer du lien social en s'agrégeant, fût-ce ponctuellement et partiellement, à d'autres « méditants » dans le cadre d'une pratique et d'un croire communs. « C'est très important de faire le point avec d'autres sur sa pratique, affirme Marie. Très important d'entendre ensemble le même enseignement, de méditer ensemble. » Nathalie, qui a connu des phases dépressives et s'est sentie longtemps trop isolée dans sa pratique religieuse, se rend maintenant chaque été dans un centre tibétain de Dordogne et fréquente régulièrement un petit groupe de méditation à Paris : « Le fait d'aller en groupe chaque semaine nous donne une base solide vis-à-vis de soi et vis-à-vis des autres. Et puis, ça fait toujours plaisir de retrouver des bouddhistes qui rencontrent les mêmes problèmes que nous. C'est une compréhension, une joie. On ne sait même pas ce que l'autre fait, comment il s'appelle, quel métier il exerce, mais on sait ce qu'il cherche, qu'il est là, comme nous, pour essayer de progresser. »

Nous avons déjà souligné à propos des pratiquants du bouddhisme zen que cet investissement communautaire était très fréquent, relativement rapide, mais peu impliquant. La plupart des méditants ressentent le besoin de venir régulièrement – généralement une ou deux fois par semaine – au dôjô. Mais, en dehors de cet investissement communautaire très ponctuel, ils demeurent libres de toute attache avec une quelconque institution ou communauté établie. Il en va différemment pour les pratiquants du bouddhisme tibétain. Ceux-ci mettent souvent de nombreuses années avant de s'investir dans une pratique communautaire régulière, mais cet engagement devient ensuite souvent très fort. Certains vont même jusqu'à vivre en communauté, et la plupart fréquentent plusieurs fois par an un grand centre avec lequel ils ont une attache particulière, souvent liée à la présence de leur lama. À la différence du Zen, le bouddhisme tibétain assure véritablement, pour les adeptes les plus impliqués – « fidèles pratiquants » et « pratiquants assidus » – une fonction de socialisation religieuse. Le centre devient une sorte de paroisse où le fidèle se rend à intervalles réguliers pour recevoir des enseignements et des initiations, participer à des rituels collectifs, consulter son maître spirituel.

Les pratiquants du bouddhisme tibétain insistent sur le rôle et la personnalité du lama comme facteurs de cohésion de la communauté. Pour eux, une communauté bouddhiste n'a de sens que par rapport au maître spirituel qui agrège un certain nombre de disciples autour de lui. Lorsque le maître disparaît, la communauté n'a plus vraiment de raison d'être. C'est pourquoi beaucoup d'adeptes quittent le centre après le décès du lama qui les avait touchés, et cherchent un autre lama ailleurs. « Ce qui est très important, c'est la « reliaison » au lama, explique Jacqueline. J'ai rencontré un jeune lama occidental, nous avons une relation de confiance et d'amitié ; il sait transmettre. Il nous transmet les enseignements du *dharma,* nous en discutons, nous les confrontons avec nos expériences dans le groupe. Il y a donc un dialogue permanent. Nous lui écrivons quand il n'est pas là, nous lui téléphonons. Nous sommes dans un groupe où la solidarité et l'échange fondamental sont tout le temps présents. Nous ne sommes pas seuls. Mais ce qui est fondamental, c'est la reliaison à un lama, et il appartient à chacun de le trouver. » Nathalie partage le même sentiment : « La *sangha*, pour moi, c'est un groupe qui nous lie au lama. Quand nous pratiquons en groupe, c'est lama Guendune qui est là, c'est son énergie qui est là. »

Avec une constance qui étonne, on retrouve dans le bouddhisme tibétain les traits typiques des « communautés émotionnelles » formées autour de personnages charismatiques, décrites par Max Weber. Le sociologue allemand considère en effet la religion comme un facteur essentiel d'innovation et de changement social. Avec le processus de rationalisation, Weber met l'accent sur le rôle de personnages «porteurs de charisme», capables de lire les «signes des temps» et de devenir les vecteurs des besoins de changement qu'une société exprime à un moment historique précis. Ainsi porte-t-il tout particulièrement son attention sur les «prophètes charismatiques» qui ont été des innovateurs éthiques, sociaux et politiques. Il s'intéresse surtout au passage d'une situation sociale dominée par le catactère exceptionnel et la force innovatrice du porteur de charisme à une situation sociale de «routinisation du charisme», le plus souvent marquée par l'affirmation d'institutions qui ont pour mission de faire «survivre» le charisme du prophète après sa mort.

Plusieurs sociologues ont déjà souligné que l'un des traits caractéristiques des «nouveaux mouvements religieux» est justement la place centrale occupée par des leaders charismatiques : «bergers», «gourous», «maîtres spirituels[1]»... Certes, il n'est pas possible, dans une situation post-traditionnelle, d'analyser la fonction prophétique de ces leaders et leur capacité de créer du changement social, comme le faisait Weber pour les figures prophétiques qui surgissaient, en puissances innovatrices, au sein même d'une tradition. Comme le souligne Danièle Hervieu-Léger, «la modernité a constitué la nouveauté et le changement en valeur. Et en dissolvant le substrat socio-religieux à l'intérieur duquel l'intervention prophétique venait ouvrir une brèche, elle a ravalé les manifestations charismatiques au rang des effervescences marginales[2]».

S'il ne s'agit donc plus de lire, à la suite de Weber, l'intervention charismatique comme une force susceptible de modifier l'ordre social ou le cours de l'Histoire, on peut tou-

1. *Id, ibid.*

2. Danièle Hervieu-Léger, *Vers un nouveau christianisme ?... op. cit.*, p. 348.

tefois reprendre les très riches analyses du sociologue allemand sur le charisme et le « type idéal » de « communauté émotionnelle » qu'il élabore pour définir les groupes occidentaux d'adeptes du bouddhisme tibétain[1]. Ceux-ci s'agrègent autour du porteur du charisme, le lama, lequel mobilise sur sa personne les affects de disciples qui insistent sur l'authenticité de l'expérience vécue et un engagement total du corps et des émotions dans leur pratique religieuse. Comme le montrent les entretiens que nous avons conduits, aux premiers temps de la conversion, le contenu du message transmis par le lama compte beaucoup moins que l'exemplarité de sa vie, et c'est essentiellement à travers son témoignage et son expérience personnels que les adeptes se relient à une tradition. Éric, par exemple, qui vit aujourd'hui comme permanent dans un centre, s'est converti au bouddhisme lors de sa première rencontre avec un lama : « J'ai eu tout de suite confiance en lui : pour la première fois, j'ai rencontré une personne qui avait mis de la cohérence entre sa conduite et ce qu'il enseignait. J'ai été bouleversé par son authenticité [...]. Depuis bientôt vingt ans que je vis ici, je n'ai jamais été déçu par lui. » On peut donc dire que la socialisation religieuse du bouddhisme tibétain est principalement de type charismatique. Nous verrons plus loin qu'elle peut aussi revêtir un caractère institutionnel prononcé. Mais cette socialisation dans l'institution tire toujours sa légitimité du charisme du lama.

Un espace d'unification et de stabilisation de trajectoires éclatées

Le recours à la tradition a également une fonction de stabilisation et d'unification, car elle offre la possibilité à des

1. Max Weber, *Économie et société*, t. I, Plon, p. 475 *sq.*

individus aux trajectoires personnelles éclatées de trouver, même superficiellement, une certaine cohérence et une stabilité. L'enquête, notamment par voie de questionnaires, a montré que la plupart des pratiquants du bouddhisme zen et tibétain se sont véritablement « convertis » au bouddhisme après la trentaine, et plutôt vers trente-cinq, quarante ans. Beaucoup ont eu auparavant un parcours de vie assez chaotique sur le plan affectif et spirituel. En quête d'autres valeurs que celles proposées par la société occidentale, et déçus par leur religion d'origine, ils ont longtemps cherché un sens à leur existence et ce qu'ils appellent volontiers leur « propre voie spirituelle ». Ils mènent alors pendant des années une recherche tous azimuts à travers diverses lectures philosophiques et spirituelles, des stages de développement personnel, un travail psychologique de type gestaltiste ou jungien, la pratique du yoga, etc.

Au cours de ce parcours éclaté, nombre d'entre eux ont d'ailleurs croisé le bouddhisme à travers un livre, une conférence, un voyage en Asie. Ils ont ressenti une sympathie et un intérêt pour les enseignements du Bouddha, mais pas au point de s'engager dans une pratique. Et puis, quelques années plus tard, toujours errants, ils retrouvent le bouddhisme au hasard d'une rencontre ou d'une lecture, et décident alors de franchir la porte d'un centre. Le déclic est le plus souvent immédiat. Ils « reconnaissent » dans le message et les pratiques bouddhistes ce à quoi ils aspiraient depuis de nombreuses années. D'un coup, leur parcours inchoatif semble trouver une cohérence nouvelle.

Parmi les nombreuses trajectoires précédemment décrites, le parcours de Pauline est à cet égard particulièrement exemplaire. Après le décès de son ami, elle cherche pendant plus de dix ans « quelque chose sans pouvoir l'identifier vraiment » : voyage au Népal et au Tibet, séjour dans un couvent, stage New Age, étude du tarot... Mais elle ne se sent toujours pas « satisfaite ». La rencontre avec le bouddhisme a donné enfin une cohérence et un sens à sa quête. La conversion au sein d'une tradition apparaît ainsi comme un processus essentiel à la construction d'une identité.

Les notions d'unité et de stabilité semblent souvent liées dans les récits de conversion. Les convertis affirment à la fois trouver leur unité, une cohérence intérieure qui leur faisait jusqu'alors défaut, leur identité véritable, et ils affichent leur désir de se stabiliser durablement dans la tradition qu'ils ont rencontrée. Cette intention, certes, n'est pas toujours suivie d'effet, et un certain nombre de convertis abandonnent tout contact avec le centre après quelques mois ou quelques années de pratique. Pour ceux qui se sont enracinés, en revanche, cette stabilité apparaît indispensable à l'approfondissement de la voie spirituelle.

Si le bouddhisme constitue indéniablement un espace de stabilisation et d'enracinement de nombreux itinéraires contemporains du « croire », n'est-ce pas aussi parce qu'il semble offrir en permanence cette liberté d'entrée et de sortie, de croire ou de ne pas croire en tel ou tel aspect de la doctrine, de changement de maître au sein même de la tradition, et de choix entre des moyens extrêmement divers de progression spirituelle ? « Ce qui m'a particulièrement touchée dans le bouddhisme, c'est la liberté laissée à chacun de prendre ce qui lui convient », rappelle aussi Jacqueline. Espace moderne de liberté où chacun peut ajuster ses propres besoins spirituels, autant qu'espace traditionnel d'enracinement, le bouddhisme semble là aussi parfaitement adapté à la demande paradoxale des Occidentaux.

Un parcours individuel relié à une lignée croyante

L'appel à la tradition revêt enfin, pour tous les pratiquants du bouddhisme, une fonction mémorielle. Ce qu'ils recherchent dans l'invocation de la tradition, ce n'est nullement son caractère normatif et contraignant, mais la possibilité qu'elle leur offre d'agréger leur « petite quête individuelle » à une « grande aventure historique ». Ici aussi, la réarticulation du rapport à la tradition semble s'effectuer dans le cadre d'une religiosité émotionnelle selon le « type idéal » wébérien. Dans le contexte général de dissémination du « croire », le recours à des figures charismatiques sur lesquelles l'émotion se fixe constitue l'une des seules façons, pour les « petites pages » des parcours individuels atomisés, de s'agréger au « Grand Livre » de la Tradition.

Les travaux de Danièle Hervieu-Léger sur la tradition et la mémoire se révèlent ici on ne peut plus éclairants. Dans son livre *La Religion pour mémoire*, la sociologue rappelle que l'un des traits majeurs des sociétés modernes, c'est qu'elles ne sont plus des « sociétés de mémoire », tandis que toute religion implique une mobilisation spécifique de la mémoire collective qui prend la forme d'une lignée croyante : « Au principe de toute croyance religieuse, il y a la croyance en la continuité de la lignée croyante. Cette continuité transcende l'Histoire. Elle est attestée et manifestée dans l'acte, essentiellement religieux, qui consiste à *faire mémoire* (*anamnèse*) de ce passé qui donne sens au présent et contient l'avenir. Cette pratique de l'anamnèse est mise en œuvre, la plupart du temps, sous la forme du rite. Ce qui spécifie le rite religieux par rapport à toutes les autres formes de ritualisation sociale, c'est que la répétition régulière des gestes et paroles fixés dans le rite a pour fonction d'inscrire dans le déroulement du temps (en même temps que dans le déroulement de la vie de chaque individu incorporé à la lignée) la mémoire des événements fondateurs qui ont permis à la lignée de se constituer et/ou qui attestent, de manière particulière, de la capacité de cette lignée de se prolonger, à travers toutes les vicissitudes qui ont mis et qui mettent son existence en péril[1]. » L'auteur entend d'ailleurs montrer que cette invocation d'une lignée croyante caractérise la modalité propre du « croire » religieux : « L'existence

1. Danièle Hervieu-Léger, *La Religion pour mémoire*, *op. cit.*, p. 180.

d'une telle pratique, à travers laquelle un groupe de croyants signifie pour lui-même et pour l'extérieur son inscription dans la continuité d'une filiation qui justifie entièrement le rapport qu'il entretient au présent, est ce qui permet de considérer qu'on a bien affaire à une religion, et non pas à une sagesse, à une philosophie de la vie ou à une morale[1]. » Danièle Hervieu-Léger souligne encore que « c'est la capacité reconnue de dire la « mémoire vraie » du groupe qui constitue le noyau du pouvoir religieux[2] ».

L'inscription dans une lignée croyante, ou plus précisément, ici, dans une *lignée de pratiquants* et d'hommes ayant fait cette *expérience* fondamentale de l'« éveil », est un trait essentiel du bouddhisme. Chaque lama tibétain ou maître zen commence son enseignement en faisant référence à ses propres maîtres et en montrant la filiation qui le relie à tel ou tel des lointains fondateurs de lignées, qui tous remontent, de maître à disciple, au Bouddha lui-même. L'ayant elle-même reçue au Japon, Évelyne Holzapfel explique fort bien l'importance de la transmission dans le bouddhisme zen : « Pour beaucoup d'Occidentaux, la transmission, c'est obtenir quelque chose, comme avoir un diplôme. Là, ce n'est pas du tout ça. Le Zen correspond au moment initial du bouddhisme, au moment de l'éveil de Bouddha. Chaque fois qu'il y a eu une transition de continent à continent, s'est construite autour de ce moment-là, de cette expérience fondatrice, une école, une structure. Ç'a été le cas de Boddhidharma qui est parti d'Inde, seul, pour aller en Chine et qui a passé neuf ans à méditer face à un mur. Ç'a été le cas ensuite de Dogen qui a amené le Zen au Japon. Et c'est ce qui se passe actuellement avec l'Occident. À chaque fois, c'est l'attitude d'éveil du Bouddha historique qui est vécue.

1. *Id.*, *ibid.*, p. 181. Signalons de manière incidente que ce « type idéal » de la religion, qui peut être discuté pour d'autres raisons, fonctionne bien avec le bouddhisme, à l'inverse des définitions substantielles classiques qui font référence à des « puissances surnaturelles ».

2. *Id.*, *ibid.*

La transmission s'objective par la lignée qu'on formalise à travers un document de transmission où tous les noms des maîtres sont notés et reliés par un trait rouge qui veut exprimer le fait de la rencontre vivante, c'est-à-dire du sang qui circule. La transmission exprime que quelqu'un qui vit le *zazen* maintenant vit le même *zazen*, la même vitalité du *zazen* que Shâkyamuni Bouddha. Si quelqu'un maintenant vit le *zazen*, c'est ce moment de vie de *zazen* qui donne vie à toute la transmission. Le *zazen*, c'est un peu cette impulsion initiale qui se transmet. Le lien de personne à personne anime et rend vivante cette expérience : il y a une transmission de vie. Je crois qu'on retrouve cela dans le christianisme : l'enseignement du Christ est vivant à travers ses disciples qui vivent cet enseignement. Le christianisme pourrait-il exister sans les disciples du Christ vivant cet enseignement ? »

Le fait que toute autorité religieuse, dans le bouddhisme, tire sa légitimité de cette inscription dans une lignée *, a déjà été évoqué. Un « vrai maître » doit pouvoir faire état de son inscription dans une lignée. Et le pouvoir institutionnel repose entièrement sur la légitimité à reconnaître l'authenticité d'une lignée, ou celle d'une transmission comme la réincarnation d'un grand lama dans le cadre du bouddhisme tibétain. C'est ce qu'ont parfaitement compris les Chinois qui cherchent à affaiblir l'autorité religieuse du dalaï-lama en suscitant des divisions au sein de la communauté monastique tibétaine autour de la reconnaissance de la réincarnation des chefs de lignées récemment décédés, à commencer par les deux plus importants d'entre eux, le panchen lama et le Karmapa.

Nous avons aussi longuement souligné l'importance que les pratiquants français du bouddhisme zen et tibétain accordent aux notions de transmission et de lignée. Pour Christophe, « le bouddhisme est la seule tradition vivante, authentique, qui s'est transmise de maître à disciple sur la planète ». Jacqueline souligne quant à elle qu'« il est dit dans le bouddhisme tibétain que si la transmission vivante est rompue à un moment donné, tout se perdra». Pour tenter de briser cet isolement auquel conduit l'individualisation du «croire», pour partager avec d'autres – en remontant très loin à travers le temps et l'espace – l'expérience et la croyance vécues dans la solitude de la subjectivité, nombre d'individus trouvent ainsi dans le bouddhisme la possibilité de s'insérer dans une «lignée croyante», d'agréger leur parcours personnel à un parcours collectif, de pallier leur amnésie religieuse en faisant appel à une mémoire légitime.

3

La tradition bricolée

Ces différents modes d'agrégation à une tradition ne doivent cependant pas faire illusion. Le bricolage reste la plupart du temps à l'œuvre chez les Occidentaux qui se réfèrent à la tradition bouddhiste. En effet, ce n'est plus aujourd'hui la tradition qui s'impose à l'individu et l'intègre dans son moule, mais l'individu qui choisit une tradition et l'adapte à ses besoins personnels. C'est donc à un véritable « renversement copernicien de la conscience religieuse[1] », pour reprendre l'expression de Marcel Gauchet, que nous assistons. « La légitimité a basculé de l'offre de sens à la demande de sens[2] », poursuit l'auteur du *Désenchantement du monde*. Comme le souligne très bien Danièle Hervieu-Léger, « être religieux en modernité, ce n'est pas tant se *savoir* engendré que se *vouloir* engendré. Ce remaniement fondamental du rapport à la tradition qui caractérise le croire religieux moderne ouvre, de façon en principe illimitée, les possibilités d'invention, de bricolage et de manipulation des dispositifs du sens susceptibles de faire tradition[3] ».

1. Marcel Gauchet, « La Religion dans la démocratie », in *Le Débat*, Gallimard, p. 109.

2. *Id.*, *ibid.*, p. 107.

3. *Op. cit.*, p. 245.

Dépossession de soi ou accomplissement de soi ?

L'avènement moderne du sujet qui revendique son autonomie et sa liberté de choix marque donc en profondeur les quêtes spirituelles contemporaines, et le bouddhisme, malgré son idéal d'abandon des illusions du moi, est tout aussi « contaminé » par l'individualisme occidental. Mis à part quelques cas d'individus immergés depuis de nombreuses années dans un univers bouddhique traditionnel, tel Matthieu Ricard ou bien des méditants assidus comme Jean-Pierre Schnetzler ou Gérard Godet, la plupart des adeptes français du bouddhisme continuent, plus ou moins à leur insu, de « bricoler » et de pratiquer le bouddhisme plus dans une perspective de développement personnel ou de renforcement de leur individualité que d'« abandon de l'ego », qui constitue pourtant le but ultime du bouddhisme. L'un des premiers lamas tibétains venus en Occident, Chögyam Trungpa, avait déjà souligné ce fait dans divers ouvrages. Faisant remarquer que la société de consommation ne s'arrêtait pas aux biens matériels, mais envahissait aussi l'espace spirituel, il dénonçait avec vigueur ce qu'il appelait le « matérialisme spirituel », c'est-à-dire la récupération par l'ego de la démarche spirituelle[1]. Certains adeptes interviewés soulignent aussi cet aspect.

« J'ai de plus en plus conscience que le danger, dans le bouddhisme comme dans la psychanalyse, c'est de trop renforcer l'ego, explique Maïté. Je suis convaincue que les valeurs morales ou éthiques n'ont aucun sens si le socle n'en est pas l'amour. Elles se cassent alors la figure les unes après les autres s'il n'y a pas ce fondement de l'amour. Et j'ai vu un sacré nombre de bouddhistes mal en point, en grande souffrance. Le bouddhisme, pour eux, c'était l'occasion de se soigner eux-mêmes, sans ouverture vers les autres. Alors

1. Chögyam Trungpa, *Pratique de la voie tibétaine,* Seuil, 1991.

ils développaient certaines vertus, ils faisaient preuve parfois d'une grande discipline de vie, mais sans l'amour, sans l'ouverture du cœur, et tout ça, un jour, se casse la figure. »

Dans une interview accordée à la revue *Sangha*, publiée par des disciples français, le chef de file des Droukpa Kargyu, une lignée tibétaine, Droukchen rinpoché, déplore aussi, en des termes très vigoureux, cet « égoïsme » et cet « individualisme » des adeptes occidentaux.

« C'est le message essentiel du bouddhisme qui est oublié. Ce message essentiel est que, quoi que vous fassiez, vous le fassiez pour tous les êtres. La mentalité des Occidentaux les amène à ne penser qu'à eux-mêmes pour se libérer, pour obtenir la libération, parce qu'ils tendent à chercher quelque chose d'autre, comme la paix intérieure, ce qui est bon, bien sûr, mais ils ne le conçoivent que pour eux-mêmes. Chacun veut être le premier, ce à quoi la société les conditionne : à l'école, à l'université, etc. Jusqu'aux examens, ils sont conditionnés à être les premiers, les meilleurs, les plus rapides et à être "super" ! Par conséquent, lorsqu'ils étudient le bouddhisme, ils pensent aussi comme cela : je dois être le premier, je dois me libérer moi-même. Moi, moi, moi, je, je, je, ego, ego, ego – C'est le but qu'ils poursuivent. C'est la seule chose qui les tient éloignés du chemin de la vérité. Ils étudient avec ardeur, comparativement aux Asiatiques, comme les Indiens ou les Tibétains. Mais ceux-ci ne pratiquent pas réellement. En Occident, les gens pratiquent réellement, mais n'arrivent pas au stade où ils devraient être en raison de leur absence de motivation authentique[1]. »

L'enquête a montré que la motivation principale d'une majorité d'adeptes gravite autour de l'accomplissement de soi et du développement de leurs potentialités personnelles, ce vers quoi tend la modernité psychologique, plus que vers la dépossession de soi et la perte des illusions de l'individualité prônées par le Bouddha. Ce que la plupart recher-

1. Droukchen rinpoché, in *Sangha*, n° 10, octobre 1994, p. 5.

chent, c'est d'être bien dans leur peau, de trouver une certaine sérénité, de pacifier leurs émotions. La méditation permet un travail sur soi qui apporte un meilleur équilibre, une unité intérieure, une harmonisation du corps et de l'esprit. Les pratiquants occidentaux n'en demandent finalement pas plus au bouddhisme, et si la perspective d'une longue ascèse intérieure conduisant à un total détachement et à une mort de tous les désirs en vue d'atteindre l'éveil ultime est parfois revendiquée, elle est très rarement recherchée dans la pratique !... Assurément, le nirvana ne fait pas vraiment recette chez les bouddhistes occidentaux.

La réincarnation réinterprétée

Ce remaniement du rapport à la tradition se traduit notamment par une relecture des croyances bouddhistes à travers le prisme de l'individualisme moderne. La croyance en la réincarnation en est un excellent exemple. La notion bouddhiste de « renaissance » est indissociable de la croyance indienne en la roue des existences, le *samsâra*. Comme les hindous, les bouddhistes cherchent à échapper à cette ronde infinie des renaissances, à quitter définitivement ce cycle infernal. Toute la doctrine bouddhiste vise à atteindre cette libération par l'extinction de la « soif », du désir – jusqu'au désir même de renaître. Nous avons interrogé, par le biais du questionnaire, les pratiquants du bouddhisme zen et tibétain qui affirment croire en la réincarnation, sur ce qu'ils attendent de la pratique du bouddhisme. Trois réponses fermées et une réponse ouverte étaient proposées ; 30 % répondent : « me libérer du cycle des renaissances » ; 43 % : « m'améliorer en cette vie sans me soucier des vies futures » ; 14 % souhaitent « obtenir une bonne incarnation dans une vie future », et 13 % fournissent une autre réponse. Il apparaît donc qu'à peine un tiers des pratiquants français les plus engagés souhaitent véritablement se libérer du cycle des renaissances. La grande majorité, ne place pas l'éveil et la libération définitive comme objectif principal, mais plutôt ont un souci de progression humaine et spirituelle selon un rythme et une intensité qui restent propres à chacun. Une minorité non négligeable, enfin, affirme sans complexe vouloir « obtenir une bonne incarnation dans une vie future », ce qui apparaît encore plus fortement dans les entretiens. Ainsi, la plupart des adeptes français du bouddhisme n'ont assurément aucune envie de ne plus se réincarner ! Ce qui est considéré comme l'enfer par le Bouddha est plutôt considéré comme un petit paradis par un nombre non négligeable de ses disciples occidentaux qui préfèrent l'idée de revenir sur Terre – quitte à connaître à nouveau la souffrance – plutôt que d'atteindre le nirvana et de quitter définitivement cette bonne vieille planète. Pour reprendre le mot de Woody Allen : « La vie est insupportable, mais le pire, c'est qu'elle s'arrête ! »

Cette tendance est encore plus manifeste chez les sympathisants du bouddhisme – beaucoup plus nombreux que les pratiquants, rappelons-le – qui n'ont aucun ancrage traditionnel et pour lesquels la croyance en la réincarnation (lorsqu'elle est présente) est totalement transformée par le culte moderne de l'individualité et le désir d'immortalité en ce monde présent. La progression constante de cette croyance en Occident – 24 % des Européens et près de 40 % des dix-huit, vingt-cinq ans – s'explique ainsi par cette possibilité qui semble offerte à chaque individu de revenir vivre indéfiniment sur Terre en retrouvant son individualité propre. Cette compréhension, à la fois contraire à l'anthropologie bouddhiste – qui récuse la notion même d'individualité substantielle pouvant se réincarner – et à son objectif ultime, se comprend très bien dans la perspective de l'individualisme moderne. Nous avons montré ailleurs[1] que les occultistes – Allan Kardec ou les fondateurs de la Société Théosophique – avaient été parmi les premiers Occidentaux à offrir cette relecture moderne de la réincarnation selon laquelle l'« ego individuel » ne cesse de progresser à travers des vies successives de plus en plus enrichissantes. On ne peut mieux exprimer l'idéal moderne d'accomplissement de soi. Le succès du bouddhisme en Occident entraîne ainsi la diffusion de nouvelles croyances comme la réincarnation, lesquelles sont le plus souvent réinterprétées de manière totalement contradictoire avec les enseignements orthodoxes du bouddhisme.

Le self-service religieux

Le bricolage et le remaniement du rapport à la tradition affectent aussi les comportements religieux. On constate notamment une adhésion communautaire très lâche et une conception instrumentale de la communauté qui exaspère parfois les responsables des centres. Tous ceux que nous avons rencontrés, qu'ils soient français ou asiatiques, déplorent en effet le manque d'assiduité des pratiquants et leur volatilité. Taïkan Jyoji, ce maître zen d'origine suisse qui a fondé en 1975 le premier centre de Zen rinzai en France après avoir vécu sept ans au Japon, souligne le « papillonnage » des Occidentaux.

« Très peu persévèrent dans la voie du Zen. L'Occidental est un touche-à-tout et si, cette année, il a décidé de passer une semaine de ses vacances à faire du Zen, l'année prochaine il essaiera de faire du tai-chi, l'année suivante il s'inscrira à un stage de yoga, etc. Or, ce n'est pas en une demi-heure, ni même en une semaine qu'on peut arriver à faire la percée en soi, à mettre un terme aux pensées pendant la méditation, à arriver à un *zazen* profond qui permet de voir clair dans sa véritable nature [...]. En fait, je crois que les Occidentaux veulent atteindre tout de suite le sommet de l'échelle. Ils ne reviennent plus parce qu'ils n'ont pas atteint

1. Frédéric Lenoir, *La Rencontre du bouddhisme et de l'Occident, op. cit.*

ce qu'ils pensaient atteindre au bout d'une semaine de pratique. »

L'accélération du mouvement et le besoin de nouveauté, caractéristiques de la modernité, s'accordent mal, en effet, avec la patiente fidélité qu'exige tout chemin spirituel traditionnel.

On a déjà souligné le très important *turnover* que connaissent les centres : environ 10 % des pratiquants restent fidélisés plus de cinq ans, et 3 % plus de dix ans, selon les statistiques de l'institut Karma Ling. Les adeptes du bouddhisme tibétain, notamment, ont tendance à changer de centre selon l'évolution de leurs besoins et la présence ponctuelle de tel ou tel grand lama venu dispenser une initiation ou un enseignement. Relevée par les sociologues à travers les nombreux pays européens, cette fluidité des engagements et cette conception instrumentale de la communauté sont parfaitement typiques de la modernité religieuse, et touchent toutes les religions historiques comme les « nouveaux mouvements religieux ». Elles traduisent une fois encore cette révolution copernicienne de la conscience religieuse : ce n'est plus la tradition qui dicte le sens à l'individu, mais l'individu qui va librement chercher ce qui fait sens pour lui dans une ou plusieurs religions. Le « self-service » religieux est la conséquence de ce basculement du rapport à la tradition, et, mis à part une faible minorité de fidèles profondément et durablement socialisés dans une religion, la plupart des Occidentaux qui se convertissent aujourd'hui au sein d'une tradition historique ne s'investissent ni totalement – le bricolage et les réinterprétations subjectives restent à l'œuvre – ni durablement. « Il y a d'excellentes raisons pour que les hommes d'après la religion aient la tentation de se convertir tous azimuts, souligne Marcel Gauchet. Et il y en a de meilleures encore pour que leurs conversions ne soient ni très solides ni très durables, parce qu'ils ne sont pas capables de renoncer aux raisons qui les déterminent à se convertir, ce qu'exige une conversion pour être entièrement efficace. Aller-retour et compromis boiteux entre l'adhésion et la distance, entre le culte du problème et le choix de la solution qui définit la religiosité spécifique de l'époque – et peut-être le mode durable de survie du religieux au sein d'un monde sans religion [1]. »

La conversion au bouddhisme en offre un excellent exemple.

1. Marcel Gauchet, *Le Désenchantement du monde*, *op. cit.*, p. 300.

4

Dire l'ancien avec des mots nouveaux

La dialectique entre tradition et modernité, telle que nous la voyons à l'œuvre chez les Français touchés par le bouddhisme, revêt un caractère assez original et particulièrement intéressant si l'on observe les rapports qu'ils entretiennent avec leur religion d'origine. Beaucoup sont issus du catholicisme et n'ont conservé aucun contact avec cette religion qu'ils jugent « périmée ». Un nombre non négligeable, cependant, comme nous avons pu le constater, n'a pas complètement « coupé intérieurement les ponts » avec la personne de Jésus, ni avec certains aspects du message chrétien, voire parfois du rituel catholique. Certains pratiquants retrouvent même parfois explicitement une relation avec l'Église catholique. Mais, pour une majorité, notamment la plupart des individus relevant de l'immense catégorie des sympathisants, le retour à leur religion d'origine, sous une forme ou sous une autre, est inenvisageable tant le catholicisme leur apparaît, malgré certains traits séduisants de son message, comme appartenant irrévocablement au passé. Deux critiques essentielles sont fréquemment portées : tout d'abord, le caractère dogmatique, autoritaire et normatif du catholicisme ; l'Église catholique fait ici les frais de deux des traits les plus fondamentaux de la modernité : l'avènement de l'individu qui revendique son autonomie, et la perte de toute centralité dans un univers de plus en plus marqué par le relatif[1]. La seconde critique insiste sur le peu de crédibilité et sur l'usure du discours catholique ; tous les témoignages soulignent ainsi soit le caractère incompréhensible des notions fondamentales du christianisme – incarnation, rédemption, trinité –, soit l'usure des vocables de la foi catholique : salut, enfer, paradis, providence, amour du prochain, etc. Ce qui est pointé, c'est une triple disqualification de la religion chrétienne – et tout particulièrement du catholicisme – dans la modernité : disqualification d'abord par son aspect autoritaire et dogmatique ; ensuite, par sa théologie jugée incompréhensible et non crédible pour des esprits modernes ; enfin, par l'usure des mots au sein d'une civilisation vieille de deux mille ans. Ainsi, non seulement on ne veut plus entendre parler de dogmes et de normes, mais aussi les concepts ultimes et les mots essentiels de la foi chrétienne ne « font plus sens » pour de nombreux Occidentaux de cette fin du deuxième millénaire.

Vieux concepts et habits neufs

Nous ne reviendrons pas ici sur le refus des dogmes et des structures d'autorité normatives, ni sur le manque de crédibilité de la théologie chrétienne, déjà évoqués tout au long de cet ouvrage. Portons d'abord notre attention sur les nombreux individus encore « intérieurement proches » du christianisme qui tentent de redire, en utilisant des mots et des concepts empruntés au bouddhisme, des segments typiques du message chrétien. La « nouveauté » du bouddhisme leur permet en quelque sorte – et plus ou moins consciemment selon les individus – de sauver de la vétusté l'habillage d'un message qui leur tient encore à cœur ou qui les habite inconsciemment. Prenons quelques exemples.

1. Sur ce point, voir notamment les analyses de Patrick Michel dans *Politique et religion, op. cit.*, et *Religion et démocratie, op. cit.*, ou de Marcel Gauchet dans *La Religion dans la démocratie, op. cit.*

La notion de compassion apparaît dans l'enquête comme l'une des principales raisons de l'attrait exercé sur les Français par le bouddhisme. En considérant de près leur discours sur la compassion, on s'aperçoit qu'ils pourraient tout aussi bien concerner l'*agapê*, l'amour chrétien, tel qu'il ressort d'une lecture du Nouveau Testament. Même s'il renvoie dans leur esprit à une notion similaire, l'utilisation d'un mot nouveau est essentielle pour redonner du sens à un concept trop usé et déformé. « Au nom de l'*amour*, les chrétiens ont massacré tant d'innocents que je ne peux plus employer ce mot dans son sens spirituel, pas plus que celui de Dieu, d'ailleurs, explique Xavier. Le terme de *compassion* veut sans doute dire la même chose, mais il n'a pas cette connotation pour moi péjorative[1]. »

Autre exemple : le paradis. La notion d'un paradis biblique, véritable jardin d'Éden, éternel lieu de délices, apparaît complètement « ringarde » aux adeptes français du bouddhisme. Dans le même temps, la plupart des fidèles du bouddhisme tibétain admettent sans difficulté la notion de *Dewatchen*, lieu de joie et de repos exempt de toute souffrance, qui correspond fondamentalement au paradis chrétien, à cette seule différence près qu'on continue à étudier et à se perfectionner en vue d'atteindre un jour à l'éveil.

On constate également que l'expression bodhisattva équivaut le plus souvent, dans le discours des bouddhistes français, à celle de « saint », et l'idéal du bodhisattva se substitue à celui de la sainteté sans qu'on puisse constater une véritable différence de compréhension entre les deux notions. De même, on peut se demander si la conception que se font nombre d'Occidentaux du karma ne tend pas à se substi-

1. Nous ne discuterons pas ici de savoir si, *théologiquement*, il y a adéquation ou non entre l'*agapê* chrétienne et la compassion bouddhiste ; il y aurait certainement beaucoup à dire sur le sujet ! Ce qu'il importe de relever dans le cadre de cet ouvrage, c'est l'assimilation faite par les Occidentaux entre certaines notions bouddhistes et certaines notions chrétiennes.

tuer à l'idée chrétienne de providence. « C'est mon karma », entend-on fréquemment dans la bouche des disciples français du Bouddha, au sens précis où un Juif, un chrétien ou un musulman diraient : « C'est la volonté de Dieu. » Tous les événements de la vie sont lus, déchiffrés, interprétés et prennent sens à travers cette croyance au karma, comme ils le sont dans le contexte d'une foi monothéiste, à travers la croyance en la Providence divine. Le karma est également parfois associé à une notion de culpabilité totalement étrangère à la pensée bouddhique.

On pourrait multiplier les exemples de cet ordre. Ce qu'il importe ici de souligner, c'est cette logique de substitution sémantique, fortement à l'œuvre, qui tend parfois à déformer certaines notions bouddhistes pour les ramener à l'univers conceptuel chrétien. Le plus souvent inconsciente chez les adeptes, cette logique leur permet de redire l'ancien – parfois profondément assimilé, mais formellement rejeté – avec des mots nouveaux.

Les « cathos-kagyu »

Ce processus ne concerne pas uniquement le vocabulaire, mais parfois aussi les pratiques et les comportements religieux. Cela est particulièrement manifeste chez certains Français socialisés dans l'école tibétaine Kagyupa, dont le Karmapa est le chef de lignée. Cette école, la plus répandue en France, possède de nombreux points communs avec le catholicisme : rôle important de l'institution et respect absolu de la hiérarchie des lamas, foisonnement de médiations et accent mis sur la vie rituelle et monastique ; pratiques tantriques qui mettent l'adepte en contact avec tout un panthéon de divinités bienveillantes et malveillantes, lesquelles ne sont pas sans rappeler les anges et les démons bibliques ; dévotion envers le lama, etc. J'ai pu observer chez plusieurs adeptes de l'école Kagyupa une véritable soumission à une autorité bouddhiste perçue comme une sorte de magistère. Certains croient aveuglément tout ce que disent les lamas, fussent-ils ou non leurs maîtres. Ils idéalisent fortement la communauté et investissent finalement dans le bouddhisme une foi similaire à celle qu'ils dénonçaient dans le catholicisme : « Une vérité qu'il faut croire transmise par un clergé autorisé. » Les autres adeptes du bouddhisme les appellent d'ailleurs ironiquement les « cathos-kagyu ».

On voit ainsi des cas étonnants de disciples ayant quitté le catholicisme, qu'ils trouvaient « trop rigide et normatif », s'astreignant à suivre les deux cent cinquante règles monastiques bouddhistes ! D'autres, qui reprochent au catholicisme de « reposer sur la foi et non sur la raison », souscrivent sans sourciller aux propos d'un grand lama qui réclame de l'argent pour l'édification d'un stoupa (monument religieux contenant des reliques) et qui explique :

« Ce support représente la pureté et la puissance de purification de tous les bouddhas. Le voir ou le toucher équivaut à recevoir une initiation... Un stoupa produit tous les bienfaits relatifs aussi bien qu'ultimes : il dissipe les influences négatives, protège des maladies, des guerres, des famines, des conflits..., il accroît tout ce qui est positif dans le monde, il augmente les récoltes, protège la vie, apporte l'harmonie... Je me réjouis que cette tradition passe maintenant en Occident [1]. »

Pour ces individus, la demande religieuse est parfois la même que dans le catholicisme : besoin de certitudes, d'une autorité qui transmette et vérifie ce qu'il faut croire et ce qu'il faut faire, besoin de rituels, de médiations, de dévotion. Mais c'est la perception consciente des traits modernes du bouddhisme qui leur permet de « revenir » à la religion, et ce retour semble alors également facilité par la perception inconsciente des nombreuses ressemblances formelles entre le catholicisme et le bouddhisme tibétain, créant ainsi une

1. Lama Guendune rinpoché, *Tendrel*, octobre 1992.

sorte de familiarité culturelle. Le caractère plus rationnel et pragmatique du bouddhisme engage l'individu moderne à faire le choix d'un retour à la religion, religion dans laquelle il ira chercher tout ce qui ressemble au catholicisme de son enfance et dont il peut avoir gardé plus ou moins consciemment la mémoire ou la nostalgie.

On peut dès lors se demander si cette forme de conversion ne constitue pas un contre-exemple de ce que nous avancions plus haut, à savoir la quasi-impossibilité, pour les Occidentaux, de revenir à un modèle traditionnel de conversion. L'observation attentive des comportements religieux de ces nouveaux convertis montre qu'il n'en est rien. Derrière l'apparente soumission au « magistère bouddhique », toutes sortes de bricolages sont encore à l'œuvre, et la plupart de ces engagements restent très fragiles. Comme cela a déjà été évoqué, « être religieux en modernité, ce n'est pas tant se *savoir* engendré que se *vouloir* engendré ». Cette nouvelle tradition, cette nouvelle autorité ne sont plus reçues, elles sont choisies. Ce renversement complet permet à l'individu moderne de s'engager dans une démarche de conversion, mais l'incite aussi à se réapproprier la tradition, et, derrière une apparente soumission, à l'ajuster à ses besoins, quitte à l'abandonner si cet ajustement se révèle impossible.

L'exemple des « cathos-kagyu » est particulièrement intéressant et manifeste toute la complexité et la subtilité de la dialectique à l'œuvre entre tradition et modernité dans certains processus de conversion au bouddhisme tibétain. Récapitulons les ingrédients et les étapes de ce processus :

1. le futur converti a pris ses distances avec la religion de son enfance qu'il rejette comme un héritage périmé. Cette attitude est typique du rejet par l'individu moderne des structures d'autorité et des vérités « héritées » ;

2. les valeurs mercantiles et technicistes de la société occidentale ne suffisent cependant pas à combler son besoin de sens, de repères, d'être relié à un cosmos vivant, de trouver une paix et une unité intérieures ;

3. la religion héritée de son enfance étant disqualifiée à ses propres yeux, il se tourne vers d'autres sagesses et systèmes religieux venus d'ailleurs ;

4. il rencontre dans le bouddhisme tibétain une religion qui lui semble éminemment moderne – discours logique et rationnel, ancrage dans le corps, efficacité des techniques –, mais qui ressemble en même temps à la religion de son enfance avec laquelle il entretient encore plus ou moins consciemment une relation affective : institution gardienne de certitudes, beauté des rituels, décorum, médiations, symboles, etc. D'un côté, donc, il est intellectuellement convaincu qu'il s'agit d'une religion moderne, crédible, compatible même avec la science occidentale ; de l'autre, il est touché affectivement, retrouve un certain nombre d'éléments de l'univers religieux traditionnel auxquels il aspire plus ou moins consciemment, et il est enfin rassuré par le caractère ancien de cette voie spirituelle, qui semble garantir son « authenticité » ;

5. l'obstacle majeur de l'institution normative est levé par le caractère charismatique de sa légitimité : le lama ne tire pas son autorité de sa seule fonction, mais de la force et de l'authenticité de son témoignage vécu. Par ailleurs, cette autorité est choisie librement, elle n'est pas imposée ;

6. le nouveau converti tient alors un discours – qui a valeur de légitimation de sa conversion pour lui-même et la société – dans lequel il met presque exclusivement en avant le caractère moderne de sa démarche et du bouddhisme : choix libre et volontaire d'adhérer à une voie spirituelle rationnelle, pragmatique et non normative. Il oppose d'ailleurs volontiers la modernité du bouddhisme, dont il force tous les traits, au caractère mythique, irrationnel et autoritaire de sa religion d'origine ;

7. mais, dans la réalité, son comportement est beaucoup plus pétri d'irrationalité qu'il ne veut bien l'admettre, il reproduit un certain nombre d'attitudes typiques de l'univers religieux dont il est issu, et intègre le plus souvent les

concepts bouddhistes à travers le prisme mental occidental marqué d'une part par les catégories judéo-chrétiennes, d'autre part par les valeurs et objectifs de la modernité.

Ce schéma ne peut évidemment pas s'appliquer à tous les convertis au bouddhisme tibétain, notamment à ceux qui n'ont pas reçu une éducation catholique prégnante. Mais il a l'avantage de montrer la complexité d'un processus qui met en branle toutes sortes de paradoxes et de mécanismes de projection.

La modernité bouddhiste au secours des traditions religieuses de l'Occident

Au-delà de ce jeu de miroirs inconscient ou de la simple substitution sémantique que nous évoquions plus haut, certains adeptes n'hésitent pas à affirmer que la découverte de certaines notions du bouddhisme leur a permis de «redécouvrir» des notions chrétiennes qui avaient perdu pour eux toute signification. Cette redécouverte s'est faite grâce au caractère «rationnel» du bouddhisme et à la pédagogie des enseignants bouddhistes qui leur ont permis de saisir ce qui leur semblait obscur ou obsolète dans le christianisme.

Ces aspects de la pédagogie bouddhiste sont sans cesse soulignés. Par sa rigueur et sa rationalité logique, il permet à des individus parfaitement intégrés à la modernité de «comprendre» certains concepts spirituels et religieux fondamentaux. Comme le bouddhisme partage par ailleurs certaines de ces notions avec d'autres familles religieuses – ainsi, le christianisme –, il permet d'éclairer de manière totalement nouvelle ce qui n'avait pas été compris du fait du discours dogmatique, trop usé ou énigmatique, de la catéchèse catholique.

Matthieu Ricard rapporte ainsi que, lorsque le dalaï-lama a lu et commenté les Évangiles devant un vaste auditoire essentiellement composé de chrétiens convaincus, «des prêtres, des moines et des moniales chrétiens, émus aux larmes, eurent l'impression d'entendre pour la première fois certains passages qu'ils avaient lus toute leur vie[1] ». Cela ne s'explique pas uniquement, comme le souligne Matthieu Ricard, parce que le dalaï-lama « vivait ce qu'il disait » – même si ce point-là est essentiel, et tous les entretiens insistent en effet là-dessus –, mais parce que le détour par l'interprétation bouddhique jette un nouvel éclairage sur des notions trop usées, qui ont fini par perdre toute signification ; et, parce que les bouddhistes offrent toujours une application pratique, un moyen concret d'« incarner » la notion abstraite, de lui permettre de faire son œuvre de transformation dans la personne à travers toute sa dimension corporelle, psychologique et spirituelle, celle-ci devient un jour « évidente », « lumineuse », « concrètement compréhensible » pour les pratiquants.

Marie, qui pratique le Zen et le bouddhisme tibétain, mais continue de se dire profondément chrétienne, expliquait précédemment fort bien comment la notion de pardon, centrale dans le christianisme, lui était inaccessible jusqu'à ce qu'elle parvienne à incarner son désir de pardonner dans un exercice de méditation.

Ariane, qui n'a jamais cessé de se considérer comme juive, souligne aussi que le bouddhisme lui a véritablement donné l'« intelligence » du judaïsme.

Il n'est donc pas étonnant qu'on commence à voir un certain nombre d'adeptes du bouddhisme revenir à leur tradition religieuse d'origine. Après un long détour par le bouddhisme dans lequel ils ont pu parfois rechercher inconsciemment la religion de leur enfance sous de nouveaux habits, ils la redécouvrent avec un œil neuf. Sans nécessairement abandonner toute pratique bouddhiste, ils décident de retourner à leur religion d'origine. Les clercs ou

1. Matthieu Ricard et Jean-François Revel, *Le Moine et le Philosophe*, *op. cit.*, p. 212.

les rabbins, inquiets du succès du bouddhisme, n'ont donc pas tant à redouter la concurrence de cette nouvelle religion. D'une part, parce qu'elle touche en majorité des individus qui sont déjà totalement sortis de l'univers religieux traditionnel ; d'autre part, parce que le bouddhisme ramène à eux un certain nombre de pratiquants. Qu'ils ne se réjouissent toutefois pas trop vite de ce « retour au bercail » : la religion de l'enfance n'est plus alors subie, mais librement choisie. C'est le caractère volontaire de cette adhésion qui rend possible cette « reconversion ». Mais c'est lui aussi qui la rendra toujours précaire et presque irrémédiablement soumise à la subjectivité et à l'autonomie du sujet.

5

Un laboratoire privilégié de la modernité religieuse

À travers une grande diversité d'observations et des analyses parfois divergentes, les sociologues des religions s'accordent à évoquer la modernité religieuse occidentale à travers ces trois constats.

• La perte de l'influence sociale des religions historiques semble inéluctable. Le processus de rationalisation a définitivement arraché les sociétés modernes à l'emprise des structures collectives du croire. Mais cette perte d'emprise des institutions religieuses sur les sociétés ne constitue qu'un aspect de leur mutation religieuse.

• La perte de crédibilité des grands systèmes de significations traditionnels ne signifie pas, en effet, l'épuisement des demandes de sens. Les sociétés modernes sont des sociétés où le croire prolifère. L'incertitude permanente qui résulte de cet « impératif du changement », caractéristique de la modernité, suscite de nouvelles recherches de sens, et le « croire » se développe d'autant plus que la rationalité scientifique et technique ne parvient pas à combler cette demande de sens.

• Au sein de cette nébuleuse moderne et éclatée du croire décomposé, certaines recherches et élaborations de sens se justifient par l'inscription dans une tradition, qu'elles revendiquent. On assiste alors à des phénomènes de recompositions du croire.

La diffusion du bouddhisme en France me semble constituer un excellent laboratoire de ces métamorphoses du religieux dans la modernité. On y voit tout particulièrement à l'œuvre les deux processus typiques de décomposition et de recomposition du croire.

Le croire errant

La diffusion du bouddhisme en Occident participe d'abord pleinement du processus très ample de décomposition du croire. Par sa plasticité, la souplesse de sa doctrine, ses valeurs éthiques et son substrat philosophique universel, par l'absence de magistère et d'institution universelle, le foisonnement de techniques psycho-corporelles qui le caractérisent, le bouddhisme se prête parfaitement à une utilisation « à la carte », hors de tout contexte traditionnel. Chacun peut venir y piocher une croyance, une technique de méditation, un raisonnement philosophique, une valeur morale, sans être contraint de fréquenter une quelconque communauté ou institution. Le phénomène revêt peut-être d'autant plus d'ampleur que, contrairement au christianisme, les gardiens de l'orthodoxie, sans pour autant les y encourager, ne dissuadent pas les Occidentaux d'agir ainsi. Le dalaï-lama, par exemple, ne cesse de répéter que, si certains peuvent trouver dans le bouddhisme tel aspect pratique ou conceptuel qui puisse les aider à « mieux vivre », il ne trouve rien à y redire, si ce n'est qu'il faut bien distinguer cette utilisation ponctuelle du bouddhisme de la tradition elle-même. Deux des trois catégories de Français touchés par le bouddhisme que nous avons mises au jour, les « proches » et les « sympathisants », pratiquent ce bouddhisme à la carte. Le sympathisant y trouve le plus souvent des valeurs de tolérance, de non-violence, de responsabilité, une pensée écologique ou même des croyances plus religieuses, comme celle en la réincarnation, qu'il incorpore de manière très personnelle à son petit dispositif de sens. L'intellectuel-agnostique y puise un cadre de référence éthique, une philosophie humaniste, une sagesse laïque. Le chrétien méditant adopte des techniques psycho-corporelles qui l'aident à ancrer sa vie spirituelle dans le corps et à libérer, par l'exercice de la méditation, un espace de silence intérieur dans lequel il entend accueillir le Verbe divin. Le bricoleur-syncrétiste pioche un peu de tout cela, et le bouddhisme constitue souvent, pour lui, une sorte de colonne vertébrale qui tient ensemble l'extrême variété des symboles, des croyances et des pratiques de sa religion en kit. Nous avons d'ailleurs constaté que le bouddhisme, sans doute à cause de ses nombreuses parentés avec la modernité, servait de boussole provisoire à de nombreux chercheurs spirituels « errants ».

Non seulement le bouddhisme en Occident participe du processus global de décomposition religieuse, mais il tend probablement aussi à l'activer. Il offre en effet, sur le vaste « marché » des signes, des techniques, des symboles et des croyances qui aident à faire sens, une gamme extrêmement large de « produits » parfaitement ajustés à la modernité. Prenons quelques exemples.

Toutes les enquêtes d'opinion montrent que la croyance en un Dieu personnel, noyau dur des monothéismes, ne cesse de s'estomper au profit d'une croyance très floue en une force ou en une énergie impersonnelles. L'apophatisme bouddhique et sa philosophie immanente ne tendent-ils pas à accréditer – et à donner un cadre conceptuel à – cette forme moderne de croyance « non théiste » qui précipite le déclin des religions du Livre ? La croyance en la réincarnation, même profondément réinterprétée en des termes totalement contradictoires avec son acception traditionnelle, tend également à se substituer, dans l'esprit de nombreux croyants – 34 % des catholiques pratiquants en France –, à celle de résurrection, minant ainsi l'un des dogmes les plus fondamentaux du christianisme et sapant toute sa vision eschatologique.

À partir d'enquêtes menées dans la plupart des pays occidentaux, les sociologues ont également mis en évidence un processus global d'homogénéisation éthique des religions. Ainsi, pour Danièle Hervieu-Léger, « un "œcuménisme des valeurs", dans lequel l'idéal de fraternité entre les hommes absorbe et dilue toute référence à la transcendance, paraît être en passe de s'imposer à travers une morale très généralement acceptée des droits de l'homme [1] ». Jean-Paul Willaime a également souligné que cette religion éthique non seulement s'imposait au niveau des consciences individuelles, mais servait aussi aux institutions étatiques pour définir les fondements civiques d'« un nouvel art de vivre ensemble [2] ».

Le bouddhisme est on ne peut mieux ajusté à cette demande tant individuelle que collective, et le dalaï-lama apparaît comme le « pape » de cette nouvelle religion moderne des droits de l'homme, mais aussi de la nature. Nul doute, là aussi, que ce processus de recomposition éthique qui mine les traditions religieuses – y compris d'ailleurs le bouddhisme dans sa dimension traditionnelle – est fortement activé d'une part par l'action et les propos très médiatisés du leader tibétain, d'autre part par le fait que le bouddhisme offre un excellent cadre conceptuel à cette nouvelle éthique universelle.

Si, comme on a pu l'affirmer, le christianisme a été « son propre fossoyeur [3] » en lançant un message qui portait en germe l'individualisme moderne et la religion des droits de l'homme, on peut dire que le bouddhisme arrive à point nommé en Occident pour apporter des aliments et servir de tuteur aux jeunes pousses de cette « religion éthique » qui semblent croître sur la tombe de l'orthodoxie chrétienne.

1. Danièle Hervieu-Léger, *Le Pèlerin et le Converti*, *op. cit.*, p. 58.

2. Jean-Paul Willaime, « État, éthique et religion », in *Cahiers internationaux de sociologie*, vol. LXXXVIII, 1990, pp. 189-213.

3. Peter Berger, *La Religion dans la conscience moderne*, *op. cit.*, p. 206.

Le croire recomposé

Si le bouddhisme s'insère dans le processus de décomposition de la religion, et probablement même l'active, il participe également du processus beaucoup plus restreint de recomposition religieuse par un phénomène d'agrégation à la tradition. C'est la catégorie des « pratiquants » qui est concernée par ce processus, plus précisément celle des « fidèles pratiquants » et des « méditants assidus » où il est véritablement question de convertis. Le bouddhisme participe de deux manières à ce processus de recomposition : d'une part, en offrant un espace de stabilisation et d'enracinement à des quêtes spirituelles individuelles éclatées ; d'autre part, en permettant à un certain nombre d'individus de redécouvrir leur religion d'origine, parfois même de s'y réinvestir en profondeur. Si l'on peut affirmer que le bouddhisme non seulement participe au processus d'agrégation à une tradition, mais aussi le favorise, c'est dans la mesure où il est probablement lui-même la tradition religieuse qui présente le plus de parenté avec la modernité. Il permet ainsi à de nombreux individus en quête d'une « grande mémoire légitime », d'un espace spirituel traditionnel qui a fait ses preuves, de se greffer à une lignée croyante qui offre en même temps le visage de la modernité.

Nous avons vu, dans le cas des conversions au bouddhisme tibétain, l'importance et la subtilité de cette alchimie entre modernité et critique de la modernité, modernité et tradition. Les conversions au bouddhisme zen sont cependant généralement beaucoup moins marquées par ce caractère traditionnel et religieux. Mais peut-on alors parler de conversion ? Comme nous l'avons souligné, beaucoup de pratiquants de la mouvance Deshimaru récusent l'étiquette « bouddhiste », la notion de « religion » et l'idée même de « conversion ». Une large majorité maintient également une grande distance avec l'institution et l'autorité. La référence à une lignée croyante demeure, certes, toujours présente ; pour certains, cet enracinement au sein d'une tradition est capital, et nous avons pu constater, avec le témoignage d'Évelyne Holzapfel, qu'il manifeste un véritable investissement de type religieux. Mais ces cas sont finalement très minoritaires, surtout au sein de l'Association Zen internationale. Pour bon nombre de pratiquants, l'inscription dans une lignée revêt en fait un caractère assez superficiel et formel. S'ils attachent de l'importance en soi au fait de pratiquer au sein d'une tradition ancienne et qui a fait ses preuves, ils n'entendent pas, concrètement, dépendre d'une autorité religieuse ni se conformer à un univers traditionnel. Le Zen les attire essentiellement comme technique psychocorporelle ayant une dimension spirituelle, mais « non religieuse ». Dans un tel contexte, la pratique de *zazen* nous semble participer du processus général de sortie de la religion plutôt que de celui de recomposition religieuse.

On pourrait toutefois affiner ce jugement en prenant d'autres critères de mesure que la référence ou l'absence de référence à une tradition. Dans son dernier ouvrage, Danièle Hervieu-Léger propose un nouvel outil de repérage des quêtes spirituelles modernes particulièrement fin. Le projecteur est braqué sur la question de la légitimité et les différents modes de validation du croire[1]. L'auteur montre ainsi qu'il existe cinq grandes modalités de légitimation du croire : le régime de validation institutionnelle qui remet à l'autorité religieuse le soin de confirmer les croyances et les pratiques des fidèles ; le régime de validation communautaire où c'est le groupe comme tel qui constitue l'instance de légitimation ; le régime de validation mutuelle où c'est dans la confrontation intersubjective que s'opère la mise au jour de la vérité du croire ; le régime d'autovalidation, où toute instance de validation autre que l'individu lui-même disparaît ; enfin, le régime de validation charismatique, qui

1. Danièle Hervieu-Léger, *Le Pèlerin et le Converti*, *op. cit.*, pp. 179-190.

passe par l'intervention et le témoignage de personnalités exceptionnelles, et qui, selon la sociologue, ne constitue pas, comme tel, un régime spécifique de légitimation du croire, mais traverse les identités en assurant le passage de l'un à l'autre[1].

Cette analyse par le mode spécifique de validation nous semble un excellent outil pour classer et distinguer la diversité des « croire », notamment au sein du bouddhisme. Pour chaque individu ou groupe à peu près homogène d'individus, il faudrait se poser cette question du régime de validation. On peut évidemment faire ressortir de grandes catégories typiques. Ainsi, il apparaît que la plupart des individus relevant des catégories des « sympathisants » et des « proches » fonctionnent essentiellement sous le régime de l'autovalidation du croire, voire, dans certains cas, de validation mutuelle ou charismatique.

C'est au sein de la catégorie des pratiquants qu'on rencontrerait le plus grand nombre de cas de figure. Les individus qui fréquentent les groupes zen dans la mouvance de Deshimaru semblent essentiellement fonctionner selon une combinaison mêlant régime de validation communautaire et autovalidation. Les adeptes du Zen qui pratiquent dans un contexte plus traditionnel associeraient davantage les modes de validation communautaire et institutionnel. Une majorité d'adeptes du bouddhisme tibétain semble relever d'une combinaison de validation institutionnelle et charismatique. Nous avons déjà souligné que le contact avec l'institution s'établissait en effet par le biais du lama. Par son charisme, celui-ci tente souvent d'assurer la mise en conformité des adeptes à une institution dont il est lui-même un représentant.

Cette précieuse grille d'analyse me semble en même temps devoir être relativisée par un effet lourd de la modernité que nous avons déjà maintes fois souligné et qui nous

1. Id., *ibid*, p. 188.

apparaît avec force à travers le témoignage des pratiquants du bouddhisme : l'individualisme, qui conditionne toutes les quêtes spirituelles modernes et qui rend les formes de légitimité religieuse autres que l'autovalidation extrêmement précaires et friables. On peut même se demander si l'autovalidation n'est pas l'ultime forme de légitimité présente de manière sous-jacente à toutes les autres. Pour prendre un exemple très concret, nous avons rencontré plusieurs adeptes du bouddhisme tibétain qui avaient rejeté du jour au lendemain l'autorité de leur lama après que ce dernier leur eut adressé des critiques sur leurs intentions ou leurs manières de pratiquer. À partir d'une dévotion qui semblait inconditionnelle envers leur lama et d'une profonde soumission à l'institution, ces individus ont ainsi changé brutalement de maître spirituel et sont devenus critiques envers la tradition qu'ils fréquentaient – passant parfois notamment au Zen –, quand ils ne renonçaient pas définitivement à toute pratique communautaire du bouddhisme.

Ainsi, non seulement le bouddhisme accompagne mais aussi précipite les deux processus en œuvre qui modèlent la figure actuelle du religieux au sein de la modernité : celui d'une décomposition radicale et celui d'une recomposition par recours à la tradition. Il est cependant essentiel de garder à l'esprit que le processus de décomposition concerne, selon nos ordres de grandeur par catégorie, environ 99 % des Français touchés par le bouddhisme, alors que celui de recomposition en touche moins de 1 %.

Ces chiffres renvoient probablement à des proportions à peu près similaires de Français qui mènent une quête spirituelle hors des sentiers battus, par rapport à ceux qui cherchent à s'agréger à une tradition. Il est dès lors probable que la progression du bouddhisme en France – et plus largement en Occident – continue d'évoluer, suivant ces deux tendances, dans des proportions assez similaires. Selon ce scénario, le nombre de sympathisants pourrait augmenter dans des proportions considérables, atteignant la plupart des Français engagés dans une recherche de sens hors de tout investissement traditionnel, tandis que le nombre de convertis continuerait de croître de manière lente et progressive sans jamais atteindre des proportions suffisamment significatives pour qu'on puisse véritablement parler du bouddhisme comme d'une nouvelle grande religion de l'Occident susceptible, par exemple, de supplanter définitivement le christianisme.

CONCLUSION

Vers un bouddhisme français ?

Depuis une trentaine d'années, le grand arbre du bouddhisme asiatique a progressivement pris racine dans le paysage religieux français. Les trois « véhicules » sont bien représentés : le bouddhisme ancien ou Theravâda (Petit Véhicule) en provenance de divers pays du Sud-Est asiatique (Birmanie, Cambodge, Laos), compte une vingtaine de lieux de culte ; le bouddhisme du Mahâyâna (Grand Véhicule) est présent à travers diverses écoles japonaises – Zen, Nichiren Shoshu –, écoles vietnamiennes, notamment l'ordre Interêtre du maître vietnamien Thich Nhât Hanh, et compte environ cent cinquante centres et dôjôs ; le Vajrayâna* (Véhicule de diamant) est essentiellement représenté par les centres tibétains (une centaine de centres et de groupes de méditation), mais aussi par un temple Shingon japonais.

Cependant, il ne suffit pas de constater la présence du bouddhisme en France pour parler d'un bouddhisme français. Le message du Bouddha et le substrat fondamental de son enseignement se sont en effet acclimatés, au cours de leur long périple géographique et historique, à de nombreuses cultures locales dont ils ont épousé bien des traits. Et c'est par le biais de ces diverses cultures, tibétaine, japonaise, cambodgienne ou vietnamienne, que le bouddhisme parvient aujourd'hui en Occident. Comme nous l'avons expliqué au début de cet ouvrage, la plupart des Français qui pratiquent le bouddhisme le font à travers deux grands courants, ceux du Zen japonais et surtout du bouddhisme tibétain. Deux questions cruciales découlent de ce constat : comment distinguer, dans les enseignements et les pratiques qui sont transmis, ce qui relève du message fondamental des traits culturels spécifiques du transmetteur ? quel peut être, ensuite, le visage propre d'un bouddhisme français ?

On peut distinguer en gros cinq grands facteurs d'acculturation d'une tradition religieuse dans une aire culturelle nouvelle : la reconnaissance des pouvoirs publics et des autres religions ; la fondation de lieux de transmission de la tradition ; la formation de transmetteurs autochtones ; les traductions et adaptations du culte et des rituels ; enfin, l'assimilation des enseignements dans l'univers mental, philosophique, religieux de la nouvelle aire culturelle touchée.

Pour étudier le passage de la présence d'un bouddhisme asiatique en France à l'émergence d'un bouddhisme français, il convient de considérer chacun de ces facteurs. Nous allons vérifier que, si les premières conditions semblent assez bien remplies, la question des traductions et surtout celle de l'assimilation de la doctrine sont beaucoup plus problématiques du fait d'un univers conceptuel radicalement différent. Mais, avant d'en venir à l'analyse de ce choc culturel majeur, évoquons brièvement les premières étapes de l'implantation du bouddhisme en France.

Les premières étapes de l'acculturation

La fondation de l'Union bouddhiste de France (UBF), le 28 juin 1986, a constitué la première grande étape dans le processus de reconnaissance du bouddhisme par les pouvoirs publics français. Selon ses principaux promoteurs – l'universitaire Jacques Martin, qui en est toujours le président, et le juriste Bernard Lebeau, qui en est le vice-président et secrétaire général –, la fondation de l'UBF avait pour principal objectif « d'obtenir, pour les bouddhistes de toutes les obédiences, une réelle représentativité auprès des pouvoirs publics et d'œuvrer à représenter le bouddhisme comme l'un des grands courants spirituels de l'humanité, dans le respect de la diversité de ses traditions ». Étant parvenu à rassembler plus de 80 % des courants bouddhistes en France – certains centres, notamment Theravâda, préfèrent conserver leur indépendance et quelques mouvements ambigus comme la Soka Gakkai n'ont pas été admis –, l'UBF a gagné son pari. Un an plus tard, les pouvoirs publics français reconnaissaient *de facto* le bouddhisme comme une grande religion au même titre que le judaïsme, le christianisme ou l'islam, et l'UBF comme interlocuteur en lui attribuant deux sièges d'administrateurs pour le culte bouddhique au conseil d'administration de la Caisse mutuelle d'assurance maladie des cultes (CAMAC) et d'Assurance vieillesse des cultes (CAMAVIC) de la Sécurité sociale. L'année suivante, en 1988, le Conseil d'État a remis un avis favorable au ministre de l'Intérieur pour la reconnaissance légale, en tant que congrégation religieuse, de la communauté tibétaine de Dhagpo Kagyu Ling. Depuis, une trentaine de centres monastiques bouddhistes ont obtenu cette reconnaissance qui donne droit à un régime fiscal avantageux. En 1990, la direction de l'administration pénitentiaire donnait son agrément à la nomination de deux aumôniers bouddhistes dans les prisons françaises. Enfin, depuis 1997, l'UBF s'est vu confier la responsabilité d'assurer quinze minutes d'émission de télévision, chaque dimanche matin, dans le cadre des émissions religieuses du service public (*Voix bouddhistes*, à 8 h 30).

Parallèlement à cette reconnaissance par les pouvoirs publics – dans le cadre de la laïcité, il n'existe pas, théoriquement, de régime officiel de cultes reconnus, mais l'État peut accorder des avantages légaux à des associations cultuelles, ce qui implique la reconnaissance *de facto* de certains cultes et la mise à l'écart d'autres, considérés plutôt comme des « sectes » –, le bouddhisme s'est assez bien intégré dans le paysage religieux français. Des rencontres régulières ont lieu entre représentants des différentes communautés religieuses, et une importante rencontre interreligieuse a réuni à Lourdes, en 1993, le dalaï-lama, le principal représentant de la communauté khmère (Son Éminence Bour Kry), le président de la conférence des évêques de France (Monseigneur Duval, accompagné de Monseigneur Di Falco), le président de la Fédération protestante de France (le pasteur Stewart), le président du comité interépiscopal de l'Église orthodoxe en France (Monseigneur Jérémie), un représentant du Grand Rabbinat de France (M. Georges Haïk), et le recteur de la mosquée de Paris (M. Boubakeur). On peut donc dire que le bouddhisme a réussi la première étape de son acculturation en France en se faisant reconnaître par les pouvoirs publics et par les autres religions.

Il a également su s'implanter durablement dans le pays de Voltaire en fondant de nombreux centres de transmission du *dharma*. Ces centres permettent à des Français de s'initier aux enseignements du Bouddha et à pratiquer le bouddhisme sous ses diverses formes asiatiques. Les centres zen et tibétains ont également su former des Français capables d'assurer par eux-mêmes la transmission du *dharma*. Ainsi, on compte actuellement une dizaine de Français ayant officiellement reçu la transmission du bouddhisme zen, et plusieurs centaines ayant effectué la « grande retraite » tibétaine de trois ans, dont quelques dizaines enseignent régulièrement et portent officiellement le titre de lamas. Une centaine d'hommes et de femmes mènent également une vie monastique, principalement dans les deux monastères tibétains de Nalanda (près de Toulouse) et du Bost (en Auvergne). L'un des plus grands centres du bouddhisme tibétain, Karma Ling, en Savoie, est aussi dirigé depuis son origine par un Français, lama Denys Teundroup.

Les traductions en français des enseignements et des rituels japonais et tibétains posent davantage de difficultés. Il existe dans plusieurs grands centres du Vajrayâna des équipes mêlant lamas tibétains et traducteurs français qui travaillent depuis plus de vingt ans à traduire les principaux traités et initiations tantriques du Vajrayâna, ainsi que les rituels communautaires. Plus encore qu'à la difficulté de la langue, les traducteurs sont confrontés à la difficulté de transposer des enseignements d'un univers conceptuel dans un autre. Derrière un mot apparemment similaire dans une langue et dans l'autre se cache souvent une tout autre appréhension philosophique.

Nous sommes ici confrontés au dernier point, le plus délicat et le plus crucial, de l'acculturation du bouddhisme en France. Or le problème de ce choc culturel n'est pas spécifique à la France : il se pose exactement de la même manière aux Britanniques, aux Allemands ou aux Américains. Nous constatons qu'il existe, à travers une grande diversité d'expressions, un univers mental, une culture philosophique et religieuse communs à l'Occident. De la même manière, à travers une infinie variété d'expressions, il existe un univers mental commun aux Asiatiques. Tant qu'il n'avait pas quitté les frontières de l'Asie, le bouddhisme était transmissible avec une assez grande cohérence. Dès lors qu'il parvient dans une aire culturelle radicalement différente se posent des problèmes totalement inédits.

Plus que de l'émergence d'un bouddhisme français, italien ou américain, se pose donc la question d'un bouddhisme occidental, c'est-à-dire d'un bouddhisme acculturé à l'univers mental et conceptuel de l'Occident. Christmas Humphreys, un avocat anglais converti au bouddhisme dès les années 20, et qui en fut un ardent propagateur en Grande-Bretagne, annonçait ainsi, dès la fin des années 60, l'avènement d'un *navayana* (littéralement : « nouveau véhicule ») propre à l'Occident[1]. Certes, mais quel en est ou quel en sera le visage ?

1. Christmas Humphreys, *Sixtie Years of Buddhism in England (1907-1967),* The Buddhist Society, Londres, 1991.

La réponse à cette question passe par une analyse très fouillée du choc culturel produit par l'acclimatation des différentes traditions bouddhistes en Europe et aux États-Unis. Ce pourrait être, en soi, l'objet d'une vaste étude menée à travers de nombreux pays concernés.

À partir de l'exemple français du bouddhisme tibétain, et en faisant aussi référence à quelques situations qui concernent l'ensemble de l'Occident, je souhaiterais esquisser ici quelques brèves remarques, montrant la complexité du sujet et les nombreux malentendus culturels auxquels donne lieu la diffusion du bouddhisme en Occident.

Un choc culturel majeur

Sur le constat d'une nécessaire distinction entre l'« essence du bouddhisme » et ses divers habits culturels, tout le monde est d'accord. Il est évident, comme le souligne Matthieu Ricard, que « le monde occidental n'a pas besoin des trompes tibétaines de cinq mètres de long, si originales soient-elles. En revanche, la quête de la connaissance, qui déracine la souffrance, concerne n'importe quel être vivant [1] ». Les difficultés commencent dès lors que l'on considère concrètement comment s'opère sur le terrain la transmission de cette « essence du bouddhisme » par des maîtres asiatiques à des disciples occidentaux.

En fait, et c'est probablement la grande intuition de maître Deshimaru, seule la méditation assise silencieuse comporte relativement peu de risques d'incompréhension culturelle ! Dès qu'apparaissent les notions traditionnelles de relation maître-disciple, les enseignements philosophiques et doctrinaux, les initiations à des pratiques tantriques, etc., surgissent les malentendus culturels et les problèmes d'interprétation.

1. *Le Moine et le Philosophe*, *op. cit.*, p. 195.

Ceux-ci concernent particulièrement le bouddhisme tibétain, très fortement enraciné dans une culture millénaire, laquelle est aujourd'hui menacée au Tibet. En résultent d'une part le souci de nombreux lamas de maintenir intacte leur propre culture à travers sa transmission à l'Occident, d'autre part le souhait également très vif de nombreux adeptes occidentaux de ne pas perdre une miette de ce précieux héritage. Mais, mis à part quelques centaines d'adeptes qui ont fait le choix d'aller jusqu'au bout de cette logique et de s'immerger dans cette culture en en apprenant la langue et les méandres conceptuels, la plupart des Occidentaux font l'économie de ce long effort d'acculturation. D'où de puissants malentendus, renforcés par le mythe du « Tibet magique » qui hante encore bien des esprits. Nous évoquerons ici quelques exemples concrets qui illustrent ces difficultés.

De la dévotion inconditionnelle au rejet du maître

Nous avons pu constater, au cours de cette étude, le rôle et l'importance du maître spirituel dans la transmission du bouddhisme. Particulièrement sensibles au « rayonnement » de certains lamas, qui tranche singulièrement sur la grise mine des curés de leur enfance, nombre d'adeptes en sont cependant venus à projeter sur ces maîtres toutes sortes de problématiques infantiles et affectives qui n'ont plus grand-chose à voir avec la notion traditionnelle de « dévotion » envers le maître. En insistant sur l'importance de cette dévotion, notamment dans l'école Kagyupa, les lamas tibétains ne pensaient sans doute pas déclencher autant d'affects, créant ainsi avec les adeptes des relations souvent plus passionnelles que spirituelles. Ainsi la transposition, sans précaution, d'une notion religieuse traditionnelle dans un univers moderne où le sentiment amoureux, la séduction et la passion s'entremêlent souvent de manière confuse, suscite d'étonnants malentendus.

Certains lamas tibétains n'étant pas insensibles aux charmes féminins, et comme il est par ailleurs culturellement admis au Tibet qu'un lama qui n'a pas prononcé ses vœux monastiques peut avoir des relations sexuelles avec ses disciples – autre malentendu culturel avec l'Occident chrétien qui assimile inconsciemment le lama au prêtre catholique – plus d'une adepte occidentale s'est retrouvée dans le lit de son lama sans plus très bien savoir s'il s'agissait d'une initiation tantrique personnalisée... ou d'un type de relation plus prosaïque ! Ces malentendus ont provoqué de véritables scandales et même donné lieu parfois à des procès aux États-Unis.

Certes, on trouve dans toutes les religions de tels exemples de pieuses adeptes tombant amoureuses d'un clerc d'autant plus aimé qu'il semble inaccessible. Mais le problème plus spécifique à l'Orient, et en particulier au bouddhisme tibétain tel qu'il était transposé en Occident, est que cet élan amoureux peut apparaître comme légitimé par l'autorité même de la tradition qui encourage la création de liens personnels forts entre maître et disciple et n'hésite pas à parler de « dévotion amoureuse » dans un sens qui devient équivoque, transposé sans précaution dans une aire culturelle différente.

Le malentendu sur la relation maître-disciple ne s'arrête pas à ces problèmes de séduction réciproque. Il concerne aussi la question de l'obéissance. Comprise, dans l'univers traditionnel zen ou tibétain, d'une manière extrêmement souple et subtile, cette notion d'« obéissance totale » au maître ne pose pas problème. Transposée dans l'esprit plus rigide d'Occidentaux par ailleurs perturbés dans leur relation avec l'autorité, cela donne des scénarios de disciples suivant à la lettre les prescriptions de maîtres pas toujours très compétents et qui les conduisent jusqu'à la folie, ou du moins à la destruction de leur santé. D'autres disciples s'engagent dans la voie, puis, s'apercevant qu'elle leur pose des difficultés, rejettent violemment leur maître, qu'ils accusent de tous les maux. Certains maîtres zen ont ainsi été vivement et publiquement contestés aux États-Unis par des disciples déçus.

Devant toutes ces difficultés nées autour de la notion, fort mal comprise, de « dévotion » envers le maître, les principaux enseignants américains du *dharma*, toutes traditions confondues, ont souhaité rencontrer le dalaï-lama pour clarifier la situation. La rencontre a eu lieu en 1993. Le chef spirituel des Tibétains leur a rappelé la nécessité d'une longue réflexion avant le choix du maître, et la possibilité, toujours offerte dans le bouddhisme, de rompre son engagement si des problèmes graves survenaient. Il les a en même temps mis en garde devant une tendance inverse et tout aussi répandue qui consiste à quitter son maître à la moindre difficulté, ce qui ruine tous les efforts d'avancement dans la voie.

Une nouvelle rencontre s'est tenu en 1994, qui donna lieu à des polémiques, et le dalaï-lama, craignant une manipulation, refusa de signer la déclaration finale (ce qui ne dissuada pas les enseignants occidentaux de la publier avec sa signature !). Suite à ces incidents, de nombreux lamas se concertèrent et décidèrent d'une part de faire preuve de plus de prudence dans leurs relations privées avec leurs disciples, d'autre part d'être plus graduels dans la transmission et plus rigoureux dans l'appointement d'enseignants occidentaux dont un certain nombre, surtout aux États-Unis, revendiquent le titre de lama sans l'avoir reçu d'un maître autorisé.

Dans une interview accordée peu après ces événements, Droukchen rinpoché, hiérarque de l'une des principales lignées tibétaines, renvoie ainsi dos à dos certains disciples occidentaux, trop sensibles à l'exotisme et qui se targuent, selon lui, du titre de « lama », mais aussi certains maîtres tibétains qui profitent de la crédulité de leurs disciples : « Se raser le crâne, porter des vêtements monastiques, ne signifie pas être bouddhiste [...]. En ce qui concerne le terme de lama, l'utilisation qui en est faite est trop large. Lama est l'expression que l'on ne doit utiliser que pour un maître spirituel totalement qualifié et réalisé, et reconnu comme tel [...]. La première chose à faire est de renoncer au terme de lama pour les Occidentaux, pour éviter une fâcheuse confusion aux conséquences nuisibles [...]. Certains maîtres dont j'ai entendu les enregistrements et dont j'ai lu les livres font pire encore. Ils donnent de mauvais conseils et enseignent avec une volonté de manipulation afin de s'assurer une réputation... lucrative. Ils programment de grandes initiations, proposent des activités alléchantes et font beaucoup de publicité afin d'obtenir de l'argent, d'être célèbres, d'acquérir du pouvoir [1]. » Cette dernière critique vise non seulement le manque d'intégrité de certains lamas, mais aussi le manque de discernement de nombreux disciples occidentaux, encore sous le charme du « Tibet magique » et parfois plus enclins à être séduits par l'apparat et par des titres prestigieux qu'à faire l'effort de discerner une authentique réalisation spirituelle qui se traduit davantage par la discrétion et l'humilité.

Le matérialisme spirituel

Cette transmission du bouddhisme en Occident via le prisme de la culture tibétaine est d'autant plus problématique que les lamas, qui sortaient d'un univers traditionnel aux antipodes du monde moderne, ont mis beaucoup de temps à comprendre les grandes différences existant entre l'esprit et la structure psychique, la manière d'apprendre et les modes de vie, les attentes et les objectifs divergents et parfois opposés de leurs disciples tibétains et occidentaux. Ils ont ainsi commencé par transmettre à tour de bras des « grandes initiations tantriques » auxquelles la plupart des

1. *Sangha*, n° 10, septembre-octobre 1994, p. 6.

Occidentaux ne comprenaient pas grand-chose, mais qui pouvaient leur donner le sentiment illusoire d'avoir atteint un profond état de réalisation spirituelle.

En 1973, quelques années après son installation en Occident, Chögyam Trungpa rinpoché donnait aux États-Unis une conférence où il dénonçait le « matérialisme spirituel » et la manière dont beaucoup d'Occidentaux accumulent les expériences spirituelles les plus diverses, ou bien, à l'intérieur même du bouddhisme, collectionnent ces « grandes initiations » dispensées par des « grands lamas » comme on fait une tournée gastronomique auprès des meilleurs chefs. « L'ego peut tout convertir à son propre usage, même la spiritualité, expliqua-t-il. L'ego tente constamment d'acquérir et d'appliquer les enseignements spirituels à son propre bénéfice. Les enseignements sont abordés comme quelque chose d'extérieur – extérieur à "moi" –, une philosophie que l'on tâche d'imiter. Mais on ne souhaite pas réellement s'identifier avec les enseignements, devenir les enseignements. Alors, si notre maître parle de renoncer à l'ego, on essaie de mimer la renonciation. On fait les mouvements, les gestes appropriés, mais, en fait, on ne veut à aucun prix sacrifier le moindre élément de son mode de vie. On devient un acteur averti et, tandis que l'on demeure sourd et aveugle à la signification véritable des enseignements, on trouve quelque confort à faire semblant de suivre le sentier[1]. [...] Il faut sortir du matérialisme spirituel ! Si nous n'en sortons pas, si nous en faisons notre pratique, nous nous doterons peut-être d'une vaste collection de sentiers spirituels, fort précieuse à notre avis. Nous avons tellement étudié ! [...] [Mais] ces trésors de connaissances, ces sommes d'expériences ne sont qu'un élément de la vitrine de l'ego, ils concourent à le rendre plus grandiose. Nous les affichons et, ce faisant, nous nous rassurons sur notre existence, confortable et sans risques, d'êtres "spirituels". En fait, nous avons simplement monté

1. Chögyam Trungpa, *Pratique de la voie tibétaine, op. cit.*, p. 21.

une boutique, une boutique d'antiquités... Nous sommes des boutiquiers[1]. »

Trungpa rinpoché souligne non seulement les conséquences de l'individualisme et du consumérisme sur la pratique spirituelle des Occidentaux, mais aussi leur « fragilité psychologique », leur manque de patience et leur instabilité. En fait, comme le rappelle Carl Gustav Jung, le problème vient aussi d'un décalage considérable entre la civilisation orientale, fortement orientée vers la vie contemplative depuis plusieurs millénaires, et la civilisation occidentale qui a toujours réservé cette activité spirituelle à une élite, laquelle a aujourd'hui presque totalement disparu. « Ce que nous pouvons montrer en matière de connaissance spirituelle et de technique psychologique doit sembler, si on le compare au yoga, aussi en retard que le sont l'astrologie et la médecine orientale comparées à la science occidentale », écrit le psychologue suisse. [...] Sauter directement de ce niveau au yoga oriental n'est pas plus judicieux que la transformation soudaine des peuples asiatiques en Européens ratés[2]. »

Chögyam Trungpa en tira les conséquences et finit par renoncer à transmettre des initiations du Vajrayâna aux débutants pour mettre en place un cursus simple et progressif d'initiation au bouddhisme, le plus universel et le plus déculturé possible. D'autres lamas suivirent son exemple – ainsi que certains disciples occidentaux de la première heure comme Jean-Pierre Schnetzler ou lama Denys Teundroup en France –, mais, mus par un réflexe de conservatisme culturel bien compréhensible aussi bien que pour répondre à la demande de nombreux disciples encore très friands de hautes transmissions ésotériques, beaucoup continuent de transmettre un bouddhisme encore très imprégné de culture tibétaine.

1. *Id., ibid.*, p. 24.

2. Carl Gustav Jung, « Commentaire psychologique », in W. Y Evans-Wentz, *Le Livre tibétain de la grande libération*, Adyar, pp. 27-28.

Un permanent français d'un centre Kagyupa s'en plaignait en ces termes : « On constate que seulement une poignée de personnes participent aux enseignements de base sur le bouddhisme donnés régulièrement au centre par des "lamas ordinaires" ou des disciples français expérimentés. Mais, dès qu'on programme une initiation exceptionnelle du Vajrayâna transmise en tibétain par un "grand rinpoché", les foules affluent. »

Au-delà des aspects exotiques et narcissiques précédemment évoqués – et bien que l'on constate actuellement une lente évolution vers un accroissement des offres et des demandes de formation sur longue durée –, nul doute que ce phénomène relève aussi d'une tendance typique de l'évolution des comportements religieux en Occident, relevée par de nombreux observateurs : celle de l'abandon d'une fréquentation régulière de l'institution au profit d'une fréquentation exceptionnelle, à l'occasion de « moments forts », dont le succès des Journées mondiales de la jeunesse a offert un excellent exemple[1].

Le bouddhisme et son ombre

Bien des malentendus viennent du fait que de nombreux Occidentaux idéalisent spontanément le bouddhisme et tous ses représentants asiatiques. Beaucoup de disciples en arrivent ainsi à tenir un discours apologétique qui oppose un bouddhisme « pur de toute violence » et des maîtres « irréprochables » à un christianisme « sanguinaire » et à un clergé qui monopolise tous les vices du genre humain. J'ai plusieurs fois évoqué avec des disciples engagés le fait, par exemple, que l'histoire du bouddhisme tibétain était aussi tissée d'intrigues de palais et de querelles parfois meur-

1. Tendance longuement analysée par Danièle Hervieu-Léger, *Le Pèlerin et le Converti*, *op. cit.*

trières entre ses grands hiérarques. J'ai pu constater qu'ils étaient le plus souvent parfaitement hermétiques à ces arguments : cela *ne pouvait être.*

De même, après avoir mentionné au cours d'une émission de télévision en compagnie d'un maître tibétain d'une grande profondeur et d'une grande probité – Dagpo rinpoché – que tous ceux qui portaient le titre de lamas n'avaient pas nécessairement cette intégrité, et qu'il convenait d'être très vigilant dans le choix d'un maître spirituel, j'ai reçu des appels de disciples scandalisés par de tels propos, jugés blasphématoires. En comparant le meilleur d'un bouddhisme, qui plus est idéalisé, au pire d'un christianisme réduit à ses caricatures, ces disciples tentent ainsi de sauvegarder l'image idéale d'une religion parfaite qui n'a « rien à voir » avec ce qu'ils ont rejeté dans leur propre tradition. Si cette construction mentale les aide à se convertir au bouddhisme, elle les expose cependant à bien des déconvenues ultérieures lorsqu'ils découvriront que l'histoire du bouddhisme n'est pas aussi pacifique qu'elle en a l'air et que quelques-uns de ses plus éminents représentants n'hésitent pas à s'étriper pour de sordides questions d'argent et de pouvoir. La querelle autour de la reconnaissance du *tülkou* du Karmapa en offre un bon exemple.

La fascination qu'exerce le bouddhisme tibétain sur les Occidentaux repose en partie sur la figure des *tülkous*, ces jeunes enfants qui sont reconnus, à l'issue de nombreux tests, comme la réincarnation d'un grand maître défunt, ayant renoncé à atteindre le nirvana pour revenir aider les hommes à se libérer du cycle infernal des renaissances (bodhisattva). Comment, en effet, ne pas être sensible à la poésie et à la force d'évocation de ces jeunes enfants, considérés comme de véritables « êtres de compassion » et intronisés abbés de puissants monastères dès l'âge de quatre ou cinq ans ? Comment ne pas être impressionné par un système aussi démocratique – la plupart de ces enfants sont issus de milieux très modestes – et qui semble de surcroît valider la thèse, somme toute pas si désagréable, de la renaissance ? Le cinéaste Bernardo Bertolucci ne s'y est pas trompé, qui a réalisé un film sur le bouddhisme mêlant la vie du Bouddha à la reconnaissance d'un jeune *tülkou*, de surcroît américain ! L'engouement des Occidentaux pour ce phénomène a curieusement entraîné une recrudescence de reconnaissances de *tülkous* depuis une quinzaine d'années. Partout à travers le monde, des dizaines de jeunes enfants sont ainsi transportés de monastère en monastère où des foules de disciples viennent recevoir leur bénédiction et observer de près ces « êtres de compassion » qui confirment la croyance en la réincarnation. Inquiet de cette nouvelle épidémie « réincarnationiste », le dalaï-lama a commencé à subodorer que des préoccupations plus matérielles que spirituelles pouvaient se dissimuler derrière ce soudain afflux de bodhisattvas, et a très récemment décidé de ne plus donner son aval à ces « reconnaissances ».

La reconnaissance des *tülkous* obéit, en fait, depuis le Moyen Âge, à une logique de la société tibétaine[1]. Depuis le XVIe siècle et jusqu'à son invasion par les Chinois en 1950, ce pays était en effet une sorte de théocratie : le chef du pouvoir spirituel était également le chef du pouvoir temporel, et toute la société était soumise à l'autorité temporelle et spirituelle des monastères, dont le père abbé faisait figure de seigneur de la région. Devant une telle concentration du pouvoir, les moines tibétains ont inventé un système original de transmission de l'autorité fondé sur la réincarnation, qui évite le plus souvent de trop violentes crises internes après le décès du chef de lignée ou de l'abbé. Dûment codifiée, la tradition du maître réincarné, ou *tülkou*, devient, à partir du XIIe siècle, une institution assurant une continuité spirituelle et temporelle qui favorise la stabilité et la croissance des monastères. Une fois « découverts », les jeunes *tülkous* reçoivent une éducation intensive de la part des meilleurs érudits

1. Sur cette question, *cf.* Laurent Deshayes, *Histoire du Tibet*, Fayard, 1997.

– qui sont souvent leurs anciens disciples – afin de leur « rafraîchir la mémoire » et de les préparer à leur tâche. De la sorte, la transmission la plus fidèle des enseignements est garantie, ainsi que la stabilité du pouvoir temporel. Le point crucial est évidemment de reconnaître le bon *tülkou* quelques années après la mort du maître. C'est le rôle des régents, désignés par le hiérarque avant de mourir.

Ce système, qui a bien fonctionné pendant des siècles, tant que le Tibet vivait en vase clos, pose maintenant des problèmes considérables du fait, d'une part, de la présence chinoise au Tibet – les Chinois cherchant à se substituer aux hiérarques tibétains pour reconnaître les *tülkous*, assurer eux-mêmes leur éducation et exercer à travers eux une influence sur la population tibétaine –, d'autre part, de l'exil des grands maîtres en Occident et de la fondation de nombreux centres à travers le monde.

Les enjeux financiers et de pouvoir deviennent tels qu'il est difficile, pour certains lamas, de résister à la tentation de trouver « leur » candidat, celui qu'ils pourront élever à leur guise tout en conservant la mainmise sur l'héritage légué par le maître défunt, « héritage » qui ne se compte plus aujourd'hui en parcelles de terre ou en roupies, mais en millions de dollars. La querelle qui déchire l'école Kaguypa depuis plusieurs années en offre une parfaite illustration.

Le XVIe Karmapa, troisième plus grand dignitaire tibétain avec le dalaï-lama et le *panchen* lama, est mort à Chicago en 1981, laissant un « héritage » de quatre cent soixante centres de méditation à travers le monde, dont les cinq plus importants centres du Vajrayâna de France. Or, un véritable schisme divise la lignée depuis 1992, date à laquelle deux des quatre régents intronisèrent en grande pompe le *tülkou* du Karmapa avec l'aval du dalaï-lama, alors qu'un troisième venait de décéder dans un étrange accident de voiture et que le quatrième s'opposait à cette reconnaissance. Ce dernier proposa un nouveau candidat deux ans plus tard. À l'occasion de cette présentation, les partisans de l'autre *tülkou* tentèrent de prendre d'assaut le bâtiment ; s'ensuivit une bagarre généralisée au cours de laquelle des dizaines de moines furent grièvement blessés.

Philippe Cornu, disciple de longue date de Sogyal rinpoché – affilié à la lignée Nyigmapa – et traducteur de nombreux textes tibétains, décrit les conséquences de cette violente polémique au sein de la petite communauté bouddhiste française : « Quand cette histoire se répandit parmi les bouddhistes occidentaux, elle fit l'effet d'une bombe. Pour la première fois ils étaient confrontés à une affaire politique tibétaine éclatant au grand jour. L'aura de perfection et de pureté attribuée jusqu'alors à tous les lamas en prenait un coup. Où était passée l'éthique bouddhiste de non-violence ? Il y eut des réactions de colère (la mienne par exemple !) ou encore le sentiment d'avoir été trompé par l'un ou l'autre des deux protagonistes que l'on avait fait jusqu'ici passer pour des maîtres accomplis [...]. On pouvait espérer que nul en Occident ne tomberait dans le piège de choisir un camp. Peine perdue ! Il y eut des partisans de l'un et de l'autre Karmapa. À présent les choses en sont à ce point : en France, les centres Kagyupa sont divisés en deux camps [...]. Le rideau de silence se referme donc sur cette malencontreuse histoire, mais on peut encore s'interroger sur l'attitude de ces Occidentaux qui ont choisi leur camp au lieu de respecter la plus élémentaire neutralité[1]. »

Au-delà du clivage très accentué entre partisans du *tülkou* de Taï Sitou rinpoché (le premier reconnu) et du *tülkou* de Shamar rinpoché, cette affaire a mis au jour d'autres clivages qui traduisent un rapport très différent à la culture tibétaine et à la manière dont les Européens entendent se situer par rapport à elle. Le lama français Denys Teundroup, directeur de l'institut Karma Ling, dans l'Isère, a pris fait et cause pour le candidat de Taï Sitou rinpoché. Sa position

1. Philippe Cornu, « Le choc interculturel dans les groupes bouddhistes occidentaux d'obédience tibétaine », mémoire de D.E.S.S. en ethnométhodologie et informatique, université de Paris-VIII, 1998, p. 166.

– qui relève davantage d'une analyse socio-historique que d'une croyance religieuse – manifeste le désir d'une prise de distance radicale à l'égard de la culture tibétaine. Dans un enseignement donné à Karma Ling en avril 1994, il explique ainsi à un auditoire quelque peu décontenancé que l'institution des *tülkous* est une invention tibétaine liée à sa culture féodale, qui contredit en fait les enseignements bouddhistes fondamentaux selon lesquels il ne peut y avoir aucune continuité véritable d'une existence à l'autre. « L'erreur habituelle, affirme-t-il, est la déviation animiste qui consiste à percevoir une continuité individuelle dans la succession de *tülkous*. Ce n'est pas un enseignement bouddhiste, mais une déformation culturelle qui est néanmoins largement répandue en Orient et au Tibet. Elle est même sciemment entretenue pour nourrir la dévotion et la motivation des fidèles. Elle est aussi inconsciemment entretenue par les espoirs réincarnationistes de l'ego des pratiquants… En Occident, cette situation se solidifie plus encore en des visions matérialistes de la réincarnation héritées de la théosophie et de certains courants qui en dérivent. »

Lama Denys explique ensuite que la qualité du *tülkou* va donc dépendre essentiellement de la réalisation spirituelle du régent capable de discerner un enfant intelligent et bien disposé, et de la qualité de l'éducation qu'il recevra : « N'importe quel enfant peut donc devenir un véritable *tülkou*. Mais l'inconvénient de ce système, c'est que des intérêts familiaux, clanistes et féodaux ont tendance à faire considérer comme signes propices des caractéristiques qui ne relèvent pas d'un domaine spirituel. » Pour justifier son choix de rallier le candidat proposé par Taï Sitou rinpoché et qui obtint l'aval d'un deuxième régent et celui du dalaï-lama, lama Denys déclare : « Le problème posé tel que nous venons de l'expliquer, l'authenticité d'un *tülkou* devient une question qui est purement de l'ordre des conventions sociales et traditionnelles du contexte. Ce qui fait vraiment un *tülkou*, au sens tibétain des successions, c'est son intronisation. Elle joue le même rôle au niveau social que le sacre d'un roi, ou à un niveau personnel qu'une initiation... Le point important ici est de comprendre que l'authenticité d'un *tülkou* ne tient aucunement à la présence, chez un candidat, de l'identité de son prédécesseur, celle-ci étant de toute façon fictive... Le vrai *tülkou*, dans son statut conventionnel, est celui qui a été intronisé comme tel en obtenant le consensus social de son environnement traditionnel avec sa hiérarchie. Les contentieux actuels au sein de notre lignée viennent de problèmes d'acculturation, c'est-à-dire de la transposition d'un système traditionnel tibétain dans un environnement différent, avec des composantes occidentales, notamment médiatiques, ce qui a parasité et court-circuité le consensus social traditionnel pour arriver à la situation que l'on connaît. »

Cette manière sociologique et distanciée d'approcher la question reste toutefois très marginale en Occident. La plupart des adeptes sont en effet convaincus de la réalité de la réincarnation, et il devient dès lors essentiel pour eux de distinguer le *vrai tülkou* du Karmapa, de l'usurpateur. Pierre Saurel, l'un des responsables de l'association qui gère le centre de Dhagpo Kagyu Ling, siège français de Shamar rinpoché, a pris fait et cause pour le candidat de son lama. Mais, au-delà de cette prise de position, il explique, dans une note qu'il m'a transmise, le sens que revêt pour lui, comme pour une grande majorité d'adeptes occidentaux, l'institution des *tülkous*. Cette conception d'un « croyant », diamétralement opposée à celle de lama Denys, revient néanmoins aussi sur la nécessité de ne pas tomber dans les joutes politiques internes aux Tibétains.

« Le Gyawa Karmapa, à l'instar des très grands *tülkous* des différentes lignées tibétaines, est beaucoup plus qu'un symbole fédérateur. Il incarne réellement à mes yeux – et cela est en accord avec tout ce que proclame la tradition – la grâce, l'influence spirituelle de la totalité de la lignée de transmission Karma Kagyu. Il est un être de sagesse qui a réalisé la nature éveillée, la nature de Bouddha. Dès lors, il est à même d'allumer la flamme de la spiritualité dans le cœur de tous ceux qui s'ouvrent à lui. Sa sagesse est communicative [...]. Il est très important que le Karmapa reconnu soit réellement le Karmapa. Il n'est pas bon que la lampe soit sous le boisseau. Reconnaître un *tülkou* à seule fin qu'il assume une fonction sociale ou politique (un "mainteneur de lignée"), c'est encourager fatalement un courant qui appartient à l'histoire religieuse tibétaine dans ce qu'elle a de moins reluisant ; trop souvent, au Tibet, les *tülkous* ont été des enjeux de pouvoir aux mains de factions, de groupes rivaux, de familles puissantes... Les Occidentaux ne veulent plus de ces jeux-là. Ainsi, pour le trône de saint Pierre, les catholiques authentiques hésiteraient-ils entre un cardinal simplement "consensuel" capable de maintenir en bon ordre le troupeau des brebis et le nouveau saint François d'Assise ? J'ai foi que la sagesse et la compassion du Gyalwa Karmapa triompheront des désordres passagers de la lignée comme l'astre du jour dissipe l'obscurité de la nuit. » D'autres membres importants de la *sangha* refusent de prendre position pour l'un ou l'autre *tülkou* et tentent de réconcilier les deux points de vue. Ainsi, pour Jean-Pierre Schnetzler, « la pluralité des candidats à un titre prestigieux n'est pas une nouveauté historique. La violence des affrontements est par contre remarquable. Le rôle de la politique internationale et des services chinois en cette matière est certain. Les oppositions en France relèvent plutôt de la banale dualité conflictuelle, inscrite en l'homme et constitutive de l'ignorance. L'identité psychique transmise au nouveau *tülkou* est certes illusoire, au sens bouddhique ultime, mais réelle au sens empirique. Son support facilite l'action éducative mise en œuvre et l'efficacité du *tülkou*. Il n'est donc pas indifférent de savoir s'il s'agit d'un vrai *tülkou*. Cela dit il peut y avoir plusieurs *tülkous* d'un même maître, cinq classiquement d'après les textes et l'histoire, mais éventuellement plus (ce qui torpille nos conceptions occidentales de l'individu). Le dalaï-lama l'a rappelé, justement à propos du Karmapa. Évidemment, un seul monte sur le trône du principal monastère, mais cela n'enlève rien à la qualité spirituelle des autres. Dans la situation actuelle, où le tenant du monastère de Tsurphu est prisonnier des Chinois [le *tülkou* reconnu par Taï situ rinpoché], qui ne le laissent pas sortir du Tibet, malgré leurs promesses, on peut dire que la dualité joue un rôle utile. Le *tülkou* de Delhi [celui reconnu par Shamar rinpoché], lui, est physiquement libre. »

VISAGES D'UN BOUDDHISME OCCIDENTALISÉ

On constate des positions assez diverses, parmi les Français les plus engagés dans les centres du Vajrayâna, notamment les enseignants, sur l'acculturation du bouddhisme tibétain en Occident. Certains manifestent une profonde réticence à l'acculturer à l'environnement occidental. Ils attachent une grande importance à ne rien perdre de la tradition tibétaine et se refusent même parfois à traduire les textes initiatiques ou liturgiques en français. Pour d'autres, au contraire, le bouddhisme tibétain est immédiatement perçu comme le produit d'un mélange entre un fonds religieux universel et des éléments de culture tibétaine. Ils dénoncent alors l'inadaptation de certains modèles culturels tibétains qui, transplantés en Occident, deviennent folklore, exotisme et superstition, et cherchent à traduire le maximum de rituels en français, comme à se libérer des nombreux aspects culturels du bouddhisme tibétain pour n'en conserver que les pratiques, techniques et enseignements à caractère universel. Une majorité d'adeptes oscille en fait entre ces deux positions extrêmes, tentant notamment divers compromis liturgiques alternant le français et le tibétain.

Les promoteurs d'un bouddhisme acculturé

Pour le lama Denys Teundroup, l'un des chefs de file des partisans de l'acculturation, « nous sommes actuellement à un moment crucial de l'intégration du *dharma* en Occident. De deux choses l'une : ou celui-ci s'intègre harmonieusement à la mentalité de l'environnement tout en faisant évoluer celle-ci, ou il se limite dans sa forme, ses formulations et sa mentalité étrangère à des groupuscules qui, en l'adoptant, se marginalisent ».

Toute la question est de savoir en quoi peut consister précisément ce bouddhisme français ou occidental. Pour tenter de répondre à cette question et faire le point sur le développement du bouddhisme en Occident, un certain nombre d'enseignants occidentaux du *dharma* se sont réunis en Inde, aux États-Unis et en Europe. J'ai pu assister en partie à une rencontre organisée en 1994 à l'institut Karma Ling, regroupant une quarantaine d'enseignants de diverses traditions, en provenance d'une dizaine de pays occidentaux. L'un de leurs principaux soucis consistait à définir, face à la diversité culturelle du bouddhisme, ce qui pouvait être considéré par tous comme son substrat fondamental. Cet « essentiel », ce message universel qui transcende toutes les cultures – et qui se résume finalement pour eux aux enseignements fondamentaux du Bouddha exprimés dans le discours sur les « quatre nobles vérités » – demanderait ensuite à être vécu par les Occidentaux conformément aux traits culturels qui leur sont propres. Or – et c'est là que me semblent achopper toutes les théories idéales d'une « acculturation réussie » du bouddhisme en Occident –, la culture occidentale est indubitablement marquée, d'une part, du sceau des catégories philosophiques et religieuses grecques et judéo-chrétiennes, d'autre part, du sceau de la modernité.

Le bouddhisme face à la notion occidentale de « personne »

Carl Gustav Jung n'hésite pas à affirmer que « le point de vue religieux exprime et formule toujours l'attitude psychologique essentielle et ses préjugés spécifiques, même dans le cas de gens qui ont oublié, ou n'ont jamais entendu parler de leur propre religion. En dépit de tout, l'Occident est foncièrement chrétien pour autant qu'il s'agit de sa psychologie [1]. » Toute la psychologie occidentale serait ainsi façonnée par les catégories conceptuelles du christianisme qui assume lui-même un double héritage, juif et grec. L'un de ces concepts les plus fondamentaux est la notion de personne. On peut dès lors légitimement se demander comment une philosophie qui fait de la « non-existence du moi » son fer de lance peut s'acculturer sans dommages avec la conception personnaliste de l'Occident.

Qu'il suffise de prendre l'exemple des « droits de l'homme ». Apparue pour la première fois en Occident au XVIIIe siècle, cette notion, ainsi que l'ont montré de nombreuses études [2], découle directement de la conception chrétienne de la personne humaine. Dans un autre ouvrage [3], à propos du dalaï-lama, j'ai souligné le paradoxe du représentant d'une tradition niant théoriquement l'existence de la personne, qui devient en cette fin de XXe siècle l'un des principaux promoteurs d'une doctrine politique issue du personnalisme chrétien ! Ce tour de force est rendu possible par l'évolution éthique du Mahâyâna qui fait de la compassion la pièce maîtresse de tout l'éthos bouddhique. Mais ce raccourci éthique, aussi légitime soit-il, ne saurait dissimu-

1. Carl Gustav Jung, « Commentaires psychologiques », *op. cit.*, p. 22.

2. On pense tout particulièrement aux deux ouvrages de Marcel Gauchet, *Le Désenchantement du monde, op. cit.*, et *La Révolution des droits de l'homme*, Gallimard, 1989.

3. *Cf. La Rencontre du bouddhisme et de l'Occident*, cinquième partie : « L'humanisme bouddhique », *op. cit.*

ler le fossé métaphysique qui sépare l'anthropologie bouddhique de la conception occidentale d'une unicité fondamentale de la personne humaine, qui a permis et qui soutient encore la vision moderne des droits de l'homme.

Dennis Gira s'interroge également avec pertinence sur la compatibilité théorique entre la notion de karma et celle des droits de l'homme : « Quel est le fondement de ces droits ? Comment les bouddhistes peuvent-ils attribuer en même temps au déroulement de la loi karmique la souffrance des enfants nés dans les situations terribles du tiers-monde (et d'ailleurs) et faire bloc avec ceux qui proclament que ces enfants ont le droit, inhérent à leur qualité d'êtres humains, de naître dans des conditions meilleures[1] ? »

Car, au-delà de la compassion, que tout le monde peut ressentir et exprimer, se pose la question de la justice : est-il juste que ces enfants connaissent ce sort ? La logique philosophique du bouddhisme est de répondre par l'affirmative. Faut-il dès lors s'étonner des déclarations récentes d'un disciple occidental comme Glen Hoddle, ancien sélectionneur de l'équipe d'Angleterre de football, qui perdit son poste pour avoir déclaré que « les handicapés payaient des fautes commises dans des vies antérieures » ? Cette déclaration n'est assurément pas habile, elle trahit sans doute un manque de compassion, mais elle est parfaitement conforme à la philosophie bouddhique de la loi universelle de causalité. Le scandale produit par cette déclaration – au sein même de la *sangha* occidentale – montre que la plupart des Occidentaux ne sont pas prêts à assumer certaines conceptions bouddhistes fondamentales qui viennent contredire une autre compréhension de l'homme, de la liberté, de la justice sociale, façonnée par la culture occidentale.

Cela est aussi apparu tout au long de cette étude à propos des incessants malentendus relatifs à la réincarnation : les Occidentaux ne semblent guère disposés à abandonner le

1. Dennis Gira, « Les bouddhistes français », in *Esprit,* juin 1987, p. 137.

concept si enraciné d'une substance individuelle au profit d'une conception définissant l'homme individuel comme un « composé d'agrégats provisoirement réunis par l'attachement et l'ignorance ». Autrement dit, l'acculturation du bouddhisme en Occident semble passer, au moins aux yeux d'un grand nombre, par l'abandon de certaines conceptions irréductibles du message bouddhique – même réduit à sa « substantifique moelle » – et probablement par un compromis, à plus ou moins long terme, entre différents aspects du bouddhisme, du christianisme et de la modernité.

De nombreux maîtres asiatiques, mais aussi la quasi-totalité des enseignants occidentaux, redoutent ce processus de métissage qui s'apparente fort à un syncrétisme. Cette étude montre cependant qu'il est omniprésent même chez des pratiquants fortement impliqués. Il s'est toujours produit en Orient à chaque fois que le message du Bouddha avait franchi une nouvelle aire culturelle. La frontière qui sépare l'univers mental respectif de l'Oriental et de l'Occidental risque cette fois de contraindre le bouddhisme à davantage de compromis, au risque de perdre son principal fondement métaphysique : sa conception du non-moi et la théorie particulière de la renaissance qui lui est associée.

Le bouddhisme dilué par l'individualisme moderne

Cette mutation est rendue d'autant plus incontournable que nous sommes sortis d'un univers traditionnel stable et que la modernité conduit l'individu à bricoler, à relire de manière subjective les enseignements traditionnels et à assouvir son besoin d'épanouissement personnel. Vivement critiquée par les maîtres asiatiques, cette tendance est néanmoins partout à l'œuvre en Occident, à l'exception de rares îlots de préservation du bouddhisme zen ou tibétain traditionnel. Nous visons là, en fait, une contradiction majeure de l'intérêt porté par les Occidentaux au bouddhisme. Tandis que l'accomplissement de soi et le renforcement de l'individualité sont les mots d'ordre de la modernité psychologique, on a recours à une voie spirituelle, certes, moderne par bien des aspects, mais qui fait de la perte des illusions du soi et de l'abandon de l'ego son cheval de bataille. Les adeptes occidentaux du bouddhisme sont donc pris dans ce que les psychanalystes appellent une « injonction paradoxale » : celle de l'individualisme moderne qui les incline à renforcer leur sentiment d'individualité, et celle du message bouddhique qui les engage à abandonner les illusions de l'individualité. Imprégnés de l'esprit moderne bien plus que de philosophie orientale, beaucoup d'Occidentaux versent plus ou moins dans le « matérialisme spirituel » décrit par Trungpa rinpoché. Le discours sur l'« abandon de l'ego » devient alors parfois un alibi destiné à masquer la réalité moins glorieuse d'une pratique du bouddhisme à la carte, laquelle tend parfois à renforcer les penchants égotistes de la personnalité. Cette tendance a été décrite de manière très critique par le sociologue américain Harvey Cox, qui fut le premier chercheur à observer les comportements de ces nouveaux disciples américains.

« Ce qui commence à Bénarès comme un signe de protestation contre l'instinct de possession aboutit à Boston en tant que nouvelle possession. La réfraction prismatique de la lumière venue de l'Orient aboutit à la constitution d'un schéma entièrement nouveau. Il combine l'ego tel que le conçoit l'Occident – légèrement corrigé par des mises en garde contre l'égoïsme – et une notion de détachement déjà déformée par un mode de vie fondé sur la consommation. On pourrait dire qu'il réunit les pires éléments des deux cultures. La religion occidentale a tendance à accepter l'ego mais elle enseigne que l'amour, en tant que forme positive d'attachement, peut remplacer l'instinct de possession et le désir de manipulation. La spiritualité orientale ne fait pas à l'amour une place aussi importante ; elle montre le caractère illusoire du moi et les souffrances qu'entraîne toute forme d'attachement. Dans la vision prismatique, c'est-à-dire déformée, qu'ont les Occidentaux du bouddhisme, un ego ignorant l'amour se conjugue au "détachement" psychologique. Le résultat de cette association ressemble de très près à une fuite des responsabilités sous couvert de spiritualité, à un refus de relations humaines exigeantes et peut-être dangereuses sous prétexte de métaphysique[1]. »

Très pertinente pour certains individus, cette critique ne saurait toutefois concerner l'ensemble des disciples occidentaux. J'ai bien souvent pu constater, chez d'autres adeptes, la réalité d'une profonde transformation qui développe un sentiment de responsabilité et d'attention à autrui. Quoi qu'il en soit, presque tous tendent avant tout à développer harmonieusement leur potentiel et à réaliser l'objectif fixé par la modernité : l'accomplissement de soi par soi-même. Cette isomorphie entre bouddhisme et modernité d'un « salut » ou d'un « bonheur » qui éliminent toute souffrance, et obtenus par les seuls efforts de l'homme, est sans doute l'une des clés du succès du bouddhisme en Occident. Mais il ne saurait masquer la différence de perspectives fondamentale entre les enseignements du Bouddha et l'impératif de la modernité psychologique. D'un côté, le bonheur s'obtient au prix d'une longue vigilance et d'une ascèse intérieure, dans un détachement impliquant l'extinction de tout désir, jusqu'au désir même de renaître ; de l'autre, il est recherché comme réalisation plénière des potentialités individuelles et comme assouvissement des désirs de l'individu, jusqu'au fantasme d'immortalité qui hante l'Occident moderne. D'un côté, le bonheur s'obtient par le détachement de soi ; de l'autre, par le développement de soi. À moins de consacrer l'essentiel de son temps à la méditation, on voit mal comment le bouddhisme pourrait être adopté dans son intégrité par un Occidental imprégné du culte moderne de l'individu.

1. Harvey Cox, *L'Appel de l'Orient*, Seuil, 1979, p. 169.

Luc Ferry a fort bien relevé cette contradiction dans son livre *L'Homme-Dieu, ou le sens de la vie* : « On voudrait aimer et ne pas souffrir, prendre ce que notre univers individualiste offre à nos yeux de meilleur, et le corriger de quelques doses de bouddhisme : cela ne se peut, et le bouddhisme, pour qui n'est pas moine, pour qui, donc, ne le prend pas au sérieux, pourra-t-il jamais être plus qu'une diététique spirituelle[1] ? » Pour une large majorité d'Occidentaux, probablement pas. Nietzsche n'avait-il pas « prophétisé » l'avènement d'une sorte de « Chine européenne, avec une douce croyance bouddhiste-chrétienne, et, dans la pratique, un savoir vivre épicurien[2] » ?

Mais, après tout, même s'il demeure en contradiction avec l'objectif ultime fixé par le Bouddha, le bouddhisme occidental qui émerge sous nos yeux semble offrir suffisamment de lumière et d'appuis précieux à des individus confrontés, comme chacun d'entre nous, à la face sombre de la modernité et au vide laissé par la fin des idéologies, pour qu'on puisse juger quelque peu déplacé de jouer les puristes outragés. Le dalaï-lama ne s'y est pas trompé, qui accepte volontiers, et sans illusions, de fournir aux Occidentaux quelques recettes concrètes et aisément assimilables pour « vivre mieux ». Le contenu et le succès de ses récents ouvrages – *L'Art du bonheur* et *Sagesse ancienne, monde moderne* – sont un bon exemple de ce que les Occidentaux viennent chercher dans le bouddhisme et de ce que ses principaux représentants ont compris qu'ils pouvaient mettre à leur portée.

Si la figure d'un bouddhisme occidental apparaît donc comme essentiellement métissée, réinterprétée en termes parfois contradictoires avec le message fondamental du

1. Luc Ferry, *L'Homme-Dieu, ou le sens de la vie*, Grasset, 1996, p. 26.

2. Friedrich Nietzsche, *Fragments posthumes* (automne 1887-mars 1888), in *Œuvres philosophiques complètes*, Gallimard, 1987, p. 86.

Bouddha, peut-on parler – au sein de cette tendance générale – de la spécificité d'un bouddhisme français par rapport à un bouddhisme allemand, américain ou britannique ?

On remarque des sensibilités différentes. Les bouddhistes américains, par exemple, sont sensibles à la forme très épurée du Zen qui leur permet par ailleurs de greffer sans complexes toutes sortes de croyances personnelles sur cette sobre pratique de la méditation. Les Britanniques sont particulièrement touchés par le bouddhisme zen, mais aussi Theravâda, sans doute en partie pour des raisons historiques, et à cause de la proximité du protestantisme avec cette forme de bouddhisme assez dépouillée et éthique. Les Français – mais aussi les Espagnols et les Italiens – plébiscitent le bouddhisme tibétain (lequel est aujourd'hui, de toute façon, majoritaire partout en Occident). Ici, la parenté avec le catholicisme ne fait aucun doute. Ainsi, à partir d'une commune attirance pour un message perçu comme rationnel et pragmatique, donc moderne, les Occidentaux s'orientent vers une forme culturelle du bouddhisme au plus près de leur sensibilité, quitte à l'ajuster ensuite à leur regard et à leurs besoins.

Je ne parlerai donc pas d'un « nouveau véhicule » *cohérent* pour qualifier l'émergence d'un bouddhisme à proprement parler « occidental », mais plutôt d'une multitude de signes, de symboles et de techniques « désorbités » de leur cohérence traditionnelle et réutilisés par chacun au gré de ses aspirations personnelles. Bouddhisme à la carte, donc, qui prospère parallèlement à la reconstitution plus marginale, mais néanmoins vigoureuse, des traditions asiatiques au cœur même de l'Occident. Stigmatisée par beaucoup, cette individualisation, qui constitue le cadre de tous les métissages et bricolages qui minent l'univers traditionnel, ne me semble pas être nécessairement dommageable, en soi, à une attitude juste et positive envers soi-même et vis-à-vis d'autrui. Comme le souligne Patrick Michel, « l'individualisation est en réalité comme la langue d'Ésope : la meilleure des choses dès lors qu'elle débouche sur une pensée et une pratique de l'autre; la pire des choses si elle conduit au "chacun pour soi". Elle n'est pas affectée d'un sens prédéterminé qui justifierait qu'on la dénonce comme un formidable danger auquel il serait indispensable d'opposer la réitération de valeurs fortes et présentées comme absolues [1] ». Pour dire les choses de manière plus triviale : j'ai rencontré sans doute autant de personnes rayonnantes ou déprimées, généreuses ou égoïstes, chez des « pratiquants assidus » qui tentent de vivre une conversion totale que chez des « pratiquants distants », des « proches » ou des « sympathisants » qui « bricolent » le bouddhisme à leur manière.

La voix lointaine et si proche du Bouddha ne parviendra sans doute pas à conduire des foules d'Occidentaux sur les chemins du renoncement, en quête du nirvana. Mais, à l'exception des élites monastiques, y est-elle mieux parvenue en Orient ? Le bouddhisme intégral restera sans doute à jamais un élitisme. Sa philosophie, ses valeurs morales universelles, ses techniques de méditation qui permettent d'apaiser l'esprit, certains de ses rituels religieux qui relient l'homme à un cosmos vivant, ne constituent-ils pas néanmoins autant d'apports déjà mille fois complétés et réinterprétés au cours de sa longue histoire, qui continueront d'éclairer la route de nombreux individus, qu'ils soient chrétiens, juifs ou athées, qu'ils viennent d'Orient ou d'Occident ?

1. Patrick Michel, « Religion, nation et pluralisme. Une réflexion fin de siècle », in *Critique internationale*, 1999, p. 97.

Glossaire

anâtman (sk.) : « non-soi », « absence de moi ». De deux types : 1) absence de réalité du « moi » de la personne, 2) insubstantialité d'un phénomène.

apophatique : se dit habituellement d'une « théologie négative » qui procède par négations successives pour montrer le caractère inconnaissable et absolu de Dieu. Dans son approche du nirvana et de la vacuité, le bouddhisme peut être qualifié d'apophatique.

arhat (pal., sk) : ceux qui ont vaincu tous les voiles des passions et sont parvenus au nirvana où cesse toute souffrance. Les arhats sont « libérés » du samsâra mais n'ont pas encore atteint l'Éveil d'un Bouddha.

ashram (sk.) : dans l'hindouisme, désigne un lieu où les fidèles, laïcs ou moines, vivent en communauté.

âtman (sk) : le « soi ». Désigne dans l'hindouisme l'entité personnelle et éternelle qui doit se dégager de l'illusion (mâya) pour rejoindre l'absolu ou Brahman. Le bouddhisme nie en général l'existence d'une telle entité.

aura : terme vague de l'occultisme occidental qui désigne une sorte de rayonnement diffus et coloré autour du corps humain, provenant du « corps éthérique ».

avatâra (sk.) : « descente », désigne dans le brahmanisme et l'hindouisme la manifestation d'un dieu sur terre.

bardo (tib.) : « état intermédiaire ». Désigne une continuité d'état de conscience située entre deux moments de rupture. Habituellement employé pour désigner les états *post-mortem*, mais on compte en fait six bardos qui englobent tous les états de la vie et de la mort.

bodhisattva (sk.) : « Être d'Éveil », « héros de l'esprit d'Éveil » ; désigne les êtres qui ont fait vœu d'aider tous les êtres souffrants en atteignant l'Éveil. Ils renoncent à la paix du nirvana pour se consacrer au bonheur d'autrui.

Bouddha (pal., sk.) : lit. «l'Éveillé» : 1) le fondateur du bouddhisme, Shâkyamuni Bouddha. 2) tout être parvenu à l'Éveil comme lui. 3) la nature essentielle de tout être animé («Le Bouddha en soi»).

brahman (sk.) : le divin dans son sens absolu selon l'hindouisme, inconcevable et ineffable.

brahmanisme : l'ancienne religion théiste de l'Inde caractérisée par les sacrifices au divin et un ritualisme de castes. Réformée après le développement du bouddhisme, elle sera ensuite connue sous le nom d'hindouisme.

budô (jap.) : «voie martiale», désigne les arts martiaux japonais, souvent marqués par l'influence du Zen.

causalité : notion fondamentale du bouddhisme où l'on considère que tout phénomène relatif naît de causes et de conditions précises. Le karma est un mode de causalité particulier, lié à la conscience des êtres animés.

chakra (sk.) : «Roue». Dans le corps subtil, désigne les points de convergence des canaux subtils, sortes de carrefours dans l'anatomie subtile du yoga, comparés à des lotus ou à des roues à nombre de rayons variable.

chiné (tib) : en sanscrit *shamatha*, pratique de méditation assise visant à calmer l'esprit.

dalaï-lama (tibéto-mongol) : «Océan de Sagesse», titre donné par les Khan mongols à un hiérarque de l'école Guélougpa du Tibet à partir du XIVe siècle. Au XVIIe siècle, le Ve dalaï-lama devient le souverain temporel et spirituel du Tibet et ses incarnations successives ont régné jusqu'en 1959, date de l'invasion du Tibet par la Chine.

déité, *voir* yidam.

Dewatchen (tib.) : en sanscrit Sukhâvatî, «Lieu de félicité», nom de la Terre Pure du Bouddha Amitâbha où le croyant est censé pouvoir renaître après sa mort s'il s'adresse avec dévotion à ce Bouddha.

dharma (sk.) : 1) tous les phénomènes de l'univers sont des dharmas, 2) l'enseignement du Bouddha pour parvenir à l'Éveil et les voies proposées pour l'atteindre sont appelés Dharma ou Bouddhadharma.

dôjô (jap.) : «Lieu de la voie», tout lieu où l'on pratique une discipline extrême-orientale. En Occident, a pris le sens de *Zendô*, lieu où l'on pratique la méditation zen, quand il ne s'agit ni d'un temple ni d'un monastère.

Dzogchen (tib.) : la «Grande Perfection» ou «Grande Complétude». Enseignement ultime de l'école bouddhiste Nyingmapa et du Youngdroung Bön où l'on expose la présentation directe de la nature ultime de l'esprit, la perfection primordiale de toutes choses et l'autolibération des contenus de l'esprit.

Éveil : sk. bodhi. État d'un Bouddha, c'est-à-dire d'un être qui s'est libéré définitivement de tous les voiles des passions et de la connaissance et qui déploie toutes les qualités transcendantes d'un Éveillé, potentiel habituellement inaccessible chez l'être ordinaire.

Gautama (sk.) : nom du Bouddha historique, appelé encore Siddhartha Gautama ou Shâkyamuni.

Guélougpa (tib.) : « Les Vertueux », la plus récente des quatre écoles du bouddhisme tibétain, fondée par Tsongkhapa (1357-1419), s'appuyant sur la tradition kadampa du maître indien Atisha et son *Lamrim* (« la Voie progressive ») et à laquelle appartiennent les dalaï-lamas et les panchen-lamas.

guéshé (tib.) : « ami spirituel », désigne en fait un érudit ayant parcouru un cursus d'études monastiques pendant douze à vingt ans sanctionné par un diplôme. Équivalent à un « docteur en théologie ».

gymnosophistes : « les sages nus ». Terme savant grec pour désigner les ascètes indiens qui vont nus ou portent seulement le cordon symbole de chasteté (brahmâcarya).

hara (jap.) : centre de gravité du corps humain situé au-dessous du nombril, où se concentre l'énergie vitale (ki en jap., tch'i en chinois).

Hinayâna (sk.) : « Petit Véhicule », désigne aujourd'hui le bouddhisme Theravâda de l'Asie du Sud-Est (Sri Lanka, Birmanie, Thaïlande) où l'accent est mis sur la libération individuelle et la vie monacale.

impermanence : caractère transitoire et périssable de tous les phénomènes qui composent notre univers et notre existence.

Jaïnisme : religion fondée en Inde par le Mahavira au ve siècle av. J.-C., qui insiste sur la pureté et la non-violence.

Kagyüpa (tib.) : « Ceux de la lignée orale », l'une des trois écoles dites « nouvelles » du bouddhisme tibétain, fondée par Milarepa, le célèbre poète mystique tibétain (1040-1123) disciple de Marpa. L'école aux nombreuses branches insiste sur une pratique yogique du *Mahâmudrâ* (« Grand symbole ») qui lui est propre.

karma (ou karman) (sk.) : « acte », désigne l'acte motivé en tant que cause et effet. L'effet d'un acte, de même nature que la cause, est éprouvé par son auteur à plus ou moins long terme en vertu des imprégnations inconscientes que l'acte a laissé dans son esprit.

Karmapa (tib.) : nom du hiérarque de l'école karma-kagyüpa au Tibet, le 1er Karmapa ayant été le premier maître tibétain à instituer une lignée par réincarnations successives et l'actuel Karmapa étant le XVIIe du nom.

kesa (jap.) : pièce de vêtement rectangulaire portée par-dessus l'épaule gauche, noire ou bleu foncé dans le Zen.

khata (tib) : écharpe blanche traditionnellement offerte en guise de bienvenue ou pour marquer sa gratitude au Tibet.

koan (jap.) : dans le Zen rinzai, court problème énigmatique posé par le maître à son disciple, destiné à faire voler en éclat l'esprit conceptuel et à provoquer le satori.

lama (tib.) : équivalent du sanscrit *guru*, désigne un maître spirituel au Tibet, c'est-à-dire une personne qualifiée pour enseigner le dharma aux autres.

lama-racine : dans le bouddhisme tibétain, désigne le maître dont on reçoit des instructions cruciales du Vajrayâna ou du Dzogchen et que l'on choisit de suivre pour cette raison comme maître principal. Il est la « racine » des accomplissements spirituels à venir.

lamaïsme : terme obsolète par lequel les premiers orientalistes occidentaux désignaient le bouddhisme tibétain, pensant que l'importance donnée au maître ou « lama » était une particularité tibétaine, ce qui est faux.

lhaktong (tib.) : en sanscrit *vipashyana*, « la vision profonde », méditation où l'on examine son esprit et la nature des phénomènes à la lumière de prajñâ, la connaissance intuitive non-conceptuelle.

lignée : la lignée spirituelle ou lignée de maître à disciple tient une place très importante dans la transmission vivante des enseignements au sein des traditions Tch'an/Zen et dans le bouddhisme tibétain.

Mahâyâna (sk.) : « Grand Véhicule », bouddhisme apparu en Inde aux environs du début de l'ère chrétienne, pratiqué actuellement au Tibet, en Chine, en Corée, au Vietnam et au Japon, où l'on insiste sur la compassion pour autrui, l'idéal du bodhisattva et la vacuité de tous les phénomènes.

maitri (sk.) : L'amour ou la bienveillance, vertu cultivée dans l'ensemble du bouddhisme comme une expression de la compassion pour les êtres.

mala (sk.) : rosaire ou chapelet bouddhiste utilisé pour compter les prières ou les mantras récités.

mandala (sk.) : Signifie « centre et pourtour ». Ainsi, le pratiquant qui se visualise comme une déité est le centre du mandala, et l'ensemble de ses perceptions pures extérieures en forme le pourtour. Désigne aussi les représentations graphiques ou de sable coloré du mandala d'une déité.

mantra (sk.) : « qui protège l'esprit ». Dans l'hindouisme, le bouddhisme Mahâyâna et surtout le Vajrayâna, formule sacrée généralement en sanscrit répétée un grand nombre de fois par le pratiquant. En utilisant le pouvoir du son, le yogi se purifie et développe des accomplissements spirituels.

mâya (sk.) : l'illusion, la vision des êtres plongés dans l'ignorance et la confusion et qui sont incapables de reconnaître leur réelle nature et celle des phénomènes.

moksha (sk.) : «libération» en sanscrit, terme surtout employé dans l'hindouisme.

nirvana (sk.) : dans le bouddhisme, état qui résulte de la cessation des passions et de toute cause de souffrance. «Au-delà de la souffrance» selon le terme tibétain correspondant. En aucun cas un néant, mais un état de paix définitif.

Nyingmapa (tib.) : «Les Anciens», première école bouddhiste tibétaine fondée par Padmasambhava et ses disciples au VIIIe siècle, s'appuyant sur l'enseignement des tantras anciens et le Dzogchen.

pâli : langue vernaculaire de l'Inde ancienne, proche du sanscrit, employée au Ier siècle à Sri Lanka pour fixer par écrit les premiers enseignements du Bouddha au sein du Canon pâli (bouddhisme Theravâda).

prajñâ (sk.) : La connaissance supérieure ou sagesse, clarté de l'esprit non conceptuel permettant de dissiper l'ignorance et d'accéder à l'expérience directe de la réalité absolue.

prajñâpâramitâ (sk.) : «connaissance transcendante», connaissance directe et non-duelle de la vacuité de tous les phénomènes. Désigne aussi les sûtras traitant de la connaissance de la vacuité.

prosternation : geste ritualisé où l'on se prosterne à terre en signe de foi, de respect et d'hommage envers les Bouddha ou tout autre support sacré.

pûja (sk.) : dans l'hindouisme et le bouddhisme, rituel d'offrande.

Râma (sk.) : nom de l'un des principaux avatâra du dieu Vishnu dans l'hindouisme. Sa légende est l'objet du *Râmayâna*, geste épique en sanscrit.

refuge (prendre) : Acte intérieur d'adhésion au bouddhisme qui s'exprime par la confiance dans le Bouddha, le guide ; le dharma, l'enseignement et la voie ; et le Sangha ou communauté des pratiquants. Cet acte est le plus souvent extériorisé par un rituel de prise de refuge.

rinpoché (tib.) : «très précieux», titre décerné au Tibet à des maîtres (lamas) estimés de haute élévation spirituelle ou aux réincarnations de lamas (tülkous). Titre autrefois accordé à quelques lamas, aujourd'hui très usité en Occident comme en Asie.

Rinzaï (jap.) : l'une des deux principales écoles du Zen, fondée par Eisai (XIIIe siècle), qui, outre la méditation assise (*zazen*), préconise l'emploi des koans et l'expérience du satori.

rôshi (jap.) : « maître vénérable ». Terme honorifique pour un maître zen confirmé.

Sakyapa (tib.) : « Terre claire », l'une des trois écoles dites « nouvelles » du bouddhisme tibétain, fondée par Khön Könchok Gyalpo au XIe siècle, issue des enseignements du maître tantrique indien Virupa et préconisant la pratique du *Lamdré*, « la voie et son fruit ».

samsâra (sk.) : par opposition au nirvana, désigne tout état d'existence conditionné et caractérisé par l'ignorance et la souffrance.

sanscrit : langue savante de l'Inde ancienne utilisée comme langue sacrée par le brahmanisme, l'hindouisme, le bouddhisme Mahâyâna et certaines branches du bouddhisme ancien (Mahâsanghika).

satori (jap.) : « éveil soudain », désigne dans le Zen rinzai un moment d'expérience directe et non duelle de la réalité absolue qui équivaut à une révolution de la conscience. L'école Sôtô n'emploie plus ce terme depuis trois siècles.

sensei (jap.) : « professeur ». Titre donnant compétence pour enseigner au Japon.

sesshin (jap.) : dans le bouddhisme zen, période de retraite intensive de méditation pendant trois à sept jours.

Shâkyamuni (sk.) : le « Sage du clan des Shâkya », l'un des noms par lequel on désigne le Bouddha historique Siddhartha Gautama (Ve siècle avant J.-C.).

Shihô (jap.) : dans le bouddhisme Zen Sôtô, désigne la cérémonie formelle où le maître désigne un disciple comme son successeur dans la lignée. Désigné ailleurs par le terme *dempô*.

Soka Gakkai (jap.) : secte laïque japonaise issue de la Nichirenshoshû, fondée par Makigushi en 1938. Prônant la suprématie du *Soûtra du Lotus* et de sa pratique sur toute autre méthode, elle est actuellement répandue dans le monde entier.

Sôtô (jap.) : l'une des deux principales écoles du Zen, fondée par Dôgen (1200-1253) qui insiste sur la discipline et la méditation assise (*zazen*).

sûtra (sk.) : « discours du Bouddha », désigne tous les textes commençant par la formule « Ainsi ai-je entendu... », qui traitent tous des enseignements en principe dispensés par le Bouddha pendant les cinquante années de son ministère.

tantra (sk.) : textes fondateurs du bouddhisme Vajrayâna. Dans l'hindouisme, ce terme est aussi employé pour désigner les textes fondateurs du tantrisme hindou. Ne pas confondre les deux tantrismes, même s'ils ont des points communs !

tantrisme : terme occidental générique pour désigner les écoles tantriques hindoues d'une part, les écoles du Vajrayâna bouddhiste d'autre part. Parmi les nombreuses méthodes du tantrisme, certaines (peu usitées car de haut niveau) utilisent la sexualité, ce qui a induit en Occident une idée simplificatrice et fausse selon laquelle le tantrisme se réduirait à une simple pratique sexuelle, *voir* Vajrayâna

Tch'an (ch.) : école bouddhiste du dhyâna (« méditation ») chinoise, dont le prolongement au Japon deviendra le Zen. Actuellement l'une des deux principales écoles survivantes du bouddhisme chinois, l'autre étant la Terre Pure.

Tchenrezi (tib.) : le bodhisattva Avalokiteshvara qui personnifie la compassion, patron protecteur du Tibet. Les Tibétains considèrent le dalaï-lama comme son émanation.

thanka (tib) : au Tibet, peinture religieuse sur toile encadrée de brocards que l'on peut rouler lors des déplacements.

Theravâda (pal.) : « École des Anciens », seule école du bouddhisme ancien ou Hinayâna encore existante, elle est pratiquée au Sri Lanka, en Birmanie et en Thaïlande et s'appuie sur les enseignements du Canon Pâli.

tonglen (tib.) : « donner et recevoir », méditation de compassion où l'on considère que l'on prend en inspirant la souffrance d'autrui et que l'on donne son propre bonheur en expirant.

transmigration : l'errance des êtres plongés dans l'illusion qui migrent de vies en vies dans le samsâra. Parfois maladroitement désigné par le terme « réincarnation », ne pas confondre ce terme avec la réincarnation volontaire de certains maîtres dans le bouddhisme tibétain (tülkous).

transmission (Zen) : transmission traditionnelle de la « robe » du maître au disciple lors du Shihô.

tülkou (tib.) : « Corps d'apparition ». Terme qui signifie en général les Corps de manifestation qu'un Bouddha peut créer pour enseigner aux êtres. Au Tibet, désigne plus prosaïquement les réincarnations de grands lamas.

Upanishad (sk.) : dans l'hindouisme, série de textes sacrés essentiels du Vedânta qui contiennent des spéculations philosophiques parachevant ou concluant les Veda.

Vajrayâna (sk.) : « Véhicule de diamant », prolongation du Mahâyâna où des « moyens habiles » ou méthodes spécifiques telles que l'utilisation de visualisations de déités et de mantras viennent renforcer l'impact de la pratique spirituelle. Synonyme de Tantrayâna ou de Mantrayâna secret, il est pratiqué au Tibet et au Japon sous différentes formes.

Veda (sk.) : « Science », désigne les quatre textes fondateurs de la tradition brahmanique dans l'Inde ancienne.

vihara (sk.) : « demeure », terme désignant les monastères bouddhistes.

Vipassana (pal.) : méthode de méditation essentielle qui allie présence et attention, adoptée par plusieurs courants du Theravâda birman et actuellement répandue dans les centres de méditation fondés en Occident sous ce nom.

voyage astral : dans l'occultisme occidental, désigne une « sortie du corps » volontaire ou non pendant le rêve ou à l'occasion d'une profonde relaxation, d'un état cataleptique ou de troubles psychologiques.

yidam (tib.) : déité de méditation utilisée dans le Vajrayâna comme moyen d'atteindre les accomplissements spirituels. Ce n'est aucunement un dieu extérieur mais une personnification de l'Éveil et de ses qualités à laquelle le pratiquant s'identifie pour mûrir spirituellement.

zafu (jap.) : coussin rond utilisé pour le *zazen*.

zazen (jap.) : « méditation assise », méthode principale du bouddhisme zen pour parvenir à l'Éveil. Le pratiquant assume la posture assise, jambes croisées, dos droit et observe les contenus de son esprit sans intervenir, en maintenant la présence et la discipline posturale.

Zen (jap.) : école du bouddhisme japonais issue du Tch'an chinois, où l'on insiste sur la pratique de la méditation assise et sur l'esprit non-conceptuel. Il existe deux branches principales, le Sôtô et le Rinzaï.

Bibliographie

ACQUAVIVA, Sabino, *L'Éclipse du sacré dans la civilisation industrielle,* Mame, 1967.

ARENDT, Hannah, « L'*Aufklärung* et la question juive », in *La Tradition cachée*, Bourgois, 1987.

AUGÉ, Marc, *Non lieux. Introduction à une anthropologie de la surmodernité*, Seuil, 1992.

AZRIA, Régine, « Pratiques juives et modernité », in *Pardès*, 14/1991.

BALANDIER, Georges, *Le Désordre. Éloge du mouvement*, Fayard, 1988.

BARKER, Eileen (dir.), *New Religious Movements : A Perspective for Understanding Society*, Eldwin Mellen Press, New York et Toronto, 1982.

BAUDRILLARD, Jean, « Modernité », in *Encyclopædia Universalis.*

– *La Société de consommation*, Denoël, 1970 ; Folio, 1993.

BECKFORD, James A., *New Religious Movements and Rapid Social Change,* Sage-Unesco, B. Hills (Californie), 1986.

– « Les nouveaux mouvements religieux aux USA », in *Social Compass,* numéro spécial, 31 mars 1974.

BELLAH, Robert, *Beyond Belief : Essays on Religion in a Post-Traditionnal World.* Harper & Row, New York, 1970.

– « New Religious Consciousness and the Crisis of Modernity », *in* C.Y. GLOCK et R. BELLAH (dir.) *The New Religious Consciousness.* California University Press, Berkeley, 1976.

BERGER, Peter, *La Religion dans la conscience moderne*, Centurion, 1978.

– *La Rumeur de Dieu. Signes actuels du surnaturel,* Centurion, 1972.

– *Affrontés à la modernité. La société, la politique, la religion.* Centurion, 1980.

BERGER, Peter, et LUCKMANN, Thomas, « Aspects sociologiques du pluralisme », in *Archives de sociologie des religions*, 23, 1967.

BERGSON, Henri, *Les Deux Sources de la morale et de la religion*, P.U.F., 1932 et 1988.

BONHOEFFER, Dietrich, *Résistance et soumission,* Labor et Fides, 1977.

BOURDIEU, Pierre, « Genèse et structure du champs religieux », in *Revue française de sociologie*, 12/3, 1971.
CERTEAU, Michel (de), DOMENACH, Jean Marie, *Le Christianisme éclaté*, Seuil, 1974.
CHAMPION, Françoise, « La nébuleuse mystique-ésotérique », *in* Françoise Champion et Danièle Hervieu-Léger (dir.) *De l'émotion en religion*, Centurion, 1990.
– « Nouveaux mouvements religieux et nouvelles religiosités mystiques ésotériques », in *Cahiers français*, n° 273, octobre-décembre 1995.
CHAMPION, Françoise et HERVIEU-LÉGER, Danièle, *De l'émotion en religion*, Centurion, 1990.
COX, Harvey, *La Cité séculière*, Casterman, 1968.
– *L'Appel de l'Orient*, Seuil, 1979.
DALAÏ-LAMA, *L'Art du bonheur*, Robert Laffont, 1999.
– *Sagesse ancienne, monde moderne*, Fayard, 1999.
DAVID-NEEL, Alexandra, *Le Bouddhisme du Bouddha*, Plon, 1911 ; Presses Pocket, 1989.
– *Voyage d'une parisienne à Lhassa*, Plon, 1927,Presses Pocket, 1980.
– *Mystiques et magiciens du Tibet*, Plon, 1929, Presses Pocket, 1980.
– *Immortalité et réincarnation, doctrines et pratiques. Chine, Tibet, Inde*, Plon, 1961.
DAVIE, Grace, *La Religion des Britanniques. De 1945 à nos jours*, Labor et Fides, Genève, 1996.
– En collaboration avec Danièle HERVIEU-LÉGER (dir.), *Identités religieuses en Europe*, La Découverte, 1996.
DESHAYES, Laurent, *Histoire du Tibet*, Fayard, 1997.
DESHIMARU, Taisen, *Vrai Zen*, Le Courrier du livre, 1969.
– *La Pratique du Zen*, Albin Michel, 1974.
– *Zen et arts martiaux*, Seghers, 1977, et Albin Michel, coll. « Spiritualités vivantes », 1983.
– *Questions à un maître zen*, Albin Michel, 1984.
DESJARDINS, Arnaud, *Le Message des tibétains*, la Table Ronde, 1966.
– *L'Ami spirituel*, La Table ronde, 1996.
DESROCHE, Henri, *Socialisme et sociologie religieuse*, Cujas, 1965.
– *Sociologie religieuse*, P.U.F., 1968.
– *Hommes et religions*, Quai Voltaire, 1992.
DOBBELAERE, Karel, *Secularization : a Multidimensional Concept*, Current sociology, 29/2, Sage Publications, Londres, 1981.
DOBBELARE, Karel et WILSON, Bryan, *A Time to Chant. The Soka Gakkai Buddhist in Britain*, Clarenton Press, Oxford, 1993.
DONEGANI, Jean-Marie, *La Liberté de choisir. Pluralisme religieux et pluralisme politique dans le catholicisme français contemporain*, 1993.

DUMONT, Louis, *Essais sur l'individualisme. Une perspective anthropologique sur l'idéologie moderne,* Seuil, 1983.
DÜRCKHEIM, Karlfried Graf, coll. «Regard inédits sur», Béthanie, 1990.
– *Le Zen et nous,* Le Courrier du livre, 1976.
– *Hara,* Le Courrier du livre, 1969 et 1882.
– *Méditer, pourquoi et comment?,* Le Courrier du livre, 1978 et 1982.
DURKHEIM, Émile, *Les Formes élémentaires de la vie religieuse* (1912), P.U.F., 1960 et 1985.
– *De la division du travail social,* Paris , Alcan, 1922.
– *Le Suicide,* P.U.F., 1985.
ELIAS, Norbert, *La Société des individus,* Fayard, 1991.
ELLWOOD, R. S., *One Way : The Jesus Movement and its Meaning,* Englewood Cliffs, N. J. Prentice Hall, 1973.
ÉTIENNE, Bruno et LIOGIER, Raphaël, *Être bouddhiste en France aujourd'hui,* Hachette, 1997.
EVANS-WENTZ, W. Y., *Le Livre tibétain de la grande libération,* Adyar, 1952 et 1972.
FAURE, Bernard, *Bouddhismes, philosophies et religions,* Flammarion, 1998
FERRAROTTI, Franco, *Le Retour du sacré, sociologies au quotidien,* Klincksieck, coll. «Méridiens», 1993.
FERRY, Luc, *L'Homme-Dieu, ou le Sens de la vie,* Grasset, 1996; Le Livre de Poche 1998.
FEUERBACH, Ludwig, *L'Essence du christianisme,* Gallimard, coll. «Tel», 1968.
GAUCHET, Marcel, *Le Désenchantement du monde. Une histoire politique de la religion,* Gallimard, coll. «Bibliothèque des Histoires», 1985.
– *La Religion dans la démocratie,* in *Le Débat*/Gallimard, 1998.
– *La Révolution des droits de l'homme,* Gallimard, 1989.
GIRA, Dennis, *Comprendre le bouddhisme,* Centurion, 1989.
– «Présence du bouddhisme en France», in *Études,* février 1989.
– « Entre christianisme et bouddhisme», in *Christus,* n° 153, 1992.
– «Comprendre la colère des bouddhistes», in *La Croix,* janvier 1995.
– «Les bouddhistes français», in *Esprit,* juin 1997.
GLOCK Y, et STARK, R. (dir.) *Patterns of Religious Commitment,* University of California Press, Berkeley 1968.
GREELEY, A. M., *Unsecular Man,* Schocken Books, New York, 1972.
HABERMAS, Jürgen, *Traité de l'agir communicationnel,* Fayard, 1987.
HEBRARD, Monique, *Les Nouveaux Disciples, dix ans après,* Paris Centurion, 1988.
HAMMOND, Philip, *Religion and Personal Autonomy? The Third Disestablishment in America,* Columbia University of South Carolina Press, 1998.

HERVIEU, Bertrand et LÉGER, Danièle, *Des communautés pour les temps difficiles. Néo-ruraux ou nouveaux moines,* Centurion, 1983.

HERVIEU-LÉGER, Danièle (en collaboration avec Françoise Champion), *Vers un nouveau christianisme ? Introduction à la sociologie du christianisme occidental,* Cerf, 1986.

– « Religion et Modernité dans la société contemporaine », in *Christianisme et Modernité* (ouvrage collectif), Centre Thomas More, Cerf, 1990.

– « Charismatisme catholique et institution », *in* R. Luneau et P. Ladrière (dir.) *Le Retour des certitudes,* Centurion, 1987.

– *De l'émotion en religion* (en collaboration avec Françoise Champion), Centurion, 1990.

– *La Religion pour mémoire,* Cerf, 1993.

– « Croire en la modernité : aspects du fait religieux en Europe », *in* Frédéric Lenoir et Ysé Tardan-Masquelier (dir.), *Encyclopédie des religions,* t. II, Bayard, 1997.

– *Le Pèlerin et le Converti. La religion en mouvement,* Flammarion, 1999.

HOURMANT, Louis, « Transformer le poison en élixir », *in* Françoise Champion et Danièle Hervieu-Léger (dir), *De l'émotion en religion,* Le Centurion, 1990.

– « La Soka Gakkai : un bouddhisme paria en France ? », *in* Françoise Champion et Martine Cohen (dir.) *Sectes et démocratie,* 1999.

HULIN, Michel, *La Mystique sauvage,* P.U.F., 1993.

HUMPHREYS, Christmas, *Sixtie Years of Buddhism in England (1907-1967),* The Buddhist Society, Londres, 1968 et 1991.

INTROVIGNE, Massimo, et MELTON, Gordon (dir.), *Pour en finir avec les sectes,* Dervy, 1996.

ISAMBERT, François-André, *Le Sens du sacré. Fête et religion populaire,* Minuit, 1982.

– « Une religion de l'Homme ? Sur trois interprétations de la religion de la pensée de Durkheim », in *Archives des sciences sociales des religions,* n° 69, 1990.

– *De la religion à l'éthique,* Cerf, 1992.

– « La sécularisation interne du christianisme », in *Revue française de sociologie,* n° 17, 1976.

- « Sécularisation », dans l'article « Religion », in *Encyclopædia Universalis.*

JUNG, Carl Gustav, *Psychologie et orientalisme,* Albin-Michel, 1985.

– « Commentaire psychologique du *Bardo-Thödol* », *in* W.Y. Evans Wentz, *Le Livre tibétain de la grande libération,* Adyar, 1954 et 1971.

ISTAS, Michel, *Les Morales selon Weber,* Cerf, 1986.

KALOU rinpoché, *La Voie du bouddha,* Seuil, 1993.

KEPEL, Gilles, *La Revanche de Dieu,* Seuil, 1991.

KOLM, Serge Cristophe, *Le Bonheur-Liberté,* P.U.F., 1982.
LAMBERT, Yves, « La religion, un paysage en profonde évolution », *in* Hélène Ruffault (dir.), *Les Valeurs des Français,* P.U.F., 1994.
LASCH, J. *The Culture of Narcissism,* N.Y. and Co, New York, 1979.
LAUWERS, J., « Les théories sociologiques concernant la sécularisation », in *Social Compass,* n° 20, 1973.
LE BRAS, Gabriel, *Études de sociologie religieuse,* t. I et II, P.U.F, 1955 et 1956.
LENOIR, Frédéric, *Les Communautés nouvelles* , Fayard, 1988.
– *Le Temps de la responsabilité,* Fayard, 1991.
– *Les Spiritualités orientales en Occident, in* Frédéric Lenoir et Ysé Tardan-Masquelier (dir.), *Encyclopédie des religions,* t. II, Bayard, 1997.
LENOIR, Frédéric et LUCA, Nathalie, *Sectes, mensonges et idéaux,* Bayard Éditions, 1998.
LE QUEAU, Pierre, *La Tentation bouddhiste,* Desclée de Brouwer, 1998.
LIPOVETSKY, Gilles, *L'Ère du vide. Essais sur l'individualisme contemporain,* Folio coll. « Essais », 1983.
LOWY, Michaël, « Le marxisme », in *L'État des religions dans le monde,* Cerf/La Découverte, 1987.
LUCKMANN, Thomas, *The Invisible Religion,* MacMillan, New York, 1967.
– « Aspects sociologiques du pluralisme », en collaboration avec Peter Berger, in *Archives de sociologie des religions,* n° 23, 1967.
MARTIN, David, *A General Theory of Secularization,* B. Blackwell, Oxford, 1978.
MARX, Karl, ENGELS, Friedrich, *Sur la religion,* Éditions sociales, 1968.
MARX, Karl, *L'Idéologie allemande,* Éditions Sociales, 1968.
– *La Question juive,* UGE, 10/18, 1968.
MAYEUR, Jean-François, *Les Sectes,* Cerf, 1987.
MICHEL, Patrick, *La Société retrouvée,* Fayard, 1988.
– *Politique et religion. La Grande Mutation,* Albin Michel, 1994.
– *Religion et démocratie* (dir.), Albin Michel, 1997.
– « Des recompositions contemporaines du croire », *in* Frédéric Lenoir et Ysé Tardan-Masquelier (dir.), *Encyclopédie des religions,* t. II, Bayard Éditions, 1997.
– « Religion, nation et pluralisme. Une réflexion fin de siècle », in *Critique internationale,* n° 3, printemps 1999.
MORIN, Edgar, *Introduction à une politique de l'homme,* Seuil, 1965 et 1999
– *La Méthode* 1 (1977), 2 (1980), 3 (1986), 4 (1991), Seuil.
– *Le Paradigme perdu : la nature humaine,* Seuil, 1973 et 1979.
– *Science avec conscience,* Fayard, 1982.
– *Pour sortir du XXe siècle,* Seuil, 1984.

– *Sociologie*, Fayard, 1984 et 1994.
– *Terre-patrie*, Seuil, 1993.
– *La Complexité humaine*, Flammarion, 1994.
NIETZSCHE, Friedrich, *Fragments posthumes*, automne 1887-mars 1888, in *Œuvres philosophiques complètes*, Gallimard, 1987.
OBADIA, Lionel, *Bouddhisme et Occident. La diffusion du bouddhisme tibétain en France*, L'Harmattan, 1998.
ORRU Marco, et WANG Amy, « Durckheim, Religion and Buddhism », in *Journal for the Scientific Study of Religion*, 31, 1992.
OTTO, Rudolph, *Le Sacré*, Payot, 1926.
PACE, Enzo, *La Sociologie des religions*, Cerf, 1994.
PARSONS, Talcott, *Sociétés, essai sur leur évolution comparée*, Dunod, 1973.
POULAT, Émile, *Intégrisme et catholicisme intégral*, Casterman, 1969.
– « La querelle de l'intégrisme en France », in *Social Compass*, 4, 1985.
– « Le temps des religions sans Dieu », in *Esprit*, juin 1997.
PRADES, J., *Persistance et métamorphose du sacré*, P.U.F., 1987.
RAMPA, Lobsang, *Le Troisième Œil*, Albin Michel, 1957.
– *Histoire de Rampa*, Albin Michel, 1963 ; J'ai lu, 1980.
– *La Caverne des Anciens*, Albin-Michel, 1967 ; J'ai lu, 1980.
RENAUT, Alain, *L'Ère de l'individu*, Gallimard, 1989.
REROLLE, Bernard, *Le Japon du silence et la contemplation du Christ*, Centurion, 1991.
REVEL, Jean-François, *Le Moine et le Philosophe*, entretiens avec Matthieu Ricard, Nil, 1997.
RIFFAULT, Hélène (dir.), *Les Valeurs des Français*, P.U.F., 1994.
ROBERTSON, Roland, *Meaning and Change*, New York University Press, New York, 1978.
– *The Sociological Interpretation of Religion*, Basil and Blackwell, Oxford, 1970.
ROBBINS, J. et ANTHONY, D., « Contemporary Religious Ferment and Moral Ambiguity », *in* Eileen Barker (dir.) *New Religious Movements : a Perspective of Understanding Society*, Eldwin Mellen Press, New York et Toronto, 1982.
SCHLEGEL, Jean-Louis, « Du christianisme au bouddhisme : les pratiques religieuses aujourd'hui », in *Esprit*, n° 233, juin 1997.
– *La Religion à la carte*, Hachette, 1995.
SEGUY, Jean, *Christianisme et société. Introduction à la sociologie d'Ernest Troeltsch*, Cerf, 1980.
- « Lire Weber et Troeltsch », in *Archives des sciences sociales des religions*, n° 74, 1991.
- « Modernité religieuse, religion métaphorique et rationalité », in *Archives des sciences sociales des religions*, n° 67-2, avril-juin 1989, p. 191-210.

– *Conflit et utopie, ou réformer l'Église*, Cerf, 1999.
SCHNETZLER, Jean-Pierre, *La Méditation bouddhique*, Albin Michel, 1994.
– *De la mort à la vie*, Dervy, 1995.
SCHOPENHAUER, Arthur, *Le Monde comme volonté et comme représentation*, P.U.F., 1966.
SMEDT, Marc (de), *L'Orient intérieur*, Autrement, 1985.
Social Compass, numéro spécial : « Les nouveaux mouvements religieux aux USA », 31 mars 1974.
SOGYAL, rinpoché, *Le Livre tibétain de la vie et de la mort*, La Table ronde, 1993.
STARK, R. et BAINBRIDGE, W., « Secularization, Revival and Cult Formation », in *The Annual Review of Social Sciences of Religion*, 4, 1980.
SUZUKI, Shunryu, *Esprit zen esprit neuf*, Seuil, 1977.
TIPTON, S. M., « The Moral Logic of Alternative Religions », in *Daedalus*, 111/1, 1982.
TOURAINE, Alain, *Critique de la modernité*, Fayard, 1997.
TRUNGPA, Chögyam, *Né au Tibet*, Seuil, 1968 et 1991.
– *Pratique de la voie tibétaine*, Seuil, 1976 et 1991.
– *Le Mythe de la liberté*, Seuil, 1979 et 1992.
– *Shambhala la voie sacrée du guerrier*, Seuil, 1984 et 1990.
– *Folle sagesse*, Seuil, 1993.
VALADIER, Paul, *L'Église en procès*, Calman-Lévy, 1988.
WALLIS, Roy, « The New Religions as Social Indicators », *in* Eileen Barker (dir.) *New Religious Movements : a Perspective of Understanding Society*, Eldwin Mellen Press, New York et Toronto, 1982.
WALPOLA, Rahula, *L'Enseignement du Bouddha d'aprés les textes les plus anciens*, Seuil, 1961.
WATTS, Alan W., *Le Bouddhisme zen*, Payot, 1960 et 1991.
– « Beat Zen, Square Zen and Zen », *Chicago Review*, juillet-août 1958
WEBER, Max, *L'Éthique protestante et l'esprit du capitalisme*, Plon, 1967.
– *Le Savant et le politique*, Plon, 1959 ; « 10/18 », 1991.
– *Économie et société*, Plon, 1971.
– *Le Judaïsme antique*, Plon, 1970.
– *Essais sur la théorie de la science*, Plon, 1965 ; Presses Pocket, 1992.
– *Sociologie des religions*, Gallimard, 1996.
WILLAIME, Jean-Paul, « État, éthique et religion », in *Cahiers internationaux de sociologie*, vo. LXXXVIII, 1990.
– *La Précarité protestante, sociologie du protestantisme contemporain*, Labor et Fides, Genève, 1992.
– *Sociologie des religions*, P.U.F., 1995.
– « Les religions civiles », *in* Frédéric Lenoir et Ysé Tardan-Masquelier (dir.), *Encyclopédie des religions*, t. II, Bayard Éditions, 1997.

WILLIAMS, Duncan Ryûken et QUEEN, Christopher S., *American Buddhism : Methods and Findings in Recent Scolarship*, Curzon Press, Richmond, UK, 1999.

WILSON, Bryan, *Religion in Secular Society. A Sociological Comment*, Penguin Books, Baltimore, 1969.

– *The Contemporary Transformations of Religion*, Oxford University Press, Londres, 1976.

– *The Social Impact of New Religious Movements*, Rose of Sharon Press, New York, 1981.

– *Religion in Sociological Perspective*, Oxford, Oxford University Press, 1982.

Résultats complets du questionnaire

Ce questionnaire a été envoyé aux adhérents de quatre centres tibétains (Kagyu Ling, Karma Migyur Ling, Dhagpo Kagyu Ling et Rigpa) et des deux principales associations zen (AZI, centre zen de la falaise verte). Sur 903 questionnaires retournés exploitables, 648 proviennent des centres tibétains et 255 des centres zen.

1. Depuis combien d'années êtes-vous intéressé par le bouddhisme ?

	Effectifs	%
Non réponse	77	8,5
Moins de 5	156	17,3
de 5 à 10	172	19
de 10 à 15	166	18,4
de 15 à 20	127	14,1
de 20 à 25	115	12,7
de 25 à 30	36	4
30 et plus	54	6
Total	**903**	**100**

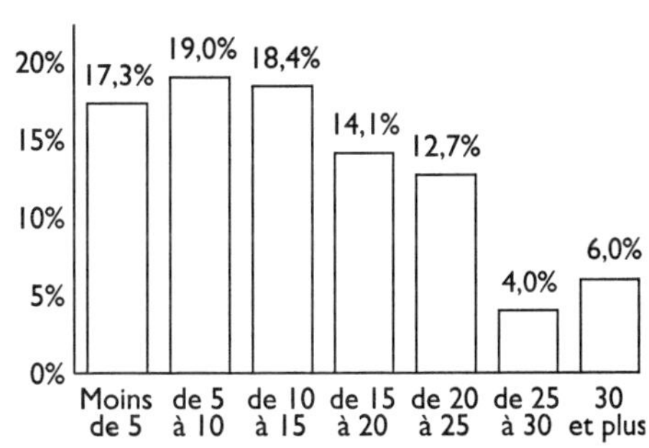

Regroupement

	Effectifs	%
- de 5 ans	156	18,9
de 5 à 15	338	40,9
plus de 15	332	40,2
Total	**826**	**100**

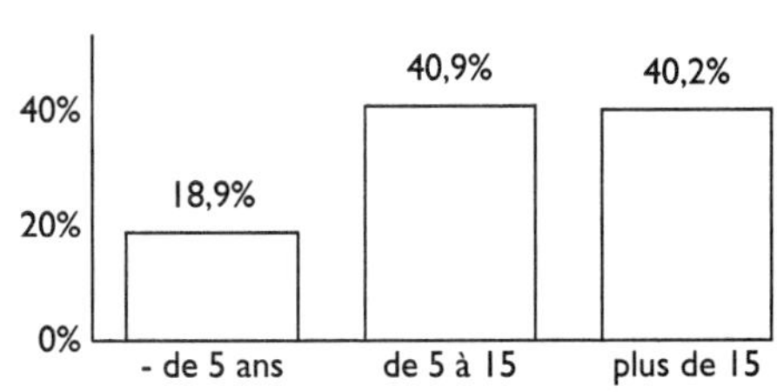

2. Depuis combien d'années pratiquez-vous ?

	Effectifs	%
Non réponse	138	15,3
Moins de 5	302	33,4
de 5 à 10	188	20,8
de 10 à 15	136	15,1
de 15 à 20	83	9,2
20 et plus	56	6,2
Total	**903**	**100**

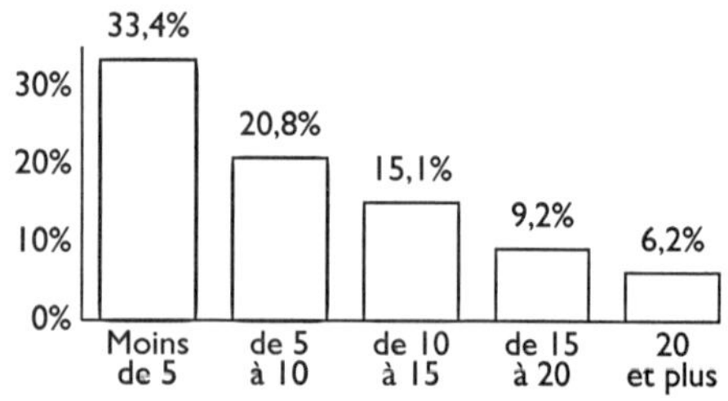

Regroupement

	Effectifs	%
- de 5 ans	302	39,5
de 5 à 15	324	42,4
+ de 15	139	18,2
Total	**765**	**100**

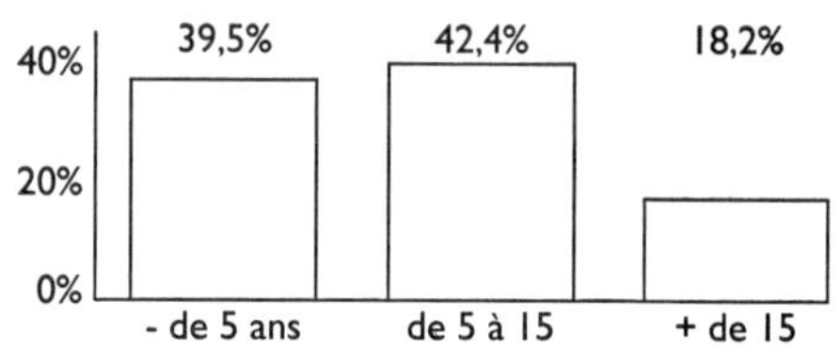

3. Par quel biais avez-vous rencontré le bouddhisme ?

	Effectifs	%
Non réponse	4	0
Ami, parent, collègue de travail	323	24,7
Pratique des arts martiaux	88	6,7
Livre/Auteur	364	27,9
TV ou presse	59	4,5
Voyage en Asie	83	6,4
Personnalité du dalaï-lama	88	6,7
Personnalité de maître Deschimaru	55	4,2
Personnalité d'un autre maître	100	7,7
Autre	147	11,2
Total/réponses	**1 307**	**100**

Regroupement

	Effectifs	%
Ami, parent, collègue de travail	323	25,1
Pratique des arts martiaux	88	6,8
Livre/Auteur	364	28,3
TV ou presse	59	4,6
Voyage en Asie	83	6,5
Personnalité d'un maître	221	17,2
Autre	147	11,4
Total/réponses	**1 285**	**100**

Interrogés : 903/répondants : 899/réponses : 1 307.
Pourcentages calculés sur la base des réponses

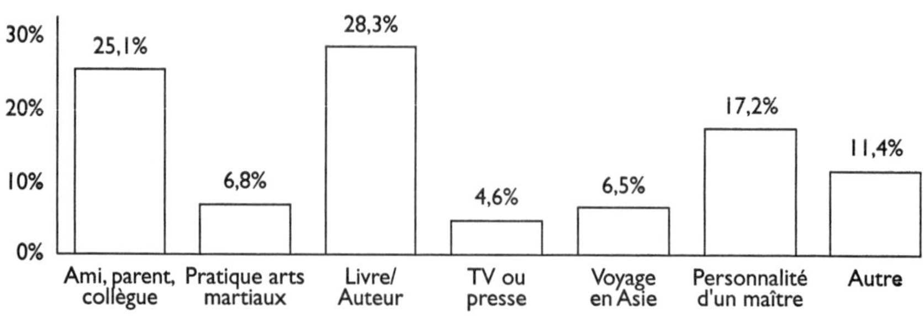

4. De quelle tradition s'agissait-il ?

	Effectifs	%
Non réponse	10	0
Bouddhisme en général	179	17,7
Zen	279	27,5
Bouddhisme tibétain	519	51,2
Autre tradition du Grand Véhicule	14	1,4
Theravâda	23	2,3
Total/réponses	**1 014**	**100**

Interrogés : 903/répondants : 893/réponses : 1 014
Pourcentages calculés sur la base des réponses

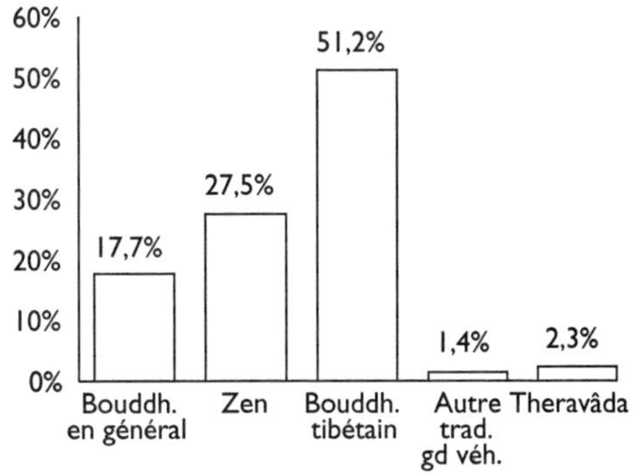

5. Aujourd'hui de quelle tradition vous sentez-vous le plus proche ?

	Effectifs	%
Non réponse	16	0
Bouddhisme en général	78	8,1
Zen	294	30,6
Bouddhisme tibétain	575	59,8
Autre tradition du Grand Véhicule	11	1,1
Theravâda	4	0,4
Total/réponses	**962**	**100**

Interrogés : 903/répondants : 887/réponses : 962
Pourcentages calculés sur la base des réponses

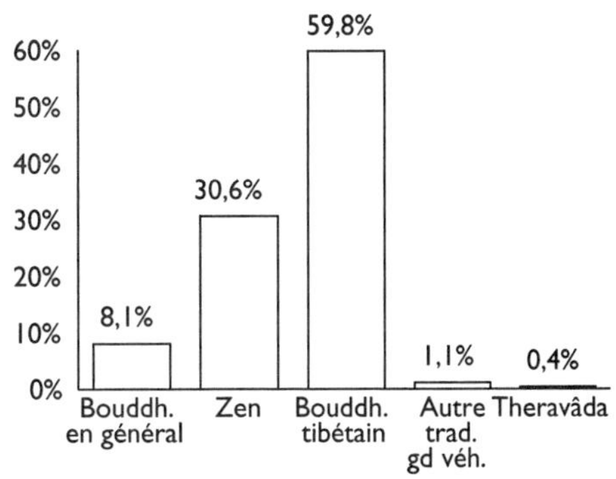

6. Vous considérez-vous aujourd'hui comme bouddhiste ?

	Effectifs	%
Non réponse	18	0
Oui	586	65,6
Non	174	19,5
Ne sait pas	133	14,9
Total/réponses	**893**	**100**

Interrogés : 903/répondants : 885/réponses : 893
Pourcentages calculés sur la base des réponses

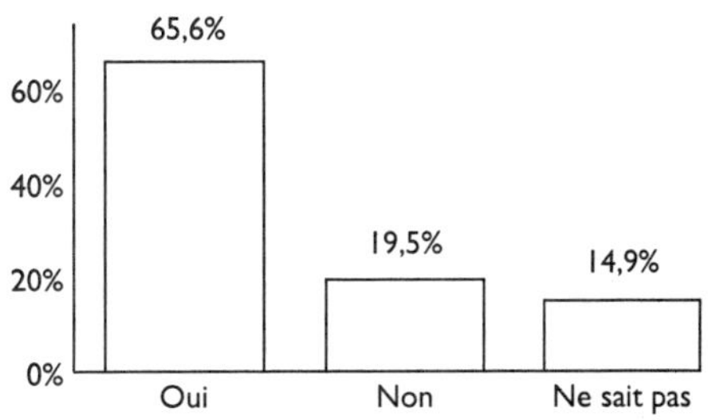

7. Avez-vous pris refuge ou reçu l'ordination ?

	Effectifs	%
Non réponse	10	0
Oui	652	73
Non	235	26,3
Ne sait pas	6	0,7
Total/réponses	**893**	**100**

Interrogés : 903/répondants : 893/réponses : 893
Pourcentages calculés sur la base des réponses

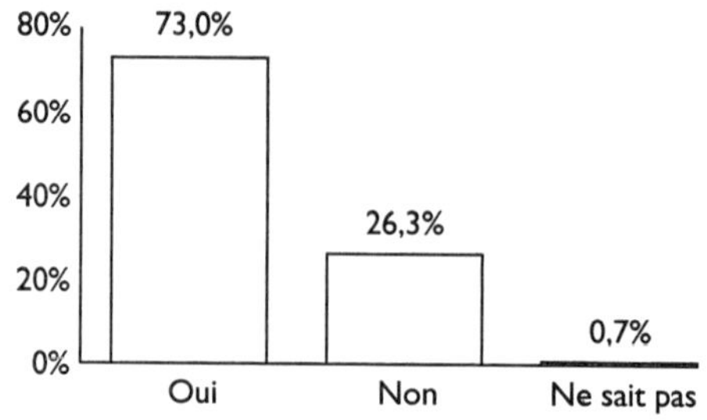

8. Avez-vous à cœur de faire partager votre intérêt pour le bouddhisme dans votre univers social ?

	Effectifs	%
Non réponse	19	0
Oui	595	66,6
Non	211	23,6
Ne sait pas	88	9,8
Total/réponses	**894**	**100**

Interrogés : 903/répondants : 884/réponses : 894
Pourcentages calculés sur la base des réponses

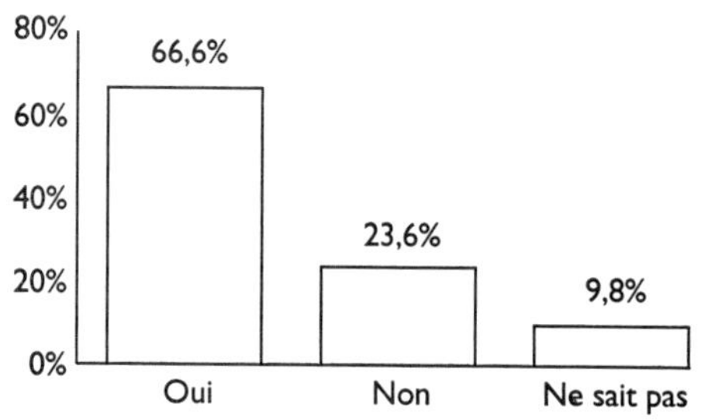

9. Êtes-vous relié à un maître ou un lama en particulier ?

	Effectifs	%
Non réponse	13	0
Oui	545	60,9
Non	312	34,9
Ne sait pas	38	4,2
Total/réponses	895	100

Interrogés : 903/répondants : 890/réponses : 895
Pourcentages calculés sur la base des réponses

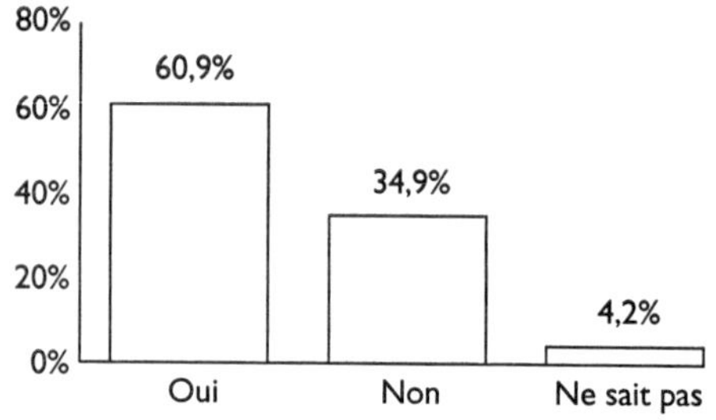

10. Fréquentez-vous un centre ou un dôjô ? (fréquence)

	Effectifs	%
Non réponse	6	0
Tous les jours	54	5,8
Une ou plusieurs fois par semaine	205	22,1
Une ou plusieurs fois par mois	158	17,1
Une ou plusieurs fois par an	412	44,5
Autre	60	6,5
Jamais	37	4
Total/réponses	**926**	**100**

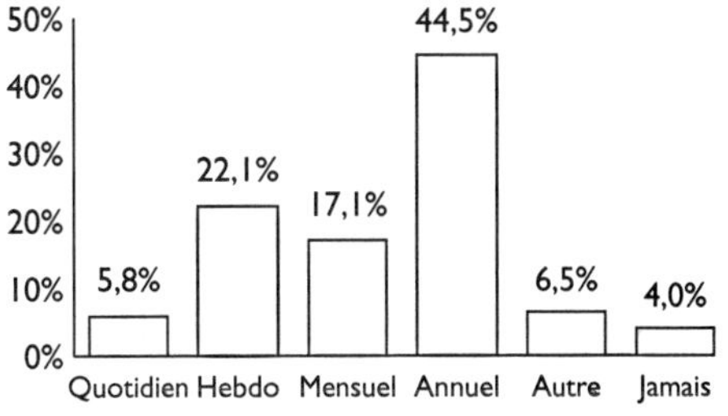

Interrogés : 903/répondants : 897/réponses : 926/Pourcentages calculés sur la base des réponses

Regroupement

	Effectifs	%
Fréquentation quotidienne ou hebdomadaire	414	45,1
Fréquentation mensuelle ou annuelle	503	54,9
Total/réponses	**917**	**100**

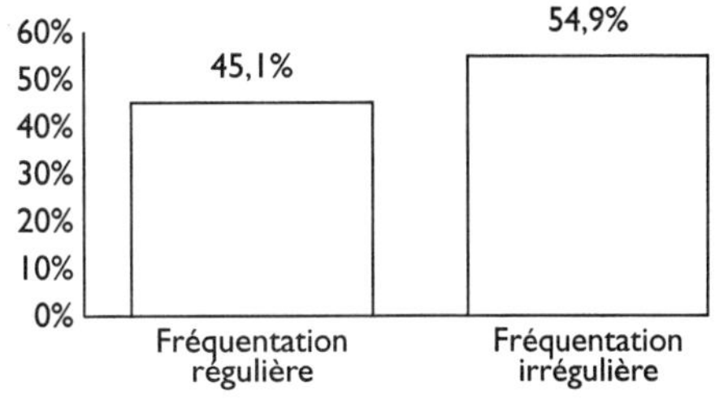

11. Fréquentez-vous ?

	Effectifs	%
Un seul centre	430	49,8
Plusieurs centres dans la même tradition	290	33,6
Plusieurs centres de traditions différentes	144	16,7
Total/réponses	**864**	**100**

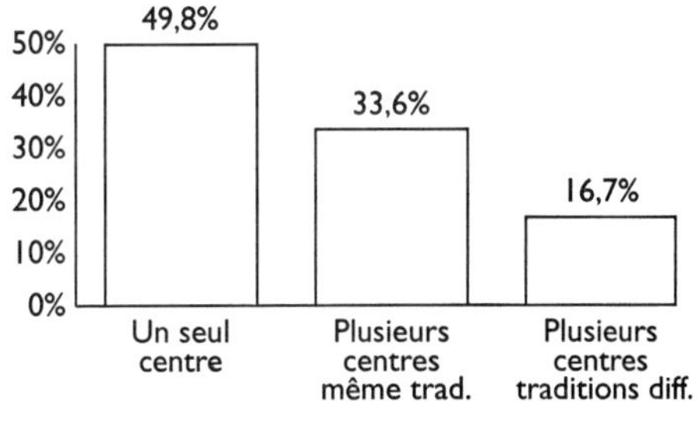

12. Au début, qu'est-ce qui vous a le plus attiré dans le bouddhisme ? (5 réponses ordonnées)

	Effectifs	%
Non réponse	21	0
Ni Dieu, ni dogme	373	8,7
Pragmatisme, expérience	317	7,4
Ne s'appuie que sur la raison	55	1,3
Tradition ancienne	129	3
Compassion respect vie	479	11,2
Loi du karma	248	5,8
Transmigration	135	3,1
Explication mal et souffrance	217	5,1
Pratique silencieuse	218	5,1
Liberté suivre sa voie	346	8,1
Contact direct maître	165	3,8

	Effectifs	%
Rayonnement maître	243	5,7
Rayonnement adepte	27	0,6
Souplesse morale	107	2,5
Beauté rituels et cérémonies	52	1,2
Ésotérique, mystérieux	75	1,7
Sobriété	102	2,4
Travail corps, émotions	218	5,1
Apprend à méditer	165	3,8
Lucidité, aide psy	186	4,3
Élimine souffrance	92	2,1
Tolérance	280	6,5
Autres	57	1,3
Total/réponses	**4 286**	**100**

Interrogés : 903/répondants : 882/réponses : 4 286. Pourcentages calculés sur la base des réponses

13. Pour quelles raisons aujourd'hui le bouddhisme vous convient-il ? (5 réponses ordonnées)

	Effectifs	%
Non réponse	46	0
Ni Dieu, ni dogme	266	6,4
Pragmatisme, expérience	327	7,9
Ne s'appuie que sur la raison	50	1,2
Tradition ancienne	89	2,1
Compassion respect vie	484	11,7
Loi du karma	210	5,1
Transmigration	91	2,2
Explication mal et souffrance	162	3,9
Pratique silencieuse	220	5,3
Liberté suivre sa voie	317	7,7
Contact direct maître	232	5,6

	Effectifs	%
Rayonnement maître	229	5,5
Rayonnement adepte	22	0,5
Souplesse morale	133	3,2
Beauté rituels et cérémonies	28	0,7
Ésotérique, mystérieux	13	0,3
Sobriété	99	2,4
Travail corps, Èmotions	227	5,5
Apprend à méditer	225	5,4
Lucidité, aide psy	285	6,9
Élimine souffrance	149	3,6
Tolérance	231	5,6
Autres	51	1,2
Total/réponses	**4 140**	**100**

Interrogés : 903/répondants : 857/réponses : 4 140. Pourcentages calculés sur la base des réponses

14. Pensez-vous qu'il est important pour un chercheur spirituel d'être enraciné dans une tradition ?

	Effectifs	%
Non réponse	10	1,1
Oui	617	68,3
Non	155	17,2
Ne sait pas	121	13,4
Total/réponses	903	100

Interrogés : 903/répondants : 890/réponses : 895
Pourcentages calculés sur la base des réponses

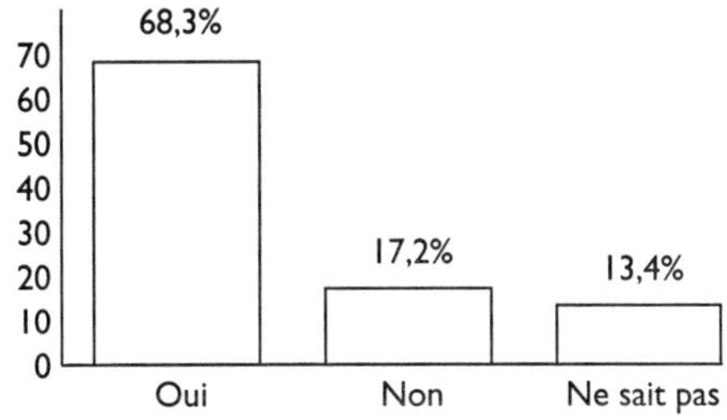

15. Que le bouddhisme soit une tradition très ancienne est-ce pour vous…

	Effectifs	%
Non réponse	13	1,4
Essentiel	383	42,4
Important	307	34
Relativement important	126	14
Sans importance	47	5,2
Ne sait pas	27	3
Total	**903**	**100**

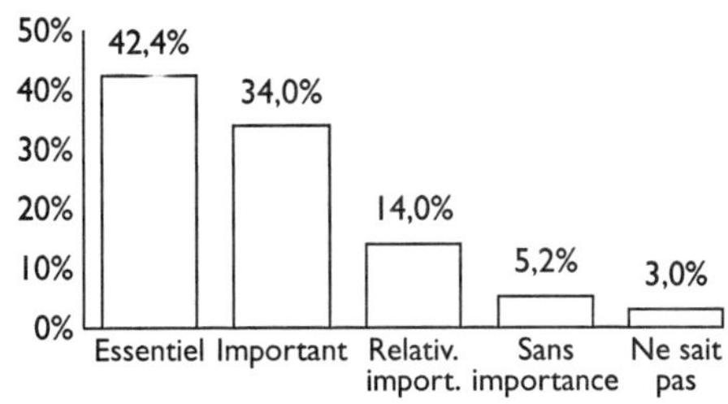

Regroupement

	Effectifs	%
Essentiel/Important	690	77,5
Relativement important ou sans importance	173	19,4
Ne sait pas	27	3
Total	**890**	**100**

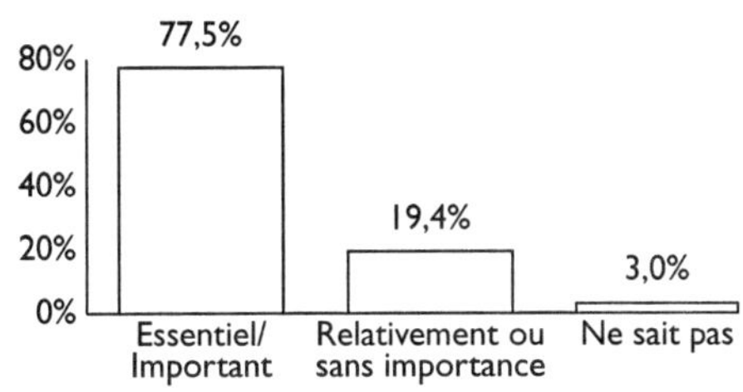

16. Souhaitez-vous transmettre le bouddhisme à vos enfants ?

	Effectifs	%
Non réponse	104	11,5
Oui	380	42,1
Oui en plus de ma religion d'origine	166	18,4
Ne sait pas	153	16,9
Non	100	11,1
Total	**903**	**100**

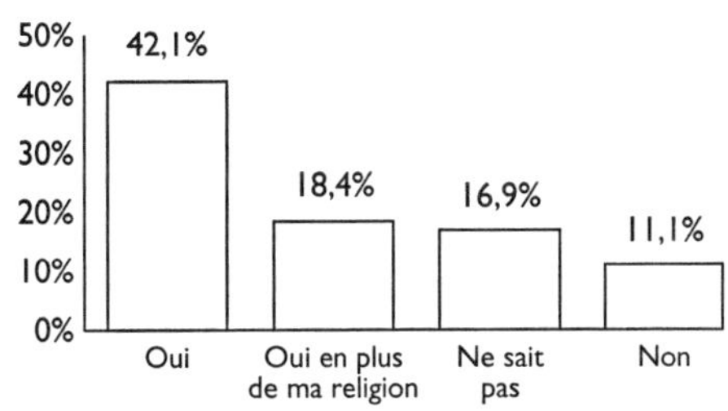

17. Pratiquez-vous...

	Effectifs	%
Non réponse	15	1,7
Quotidien	406	45
Hebdo	280	31
Mensuel	90	10
Annuel	66	7,3
Jamais	18	2
Autre	28	3,1
Total	**903**	**100**

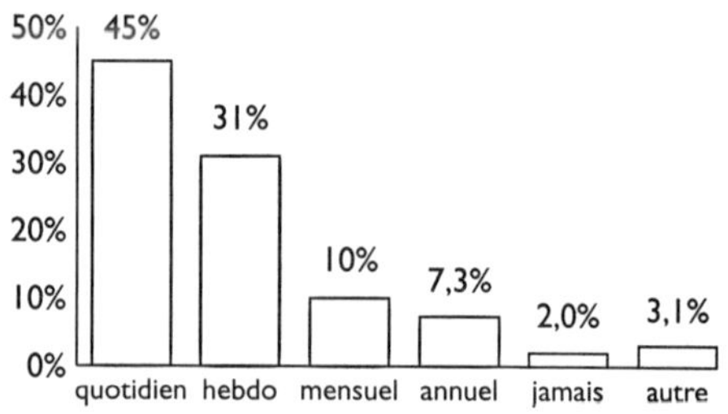

Regroupement

	Effectifs	%
Quotidien/Hebdomadaire	686	77,3
Mensuel/Annuel	156	17,6
Jamais	18	2
Autre	28	3,2
Total	**888**	**100**

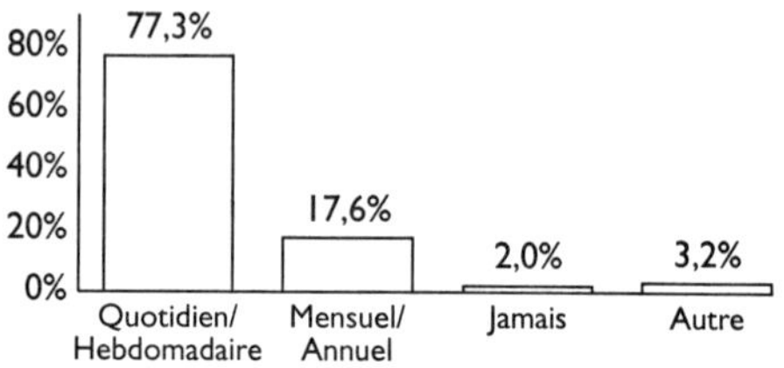

18. Pratique la plus régulière ?

	Effectifs	%
Non réponse	113	12,5
Zazen	232	25,7
Autres	558	61,8
Total	**903**	**100**

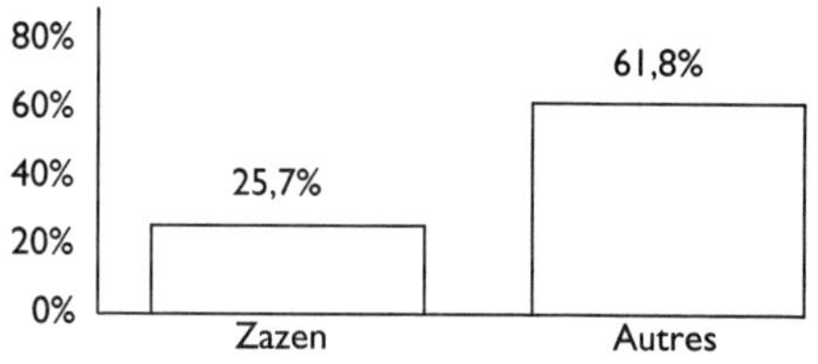

19. Que vous apporte avant tout cette pratique ? (plusieurs réponses possibles)

	Effectifs	%
Non réponse	29	0
Sérénité	500	16,7
Énergie	235	7,9
Équilibre	410	13,7
Lucidité	319	10,7
Compassion	335	11,2
Connaissance	283	9,5
Libération	278	9,3
Santé, hygiène de vie	124	4,1
Concentration	159	5,3
Moins souffrir	153	5,1
Bonheur	147	4,9
Autres	47	1,6
Total/réponses	**2 990**	**100**

Regroupement

	Effectifs	%
Sérénité, équilibre, paix intérieure	795	56
Compassion, connaissance vraie nature de l'esprit, libération	577	40,7
Autres	47	3,3
Total/réponses	**1 420**	**100**

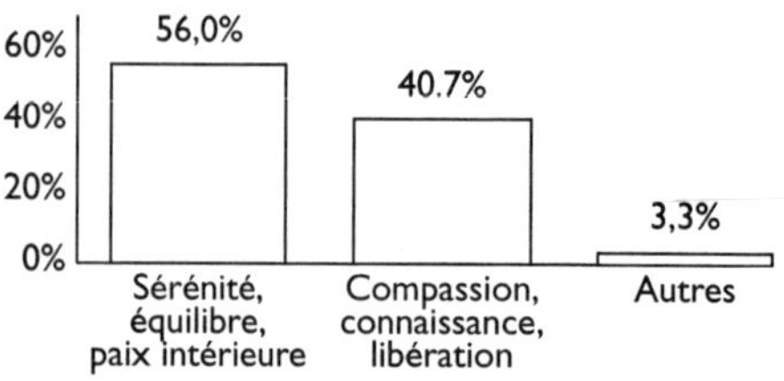

Interrogés : 903/répondants : 874/réponses : 2 990. Pourcentages calculés sur la base des réponses

20. Croyez-vous en la transmigration (réincarnation) ?

	Effectifs	%
Non réponse	12	0
Oui	565	62,7
Non	56	6,2
Ne sait pas	280	31,1
Total/réponses	**901**	**100**

Interrogés : 903/répondants : 891/réponses : 901
Pourcentages calculés sur la base des réponses

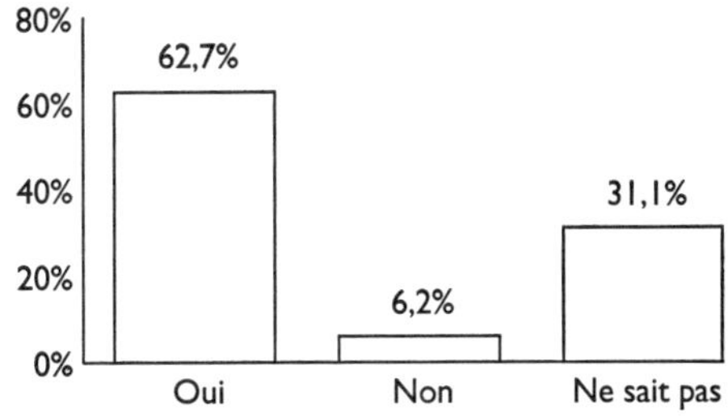

21. Si oui, espérez-vous par la pratique du bouddhisme...

	Effectifs	%
Non réponse	201	0
Libération cycle renaissances	232	30,2
Bonne réincarnation vie future	103	13,4
Amélioration en cette vie	327	42,6
Autres	106	13,8
Total/réponses	**768**	**100**

Interrogés : 903/répondants : 702/réponses : 768
Pourcentages calculés sur la base des réponses

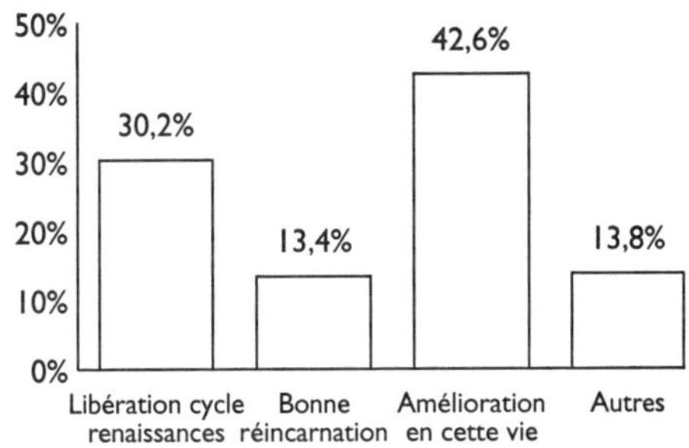

22. Pour vous, le bouddhisme est-il avant tout...

	Effectifs	%
Non réponse	9	0
Voie spirituelle	560	44,8
Pratique	238	19,1
Philosophie	146	11,7
Religion	53	4,2
Art de vivre	222	17,8
Autre	30	2,4
Total/réponses	**1 249**	**100**

Interrogés : 903/répondants : 894/réponses : 1 249
Pourcentages calculés sur la base des réponses

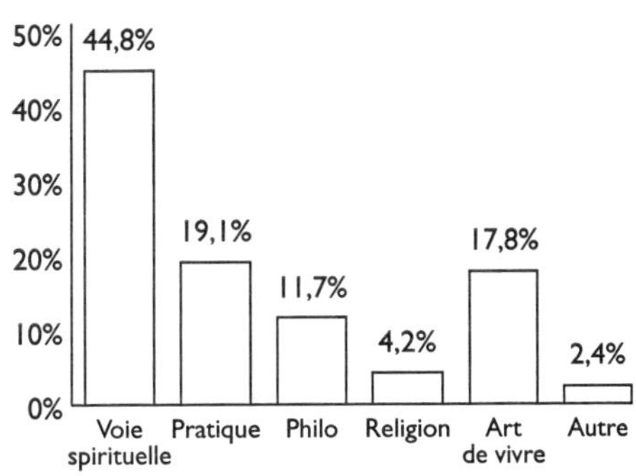

23. Selon vous peut-on être bouddhiste et adepte d'une autre voie spirituelle ?

	Effectifs	**%**
Non réponse	12	0
Oui	461	51
Oui, mais pour certaines religions seulement	137	15,2
Non	164	18,1
Ne sait pas	142	15,7
Total/réponses	**904**	**100**

Interrogés : 903/répondants : 891/réponses : 904
Pourcentages calculés sur la base des réponses

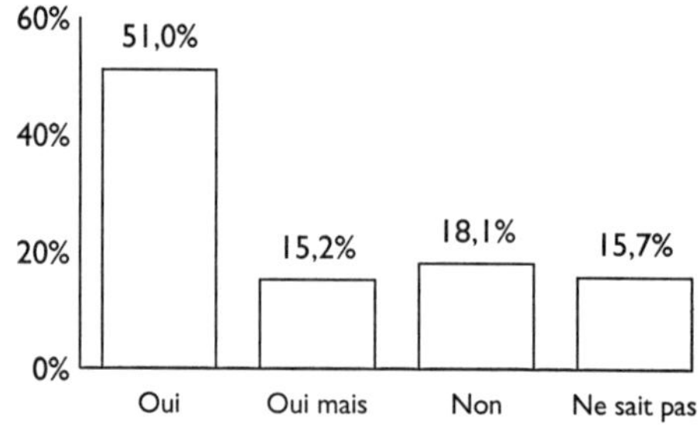

24. Avez-vous reçu une éducation religieuse ?

	Effectifs	**%**
Non réponse	5	0
Oui	759	84,2
Non	136	15,1
Ne sait pas	6	0,7
Total/réponses	**901**	**100**

Interrogés : 903/répondants : 898/réponses : 901
Pourcentages calculés sur la base des réponses

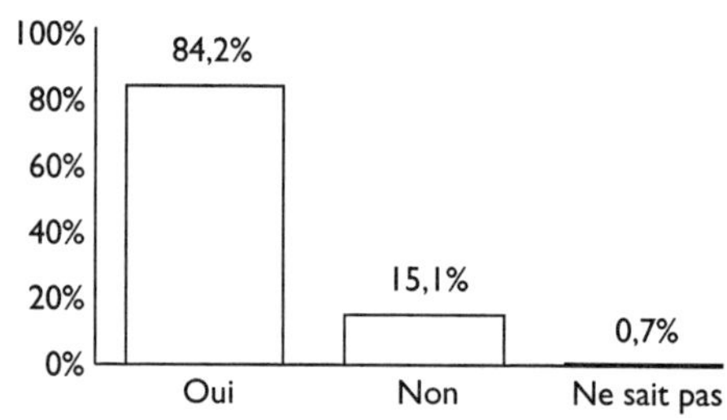

25. Si oui, laquelle ?

	Effectifs	**%**
Non réponse	131	0
Juive	12	1,5
Catholique	706	89,6
Protestante	53	6,7
Orthodoxe	6	0,8
Musulmane	2	0,3
Autre	9	1,1
Total/réponses	**788**	**100**

Interrogés : 903/répondants : 772/réponses : 788
Pourcentages calculés sur la base des réponses

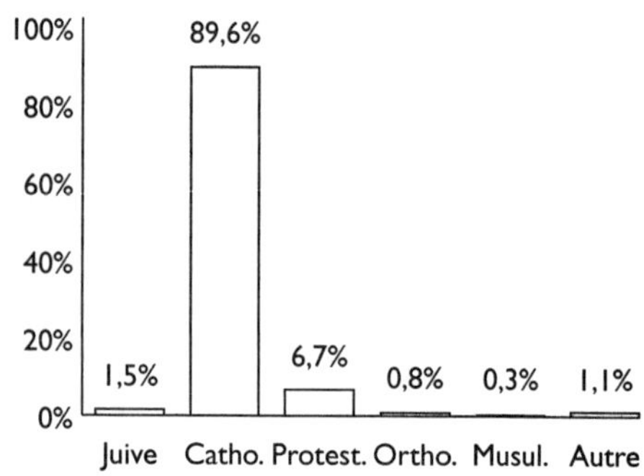

26. Plus tard, avez-vous adhéré à une ou plusieurs religions avant de rencontrer le bouddhisme ?

	Effectifs	%
Non réponse	14	0
Oui	157	17,6
Non	729	81,6
Ne sait pas	7	0,8
Total/réponses	**893**	**100**

Interrogés : 903/répondants : 889/réponses : 893
Pourcentages calculés sur la base des réponses

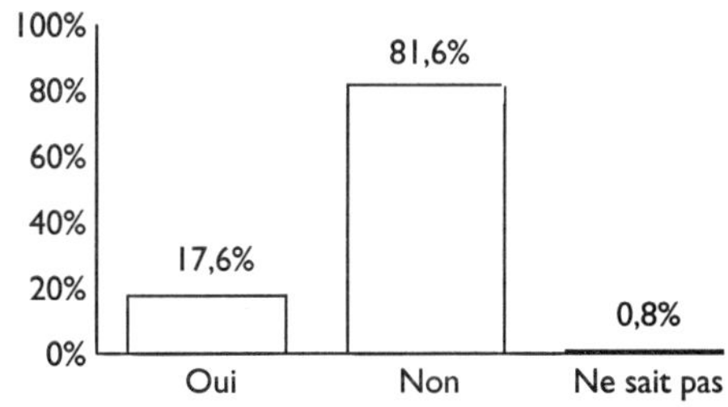

27. Si oui, laquelle ?

	Effectifs	%
Non réponse	728	0
Judaïsme	8	3,9
Christianisme	95	45,9
Islam	14	6,8
Hindouisme	54	26,1
Autre	36	17,4
Total/réponses	**207**	**100**

Interrogés : 903/répondants : 175/réponses : 207
Pourcentages calculés sur la base des réponses

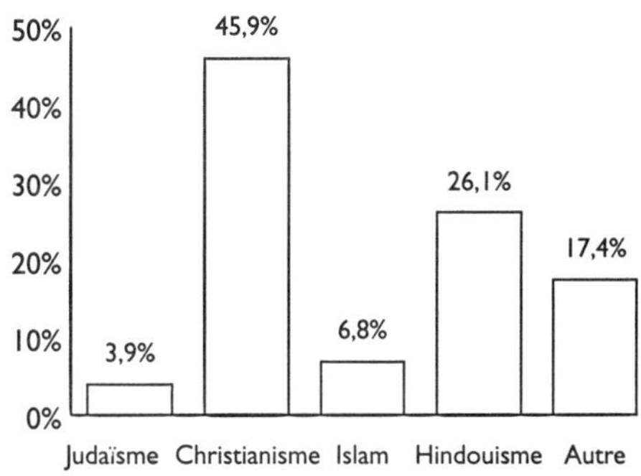

28. Si vous avez eu une éducation religieuse, vous sentez-vous encore proche de votre religion d'origine ?

	Effectifs	%
Non réponse	138	0
Oui beaucoup	174	22,4
Oui un peu	359	46,1
Non rejet	41	5,3
Non indifférence	176	22,6
Ne sait pas	28	3,6
Total/réponses	**778**	**100**

Interrogés : 903/répondants : 765/réponses : 778
Pourcentages calculés sur la base des réponses

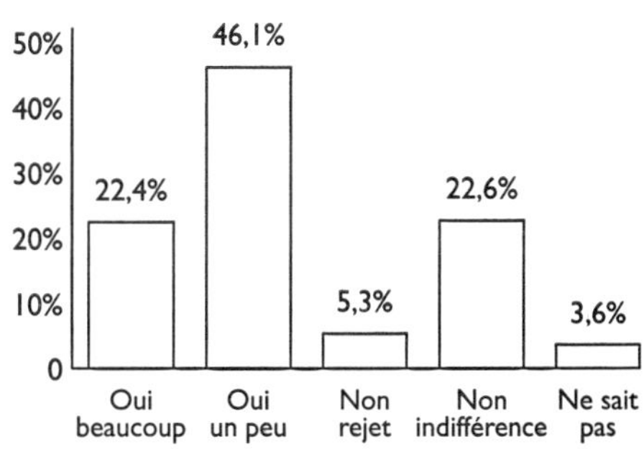

29. Si oui, pour quels motifs ? (plusieurs réponses possibles)

	Effectifs	%
Non réponse	366	0
Raison affective	143	16,2
Foi en Dieu personnel	66	7,5
Prière	121	13,7
Lecture spirituelle	137	15,5
Affinité intellectuelle	77	8,7
Appartenance culturelle	174	19,7
Pratique régulière	23	2,6
Pratique occasionnelle	38	4,3
Autre	95	10,8
Ne sait pas	8	0,9
Total/réponses	**882**	**100**

Regroupement

	Effectifs	%
socio-culurel	286	42,1
existentiel-spirituel	291	42,8
Autre	95	14
Ne sait pas	8	1,2
Total/réponses	**680**	**100**

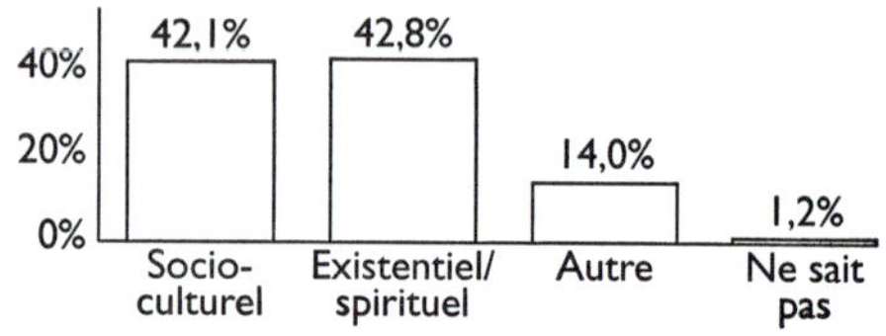

Interrogés : 903/répondants : 537/réponses : 882. Pourcentages calculés sur la base des réponses

30. Si oui, vous considérez-vous comme :

	Effectifs	%
Non réponse	388	0
Adepte bouddhisme et autre religion	111	21,1
Adepte autre religion et emprunts bouddhisme	31	5,9
Adepte bouddhisme et intérêt autre religion	344	65,3
Ne sait pas	41	7,8
Total/réponses	**527**	**100**

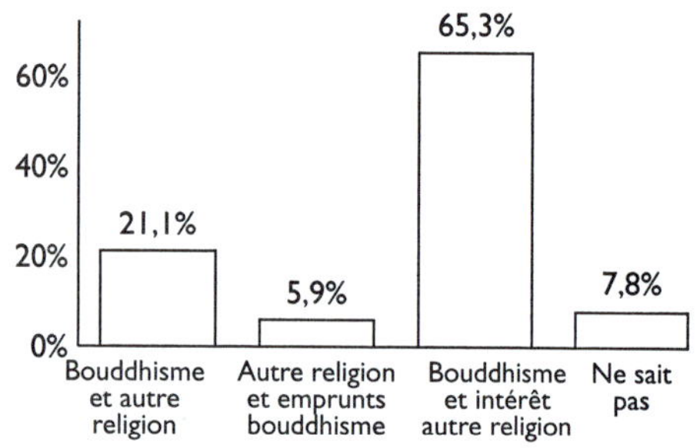

Interrogés : 903/répondants : 515/réponses : 527. Pourcentages calculés sur la base des réponses

31. Si vous êtes chrétien ou si vous vous sentez proche du christianisme, pour vous Jésus-Christ est-il avant tout :

	Effectifs	%
Non réponse	194	0
Fils de Dieu ressuscité	74	8,5
Prophète	51	5,8
Guide spirituel	310	35,6
Exemple moral	44	5
Avatar ou bodhisattva	345	39,6
Autre	27	3,1
Ne sait pas	21	2,4
Total/réponses	**872**	**100**

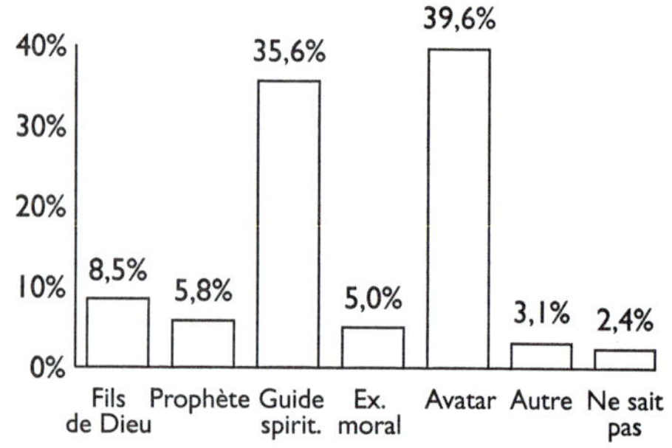

Interrogés : 903/répondants : 709/réponses : 872. Pourcentages calculés sur la base des réponses

32. Si vous êtes… lisez vous la Bible ?

	Effectifs	%
Non réponse	218	24,1
Oui souvent	34	3,8
Oui de temps en temps	305	33,8
Non	339	37,5
Ne sait pas	7	0,8
Total	**903**	**100**

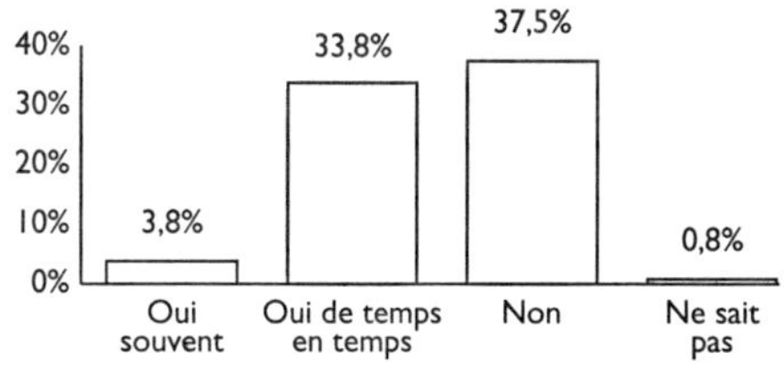

33. Si vous êtes… que vous apporte le bouddhisme que le christianisme ne vous apporte pas ? (plusieurs réponses possibles)

	Effectifs	%
Non réponse	230	0
Travail corps et émotions	370	12,7
Intégration psychologie dans vie spirituelle	215	7,4
Intériorité	183	6,3
Vision rationnelle monde et destinée	261	9
Maîtres spirituels	270	9,3
réponses plus vraisemblable au problème du mal	271	9,3
Absence de dogmes	208	7,1
Absence de normes morale rigides et culpabilisantes	358	12,3
Efficacité pour progresser humainement et spirituellement	361	12,4
Aide pour la prière	55	1,9
Soutien vie quotidienne	196	6,7
Aide vie relationnelle	124	4,3
Autres	41	1,4
Total/réponses	**2913**	**100**

Interrogés : 903/répondants : 673/réponses : 2913/Pourcentages calculés sur la base des réponses

Regroupement

	Effectifs	%
Aide psycho-spirituelle	593	38,8
Crédibilité	489	32
Liberté	406	26,6
Autres	41	2,7
Total/réponses	**1 529**	**100**

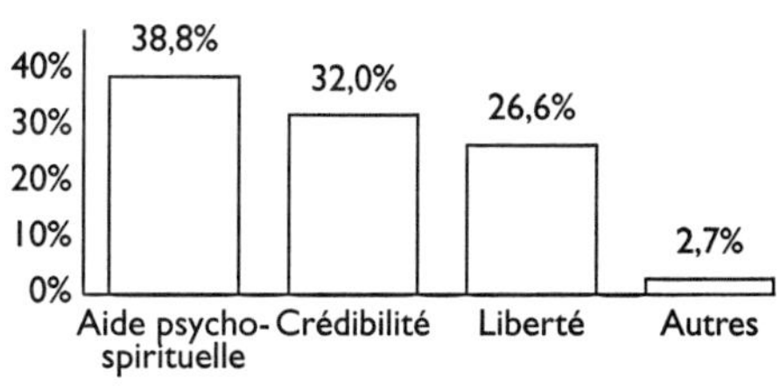

34. Sexe

	Effectifs	%
Masculin	410	45
Féminin	488	55
Total	**903**	**100**

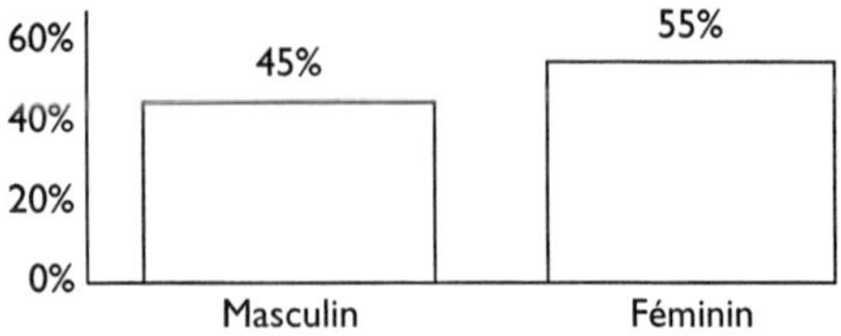

35. Classes d'âge

	Effectifs	%
Non réponse	24	2,7
Moins de 30	68	7,5
de 30 à moins de 35	111	12,3
de 35 à moins de 40	149	16,5
de 40 à moins de 45	162	17,9
de 45 à moins de 50	139	15,4
de 50 à moins de 60	137	15,2
60 et plus	113	12,5
Total	**903**	**100**

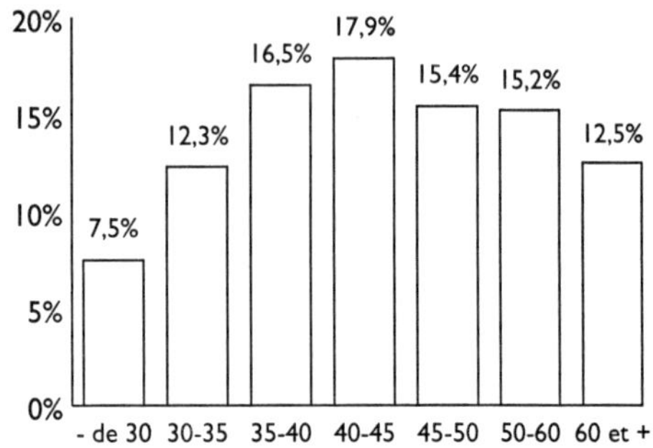

Regroupement

	Effectifs	%
Moins de 35 ans	179	20,4
de 35 à 50 ans	450	51,2
50 ans et plus	250	28,4
Total	**879**	**100**

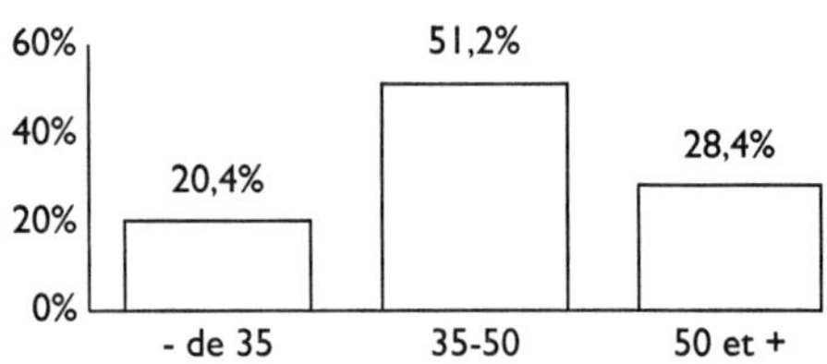

36. Situation de famille

	Effectifs	%
célibataire	323	37,3
marié	249	28,8
concubin	169	19,5
divorcé	105	12,1
veuf	19	2,2
Total	**865**	**100**

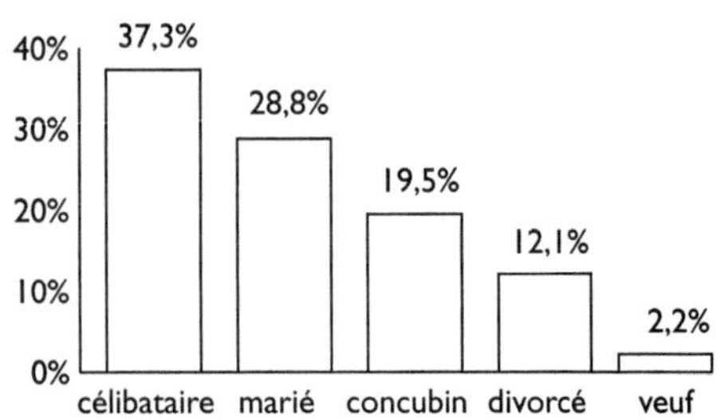

37. Lieu de vie

	Effectifs	%
Non réponse	34	0
Plus de 500000 hab.	223	25,3
De 50000 à 500000 hab.	216	24,5
Moins de 50000 hab.	193	21,9
Milieu rural	248	28,2
Total/réponses	**880**	**100**

Interrogés : 903/répondants : 869/réponses : 880
Pourcentages calculés sur la base des réponses

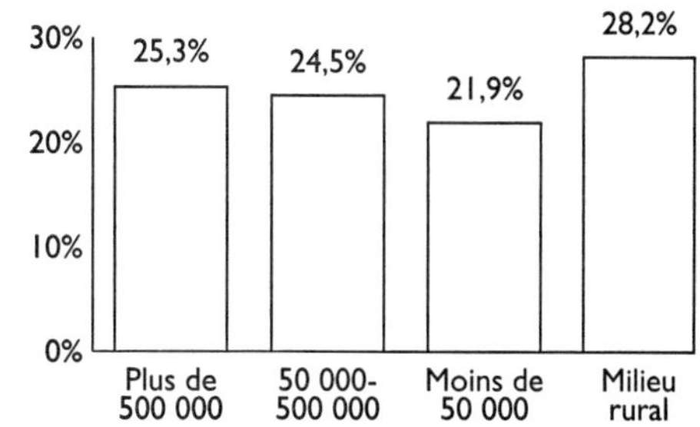

38. Études

	Effectifs	%
Non réponse	14	0
Niveau collège	53	5,9
Niveau lycée	79	8,7
Niveau Bac	181	20
Niveau Bac + 2	209	23,1
Niveau Bac + 4 et plus	329	36,4
Autre	53	5,9
Total/réponses	**904**	**100**

Interrogés : 903/répondants : 889/réponses : 904
Pourcentages calculés sur la base des réponses

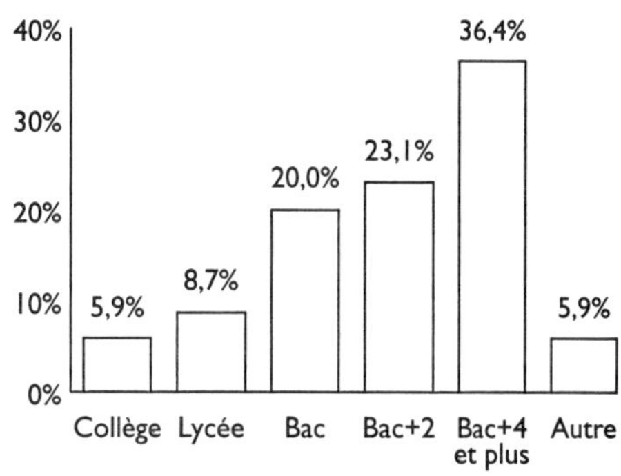

39. Profession classée

	Effectifs	%
Non réponse	53	0
Ouvrier	17	1,9
Employé	87	9,9
Commerçant, artisan	30	3,4
Prof libérale	130	14,7
Fonctionnaires	103	11,7
Enseignants	119	13,5
Cadres	127	14,4
Chômeurs	45	5,1

	Effectifs	%
Retraités	78	8,8
Femmes au foyer	30	3,4
Étudiants	22	2,5
Artistes	59	6,7
Autres	35	4
Total/réponses	**882**	**100**

Interrogés : 903/répondants : 850/réponses : 882
Pourcentages calculés sur la base des réponses

40. Proximité famille politique

	Effectifs	%
Non réponse	20	0
Ext. droite	7	0,7
Droite	50	4,9
Centre	74	7,3
Gauche	242	23,7
Ext. gauche	14	1,4
Écologistes	320	31,4
Autre	23	2,3
Aucune	262	25,7
Ne sait pas	28	2,7
Total/réponses	**1 020**	**100**

Interrogés : 903/répondants : 883/réponses : 1 020

Regroupement

	Effectifs	%
Droite/Centre	115	11,4
Gauche	242	24
Écologistes	320	31,7
Aucune	262	26
Autre/Ne sait pas	70	6,9
Total/réponses	**1 009**	**100**

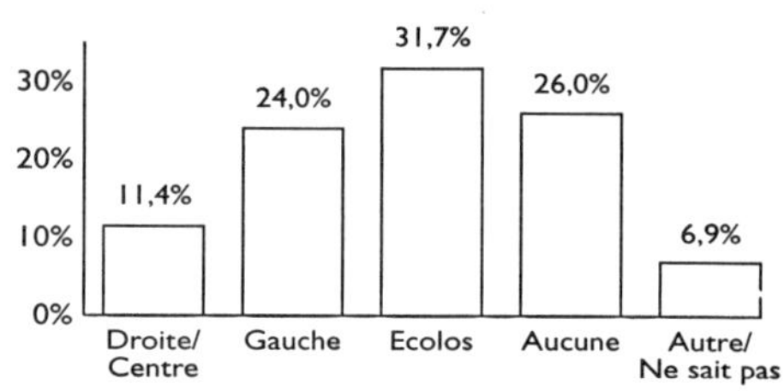

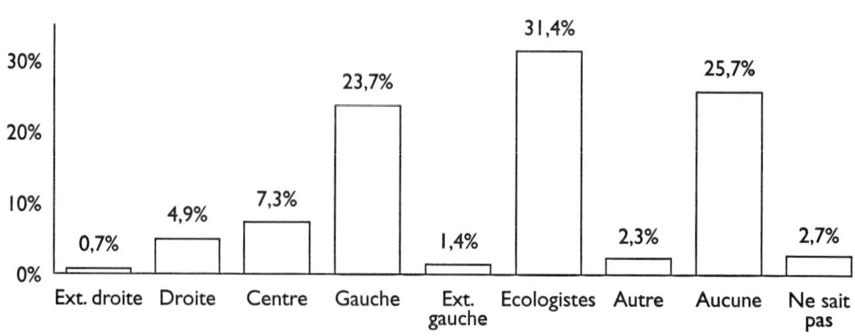

Adresses des centres bouddhistes en France, en Suisse et en Belgique

DIVERS

FRANCE

Union bouddhiste de France
BP 240 Étoile
75770 PARIS CEDEX 16
Tél. 01 42 77 86 17

Fédération du bouddhisme tibétain
40, rue Ceinture-du-Lac Daumesnil
75012 PARIS
Minitel 3615 FBT

Union bouddhiste européenne
c/o Congrégation Dachang Rimé
73110 ARVILLARD
Tél. (33) 04 79 25 54 90
Fax (33) 04 79 25 75 73

Université bouddhique européenne
4, place Albert-Londres
75013 PARIS
Tél. 01 45 8439 20

SUISSE

Union suisse des Bouddhistes
Wiedingstrasse 18
8055 Zürich

THERAVÂDA

FRANCE

07 - Ardèche
Monastère Bodhiyanarama
6, chemin de Boucharin
07300 TOURNON
Tél. 04 75 08 86 69

13 - Bouches-du-Rhône
Temple bouddhique «Vat Marseille»
et Association pour la défense de la culture, de la religion et de la civilisation cambodgienne
14, chemin de la Bigotte
13015 MARSEILLE
Tél. 04 91 65 59 49

31 - Haute-Garonne
Temple bouddhique « Vat Toulouse »
1, rue Vendôme
31000 TOULOUSE
Tél. 05 61 40 33 92

33 - Gironde
Comité d'entr'aide bouddhique khmère de Bordeaux
35, rue de Sabarèges
33440 AMBARES
Tél. 05 56 77 50 47

59 - Nord
Association bouddhique khmère
26, place de la Nation
59100 ROUBAIX
Tél. 03 20 73 53 57
Fax 03 20 73 43 29

67 - Bas-Rhin
Temple bouddhique «Vat Simoungkoune»
5, rue Hansi
67460 SOUFELWEYERSHEIM

69 - Rhône
Association de Soutien du Bouddhisme
11-13, rue Pasteur
69330 MEYZIEU
Tél. 04 72 02 74 69

71 - Saône-et-Loire
L'École de la Forêt
Association Ajahan Chah
c/o Michel Dufour
31, rue Pillet
71000 MÂCON
Tél. 04 85 20 23 18

77 - Seine-et-Marne
Association pour le Soutien du Bouddhisme khmère
101, bd de la République
77420 CHAMPS-sur-MARNE
Tél. 01 60 06 44 98
Fax 01 64 68 40 17

89 - Yonne
Centre de méditation Vipassana
Montbéon

89340 SAINT-AGNAN
Tél. 03 89 96 19 44

Centre Vipassana Goenka
Dhamma Mahi
Le Bois-Planté
89350 LOUESME
Tél. 03 86 45 75 14
Fax 03 86 45 76 20

91 - Essonne
Pagode Phat Bao
3, rue Broca
91600 SAVIGNY-sur-ORGE
Tél. 01 69 96 49 34

92 - Hauts-de-Seine
Fondation bouddhique khmère
12 bis, rue de la Liberté
92200 BAGNEUX
Tél. 01 46 65 93 71
Fax 01 46 65 55 07

93 - Seine-Saint-Denis
Centre bouddhique international
7, cité Firmin-Bourgeois
93350 LE BOURGET
Tél. 01 48 35 10 71 et
01 48 35 22 49
Fax 01 48 37 63 14

94 - Val-de-Marne
Association bouddhique khmère
16, rue Saint-Simon
94000 CRETEIL
Tél. 01 42 07 85 60

Pagode Bouddhametta
44, avenue de Villeneuve-Saint-Georges
94600 CHOISY-le-ROI

Pagode Vat Shammabhiramo
5, rue Rouget-de-Lisle
94600 CHOISY-le-ROI
Tél. 01 48 92 16 37
Fax 01 48 92 32 07

95 - Val-d'Oise
Temple bouddhique «Vat Welouvanaram»
8, rue des Charmettes
95400 VILLIERS-le-BEL
Tél. 01 39 85 67 94

Pagode Vat Sissatanak
99, avenue du Général-de-Gaulle
95320 SAINT-LEU-la-FORET
Tél. 01 39 95 59 49

Pagode Vat Veluvanarama
8, avenue des Charmettes
95400 VILLIERS-le-BEL
Tél. 01 39 85 67 94

SUISSE

Canton de Baden
Meditationsgruppe
c/o Welli Keller
Kischackerstrasse 3
5223 RINIKEN
Tél. 056 47 30 05

Canton de Bâle
Meditationsgruppe
c/o Jurg Fichenberger
Davidsbodenstrasse 41
4050 BASEL
Tél. 06 321 10 30

Canton de Berne
Dhamma Gruppe
Postfach 5909
3001 BERN
Tél. 031 921 68 05

Vietnamesische Pagode
Tri-Thu
Relterstrasse 2
3013 BERN
Tél. 031 333 16 22

C/o Paul Martignoli
Tulpenweg 8
3176 NEUENEGG
Tél. 031 741 35 82

Canton de Lucerne
C/o Tino Péloud
Guetutistrasse 6
6010 KRIENS
Tél. 041 42 19 92

Canton de Pontresina
C/o A. und U. Gayet
Chesa Lardelli
7504 PONTRESINA
Tél. 082 6 76 05

Canton de St-Gallen
C/o Rita Murbach
Wolfenbergstrasse 40
8113 DEGERSHEIM
Tél. 071 54 22 74

Canton de Zürich
Dhamma Gruppe Zürich
c/o Kurt Gehrig
Tischenlooweg 10
8800 THALWIL
Tél. 01 720 80 10

Kambodgschanische Khmer
Kulturzentrum
Meinadstrasse 1
8006 Zürich
Tél. 01 363 59 00

Suisse Romande
Groupement bouddhique romand
c/o M. George Bex
Rue Centrale 21
1003 LAUSANNE
Tél. 021 312 71.37

Geneva Buddhist Vihara
Intern. Buddhist. Foundation
1, quai des Vernets
1227 LES ACACIAS
Tél. 022 301 08 59

Groupe de méditation
c/o Mme S. Fetter
9, avenue Trembley
1209 GENEVE
Tél ; 022 734 71 62

Groupe de méditation
c/o Laurence McKenzie
route de la Coille 7
1073 SAVIGNY
Tél. 021 781 26 92

BELGIQUE

Vatt Khemararam
rue Reimond-Stinjs 79
Molebeek Saint Jean
1080 BRUXELLES

MAHÂYÂNA

Bouddhisme vietnamien

FRANCE

03 - Allier
Pagode Phap Vuong
1, allée de la Pagode
03210 NOYANT
Tél. 04 70 47 29 37

06 - Alpes-Maritimes
Pagode Tu-Quang
32, rue du Dr-Ménard
06000 NICE
Tél. 04 93 81 48 57

13 - Bouches-du-Rhône
Pagode Phap-Hoa
3, rue de la Pagode
13015 MARSEILLE
Tél. 04 91 65 59 49

Pagode Pho Da Ni Tu
226, ch. de St-Antoine-et-St-Joseph
13015 MARSEILLE
Tél. 04 91 51 50 81

14 - Calvados
Monastère Le Miracle d'Ouest
Tay Phuong Linh Ung
Lieudit La Magnanerie
14117 MANVIEUX
ARROMANCHES (Calvados)
Tél. 02 31 22 88 56 /
02 31 22 91 74

24 - Dordogne
Village des Pruniers
Hameau du Haut
Lepey-Thénac
24240 SIGOULES
Tél. 05 53 58 48 58
École : Ordre de l'Interêtre
• Direction : Thich Nhât Hanh

26 - Drôme
Pagode Phat Quang
163 B, route Montélier
26000 VALENCE
Tél. 04 75 56 54 46

33 - Gironde
Pagode Phuoc Binh
Lieudit la Gardette
RN 10
33310 LORMONT
Tél. 05 56 06 66 55

Pagode Lien Hoa
6, rue du Cdt-Marchand
33140 VILLENAVE-d'ORNON
Tél. 05 56 75 93 34

Village des Pruniers
Hameau nouveau
Centre Martineau
33580 DIEULIVOL MONTSE-GUR
Tél. 05 56 61 84 18
École : Ordre de l'Interêtre
• Direction : Thich Nhât Hanh

34 - Hérault
Pagode Bo De
Rés. Pic St-Loup Bât 50 B
171, le Grand Mail
La Paillade
34000 MONTPELLIER

38 - Isère
Pagode Tinh Do Hoa Nghien
Route de Clémencière
38000 GRENOBLE
Tél. 04 76 46 56 15

44 - Loire-Atlantique
Pagode Van Hanh
3, rue du Souvenir-français
44800 SAINT-HERBLAIN
Tél. 02 40 85 04 59

47 - Lot-et-Garonne
Pagode Bhat Nha de Sainte-Livrade
Cafi, bât. 08
47110 SAINT-LIVRADE
Tél. 05.53.01.02.10

Village des Pruniers
Hameau du Bas
Meyrac Loubès-Bernac
47120 DURAS
Tél. 05 53 94 75 40
École : Ordre de l'Interêtre
• Direction : Thich Nhât Hanh

67 - Bas-Rhin
Pagode Pho Hien
129, rue de Ganzau
67100 STRASBOURG
Tél. 03 88 79 48 66

c/o Marianne Coulin
16, rue des Orchidées
67000 STRASBOURG
Tél. 03.88.31.27.84
École : Ordre de l'Interêtre
• Direction : Thich Nhât Hanh

68 - Haut-Rhin
Pagode Linh Son de Mulhouse
146, rue de Belfort
68200 MULHOUSE
Tél. 03.89.42.25.80

69 - Rhône
Pagode Thiên-Minh
51, rue Cuzieu
69110 SAINTE-FOY-les-LYON
Tél. 04 78 59 71 47

75 - Paris
Institut bouddhique international
40, route circulaire du Lac-Daumesnil
75012 PARIS

Association France Birmanie
21, bd Henri-IV
75004 PARIS
Tél. 01 40 27 87 75

83 - Var
Pagode Hong Hien
13, rue Henri-Giraud
83600 FREJUS
Tél. 04 94 53 25 29

87 - Haute-Vienne
Dhammaville
Centre bouddhique international
Linh Son- Hameau des Bosnages
87290 CHÂTEAU-PONSAC

Pagode Tong Lam Linh Son
Les Bosnages, Rancon
87290 CHÂTEAU-PONSAC
Tél. 05 55 60 21 60

92 - Hauts-de-Seine
Pagode Khanh Anh
14, avenue Henri-Barbusse
92000 BAGNEUX
Tél. 01 46 55 84 44

Pagode Tinh-Tam
2, rue des Bois
BP 24
92140 SÈVRES
Tél. 01 45 07 10 97

93 - Seine-Saint-Denis
Fleur de Cactus
7, allée des Belles-Vues
93160 NOISY-le-GRAND
Tél. 01 43 05 80 03
École : Ordre de l'Interêtre
• *Direction : Thich Nhât Hanh*

94 - Val-de-Marne
Pagode Hoa Nghiem
20, rue J.-J.-Rousseau
94200 VILLENEUVE-le-ROI
Tél. 01 45 97 4934

Pagode Linh Son
9, avenue Jean-Jaurès
94340 JOINVILLE-le-PONT
Tél. 01 48 83 75 47

Pagode Quan Am
20, rue des Frères-Petit
94500 CHAMPIGNY-sur-MARNE

International Buddhist progress society
105, bd de Stalingrad
94400 VITRY-sur-SEINE
Tél. 01 48 71 99 80 /
01 46 72 00 01

SUISSE

Canton d'Appenzell-Rhodes
Haus Tao
Meditationszentrum
9247 WOLFHALDEN
Tél. 071 441 83
Fax 071 44 35 39

Canton de Berne
Vietnamemsisch Buddhistische
Gruppe Bern/Lausanne
c/o Doan-Trang Chappuis
Sulgenbaschstrasse 37
3007 BERN
Tél. 031 371 30 79

Canton de Zürich
Verein für Mahâyâna
Buddhismus
Kapfsteig 32
8032 Zürich

Suisse Romande
Centre social culturel bouddhique
Chemin des Vignes 24
1024 ECUBLENS
Tél ; 021 691 21 04

Jodo Shin/Pure Land
c/o Rév. Dr A. Chevrier
rue Chaînette 25
14000 YVERDON
Tél. 024 21 07 29

Sangha du Lotus
Bouddhisme social européen
Groupe de méditation
34, avenue des Tilleuls
1203 GENÈVE
Tél. 022 345 70 37

Société bouddhique suisse
Jodo-Shinshu
CP 2139
1211 GENÈVE
Tél. 022 310 01 53

Zen Sôtô

FRANCE

07 - Ardèche
La Demeure sans limite
Riou-la-Selle
07320 SAINT-AGREVE
Tél. 04 75 30 13 62
•*Direction : Luce Bachoux (Jôshin sensei)*

13 - Bouches-du-Rhône
Dôjô d'Aix-en-Provence
Assoc. l'Arbre de l'Éveil
c/o Espace Manuel
14, rue Manuel
13100 AIX-en-PROVENCE
Tél. 04 42 38 58 65
Fax 04 42 96 14 75

41 - Loir-et-Cher
Communauté bouddhique Sôtô
du Denshinji du Mont Shôkô
45, bd Daniel-Dupuis
41000 BLOIS
Tél./Fax : 02 54 16 18 56
• *Direction : Denis Kengan Robert*

43 - Haute-Loire
Dôjô du Puy-en-Velay
11, rue Saint-François-Régis
43000 LE PUY-en-VELAY
Association Zen «Vie quotidienne» Aupinhac
43260 SAINT-PIERRE-EYNAC
Tél. 04 71 57 67 85
• *Direction : Edouard Bagracbski*

69 - Rhône
Dôjô Zen de Lyon
5, rue Boissac
69002 LYON
Tél. 04 78 42 88 04
• *Direction : André Meisner*

72 - Sarthe
Hamsa
Le Moulin-de-Vaux
72500 FLÉE
Tél. 02 43 44 20 29
Fax 02 43 79 15 99

75 - Paris
Mahamuni
Dôjô
10, rue Mabillon
75006 PARIS
Adresse administrative : 52, rue Pernety - 75014 PARIS
Tél. 0145 42 73 00
• *Direction : ryôtan Tokuda sensei*

BELGIQUE

Etoile du Matin
c/o René Brouns
Route des Canons 6 bis
5000 NAMUR
Tél. 081 73 88 21

Zen de Deshimaru

FRANCE

06 - Alpes-Maritimes
Centre zazen
1, rue Eugène-Delacroix
06800 CAGNES-sur-MER
Tél. 04 93 22 85 28

Centre zazen
11, rue Gutenberg
06300 NICE
Tél. 04 93 16 87 22
Fax 04 93 56 02 11

13 - Bouches-du-Rhône
Centre zazen
17, rue du Maréchal-Foch
13100 AIX-en-PROVENCE
Tél. 04 42 27 17 44

Centre zazen
2, rue Louis-Pignol
et 10, rue des Poilus
13600 LA CIOTAT
Tél. 04 42 71 44 43

Centre zazen
50, rue du Coq
13007 MARSEILLE
Tél. 04 91 64 75 85

14 - Calvados
Centre zazen
22, rue du Vaugueux
14000 CAEN
Tél. 02 31 44 01 72

18 - Cher
Centre zazen
160, route de Lazenay
18000 BOURGES
Tél. 02 48 21 08 21

21 - Côte d'Or
Centre zazen
45, rue de Tivoli
21000 DIJON
Tél. 03 80 66 10 55

Centre zazen
20, rue de la Préfecture
21000 DIJON
Tél. 03.80.66.10.55

22 - Côtes-d'Armor
Centre zazen
3, rue Saint-Guillaume
22000 SAINT-BRIEUC
Tél. 02 96 41 82 96

26 - Drôme
Centre zazen
26160 POET-et-LAVAL
26000 MONTELIMAR
Tél. 04 75 46. 40 43

27 - Eure
Centre zazen
1, rue de la Risle
27300 BERNAY
Tél. 02 32 44 72 34
Fax 02 32 43 16 49

29 - Finistère
Centre zazen
32, rue Montcalm
29200 BREST
Tél. 02 98 42 69 76

30 - Gard
Centre zazen
9, rue Benoît-Malon
30100 ALES
Tél. 04 66 54 88 97

31 - Haute-Garonne
Centre zazen
51, rue Bayard
31000 TOULOUSE
Tél. 05 61 99 27 37

33 - Gironde
Centre zazen
26, rue Pierre-Noguey
33000 BORDEAUX
Tél. 05 56 01 27 61 ou
05 56 01 14 24

Dôjô Zen
9, place Gramont
64000 PAU
Tél. 05.59.62.39.70
- *Fondateur : Taisen Deshimaru*
- *Responsable : Georges Guérin*

Dôjô Zen
7, rue Prosper-Faugère
24100 BERGERAC
Tél. 05.53.23.79.97
Lignée ou école : Sôtô (Mahâyâna japonais)
- *Fondateur : Taisen Deshimaru*
- *Responsable : Patrick Trottet*

34 - Hérault
Centre zazen
11, rue Ermengaud
34500 BEZIERS
Tél. 04 67 28 58 74

Centre zazen
25, rue Subleyras
34000 MONTPELLIER
Tél. 04 67 42 25 48

35 - Ille-et-Vilaine
Centre zazen
18, rue du Général-Aicolet
35000 RENNES
Tél. 02 99 33 02 22

37 - Indre-et-Loire
Centre zazen
Foyer du Beffroi,
rue de Jemmapes
37000 TOURS-Nord
Tél. 02 47 57 19 54

38 - Isère
Centre zazen
63, rue Saint-Laurent
38000 GRENOBLE
Tél. 04 76 47 15.2

41 - Loir-et-Cher
Centre zazen
66, avenue du Président-Wilson
41000 BLOIS
Tél. 02 54 44 04 86

Temple Zen de La Gendronnière - Zendônienji
Commune de Valaire
41120 LES MONTILS
Tél. 02 54 44 04 86
Centre de retraite de l'Association Zen Internationale

44 - Loire-Atlantique
Centre zazen
24, rue Harouys
44000 NANTES
Tél. 02 51 67 85 03

45 - Loiret
Centre zazen
12, rue de la Recouvrance
45000 ORLEANS
Tél. 02 38 66 07 34

54 - Meurthe-et-Moselle
Centre zazen
54, rue Frédéric-Chopin
54000 NANCY
Tél. 03 83 31 26 04

56 - Morbihan
Centre zazen
2, rue François-de-Chateaubriand
Tél. 02 97 40 41 85

57 - Moselle
Centre zazen
123, avenue de Strasbourg
57000 METZ
Tél. 03 82 34 54 42

58 - Nièvre
Centre zazen
15, rue Adam-Billaud
58000 NEVERS
Tél. 02.48.80.44.91

59 - Nord
Centre zazen
4, rue Arthur-Houte
59250 HALLUIN
Tél. 03 20 94 65 41

Centre zazen
2, rue Raspail
Hellemmes
59260 LILLE
Tél. 03 20 94 65 41

Centre zazen
Maison Desandrouins
Avenue Desandrouins
59300 VALENCIENNES
Tél. 03 27 46 49 81

63 - Puy-de-Dôme
Centre zazen
2, rue Gaultier-de-Blauzat
Tél. 04 73 53 09 36 et
04 73 25 79 83

64 - Pyrénées-Atlantiques
Centre zazen
30 ter, rue Michel-Houveau
64000 PAU
Tél. 05 59 62 3970

66 - Pyrénées-Orientales
Centre zazen
15, rue des Trois-Journées
66000 PERPIGNAN
Tél. 04 68 35 28 39 et
04 68 35 17 10

67 - Bas-Rhin
Centre zazen
21, rue des Magasins
67000 STRASBOURG
Tél. 03 88 75 06 50

68 - Haut-Rhin
Centre zazen
9, rue des Clefs
68000 COLMAR
Tél. 03.89.41.56.19

Dôjô Zen
27, rue Thénard
68200 MULHOUSE
Tél. 03.89.59.74.38

69 - Rhône
Centre zazen
5, rue des Marronniers
69002 LYON
Tél. 04 78 33 88 47

71 - Saône-et-Loire
Centre zazen
Contact : Maurice Donzel
87, rue de Corcelles
71530 CHAMPFORGEUIL

73 - Savoie
Centre zazen
19, place de Conflans
73200 ALBERTVILLE
Tél. 04 79 32 5956

75 - Paris
Dôjô Zen de Paris
175, rue de Tolbiac
75013 PARIS
Tél. 01 53 80 19 19
Siège de l'Association Zen Internationale

Centre zazen
17, rue Keller
75011 PARIS
Tél. 01 48 05 47 43

Dôjô Mahammuni Sôtô Zen
11, place Denfert-Rochereau
75014 PARIS
Tél. 01 43 27 10 78

Dôjô sôtô Zen Hannya
l'Etoile du Matin
Maître Tai Ho Philippe
64, rue de Gergovie
75014 PARIS
Tél. 01 45 42 25 55

Centre zazen
35, rue de Trévise
75009 PARIS
Tél. 01 47 70 98 25

Dôjô Zen St-Germain
8, rue d'Avron
75020 PARIS
Tél. 01 40 09 18 60

76 - Seine-Maritime
Centre zazen
5, rue du Maréchal-Joffre
76600 LE HAVRE
Tél. 02 35 41 19 75 et
02 35 22 56 62

Centre zazen
15, rue Frédéric-Bellanger
76600 LE HAVRE
Tél. 02 35 22 79 08

Centre zazen
141, route de Darnetal
76100 ROUEN
Tél. 02 32 46 68 32

83 - Var
Centre zazen
Impasse Roubaud
Saint-Jean-du-Var
83100 TOULON
Tél. 04 94 27 24 57

84 - Vaucluse
Centre zazen
18, rue de la République
84000 AVIGNON
Tél. 04 90 86 07 20

BELGIQUE

Association Zen de Belgique
Rue Eugène-Gattoir 11
1050 BRUXELLES
Tél. 02 648 64 08

Dôjô Zen d'Anvers
Happaertstraat 26
2000 ANTWERPEN
Tél. 03 449 62 81

Dôjô Zen de Gand
MBC Center
Blekerijstraat 75
9000 GENT
Tél. 09 253 98 70

SUISSE

San Sui Dôjô
Rue du Port 4
1815 CLARENS
c/o Chantal Baiettini
Tél. 021 960 70 08
c/o Anne-Chris Tél Lesny
Tél. 021 960 70 08

Institut Saint-Germain
Creux-de-la-Terre 1
2800 DELEMONT
Patrick Che Télat
Tél. 066 38 83 73

Zen Dôjô
c/o R. Favez et P. Nicolas
Rue du Pont 32
1820 MONTREUX
Tél. 021 945 35 18

Canton de Genève
Zen Dôjô
Avenue Callas 16
1206 GENEVE
Tél. 022 789 32 93

Canton de Neuchâtel
Zen Dôjô
c/o Simone Wolf
22, rue Bellevue
2300 LA CHAUX-de-FONDS
Tél. 039 28 75 79

Zen Dôjô
Belleroche 18
2000 NEUCHATEL
Dominique Siron
Tél. 038 42 55 16

Canton de Vaud
Zen Dôjô
c/o Béatrice Muller
Rue Haldimand 9
1003 LAUSANNE
Tél. 021 311 16 61

Zen rinzaï

FRANCE

07 - Ardèche
Centre de la Falaise verte (anciennement Centre zen du Taillé)
La Riaille
07800 ST-LAURENT-du-PAPE
Tél. 04 75 85 10 39
• *Direction : George Frey (Taikan Jyôji)*

93 - Seine-Saint-Denis
Dana
22, avenue Pasteur
93100 MONTREUIL
Tél. 01 49 88 91 65
• *Direction : Catherine Pagès (Genno sensei)*

SUISSE

Canton de Zürich
Bodhibaum Zendô-Zentrum für Zen-Buddhismus
Friedheimstrasse 24
8507 ZÜRICH
Tél. 01 312 10 62
Rinzaï Zen Gesellschaft des Schweiz-Shôgen Dôjô
Weinbergstrasse 100
8006 ZÜRICH
Tél. 01 364 30 10

Shôgen Zendô Zürich
Plattenstrasse 46
8032 ZÜRICH
Tél. 01 261 06 29

Rinzaï Zen Gesselschft des Schweiz-Shôgen Dôjô
Dorfstrasse 61
8802 KILCHBERG
Tél. 01 715 08 30

Zen sambô kyôdan

FRANCE

34 - Hérault
Zendô des Trois Rivières
c/o Bruce Harris
Cambous
34725 ST-ANDRÉ-de-SANGONIS
Tél. 04 67 88 03 92
École : Sambô Kyôdan
• *Direction : Bruce Harris*

SUISSE

Canton de Zoug
Go-un Zendô
Lasalle-Haus
Bad Schönbrunn
6313 Edlibach
Tél. 041 757 14 14
Fax 041 757 14 13

Canton de Zürich
Go-un Zendô
Maximilianeum
Leonhardstrasse 12
8001 ZÜRICH
Tél. 01 251 08 32

Zen chrétien et œcuménique

FRANCE

26 - Drôme
Centre Dürkheim
Reys de Saulce
26270 SAULCE-sur-RHONE
Adresse postale : B.P. 22 -
26270 SAULCE-sur-RHONE
Tél. 04 75 63 06 60
Fax 04 75 63 08 15
• *Direction : Jacques Castermane*

Centre de Mirmande
Domaine des Fougères
26270 MIRMANDE
Tél / Fax 04 75 63 07 37
Mouvance Dürckheim
Direction : Théa Schuster

67 - Bas-Rhin
Couvent des Dominicains
41, bd de la Victoire
67000 STRASBOURG
Tél. 03 88 21 24 12
Direction : Père Bernard Durel

75 - Paris
Mont Thabor (association) - le Forum
102 bis-104, rue de Vaugirard
75006 PARIS
Tél. 01 45 44 01 87
Direction : Père Bernard Rérolle

Zendô Sôtô Zen de Paris - c/o Association Sainte-Agnès
23, rue Oudinot
75007 PARIS
Tél. 01 45 66 45 64
Direction : Évelyne Fukusen Holzapfel

94 - Val-de-Marne
La Maison de Tobie
8, av. Léon-Gourdault
94600 CHOISY-le-ROI
Tél. 01 48 53 50 81
Direction : Père Benoît-Michel Billot

95 - Val-d'Oise
Assise, centre de cheminement
29-31, rue Guesnier
95420 SAINT-GERVAIS
Tél. 01 34 67 00 39
Direction : Père Jacques Breton

SUISSE

Canton de Bâle
Zen Dôjô Mokushinzan
Thnnerstrase 35
4053 BASEL
Tél. 061 321 42 27

VAJRAYÂNA

Bouddhisme tibétain

• Nyingmapa

FRANCE

24 - Dordogne
Nehnang Samten Chöling
Les Tranchats
Plazac
24250 ROUFFIGNAC
Écoles Karma Kagyü et Nyingmapa (centre fondé en 1975)
• *Fondateur : (N'hnang) Pawo rinpoché*

Centre d'études de Chanteloube
La Bicanderie
24290 SAINT-LEON-sur-VEZERE
Tél. 05 53 50 75 24
École Nyingmapa fondée en 1980
• *Fondateurs : Dilgo Khyentsé rinpoché, Düdjom rinpoché*
• *Directeur spirituel : Péma Wangyal rinpoché*

Sheshen Tennyi Dargyéling
La Sonnerie
24290 SAINT-LEON-sur-VEZERE
Tél. 05 53 50 72 24

Urgyen Samyé Chöling
Laugeral
Saint-Léon-sur-Vézère
24290 MONTIGNAC-LAS-CAUX
Tél. 05 53 50 75 29
École Nyingmapa fondée en 1977
• *Fondateur : Düdjon rinpoché*
• *Directeur spirituel : Shenphen Dawa Norbu rinpoché*

34 - Hérault
Lérab Ling (Rigpa Europe)
L'Engayresque
34650 ROQUEREDONDE
Tél. 04 67 88 46 00
Fax : 04 67 88 46 01
École Rimé fondée en 1991
• *Fondateur : Sogyal rinpoché*
• *Directeurs spirituels : Sogyal rinpoché et Dzogchen rinpoché*

39 - Jura
Yéshé Khorlo
c/o Cécile Blanc
Rue de l'Eglise
39300 VALEMPOULIERES
Tél. 03 84 51 71 50
École Nyingmapa (centre fondé en 1998)
• *Fondateur et directeur spirituel : Gangten Tülkou rinpoché*

75 - Paris
Dorjé Nyingpo
Siège social : Bte 42
au 25, rue Mouraud
75020 PARIS
Tél. 01 43 48 32 50
École Nyingmapa fondée en 1977
• *Fondateur : Düdjom rinpoché*
• *Directeur spirituel : Shenpen Dawa rinpoché*
• *Lama résident : lama Tendzin Samphel*

Association Rigdzin Padmasambhava
c/o Ulf Andersen
1, square de Châtillon
75014 PARIS
Tél. 01 45 39 82 71
École Nyingmapa

• *Fondateur : Chimed Rigdzin rinpoché*

92 - Hauts-de-Seine
Rigpa France
6 bis, rue Vergniaud
92300 LEVALLOIS-PERRET
Tél. 01 46 39 01 02
École Rimé (centré créé en 1981)
• *Fondateur : Sogyal rinpoché*
• *Directeurs spirituels : Sogyal rinpoché et Dzogchen rinpoché*

SUISSE

Antenne Rabten Choeling
c/o Denis Gruring Reuse
11, CH-2300
LA CHAUX-de-FONDS
Tél. 00 41 32 913 50 83 / 00 41 32 967 67 25

Canton de Berne
Centre tibétain
c/o Sylvia Engel
Vogelsang 77
2502 BIENNE
Tél. 031 22 18 28

Canton de Fribourg
Centre tibétain
c/o Jocelyne Cassat
1649 PONT-la-VILLE
Tél.037 33 37 17

Canton de Genève
Rigpa
6, rue Villereuse
1207 GENEVE
Tél. (France) 04 67 88 46 00

Canton de Vaud
Do Ngag Chö Ling
B. Dessiboug
49, chemin du Vallon
1814 LA TOUR de PEILZ
Tél. 021 944 55 31

Groupe de méditation
c/o Josette Ganty
1323 ROMAINMOTIER
Tél. 024 53 11 91

Stages et séminaires
c/o Mireille Schmidt
Les Biolettes
1054 MORRENS
Tél. 021 731 36 78

Canton du Valais
Centre tibétain
c/o Marie-Thérèse Saillen
En la Fin
1891 MASSONGES
Tél. 025 71 64 72

Canton de Zürich
Rigpa
Postfach 253
8059 ZÜRICH
04 463 15 47

BELGIQUE

Rigpa Bruxelles
contact : Patrick Beckers
8, rue Hollebeck
1630 LINKEBECK
Tél. 00 32 23 80 68 06
École Nyingmapa (Rimé)
• *Directeur spirituel : Sogyal rinpoché*

• *Sakyapa*

FRANCE

27 - Eure
Ngor Ewam Phendé Ling
3, rue du Bout de la Ville
27810 LES VENTES
Tél. 02 32 67 80 63
Fax 02 32 67 27 20
École Sakyapa, branche Ngorpa (centre fondé en 1974)
Fondateur et directeur spirituel : Phendé rinpoché

38 - Isère
Sakya Tashi Choling
c/o Daniel Telmont
14, rue de l'Ancien Champ-de-Mars
38000 GRENOBLE
Tél. 04 76 87 68 14
École Sakyapa (centre fondé en 1988)
• *Fondateur : Sa Saintenté Sakya Tridzin*

67 - Bas-Rhin
Sakya Tséchen Ling
(Institut Européen de Bouddhisme Tibétain)
5, rond-point du Vignoble
Kuttolsheim
67520 MARLENHEIM
Tél. 03 88 87 73 80
et 03 88 60 74 52
Fax 03 88 60 74 52
École Sakyapa (centre fondé en 1978)
• *Fondateur : lama Shérab Gyaltsen Ampia*
• *Directeurs spirituels : Sa Sainteté Sakya Tridzin, lama Shérab Gyaltsen Amipa*

75 - Paris
Ngor Ewam Kunzang Ling
8, cours Saint-Pierre
75017 PARIS
Tél. 01 42 93 48 57
Centre fondé en 1981
• *Fondateur et directeur spirituel : Phendé rinpoché*

Sakya Kunga Ling
c/o Icadec
Tél. 01 45 89 56 29
Fax 01 45 89 63 45

Sakya Kunga Ling
42, rue du Faubourg-Poissonnière
75010 PARIS
Tél. 01 45 89 56 29
Centre créé en octobre 1996
• *Fondateur : Sa Sainteté Sakya Tridzin*
• *Directeurs spirituels : Sa Sainteté Sakya Tridzin et Jetsün Chimey Luding*
• *Lama responsable : lama Acharya Lekshey*

86 - Vienne
Ngor Ewan Tcheu Ling
27, chemin de l'Ermitage
86000 POITIERS
Tél. 05 49 55 95 71
École Sakyapa, branche Ngorpa

• Fondateur et Directeur spirituel : Phendé rinpoché

SUISSE

Canton de Zürich
Tibetan Monastic Institut
8486 Rikon
Tél. 052 35 26 98 et
052 35 17 29

• Kagyüpa

FRANCE

Les KTT (Karma Teksoum Tcheuling) sont des associations liées au centre Dhagpo-Kagyu-Ling.

06 - Alpes-Maritimes
Droukgoen Jangtchoub Ling
Quartier Maura
Route de l'Armée-des-Alpes
06500 SAINTE-AGNES
Tél. 04 92 10 21 69
École Droukpa Kagyüpa fondée en 1981
• Fondateur : Kyabjé Thouksé rinpoché, le XIIe Gyalwang Droukpa
• Directeur spirituel : XXe Gyalwang Droukpa

Kagyü Djong Seunam Ling
261, promenade des Anglais
06200 NICE
Tél. 04 93 21 06 82
Écoles Karma et Shangpa Kagyüpa (centre fondé en 1974)
• Fondateur : Kalou rinpoché
• Directeur spirituel : lama Seunam Tcheupel

Institut Karmapa
3, chemin rural de la Ferrière
06750 VALDEROURE
Tél. 04 93 60 90 16
Fax 04 93 60 48 75
Centre fondé en 1983
• Fondateur et Directeur spirituel : Shamar rinpoché
• Lama responsable : Lam Khenpo Thoubten

Centre Shambhala
c/o Lionel Fourment
26, allée du Domaine
06370 MOUANSARTOUX
• Fondateurs : (Chögyam Trungpa rinpoché), Sakyong Mipham rinpoché
• Directeur spirituel : Sakyong Mipham rinpoché

07 - Ardèche
Bellevue Ermitage
Hameau de Sauverzarc
07310 SAINT-JULIEN-BOUTIERES
Tél. 04 75 30 53 70
École Shangpa Kagyü fondée en 1995
• Fondateur et responsable : lama Yeunten (Français)
• Directeur spirituel : Bokar rinpoché

10 - Aube
Kagyu Dakshang Tcheu Ling
c/o Didier Bernard
21, av. Jean-Hector
10190 ESTIGNAC
Tél. 03 25 41 97 07

11 - Aude
KTT Pyrénées
c/o M. Dantin
11340 BELVIS
Tél. 05 68 20 71 13

13 - Bouches-du-Rhône
Centre Shambhala
c/o Pierre Marlaud
118, bd de la Blancarde
13004 MARSEILLE
• Fondateurs : (Chögyam Trungpa rinpoché), Sakyong Mipham rinpoché
• Directeur spirituel : Sakyong Mipham rinpoché

Groupe d'étude du Dharma de Marseille
22, rue Sibié
13001 MARSEILLE

Jardin de Claire Lumière
Centre de méditation bouddhiste tibétain
Mas Saint-Michel
13150 SAINT-PIERRE-de-MEZOARGUES
Tél. 04 90 43 92 43
Écoles Karma Kagyüpa et Shangpa Kagyüpa fondées en 1985
• Fondateur et directeur spirituel : Bokar rinpoché

Jardin du Dharma très bon
180, chemin de la Capelasse
13080 LUYNES (AIX-en-PROVENCE)
Tél. 04 42 24 08 96
École Shangpa Kagyüpa fondée en 1985
• Fondateur et Directeur spirituel : Bokar rinpoché

Kagyu Chènpèn Kachab
347, rue Paradis
13008 MARSEILLE
Tél. 04 42 92 45 28
Écoles Karma et Shagpa Kagyü (temple consacré en 1974)
• Fondateur : Kalou rinpoché
• Responsable : Betty Pichelou

Le Refuge
Mas de Fabrèges
13510 EGUILLES
Tél. 04 42 92 45 28
École Kagyüpa créée en 1975
• Fondateur : Kalou rinpoché

16 - Charente
KTT Angoulême
c/o Daniel Lacouture
Le Coudert
16450 SAINT-LAURENT-de-CERIS
Tél. 05 45 85 96 29

17 - Charente-Maritime
KTT La Rochelle
c/o M. de Saint Périer
34, cours des Dames
17000 LA ROCHELLE
Tél. 05 46 43 67 08

21 - Côte-d'Or
Le Jardin Intérieur
c/o Catherine et Christian Wenger
18 bis, rue Lafayette
21000 DIJON
Tél. 04 80 74 80 97

Yogi-Ling
c/o Neldjorpa Sherab Combaudet
23110 EVAUX-les-BAINS
Tél. 05 55 82 37 71

23 - Creuse
Dakshang Phuntso Tcheu Ling
23200 MOUTIER ROZEILLE
Tél. 05 55 66 81 97
École Karma Kagyü
• *Fondateur : lama Seunam Ticheupel*
• *Directeur spirituel : Kalou rinpoché*

24 - Dordogne
Dhagpo Kagyü Ling
BP 1 24920 SAINT-LEON-sur-VEZERE
Tél. 05 53 50 70 75
École Karma Kagyüpa fondée en 1977
• *Fondateur : XVIe Gyalwa Karmapa*
• *Lama responsable : lama Jigmé rinpoché*

28 - Eure-et-Loir
Kagyu Dakshang Tcheu Ling
c/o France Laboureur
16, rue de la Chesnaie
28300 OISEME
Tél. 02 37 31 66 95

29 - Finistère
KTT Bretagne
Kerguelen
29590 PONT-de-BUIS
Tél. 02 98 26 92 78

30 - Gard
Kagyü Yi-ong Tcheu Ling
Mas des Molières
30440 SAINT-LAURENT-le-MINIER
Tél. 04 67 73 81 33
• *Fondateurs : Kalou rinpoché, Bokar rinpoché*
• *Directeur spirituel : lama Seunam Tséring*

33 - Gironde
KTT Bordeaux
c/o Annie Harvey
BP 14
33165 SAINT-MEDARD-en-JALLES Cedex
Tél. 05 56 05 12 53
Siège Social : 3, Villepreux Village - 33160 SAINT-AUBIN-de-MEDOC
Lieu des activités : salle 8, rue du Couvent - 33000 BORDEAUX
Fondé en 1983 par lama Guendune rinpoché

KTT Bordeaux
c/o Annie Harvey
B.P. 14
33160 SAINT-MEDARD-en-JALLES
Tél. 05.56.05.12.53

KTT Arcachon
B.P. 3
Saint-Ferdinand
33311 ARCACHON
Tél. 05.56.83.52.76

34 - Hérault
Kagyü Rintchen Tcheu Ling
Institut tibétain de Montpellier
2468, route de Mende
34000 MONTPELLIER
Tél. 04 67 52 56 58
École Kagyüpa fondée en 1975
• *Fondateur : Kalou rinpoché*
• *Directeur spirituel : lama Seunam Tséring*

37 - Indre-et-Loire
Tso pema
Le Lac au Lotus
25, allée des Noisetiers
37550 SAINT-AVERTIN
Tél. 02 47 27 59 06 et 02 47 05 18 24

38 - Isère
Centre d'études bouddhiques (C.E.B.)
16, rue Thiers
38000 GRENOBLE
Tél. 04 76 46 70 16
Écoles Karma et Shangpa Kagyü fondées en 1974
• *Fondateur : Dr Jean-Pierre Schneltzler, XVIe Karmapa*
• *Directeur spirituel : Bokar rinpoché*

Karma Migyur Ling
Montchardon
38160 IZERON
Tél. 04 76 38 33 13
École Karma Kagyüpa (centre fondé en 1975)
• *Fondateur : XVIe Karmapa, Jean-Pierre Schnetzler*
• *Direction spirituelle : Vén. lama Teunzang*

39 - Jura
Kagyü Dachang Tcheu Ling
c/o Gérard Camelin
Rue du Réservoir
39800 LE FIED
Tél. 03 84 85 32 66
Écoles Karma et Shangpa Kagyüpa (centre fondé en 1992)
• *Fondateur : lama Shérab Dordjé*
• *Directeur spirituel : lama Seunam Tcheupe*

42 - Loire
Kagyu Dakchang Tcheu Ling
97, rue de la Jomayère
42100 SAINT-ETIENNE
Tél. 04 77 80 24 39 (en soirée)
Écoles Karma et Shangpa Kagyü (centre créé en 1989)
• *Fondateur : lama Shérab Dordjé*
• *Directeur spirituel : lama Seunam Tcheupel*

44 - Loire-Atlantique
KTT Nantes
1, rue Marceau
44000 NANTES
Tél. 02 40 20 41 91

47 - Lot-et-Garonne
KTT Agen
c/o Philippe et Ginette Jaffard
Bordeneuve d'Estillac
47310 ESTILLAC
Tél. 05 53 66 84 95

KTT Agen
c/o Ph. Et G. Jaffard
10, chemin de Bordeneuve-d'Estillac
47310 ESTILLAC
Tél. 05.53.66.84.95

55 - Meuse
Kagyu Dakshang Tcheu Ling
c/o Claude Malo
Chemin départemental
55210 LACHAUSSEE
Tél ; 03 29 90 02 14

56 - Morbihan
Drouk Toupten Tcheukhor Ling (Centre bouddhique tibétain de Plouray)
«Bel Avenir»
56770 PLOURAY
Tél. 02 97 34 82 65
Fax : 02 97 34 84 09
École Droukpa Kagyüpa fondée en 1985
• *Fondateur : Khenpo Yéshé Tchödar*
• *Directeur spirituel : Sa Sainteté le XIIe Gyalwang Droukpa*

57 - Nord
KTT Metz
c/o Chantal Schmidt
27, avenue de la Liberté
57050 BAN-SAINT-MARTIN
Tél. 03 30 11 59

58 - Nièvre
Kagyu Yiga Tcheu Ling
c/o Jean-François Gantois
13 b, rue Est
58200 COSNE-sur-LOIRE

59 - Nord
Kagyü Rinchen Djoungné Ling
Institut bouddhiste tibétain
24, rue Thiers
59110 LA MADELEINE
Tél. 03 20 55 76 59
École Shangpa Kagyüpa (centre fondé en 1989)
• *Fondateur : lama Ogyen*
• *Directeur spirituel : lama Seunam Tséring*

61 - Orne
Vajradhara Ling
Domaine du Château d'Osmont
Aubry-le-Panthou
61120 VIMOUTIERS
Tél. 02 33 39 00 44
Écoles Karma Kagyüpa et Shangpa Kagyüpa fondées en 1982
• *Fondateur : Kalou rinpoché*
• *Direction spirituelle : lama Gyourmé*

63 - Puy-de-Dôme
KTT de Clermont-Ferrand
Kagyu-Ling (Dashang Kaguü Ling)
c/o Suzanne Morillas
2 bis, rue Delarbre
63110 BEAUMONT
Tél. 04.73.27.49.21

KTT Clermont-Ferrand
c/o Evelyne Mouillaud
659, route des Mauvaises
63112 BLANZAT
Tél. 04 73 87 99 14

Kündreul Ling
Le Bost
63640 BIOLLET
Tél. 04 73 52 24 34
Fax 04 73 52 24 36
École Karma Kagyüpa (monastère créé en 1984 par lama Guendune rinpoché

64 - Pyrénées-Atlantiques
KTT Côte Basque
c/o M. Gargallo
28, rue des Seringats
64700 HENDAYE
Tél. 05.59.20.42.54

KTT Côte Basque
5, place Pasteur
64100 BAYONNE
Tél. 05 59 31 62 75 et 05 59 22 10 51

KTT Pau
c/o Denise Campet
38, rue des Chênes
64140 BILLERE
Tél. 05 59 02 69 95 /
05 59 32 70 79
Association fondée en 1982
Fondateur : lama Guendune rinpoché

66 - Pyrénées-Orientales
KTT Perpignan
2, rue des Abreuvoirs
66000 PERPIGNAN
Tél. 04 68 64 52 33

67 - Bas-Rhin
Djangtchoub Samten Gomdra
14, bd Wilson
67000 STRASBOURG
Tél. 03 88 96 7912 /
03 88 32 61 29
École Shangpa Kagyü fondée en 1997
• *Fondateur : lama Tsültrim Guelek (Français)*
• *Directeur spirituel : Bokar rinpoché*

Druk Dechen Ling - Karma Gyurmé Ling
Institut des Hautes Études bouddhiques
3, route de Rosheim
67530 BOERSH
Tél. 03 88 95 87 84
Fax 03 88 95 99 98
Centre fondé en 1980
Tous courants et plus particulièrement Droukpa Kagyüpa
• *Fondateur : Alain Taubert*

68 - Haut-Rhin
Kagyu Dakshang Tcheu Ling
c/o F. et J. Boesch
Assoc. Art de Vivre
24, rue de la Houbennière
68000 COLMAR
Tél. 03 89 41 41 12

69 - Rhône

Centre Shambhala
c/o Brigitte Nicolet
5, rue Perod
69000 LYON
Tél. 04 78 28 78 18
• *Fondateurs : (Chögyam Trungpa rinpoché), Sakyong Mipham rinpoché*
• *Directeur spirituel : Sakyong Mipham rinpoché*

KTT Lyon
Résidence les Hôtelleries
69690 COURZIEU-LYON
Tél. 04 74 70 91 89

Dharma Ling Lyon
(Tachi Tcheu Ling)
5, rue des Marronniers
F-69002 LYON
Tél. 04 78 42 81 59
Correspondance : Maryse Blanchard, cedex 301, 71, av. de la Maladière - F-69005 LYON
Fondé en 1982
• *Fondateur : Kalou rinpoché*

71 - Saône-et-Loire

Kagyu Dakshang Tcheu Ling
Centre de création
La Place
71960 SOLOGNY
Tél. 03 85 37 78 80

Temple des Mille Bouddhas
Château de Plaige
71320 LA BOULAYE
Tél. 03 85 79 62 53
Écoles Karma Kagyüpa et Shangpa Kagyüpa (centré fondé en 1974)
• *Fondateur : Kyabjé Kalou rinpoché*
• *Direction : lama Seunam Tcheupel*

73 - Savoie

Dachang Sangyé Tcheu Ling
294, allée des Cimes
73000 CHAMBERY
Tél. 04 79 96 23 05 /
04 79 62 77 69 /
04 79 88 08 16

Institut Karma Ling
Ancienne Chartreuse de Saint-Hugon
Hameau de Saint-Hugon
73110 ARVILLARD
Tél. 04 79 25 78 00
Écoles Karma Kagyüpa et Shangpa Kagyüpa (centre fondé en 1980)
• *Fondateur : Kyabjé Kalou rinpoché*
• *Direction spirituelle : lama Denys Teundroup*

74 - Haute-Savoie

Dharma Ling
1, rue de la Providence
74000 ANNECY
Tél. 04 50 53 11 09

Kagyu Dakshang Tcheu
100, route du Bouchet
74400 CHAMONIX
Tél. 04 50 55 88 57

KTT Annecy
c/o Ani Djangtchoub Zangmo
La Laudonière
Impasse des Mouettes
74410 SAINT-JORIOZ

75 - Paris

Centre Shambhala
25, rue Titon
75011 PARIS
Tél. 01 43 73 65 77
École Karma Kagyüpa et Nyingmapa (centre fondé en 1982)
• *Fondateurs : (Chögyam Trungpa rinpoché), Sakyong Mipham rinpoché*
• *Directeur spirituel : Sakyong Mipham rinpoché*

Dachang Lodreu Thayé Ling
40, rue Quincampoix
Esc. B - 2e étage
75004 PARIS
Tél. 01 42 71 28 77 (répondeur) et 01 48 98 57 40

Drikung Ratna Shri
c/o Bernard Ortega
12, avenue de Flandre
75019 PARIS
Tél. 01 40 38 06 48
École Drikoung Kagyü fondée en 1990
Fondateur et directeur spirituel : Togden Tülkou rinpoché

Centre Drikung Ratna Shri
c/o Bernard Ortega
135, rue de Flandre
75019 PARIS
Tél. 01 40 38 06 48

Drukpa Paris (Drouk Ngedeun Gawai Tsel)
c/o Maria Paz Salas
362, rue Lecourbe
75015 PARIS
Tél. 01 40 60 62 22
École Droukpa Kagyüpa fondée en 1995
• *Fondateur et Directeur spirituel : XXe Gyalwang Droukpa*

Kagyü Dzong
40, route circulaire du Lac-Daumesnil
75012 PARIS
Tél. 01 40 04 98 06
Écoles Karma Kagyü et Shangpa Kagyu (centre inauguré en 1983)
• *Fondateur : Kyabjé Kalou rinpoché*
• *Direction spirituelle : lama Gyourmé*

KTT Paris
c/o Cyclopousse
12, rue Mayran
75009 PARIS
Tél. 01 43 22 13 14

KTT Yoga Dharma
88, bd Murat
75016 PARIS
Tél. 01 47 43 16 41

76 - Seine-Maritime

Centre de Yoga-Dharma
Hameau de Babylone
La Remuée
76430 SAINT-ROMAIN-de-COLBOSC
Tél ; 02 35 20 65 28

École Karma Kagyüpa (centre fondé en 1982)
• Fondateurs : lama Teunsang et Alain Duhayon
• Directeur spirituel : lama Teunsang

83 - Var
KTT Hyères
7, rue de l'Asile
83400 HYERES
Tél ; 04 94 35 88 24

Kunkyab Tcheu Ling
39, rue Victor-Clappier
83000 TOULON
Tél. 04 94 06 18 24

Tekchèn Djangtchoub Ling
Villa Claire Lumière
Quartier Maljournal
83300 DRAGUIGNAN

84 - Vaucluse
Kagyü Chédroup Tcheu Ling
«Le Coutelou»
84760 SAINT-MARTIN-de-la-BRASQUE
Tél. 04 91 63 03 81
Centre créé en 1980
• Fondateur : Kalou rinpoché
• Lama responsable : lama Orgyen Wangdü

85 - Vendée
Drouk Détchen Eussel Khang
ABCT Association Bouddhisme et Culture du Tibet
32, résidence le Grand Pavois
85000 LA ROCHE-sur-YON
Tél. 02 51 36 05 52
École Droukpa Kagyüpa
• Fondateur : XIIe Gyalwang Droukpa

86 - Vienne
KTT Poitiers
Le Vivier
86190 QUINÇAY
Tél. 05 49 60 41 70

87 - Haute-Vienne
Dechen Chöling
(Shambhala Europe)
Mas Marvent
87700 SAINT-YRIEIX-sous-AIXE
Tél. 05 55 03 55 52
Écoles Karma Kagyü et Nyingmapa fondées en 1995
• Fondateur et directeur spirituel : Sakyong Mipham rinpoché

89 - Yonne
Kagyu Dakshang Tcheu Ling
c/o Michèle Porta
2, chemin de Charbuy
89113 FLEURY-la-VALLEE
Tél ; 03 86 73 73 94

91 - Essonne
Centre Héruka
36, rue Pasteur
91120 PALAISEAU
Tél. 01 60 14 61 54

92 - Hauts-de-Seine
Groupe de méditation
c/o Hartley
14, rue de la Pépinière
92360 MEUDON-la-FORÊT
Tél. 01 46 31 53 60

94 - Val-de-Marne
Drikung Eussel Tcheuling
6, rue Mozart
94200 IVRY-sur-SEINE
Tél. 01 46 71 09 01
École Drikung Kagyu

98 - Monaco
Maha Yoga Ling
3, rue de l'Abbaye
98000 MONACO
Tél. 04 93 25 62 36
École Droukpa Kagyü
• Fondateur : Khenpo Yéshé Tchödar rinpoché
• Directeur spirituel : XIIe Syalwang Droukpa

BELGIQUE

Institut Tibétain
91/4G, avenue de Paepedelle
1160 BRUXELLES
Tél./Fax : 00 32 2 675 38 05
Écoles Karma et Shangpa Kagypa fondées en 1991
• Fondateurs : Kongtrül rinpoché et lama Karta
• Directeur spirituel : lama Karta

Karma Shedrup Gyamtso Ling
(Samyé Dzong Bruxelles)
33, rue Capouillet
1060 BRUXELLES
Tél./Fax : 00 32 2 537 54 07
École Karma Kagyüpa (centre fondé en 1977)
• Fondateur : Akong rinpoché à la demande du XVIe Karmapa
• Directeurs spirituels : Akong rinpoché, lama Yéshé Losel
• Moine résident : Karma Shenpen

Karma Sönam Gyamtso Ling
33 Kruispadstraat
2900 SCHOTEN
Tél. 03 685 09 19

Yeuten Ling
Château de Font-l'Evêque
4 prom. St-Jean-l'Agneau
4500 HUY

Flandre
Karma S¨ponam Gyamtso Ling
Kruispadstraat 33
29000 SCHOTEN
Tél. 00 32 3 685 09 19
Écoles Karma et Shangpa Kagyüpa fondées en 1975
• Fondateur : lama Orgyen, sous l'inspiration du XVIe Gyalwa Karmapa
• Directeur spirituel : lama Karta

Ngadjour Dzogchenpa
153, avenue du Prince-Héritier
1200 BRUXELLES
Tél. 00 32 75 59 75 42
École Nyingmapa fondée en 1996
• Fondateur et directeur spirituel : Dzogchen Ranyak Patrül rinpoché (Tendzin Nyima rinpoché)

Province de Liège
Institut Yeunten Ling
Château du Fond l'Evêque
4, promenade Saint-Jean-l'Agneau

4500 HUY
Tél. 00 32 85 21 11 88
Écoles Karma et Shangpa Kagyüpa (centre fondé en 1983)
• *Fondateur : Kalou rinpoché*
• *Directeur spirituel : lama Karta*

SUISSE

Genève
Dachang Yeunten Kunkhyab
Correspondance : M. Striensky
1, chemin de Bassy
CH-1247 ANIERES
Tél. : 00 41 227 51 00 19
Activités : 9, rue de Fribourg
GENEVE
• *Fondateur : lama DenysTeundroup (Français)*

Rigpa Genève
contact : Catherine Gilbert
10, rue Henri-Blanvalet
CH-1207 GENEVE
Tél. 00 41 22 736 06 26
École Nyingmapa
• *Fondateur : Sogyal rinpoché*
• *Directeurs spirituels : Sogyal rinpoché et Dzogchen rinpoché*

Zilnon Ling
c/o Monica et Franco Cavadini
10, chemin de Claire-Vie
1213 PETIT LANCY
Tél./Fax : 00 41 22 793 33 88
École Nyingmapa
• *Fondateur : Chimé Rigdzin rinpoché*

Canton de Bâle
Karma Dordjé Ling
c/o Escher
St Alban-Anlage
634052 BÂLE
Tél. 061 272 02 23

Karma Tcheu Kor Ling
Tél. 061 682 36 43

Shambhala Gruppe
c/o Thomas Fellmann
Gasstrasse 69
4057 BÂLE
Tél. 061 322 72 07

Canton de Berne
Dharma Studiengruppe
Shambhala
Funkstrasse 116
3084 WABERN
Tél. 00 41 31 921 24 18 / 00 41 31 301 81 71
Écoles Kagyüpa et Nyingmapa
• *Fondateur : Chögyam Trungpa rinpoché*
• *Directeur spirituel : Sakyong Mipham rinpoché*

Karm Chö Pel Ling
Feldrainstrasse 35
3097 BERNE
Tél. 031 971 22 14

Karma Kunsang Ling
Feldrainstrasse 55
3097 BERNE
Tél. 031 971 22 14

Shambhala Zentrum
Funkstrasse 116
Regula Imfeld
3084 WABERN
Tél. 031 301 81 71

Canton de Genève
Dachang
Chemin de Rieu 18
1208 GENEVE BP 198
1211 GENEVE 12
Tél. 022 346 25 13 /
022 335 68 13
Dchang Yeunten Kunkhyab
9, rue de Fribourg
1211 GENEVE
Tél. 41 22 786 26 18

Kagyu Shenpen Kunkyab
17, avenue Dumas
1206 GENEVE
Tél. 022 789 00 06

Canton de Lausanne
Kagyu Samten Tchö Ling
Place de la Palud 11
1004 LAUSANNE
Tél. 021 312 66 32

Canton de Lucerne
KCL
Bruchstrasse 63
6003 LUZERN
Tél. 041 22 54 42

Canton du Tessin
Gruppo Di Studio Shambhala Ticino
Via Rotondello 31
CH-6517 ARBEDO
Tél. 00 41 91 829 18 51 /
00 41 91 829 16 25
Écoles Kagyüpa et Nyingmapa fondées en 1981
• *Fondateur : Chögyam Trungpa rinpoché*
• *Directeur spirituel : Sakyong Mipham rinpoché*

Buddhist Dharma Centre
Thubten C. Ling
Via Remorino 4
CH-6648 MINUSIO
École Sakyapa
• *Fondateur et directeur spirituel : lama Shérab Gyaltsen Amipa*

Thubten Changchub Ling
c/o Elena Pianca
Ca'Dal'Urs
CH-6914 CARONA
École Sakyapa
• *Fondateur et directeur spirituel : lama Shérab Gyaltsen Amipa*

Canton de Vaud
Kagyu Samten Tcheuling
avenue Dapples 21
1006 LAUSANNE
Tél. 021 312 66 32 /
021 731 52 86

Canton du Valais
Drikung Lhudrup Choëling
rue de l'Hôpital 20
1920 MARTIGNY

Canton de Zürich
Karma Dechen Ling
Tél. 01 481 90 66

Karma Yeshe Gialtsen Ling
Hammerstrasse 9 A
8008 ZÜRICH
Tél. 01 382 08 75

Shambhala Gruppe
c/o Adrian Kobelt
Gemsenstrasse 7
8006 ZÜRICH
Tél. 01 363 23 95

Rigpa-Zürich
P.O. Box 253
8059 ZÜRICH
Tél./Fax : 00 41 1 463 33 53
École Nyimgmapa
• *Fondateur : Sogyal rinpoché*
• *Directeurs spirituels : Sogyal rinpoché et Dzogchen rinpoché*

• *Guélougpa*

FRANCE

09 - Ariège
Ganden Choeling
Rives
09320 SOULAN
Tél. 05 61 96 87 09
École Guélougpa fondée en 1984
• *Fondateur : Guéshé Lobsang Tèngyé*

11 - Aude
Gosok Dechen Tcheu Ling
Centre d'études du bouddhisme tibétain
c/o Thierry Beaudeau
38, bd Marcel-Sembat
11100 NARBONNE
Tél. 04 68 32 44 84
École Guélougpa
• *Fondateur et directeur spirituel : Gosok rinpoché*

33 - Gironde
Kadam Tcheuling
4, rue Bergeret
33000 BORDEAUX
Tél. 05 56 31 33 29
École Guélougpa fondée en 1990
• *Fondateur : Dagpo rinpoché*

57 - Moselle
Thar Deu Ling-Metz
9, rue Dupont-des-Loges
salle Ramya
57000 METZ
• *Fondateur et directeur spirituel : Guéshé Lobsang Thoubten*

New Kadampa Tradition
Centre bouddhiste Mahâyâna
c/o Sylvie Marquet
2, rue des Chênes
57300 MONDELANGE
Tél. 03 87 70 17 65

59 - Nord
New Kadampa Tradition
Centre bouddhiste Yeshe
c/o La Clé Astrale
2, rue Brûle-Maison
59000 LILLE
Tél/Fax 01 43 67 87 87

69 - Rhône
New Kadampa Tradition
Centre bouddhiste Mahâyâna
LYON
Tél. 01 43 67 87 87

75 - Paris
Kalachakra
98, rue Haxo
75020 PARIS
Tél. 01 43 64 10 00
École Guélougpa (centre fondé en 1988)
• *Fondateur : lama Zöpa rinpoché*

Institut Tarab
148, rue de Grenelle
75007 PARIS
Tél. : 01 48 89 86 81
École sans spécification
• *Fondateur : Tarab Tülkou rinpoché (d'origine guélougpa)*
• *Présidente : Helga Henneman*

Thar Deu Ling
18, rue du Soleil
75020 PARIS
Tél. 01 47 97 86 62
et 01 42 08 87 00
École Guélougpa fondée en 1979
• *Fondateur et directeur spirituel : Charpa Tcheudjé rinpoché*
New Kadampa Tradition
Centre bouddhiste Bodhisattva
192, bd Voltaire
75011 PARIS
Tél./Fax 01 43 67 87 87

Thar Deu Ling
37, rue David-d'Angers
75019 PARIS
Tél. 01 47 97 06 62

77 - Seine-et-Marne
Institut Ganden Ling et Institut Guépèle
Chemin de la Passerelle
77250 VENEUX-les-SABLONS
Tél. 01 64 31 14 82 /
01 45 40 50 50
École Guélougpa fondée en 1978
• *Fondateur et directeur spirituel : Dagpo rinpoché*

81 - Tarn
Monastère Nalanda
Rouzegas
81500 LA BASTIDE-ST-GEORGES
Tél. 05 63 58 02 25
Fax 05 63 58 19 87
E-mail 100544.1055@compuserve
École Guélougpa fondée en 1981
• *Fondateurs : lama Thoubten Yéshé et lama Thoubten Zöpa rinpoché*
• *Directeur spirituel : lama Thoubten Zöpa rinpoché*

Institut Vajra Yogini
Château d'En Clauzade
81500 MARZENS
Tél. 05 63 58 17 22
Fax 05 63 58 03 48
École Guélougpa fondée en 1979
• *Fondateurs : lama Thoubten Yéshé et lama Zöpa rinpoché*
• *Direction spirituelle : lama Zöpa rinpoché*
• *Lama responsable : Guéshé Lobsang Tengyé, Guéshé Palden Tséring)*

87 - Haute-Vienne
Dechen Chöling
Mas Marvent
87700 SAINT-YRIEIX-sous-AIXE
Tél. 05 55 03 55 52

• Fondateurs : (Chögyam Trungpa rinpoché), Sakyong Mipham rinpoché
• Directeur spirituel : Sakyong Mipham rinpoché

91 - Essonne
Centre Héruka
36, rue Pasteur
91120 PALAISEAU
Tél. 01 60 14 61 54
École Guélougpa fondée en 1992
• Fondateur et directeur spirituel : Gosok rinpoché

SUISSE

Canton de Bâle
Antenne de Rabten Choëling
Kobalt Owsky
Sängergasse 11
4054 BASEL
Tél. 061 301 65 59

Canton de Berne
Antenne de Rabten Choëling
c/o Elisabeth Arzner
Könizbergstrasse 6
3097 LIEBEFELD
Tél. 031 971 61 65

Canton de Genève
Lho Gyu Shertchine Ling
6, rue des Mouettes
1227 CAROUGE GENEVE
Tél. 022 42 81 52

New Kadampa Tradition
Centre bouddhiste Mahâyâna
c/o Daniel Edera
11 Comte-Géraud
1213 ONEX-GE
Tél. 079 632 60 13

Antenne de Rabten
c/o M. Bouget
14, chemin Victor-Duret
1213 ONEX-GENEVE
Tél. 022 793 43 69

Canton de Grisons
Tashi Rabten
Letzehof
A-6800 FELDKIRCH
Tél. 0043 55 22 24 192

Canton de Lucerne
Antenne de Rabten Choëling
Buhofer Ursula
Belleriverstrasse 16
6006 LUZZERN
Tél. 041 41 16 97

Rikon
Institut monastique tibétain
(Klösterliches Tibet-Institut)
Wildbergstrasse
Postfach
CH-8486 RIKON ZH
Tél. 00 41 52 383 17 29 et 00 41 52 383 26 98 (numéro des moines tibétains)
Adresse Web :
http://www.tibet-institut.ch
École : sans affiliation spécifique (prédominance Guélougpa et Sakyapa)
Institut fondé en 1967
• Fondateurs : Henri et Jacques Kuhn, en collaboration avec le dalaï-lama
• Prieur-abbé : Vénérable Tashi Phuntsog
• Vice-prieur : Lodro Tülkou

Canton de Vaud
Rabten Cheoling
Centre des Hautes Études tibétaines
Chemin du Derochoz
2, Le Mont Pèlerin
VAUD
CH-1801
Tél. 00 41 21 921 77 98
École Guélougpa fondée en 1977
• Fondateur : Guéshé Rabten
• Directeur spirituel : Gonsar Tülkou rinpoché

Canton de Neuchâtel
Antenne de Rabten Choëling
M. Denis Gruring
rue de la Reuse 11
2301 LA CHAUX-de-FOND
Tél. 031 23 50 83 /
039 27 67 25

Canton de Schaffouse
Thupten Choëling
Lebernstr. 4
8207 SCHAFFHAUSEN
Tél. 053 33 11 40

Canton de Vaud
Rabten Choëling
1901 LE MONT PÈLERIN
Tél. 021 921 36 00 /
021 921 78 81

Canton de Zürich
Antenne de Rabten Choëling
Dora Müller
Ernastrasse 26
8004 ZÜRICH
Tél. 01 913 71 44

Antenne de Rabten Choëling
c/o Madeleine Hunziker
Schaffhauserstrasse 5
8400 WINTERTHUR
Tél. 052 21 310 40

Antenne de Rabten Choëling
c/o Ruth Amsler
Trichdenhauserstrasse 40
8125 ZOLLIKERBERG
Tél. 01 391 74 35

Rige Djampa Choëling
Hinter Zünen 6-8
8702 ZOLLIKON
Tél. 01 391 81 67

BELGIQUE

New Kadampa Tradition
Centre bouddhiste Pays pur
c/o Olivier Van Bets
36, rue des Trois
1180 BRUXELLES
Tél. 02 376 49 47

Institut Tarab
c/o Annette Brodkom
5, rue Joseph-Snessens
B-1300 LIMAL (Bruxelles)
Tél. 00 43 10 41 02 24
École : sans spécification
• Fondateur : Tarab Tülkou rinpoché (guélougpa)

• *Autres*

30 - Gard
Communauté Dzogchen-France
Le Devès
30570 SAINT-ANDRÉ-de-MAJENCOULES
(hameau de Valbonne)
Tél. 01 43 6764 44 /
E-mail : dzogchenFr@compuserve.com
Écoles : Dzogchen, Rimé

75 - Paris
Association Yungdrung Bön
c/o Sébastien Doerler
2, rue de Blainville
75005 PARIS
Tél. 01 43 21 03 66
École Bönpo (association fondée en 1996)
• *Fondateur et directeur spirituel : Lopön Tendzin Namdak rinpoché*

Shingon

FRANCE

Temple de Komyoin
Assoc. Shingon de France
La Montagne
89350 VILLENEUVE-les-GENÊTS
Tél. 03 86 45 45 79

Remerciements

Entamé depuis bientôt sept ans, ce travail n'aurait pu être réalisé sans le concours et le soutien de nombreuses personnes que je tiens ici à remercier chaleureusement.

Merci tout d'abord du fond du cœur aux nombreuses personnes touchées par le bouddhisme qui ont accepté de me faire partager en toute confiance leur expérience et leur itinéraire spirituel, ainsi que les quelque neuf cent pratiquants du bouddhisme zen et tibétain qui ont répondu au questionnaire de l'enquête. Sans ce millier de témoins, dont j'ai préservé l'anonymat, ce livre n'aurait pu voir le jour.

Un grand merci également aux nombreuses personnalités de la communauté bouddhiste française qui ont collaboré à cette enquête. Tout particulièrement Jean-Pierre Schnetzler, qui a accepté de relire l'intégralité du manuscrit et m'a suggéré quelques utiles corrections. Philippe Cornu, pour la réalisation du glossaire et qui s'est amicalement rendu disponible tout au long de ce travail pour répondre à mes innombrables questions sur le bouddhisme tibétain. Laurent Deshayes, qui n'a pas ménagé son temps pour m'initier aux arcanes subtiles des lignées tibétaines et de l'histoire du Tibet. Lama Denys Teundroup, qui s'est également toujours montré très disponible pour échanger sur les questions d'acculturation du bouddhisme en Occident. Roland Resh, qui m'a chaleureusement ouvert les portes de l'AZI et permis de mener une enquête en toute liberté eu sein de l'association. De même les responsables et permanents des nombreux centres zen et tibétains qui ont accepté de me recevoir longuement et mis en contact avec des pratiquants. Merci tout spécialement à Pierre Saurel pour son soutien amical et très actif, Frédéric Cattin, Morgane, Shérab, Mingyour, et Taïkan Jyoji.

Un grand merci aussi aux enseignants du Zen chrétien qui m'ont apporté leur témoignage : Evelyne Holzapfel, Pierre de Béthune, frère Germain, Bernard Rérolles, Pierre Massein, ainsi que Jacques Martin et Bernard Lebeau, de l'Union Bouddhiste de France, pour leur collaboration à cette enquête.

Cette étude (couplée avec notre autre ouvrage sur *La Rencontre du bouddhisme et de l'Occident*) a fait l'objet d'une thèse de doctorat soutenue le 8 octobre 1999 à l'EHESS. Je tiens à remercier vivement mon directeur de thèse, Danièle Hervieu-Léger, qui a su me guider tout au long du chemin, avec une détermination et une sérénité dignes d'un maître zen. Merci aussi aux autres membres du jury. Patrick Michel, notamment, qui est à l'origine de cette recherche, Edgar Morin, dont les travaux ont été pour moi une source permanente d'inspiration ainsi que Michel Hulin et Jean-Paul Willaime pour leurs précieuses remarques sur mon travail.

Je dois aussi beaucoup à Thierry Gobert qui m'a aidé à mettre au point le questionnaire et Philippe Chappot, créateur du logiciel de dépouillement d'enquête Modalisa, qui m'a longuement initié à l'utilisation de ce logiciel et a bien voulu vérifier tous mes résultats. Qu'ils soient chaleureusement remerciés pour leur disponibilité, leur compétence et leur gentillesse.

Pour leur contribution très diverse dans cette enquête et dans la réalisation du livre, je tiens également à remercier vivement Karine Grijol, Estelle Saint-Martin, Sylvie Gourgeon, Claire Fréjacques, Sylvie Fenard, Jacques Bretrencourt, Philippe Poiret, Brigitte Bauchet, Jacqueline Hartley, Louisette Eprinchard, Jean-Claude Zandman, Catherine Barry, Claire Zeppilli, Hélène Guillaume, Dominique Guillaumin, Michel Gounot, Josseline Rivière, Didier Thimonier.

Merci aussi tout spécialement à mon éditeur, Claude Durand, pour sa patience et sa chaleureuse implication personnelle dans l'édition de ces deux ouvrages.

Table

II

LES PRATIQUANTS DU BOUDDHISME ZEN ET TIBÉTAIN

Impression réalisée sur CAMERON par
BRODARD ET TAUPIN
La Flèche

pour le compte des Éditions Fayard
en octobre 1999

Imprimé en France
Dépôt légal : novembre 1999
N° d'édition : 8622 – N° d'impression : 1080X
ISBN : 2-213-60528-9
35-57-0728-01/2